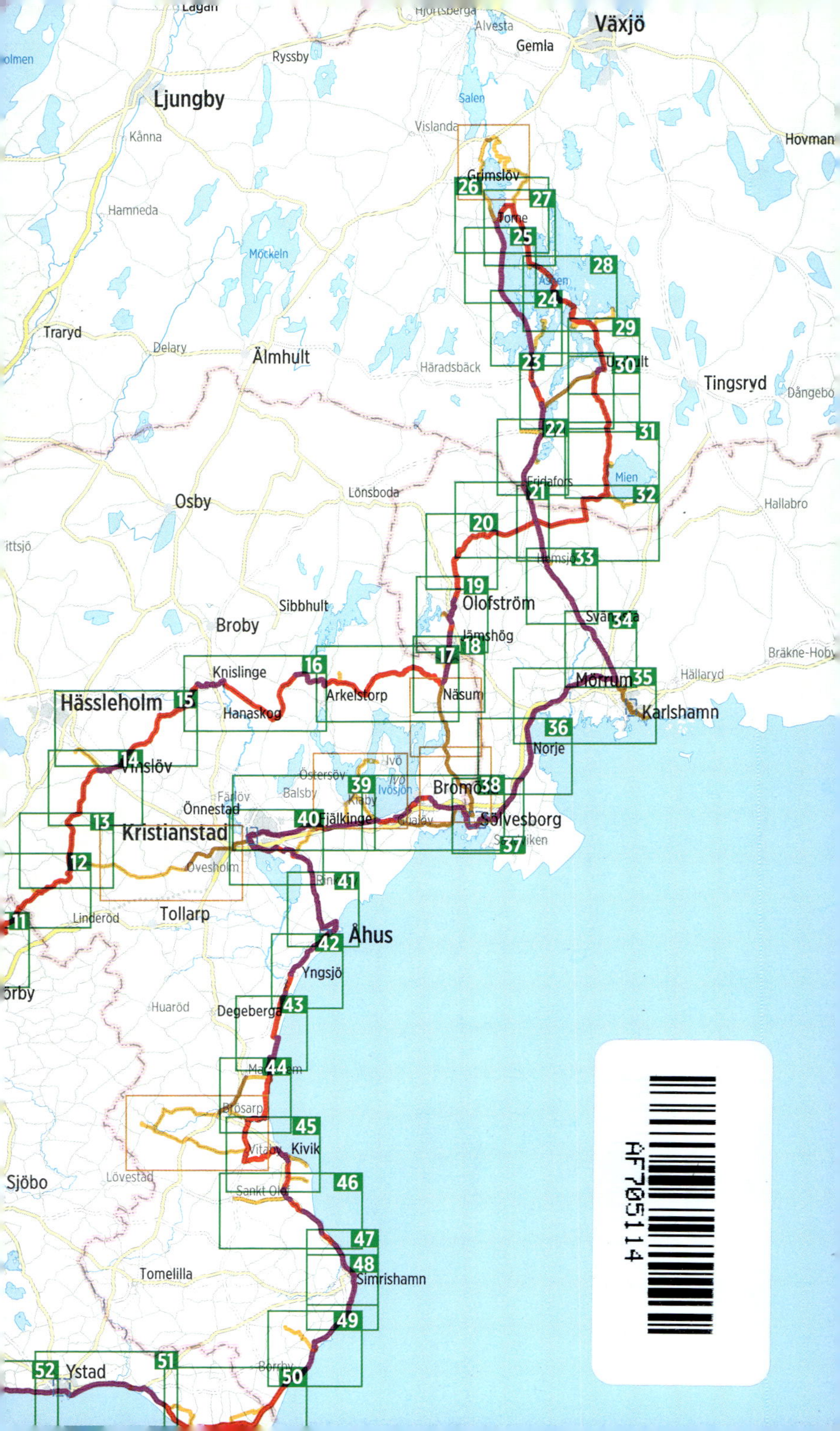

Växjö
Gemla
Alvesta
Ryssby
Ljungby
Kånna
Vislanda
Salen
Hovman
Grimslöv
Torne
Hamneda
Möckeln
Åsnen
Traryd
Delary
Älmhult
Häradsbäck
Urshult
Tingsryd
Dångebo
Fridafors
Mien
Hallabro
Lönsboda
Osby
Olofström
Jämshög
Sibbhult
Broby
Svängsta
Bräkne-Hoby
Hällaryd
Mörrum
Karlshamn
Knislinge
Arkelstorp
Näsum
Hässleholm
Hanaskog
Norje
Vinslöv
Ivö
Ivösjön
Östersöv
Färlöv
Balsby
Kiaby
Bromölla
Önnestad
Fjälkinge
Gualöv
Sölvesborg
Kristianstad
Ovesholm
Linderöd
Tollarp
Åhus
Yngsjö
Huaröd
Degeberga
Brösarp
Kivik
Sjöbo
Lövestad
Sankt Olof
Tomelilla
Simrishamn
Borrby
Ystad
11
12
13
14
15
16
17
18
19
20
21
22
23
24
25
26
27
28
29
30
31
32
33
34
35
36
37
38
39
40
41
42
43
44
45
46
47
48
49
50
51
52
ÅF705114

*bikeline*®-Radtourenbuch
Constanze und Malte von Szombathely
Südschweden

A-3751 Rodingersdorf, Hauptstr. 31
Tel.: +43/2983/28982-0, Fax: -500
E-Mail: bikeline@esterbauer.com
www.esterbauer.com
3. überarbeitete Auflage 2024
**ISBN 978-3-7111-0168-6**
Bitte geben Sie bei jeder Korrespondenz die ISBN an!

**Dank** an alle, die uns bei der Erstellung dieses Buches tatkräftig unterstützt haben.

**Das *bikeline*-Team:** Birgit Albrecht-Walzer, Renata Andrejeva, Katrin Baumhauer, Beatrix Bauer, Michael Binder, Veronika Bock, Petra Bruckmüller, Roland Esterbauer, Dagmar Güldenpfennig, Gregor Münch, Mario Nakić, Karin Neichsner, Carmen Paradeiser, Amélie Pommier, Manuel Randa, Petra Schartner, Sonja Schleifer, Christina Steinbrecher, Christian Thoren, Isabella Tillich, Martin Trippmacher, Carina Winkelhofer, Martin Wischin, Wolfgang Zangerl

**Bildnachweis:** Cover: Piotr Wawrzyniuk - adobe.stock.com; Kristianstads Kommun: 130; Malte von Szombathely: 7, 8, 9, 10, 11, 12, 13, 14, 15, 16, 17, 18, 22, 24, 26, 27, 28, 30, 31, 33, 34, 35, 36, 38, 39, 40, 42, 44, 45, 46, 50, 52, 54, 56, 57, 58, 60, 62, 63, 64, 66, 69, 70, 74, 76, 78, 81, 82, 83, 84, 85, 86, 88, 89, 90, 92, 93, 94, 95, 96, 98, 100, 101, 102, 103, 106, 108, 110, 111, 112, 114, 115, 116, 118, 120, 122, 124, 128, 132, 134, 135, 136, 138, 139, 140, 142, 144, 146, 148, 150, 154, 156, 157, 158, 160, 166; Vikingareservat Foteviken: 32; Visitskane Carolina Romare: 164; Visitskane_sydpol.com: 147; Wanås Konst Anders Norvell: 72



Titelgestaltung: martinveicht.de; Kartographie erstellt mit axpand (www.axes-systems.com)

**bikeline**

*Was ist bikeline?*

*Wir sind ein Team von Redakteuren, Kartografen, Geografen und anderen Mitarbeitern, die allesamt begeisterte Radfahrerinnen und Radfahrer sind. Ins „Rollen“ gebracht hat das Projekt 1987 eine Wiener Radinitiative, die begonnen hat, Radkarten zu produzieren. Heute tun wir dies als Verlag mit großem Erfolg. Mittlerweile gibt's bikeline® Bücher in fünf Sprachen und in vielen Ländern Europas.*

*Um unsere Bücher immer auf dem letzten Stand zu halten, brauchen wir auch Ihre Hilfe. Schreiben Sie uns, wenn Sie Unstimmigkeiten oder Änderungen in einem unserer Bücher entdeckt haben.*

*Wir freuen uns auf Ihre Rückmeldung (redaktion@esterbauer.com),*

*Ihre bikeline-Redaktion*

# Vorwort

Vor Ihnen liegt eine Rundreise durch drei der südlichsten Provinzen Schwedens, in denen Sie auf glasklare Seen und strohblonde Kornfelder, rote Holzhäuschen oder verschwiegene Wälder treffen. In Skåne kontrastiert das Blau des Meeres eindrucksvoll mit den goldgelben Kornfeldern, in Blekinge radeln Sie durch die „südlichste Wildnis Schwedens“ und im südlichen Småland erleben Sie das verschlungene Wasserreich des großen Sees Åsnen. Reizvolle Radwege auf stillgelegten Bahntrassen atmen Zeitkolorit. Im letzten Drittel der Tour folgen Sie der Küstenlinie der Ostsee durch Österlen, die „Provence des Nordens“, mit weiten Obstplantagen, pittoresken Fischerdörfern und langen Sandstränden. Am Weg liegt mit Malmö die drittgrößte Stadt des Landes, nicht weit davon die alte Universitätsstadt Lund, die als kulturelles Zentrum des schwedischen Südens gilt. Für weitere Abwechslung sorgen alte Burgen und Schlösser, Badeseen sowie charmante Hafenstädte. Zusammen mit der Gastfreundlichkeit der Schweden und den kleinen und großen Gaumenfreuden unterwegs steht einer schönen Zeit nichts im Wege!

Präzise Karten, genaue Streckenbeschreibungen, zahlreiche Stadt- und Ortspläne, Hinweise auf das kulturelle und touristische Angebot der Region und ein umfangreiches Übernachtungsverzeichnis – in diesem Buch finden Sie alles, was Sie zu einer Radtour in Südschweden brauchen – außer gutem Wetter, das können wir Ihnen nur wünschen.

# Kartenlegende

**Radrouten** (cycling routes)

Hauptroute, wenig KFZ-Verkehr (main cycle route, low motor traffic)
- asphaltiert (main cycle route, paved surface)
- nicht asphaltiert (main cycle route, unpaved surface)
- schlecht befahrbar (main cycle route, bad surface)

Hauptroute, autofrei / Radweg (main cycle route, without motor traffic / cycle path)
- asphaltiert (cycle path, paved surface)
- nicht asphaltiert (cycle path, unpaved surface)
- schlecht befahrbar (cycle path, bad surface)

Ausflug od. Variante, wenig KFZ-Verkehr (excursion or alternative cycle route, low motor traffic)
- asphaltiert (excursion or alternative route, paved surface)
- nicht asphaltiert (excursion, unpaved surface)
- schlecht befahrbar (excursion, bad surface)

Ausflug od. Variante, autofrei / Radweg (excursion or alternative route, without motor traffic / cycle path)
- asphaltiert (excursion or alternative route, paved surface)
- nicht asphaltiert (excursion, unpaved surface)
- schlecht befahrbar (excursion, bad surface)

Sonstiges (other cycle routes)
- sonstige Radroute (other cycle route)

verkehrsreiche Radroute (cycle route with significant motor traffic)
Kopfsteinpflaster (cobbled street)
Einbahnführung (one-way connection)
Fährverbindung (ferry connection)
unbekannter Belag (road surface unknown)
Tunnel (tunnel)
Schiebestrecke (dismounting recommended)
Zugverbindung (train connection)
Radweg in Planung (planned cycle path)
Radweg gesperrt (closed cycle path)
Radstreifen mit Verkehr (cycle lane)
Radstreifen, straßenbegleitender Radweg (cycle path along road)
Straße für Radfahrer gesperrt (road closed to cyclists)

Beschriebene Fahrtrichtung (described direction)
Wegpunkt (waypoint)

**Steigungen / Entfernungen** (gradient / distance)

starke Steigung (steep gradient, uphill)
leichte bis mittlere Steigung (light gradient, uphill)
2,4 Entfernung in Kilometern, gerundet (distance in km, rounded)

**Maßstab 1 : 75.000**

1 cm ≙ 750 m    1 km ≙ 13,3 mm

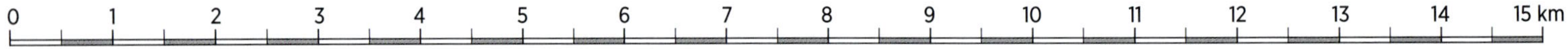


**Radinformationen** (important cycling information)

Fahrradwerkstatt* (bike workshop*)
Fahrradvermietung* (bike rental*)
überdachter Abstellplatz* (covered bike stands*)
abschließbarer Abstellplatz* (lockable bike stands*)
E-Bike Ladestation (E-bike charging station)
Infotafel* (information board*)
Gefahrenstelle (dangerous section)
Text beachten (read text carefully)
Treppe (stairs)
Tragestrecke (bicycle must be carried!)
Engstelle* (constriction, bottleneck*)
17 42 Knotenpunktnummer der Wegweisung* (nodal point)
Stadt-, Ortsplan (city map)

**Nur in Ortsplänen** (symbols only in the city maps)

Parkhaus* (garage*)
Theater* (theatre*)
Post* (post office*)
Apotheke* (pharmacy*)
Krankenhaus* (hospital*)
Feuerwehr* (fire-brigade*)
Polizei* (police*)

* Auswahl (* selection)

## Sehenswertes / Einrichtungen (sights of interest / facilities)

- Kirche; Kapelle (church; chapel)
- Kloster (monastery/convent)
- Synagoge; Moschee (synagogue; mosque)
- Schloss, Burg; Ruine (palace, castle; ruin)
- Turm; Leuchtturm (tower; lighthouse)
- Wassermühle; Windmühle (watermill; windmill)
- Kraftwerk (power station)
- Bergwerk; Höhle (mine; cave)
- Flughafen; Denkmal (airport; monument)

- sonstige Sehenswürdigkeit (other sight of interest)
- Museum (museum)
- Ausgrabungen; röm. Objekte (excavations; roman site)
- Tierpark; Natur-Information (zoo; nature info)
- Naturschutzgebiet, -denkmal (nature reserve, monument)
- sonstige Natursehenswürdigkeit (natural sight of interest)
- Aussichtspunkt* (panoramic view*)
- Tourist-Information; Gasthaus* (tourist information; restaurant)
- Unterkunft; Jugendherberge (hotel, guesthouse; youth hostel)
- Camping-; Naturlagerplatz* (camping site; simple tent site*)
- Einkaufsmöglichkeit*; Kiosk* (shopping facility*; kiosk*)
- Rastplatz*; Unterstand* (picnic tables*; covered stand*)
- Freibad; Hallenbad (outdoor pool; indoor pool)
- Naturbad; Thermal-; Erlebnisbad (natural pool; thermal baths; waterpark)

- Brunnen*; Parkplatz* (drinking fountain*; parking lot*)
- Schönern sehenswertes Ortsbild (picturesque town)
- Einrichtung im Ort vorhanden (facilities available)

## Topographische Informationen (topographic information)

- Kirche; Kapelle (church; chapel)
- Kloster (monastery)
- Synagoge; Moschee (synagogue; mosque)
- Schloss, Burg; Ruine (palace, castle; ruins)
- Turm; Leuchtturm (tower; lighthouse)
- Wassermühle; Windmühle (windmill; water mill)
- Kraftwerk; Solaranlage (power station; solar power station)
- Bergwerk; Höhle (mine; cave)
- Denkmal; Hügelgrab (monument; burial mound)
- Flughafen; Flugplatz (airport; airfield)

- Windkraftanlage (windturbine)
- Funk- und Fernsehanlage (TV/radio tower)
- Umspannwerk, Trafostation (transformer station)
- Wegkreuz; hist. Grenzstein (wayside cross; boundary stone)
- Sportplatz, Stadion (playing field, stadium)
- Golfplatz; Tennisplatz (golf course; tennis courts)
- Schiffsanleger; Schleuse (boat landing; sluice/lock)
- Quelle; Kläranlage (natural spring; wastewater treatment plant)
- Staatsgrenze mit Übergang (international border crossing)
- Landesgrenze (country border)
- Kreis-, Bezirksgrenze (district border)
- Naturschutzgebiet, Naturpark, Nationalpark (nature reserve, national park)
- Truppenübungsplatz, Sperrgebiet (prohibited zone)
- Höhenlinie 100m/50m (contour line)

- A13 B12 Autobahn; Schnellstraße (motorway/freeway; expressway)
- B236 Fernverkehrsstraße (highway)
- Hauptstraße (main roads)
- untergeordnete Hauptstraße (secondary main road)
- Nebenstraße; Fahrweg (secondary road; side street/access road)
- Weg; Fähre (track; ferry)
- Straße geplant/in Bau (road planned/under construction)
- Eisenbahn/Bahnhof; S-Bahnhof (railway/station; suburban station)
- Eisenbahn stillgelegt; geplant (railway disused; planned)
- Schmalspurbahn (narrow gauge railway)
- Bergbahn; Seilbahn (mountain railway; cable car)
- Wald; Parkanlage (forest; park)
- Sumpf; Heide (marsh/bog; heath)
- Weinbau; Gartensiedlung* (vineyards; allotment gardens*)
- Steinbruch, Tagebau* (quarry, open cast mine*)
- Friedhof; Düne, Strand (cemetery; dunes, beach)
- Watt; Gletscher (tidal flats; glacier)
- Felsen; Geröll (rock, cliff; scree)
- Gewächshäuser*, Plantage* (greenhouses*, plantation*)
- Gewerbe-, Industriegebiet (commercial/industrial area)
- Siedlungsfläche; öffentl. Gebäude (built-up area)
- Stadtmauer, Mauer (defensive wall, wall)
- Damm, Deich (embankment, dike)
- Kanal (canal)
- Fluss/Staumauer/See (river/dam/lake)

# Inhalt



## Stadtpläne

# Südschweden

## *Unterwegs in Skåne, Blekinge und dem südlichen Småland*

Die Landschaft im südlichen Schweden ist abwechslungsreich und hat Radfahrern einiges zu bieten: lange Sandstrände und sanfte Hügel, kristallklare Seen und dichte Wälder, einsame Straßen und viel Ruhe. In die Landschaft fügen sich immer wieder jahrhundertealte Schlösser, Gutshäuser und Kirchen ein. Das Terrain ist flach bis leicht bergig, und neben Wäldern gibt es gerade in Küstennähe viele Felder und Weiden. Dank des schwedischen Jedermannsrechts darf man sich fast überall frei bewegen, baden oder sein Zelt aufschlagen.

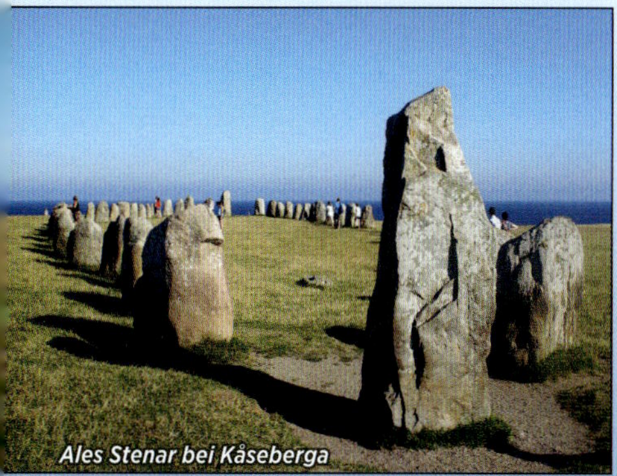

*Ales Stenar bei Kåseberga*

Vom Fährhafen in Trelleborg, über den viele deutsche Urlauber Schweden erreichen, führt Sie die Route durch die Provinzen Skåne, Blekinge und den südlichen Teil Smålands. Skåne ist die südlichste Provinz Schwedens und gilt als Kornkammer des Landes. Durch die weiten Felder und die Dörfer mit ihren Fachwerkhäusern erinnert die Landschaft an Dänemark, zu dem Skåne bis Mitte des 17. Jahrhunderts gehörte. Die Route führt Sie auch durch die lebendigen Städte Malmö, Lund und Kristianstad sowie durch Åhus, Simrishamn und Ystad, die an der Ostseeküste mit ihren langen Sandstränden und den beschaulichen Fischerdörfern liegen.

Blekinge gilt wegen seiner tiefen Nadelwälder und der vielen Seen und Moore als typisch skandinavisch. Die Provinz erstreckt sich im Süden und Osten bis zur Ostsee, und auch sie hat einige schöne Sandstrände zu bieten. Einen Besuch wert sind auch das mittelalterliche Städtchen Sölvesborg und die Hafenstadt Karlshamn.

## LiveUpdate

LIVE UPDATE

Als Online-Angebot finden Sie auf unserer Webseite eine Sammlung aktueller Änderungen und Korrekturen zu diesem Radtourenbuch. Diese Informationen sind immer auf dem neuesten Stand und ermöglichen Ihnen in Kombination mit der bestehenden Auflage dieses Buches die beste Reiseplanung. Das LiveUpdate zu diesem Titel ist frei verfügbar und auf unserer Webseite beim jeweiligen Buch oder unter folgendem Link zu finden:

**www.esterbauer.com/suedschweden**

Sind Ihnen auf Ihrer Radreise Fehler und Änderungen zur Route, zum Übernachtungsverzeichnis oder den touristischen Daten aufgefallen? Über die Updateseite können Sie diese brandneuen Infos direkt an das *bikeline*-LiveUpdate-Team übermitteln. Wir freuen uns auf Ihr Update und bedanken uns im Namen aller Radler!

## GPS-Tracks

GPS Tracks

Den aktuellen *bikeline*-Track zu diesem Titel finden Sie, wenn Sie folgende Adresse in die Adresszeile Ihres Browsers eingeben:

**www.tracks.world/?dir=se/trk66kk743**

Im Zentrum von Südschweden liegt Småland, dank der Bücher von Astrid Lindgren die wohl bekannteste Region des Landes. Große Seen, dichte Wälder und rote Holzhäuser prägen die Landschaft. Die Route führt Sie durch Kronoberg, den südlichen Teil Smålands. Auf einem alten Bahndamm gelangen Sie bis zum See Åsnen, dem nördlichsten Punkt Ihrer Reise. Immer wieder werden Sie dabei auch auf Spuren der industriellen Revolution in Schweden stoßen, da sich entlang der alten Bahnlinie noch viele Industrieruinen und Baudenkmäler aus dem späten 19. und frühen 20. Jahrhundert finden.

**Streckenstatistik**

**Länge der Hauptstrecke:** 613 km

**HM/km:** ↗ 2,4 m (1.480 m) ↘ 2,4 m (1.478 m)

**Radweg:** 48 % **Unbefestigt:** 18 % **Verkehr:** 8 %

**Summe aller Strecken:** 955 km

## *Streckencharakteristik*

### *Länge*

Die Gesamtlänge dieser Tour beträgt rund 610 Kilometer, wenn Sie von Trelleborg bis zum See Åsnen und zurück fahren. Ausflüge und Alternativstrecken sind zusammengerechnet etwa 315 Kilometer lang. Es besteht mehrfach die Möglichkeit, die Größe der Runde zu variieren. Wenn Sie die Abkürzung nach Kristianstad nutzen, reduziert sich die Gesamtlänge auf knapp 340 Kilometer. Wenden Sie sich bei Hovmansbygd nach Süden, kommt die Runde auf ca. 540 Kilometer Länge, tun Sie dies bereits in Näsum, sind es ca. 450 Kilometer. Ferner können Sie aus Kombinationen der Tagestouren (s. S. 9) weitere Variationen schaffen.

Noch ein Hinweis zu Fahrradläden/-werkstätten: da der Weg über große Passagen recht entlegen verläuft, sind die Abstände zwischen entsprechenden Anlaufstellen manchmal sehr groß.

Die 7 Abschnitte im Buch wurden so gewählt, dass sich gute Kombinationsmöglichkeiten für Touren verschiedenster Länge ergeben. In der Folge enden die Abschnitte jedoch nicht immer an größeren Orten mit entsprechender Infrastruktur.

### *Wegequalität, Verkehr und Steigungen*

Die Wegequalität der vorliegenden Route ist gut bis sehr gut. An der Ostsee fahren Sie zumeist auf asphaltierten Radwegen entlang der Küstenstraßen, im Binnenland überwiegend auf Radwegen oder wenig befahrenen Nebenstraßen. Nur selten geht es über gut befahrbare Wald- oder Feldwege,

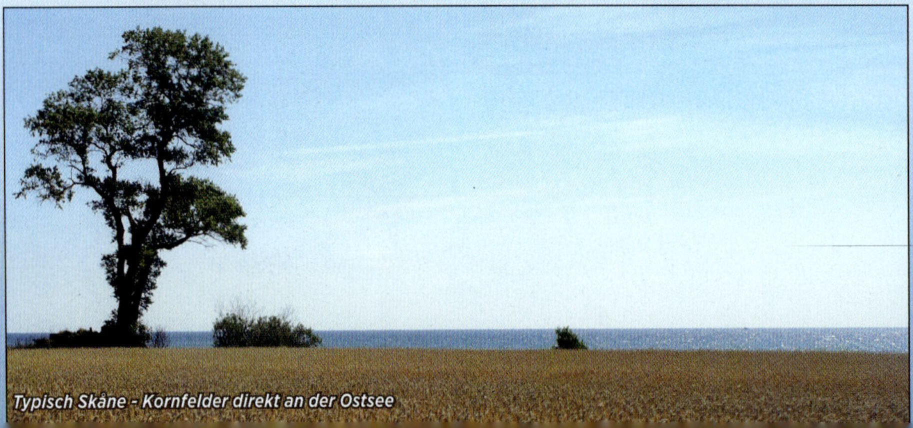

*Typisch Skåne - Kornfelder direkt an der Ostsee*

etwa auf Teilen der Tourenabschnitte Olofström-Mörrum und Mörrum-Kristianstad, die dem Banvallsleden folgen, einem Radweg auf einem alten Bahndamm.

Um die Städte Malmö, Lund und Kristianstad herum ist das Verkehrsaufkommen höher, weswegen dort für die Streckenführung ausschließlich Radwege und Nebenstraßen ausgewählt wurden. Zudem besteht die Option, diese Städte auf Alternativrouten zu umfahren. In den Sommermonaten sind auch die Straßen an der Ostseeküste stark frequentiert, weswegen die Route hauptsächlich über Radwege führt. Einige kurze Passagen auf mäßig befahrenen Küstenstraßen lassen sich allerdings nicht umgehen, da das Radwegenetz in den verschiedenen Kommunen sehr unterschiedlich ausgebaut ist.

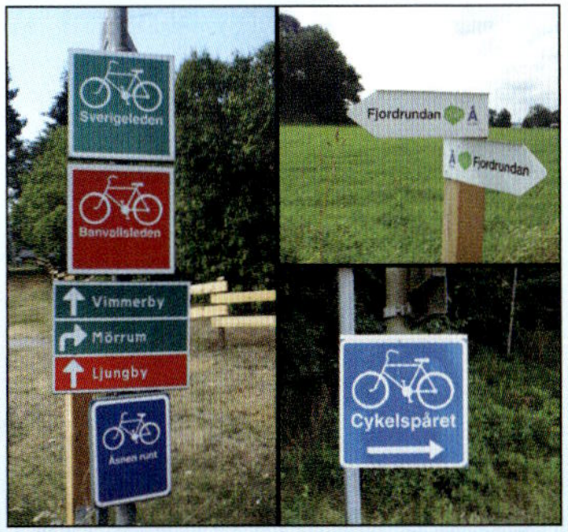


Im Vergleich zu klassischen Radfernwegen entlang von Flüssen oder Küstenlinien ist die für Südschweden zusammengestellte Radroute reich an Höhenmetern, da sie durch eine eiszeitlich geprägte Landschaft mit bewegtem Relief führt. Im zweiten und dritten Tourenabschnitt wird es, je weiter nördlich Sie kommen, hügelig und zum Teil sogar bergig mit einigen steileren Anstiegen und Abfahrten. Die anspruchsvollsten Etappen erwarten Sie rund um Olofström. Auch in der Nähe der Öresundbrücke und um die Küstenstadt Kivik herum werden Sie hin und wieder ins Schwitzen kommen. Im südlichen Skåne, am See Åsnen und an der Ostseeküste hingegen ist es relativ flach.

Die 7 Abschnitte im Buch lassen sich, auch mittels einiger Abkürzungen, vielfältig kombinieren, sodass zahlreiche Varianten der Gesamtlänge möglich sind.

### Beschilderung

Die beschriebene Route wurde individuell zusammengestellt, daher gibt es entlang der Strecke keine durchgängige Beschilderung. Zum Teil sind Sie jedoch auf ausgeschilderten Fernradwegen unterwegs, etwa auf dem Sverigeleden, dem Skåneleden, der Cykelspåret, dem Banvallsleden oder dem Sydostleden, auf dessen Schilder Sie zwischen Karlshamn und Simrishamn stoßen werden.

### Tagestouren

Insgesamt bietet Ihnen dieses Radtourenbuch fünf mögliche Tagestouren (1-2 Tage) in unterschiedlicher Länge, die sich in Småland und Blekinge zum Erkunden der Gegend anbieten:

**Zwischen Olofström und Karlshamn (80 km):** Näsum-Olofström-Hovmansbygd-Karlshamn-Näsum (Karten: 18-21, 32-34, Ausflug Karlshamn, 35)

**Süd-Åsnen (60 km):** Torne-Urshult-Ålshult-Torne (Karten: 23-29)

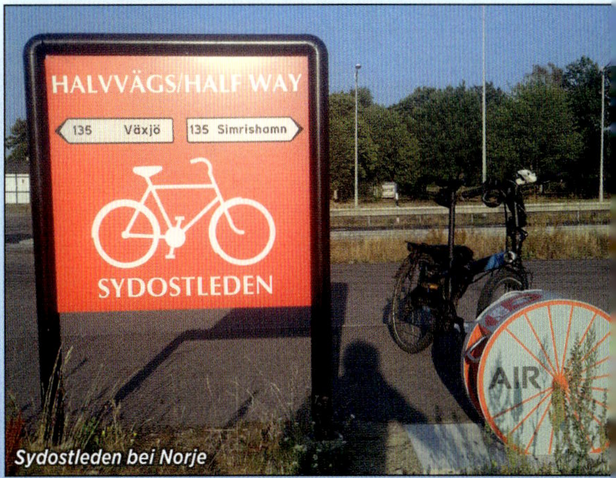


*Sydostleden bei Norje*

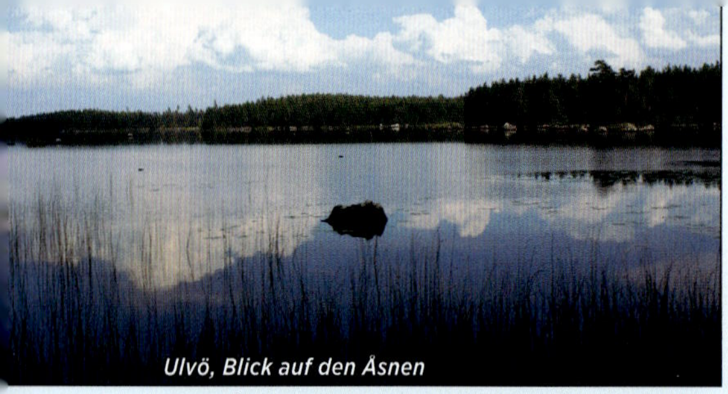

*Ulvö, Blick auf den Åsnen*

**Nord-Åsnen (30 km):** Torne-Huseby Bruk-Torne (Karten 26 + Ausflug Huseby Bruk)
**Åsnen komplett (85 km):** Torne-Huseby Bruk-Urshult-Ålshult-Torne (Karten: 23-29, Ausflug Huseby Bruk)
**Åsnen-Mien (55 km):** Hovmansbygd-Fridafors-Ryd-Urshult-Bäckaskog-Grönteboda-Hovmansbygd (Karten: 21-23, 29-32)

Die vorgeschlagenen Routen führen durch relativ ebenes Gelände und sind einfach zu fahren. Alle Touren sind als Rundtouren angelegt, d. h. sie können an jedem beliebigen Ort entlang der jeweiligen Tour begonnen werden. Pro Rundtour muss im Buch ein paar Mal geblättert werden, doch klar gekennzeichnete Verweise helfen, die Anschlüsse im Routentext schnell zu finden. Die beiden längeren Rundtouren eignen sich auch als Zwei-Tages-Tour, da es ausreichend Übernachtungsmöglichkeiten entlang der Strecke gibt.

## Tourenplanung

### Wichtige Telefonnummern

Internationale Vorwahl für Schweden: 0046

### Zentrale Infostellen

**Tourism in Skåne**, Dockplatsen 26, SE-20001 Malmö, ✆ 0046(0)40/6753001, tourism@skane.com, www.visitskane.com/de
**Visit Blekinge AB**, Christopher Schrödersgatan 9, SE-374 36 Karlshamn, ✆ 0046(0)709/627334, info@visitblekinge.se, www.visitblekinge.se/en
**AB Destination Småland (Südsmåland)**, Kungsgatan 6B, SE-35233 Växjö, ✆ 0046(0)470/733270, info@visitblekinge.se, www.visitsmaland.se/de
**Smygehuk Turistinformation**, Smyge Strandväg 4C, SE-23178 Smygehamn, ✆ 0046(0)410/733320, visittrelleborg@trelleborg.se, www.visittrelleborg.se/en
**Malmö Turism**, Kontaktcenter Stadshuset, August Palms Plats 1, SE-21154 Malmö, ✆ 0046(0)40/341000, malmostad@malmo.se, www.malmo.se/malmotown, www.visitmalmo.se/en
**Visit Lund**, Bytaregatan 6, SE-22350 Lund, ✆ 0046(0)46/121415, info@visitlund.se, www.visitlund.se/en

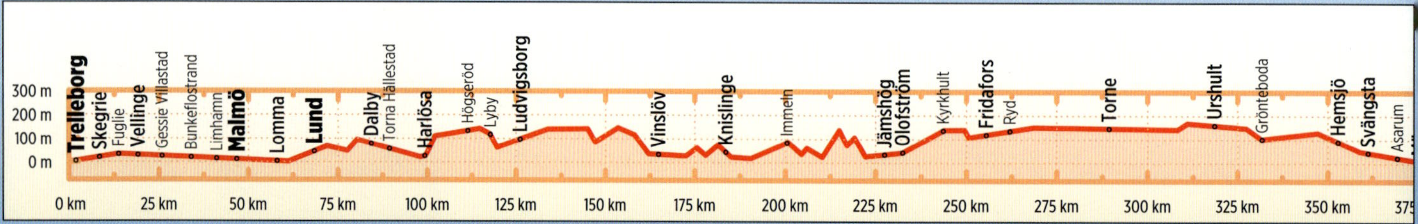

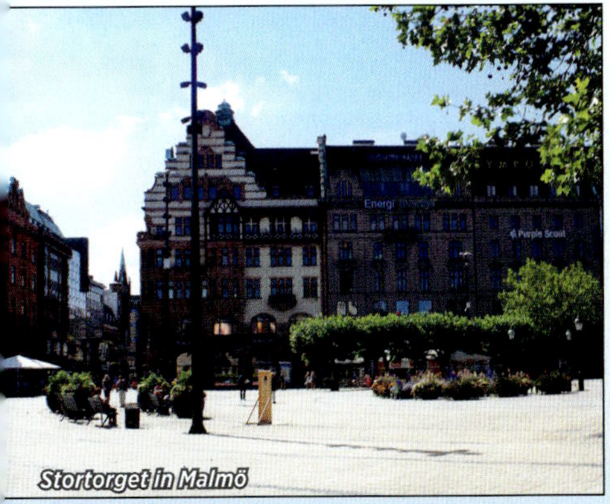

Stortorget in Malmö

**Kristianstad Turistinformation**, Rådhus Skåne, Västra Storgatan 12, SE-29132 Kristianstad, ✆ 0046(0)44/135000, touristinfo@kristianstad.se, www.kristianstad.se/turism

**Simrishamns Turistcenter**, Marint centrum, Varvsgatan 2, SE-27221 Simrishamn, ✆ 0046(0)414/819800, info@visitskanesydost.se, www.visitystadosterlen.se/de

**Ystad Visitor Center**, St Knuts Torg, SE-27142 Ystad, ✆ 0046(0)411/577681, turistinfo@ystad.se, www.visitystadosterlen.se/en

### Radfahrerverbände

**Cykelfrämjandet**, Järnvägsgatan 36, S-13154 Nacka, ✆ 0046(0)72/202287300, info@cykelframjandet.se, cykelframjandet.se/information-in-english

**Svenska Cykelsällskapet (SCS)**, Torneågatan 10, SE-16479 Kista, ✆ 0046(0)8/7516204, info@svenska-cykelsallskapet.se, www.svenska-cykelsallskapet.se

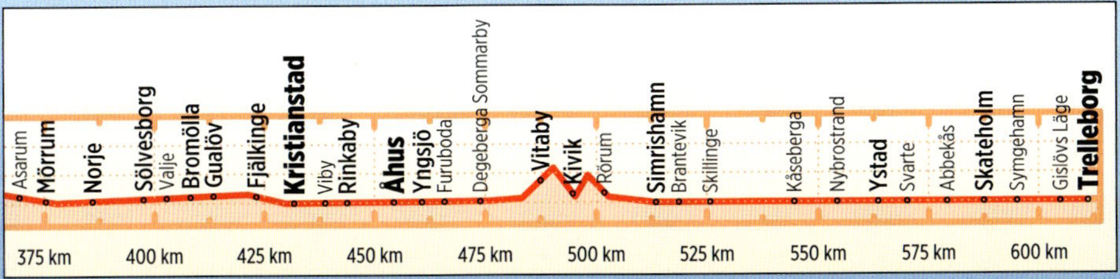

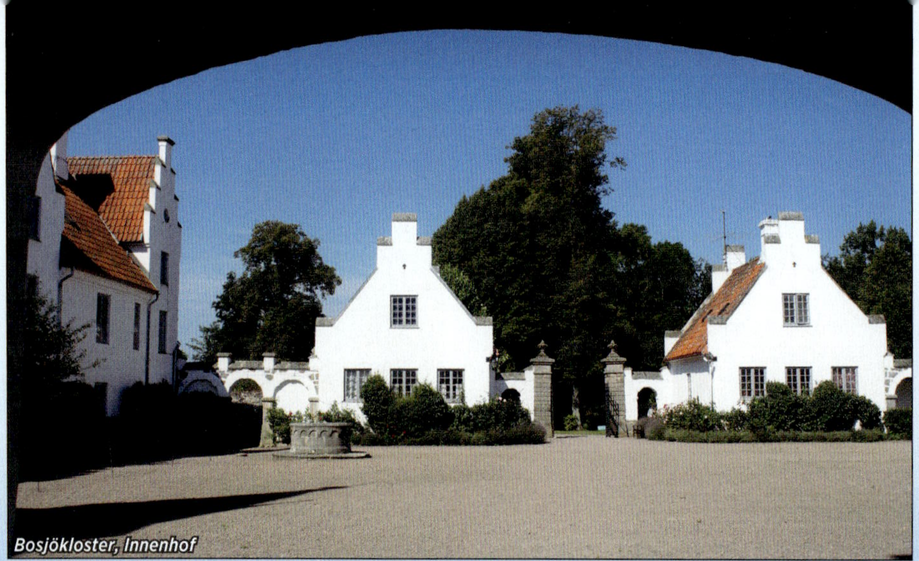

Bosjökloster, Innenhof

### Umrechnungskurs

Ein Euro entspricht ca. 11,25 Schwedischen Kronen (SEK), umgekehrt eine Schwedische Krone ca. 9 Cent (Stand 2023).

### An- und Abreise mit der Fähre

Am bequemsten ist der Startpunkt Trelleborg per Fähre zu erreichen. Verbindungen gibt es mehrmals täglich von den deutschen Fährhäfen Lübeck-Travemünde (ca. 8 Std.) und Rostock (ca. 6 Std.) sowie in der Saison von Sassnitz auf Rügen (ca. 3 Std.). Alternativ können Sie von Travemünde aus nach Malmö (ca. 9 Std.) fahren und dort ihre Tour beginnen. Außerdem verkehren vom polnischen Swinemünde Fähren nach Trelleborg und Ystad (jeweils ca. 7 Std.). Seit Sommer 2023 gibt es eine neue Fährverbindung zwischen Travemünde und Karlshamn in der Provinz Blekinge, das sich somit auch als Einstiegspunkt für die Radtour anbietet. Empfehlenswert ist die Fährüberfahrt ohne Auto, da die Mitnahme von Fahrrädern vergleichsweise günstig bzw. bei einigen Fährgesellschaften sogar kostenlos ist.

**Finnlines**, Skandinavienkai, Zum Hafenpl. 1, 23570 Lübeck-Travemünde od. Zum Fährterminal 1, 18147 Rostock o. Świnoujście terminal, Bunkrowa 5A, 72600 Świnoujście, ✆ 0049(0)451/1507443, passagierdienst@finnlines.com, www.finnlines.com

**FSR Baltic**, Im Fährhafen, 18546 Sassnitz/Neu Mukran, ✆ 049(0)461/864-608, info@frs-baltic.com, www.frs-baltic.com

**TT-Line**, Skandinavienkai, Zum Hafenpl. 1, D-23570 Lübeck-Travemünde oder Überseehafen, Zum Fährterminal 1, D-18147 Rostock oder ul. Dworcowa 1, PL-72600 Świnoujście, ✆ 0180/6666600 (Buchung, € 0,20 pro Anruf aus dem dt. Festnetz, dt. Mobilfunknetz max. € 0,60 pro Anruf), ✆ 049(0)4502/80181 (aus dem Ausland), info@ttline.com, www.ttline.com

**Polferries**, Dworcowa 1, PL-72606 Świnoujście, ✆ 0048(0)22/2302222, info@polferries.pl, www.polferries.de

**Stena Line**, Zum Fährterminal 1, DE-18147 Rostock, ✆ 0049(0)180/6020100 (€ 0,20 pro Anruf aus

dem dt. Festnetz), ✆ 0049(0)431/9099 (aus dem Ausland), info.de@stenaline.com, www.stenaline.de
**Unity Line**, Świnoujście terminal, Bunkrowa 5A, PL-72602 Świnoujście, ✆ 0048(0)91/8802909 (Kontakt nur in Englisch), rezerwacje@unityline.pl, www.unityline.de

### *An- und Abreise mit der Bahn*

Da Sie bei Anreise mit der Bahn nach Trelleborg ohnehin in Malmö umsteigen müssen, können Sie wahlweise gleich in Malmö in die Radtour einsteigen. Von Hamburg aus gibt es mehrmals täglich durchgehende IC-Verbindungen auf der sogenannten Vogelfluglinie (inkl. der 45-minütigen Fährüberfahrt Puttgarten-Rødby) bis nach Kopenhagen. Von dort fahren tagsüber alle 10 bis 20 Minuten Nahverkehrszüge (Öresundståg) über die Öresundbrücke bis zum Bahnhof Malmö Central. Die Fahrradmitnahme auf der IC-Strecke ist möglich, aufgrund der begrenzten Stellplätze sollten Sie aber frühzeitig reservieren. Wenn Sie für Ihre Anreise das Deutschlandticket nutzen möchten, können Sie auch bis Flensburg fahren und erst dort in den IC einsteigen.
Seit Sommer 2021 bietet das private Eisenbahnunternehmen Snälltåget eine Nachtzugverbindung zwischen Berlin, Hamburg und Malmö an, die an einigen Tagen sogar ab/bis Dresden verkehrt. Lei-

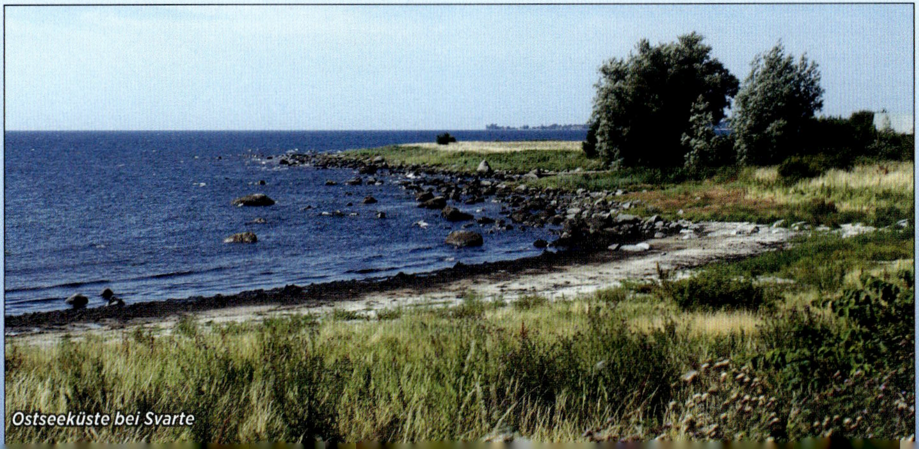

Ostseeküste bei Svarte

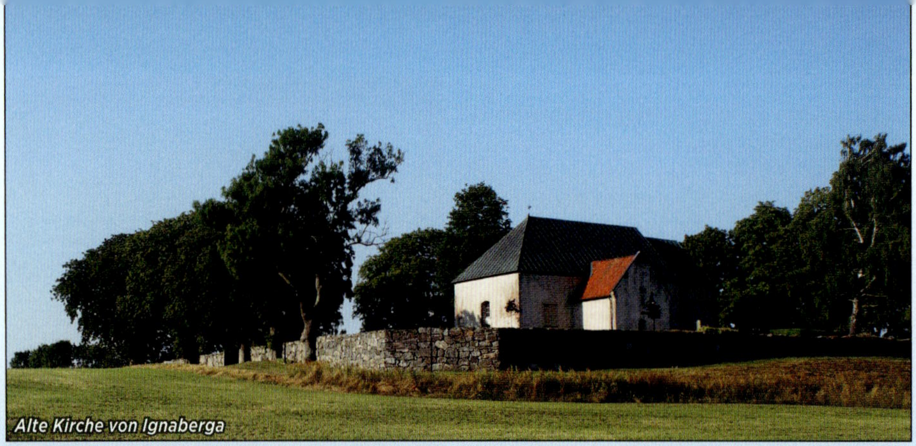

Alte Kirche von Ignaberga

der ist in diesem Nachtzug nur die Mitnahme von Klapprädern möglich.

Ist Ihnen die Anreise per Bahn zu umständlich, besteht auch die Möglichkeit, Bahn und Fähre miteinander zu kombinieren, indem Sie bis Travemünde, Rostock oder Sassnitz mit der Bahn fahren und dort aufs Schiff umsteigen.

Aufgrund der sich ständig ändernden Preise und Bedingungen für Fahrradtransport bzw. -mitnahme empfehlen wir Ihnen, sich bei nachfolgenden Infostellen über Ihre ganz persönliche Anreise mit der Bahn zu informieren.

**Informationsstellen**

**Deutsche Bahn AG, Service-Hotline:** ✆ 030/2970, Mo-So 0-24 Uhr, Auskünfte über Fahrpreise und Fahrpläne, Informationen über die Serviceleistungen der Deutschen Bahn, www.bahn.de, www.bahn.de/bahnundbike

**Automatische DB-Fahrplanauskunft:** ✆ 0800/1507090 (gebührenfrei aus dem Festnetz)

**Schwedische Staatsbahnen (SJ)**, Kundenservice (Tickets, Fahrplanauskunft) ✆ 0046(0)771/757575 (Mo-Fr 8-17 Uhr), kundservice@sj.se, www.sj.se/en

**Skånetrafiken**, Kundenservice/Verkehrsinformation ✆ 0046(0)771/777777 (Mo-Fr 6-20 Uhr, Sa, So, Fei 8-20 Uhr), kundservice@skanetrafiken.se, www.skanetrafiken.se

## An- und Abreise mit dem Auto

Trelleborg bzw. Malmö sind mit dem Auto über Fehmarn (inkl. der 45-minütigen Fährüberfahrt Puttgarten-Rødby) oder ohne Fährüberfahrt über die dänische Insel Fünen zu erreichen. Für beide Routen benötigt man von Hamburg aus etwa fünf Stunden bis nach Kopenhagen. Von dort gelangt man über die 16 Kilometer lange, mautpflichtige Öresundbrücke bis nach Malmö.

**Scandlines**, Skandinavienkai, Fährhafenstraße, D-23769 Puttgarden, ✆ 0381/77887766 (Mo-Fr 8-18 Uhr, Sa 10-17 Uhr, servicecenter.germany@scandlines.com, www.scandlines.se

## Fahrradversand

Logistik-Unternehmen wie DHL oder Cargo International bieten normalerweise keinen internationalen Fahrradversand an. Allerdings besteht die Möglichkeit, das Fahrrad als Paket zu versenden. Dazu muss das Rad in ein zulässiges Format zerlegt werden, in der Regel müssen Sie Räder und Pedale abschrauben und den Lenker quer stellen. Die Zustellung kann einige Tage dauern.

Eine weitere Option ist www.fahrradversenden.de, wo Sie auch E-Bikes versenden können und auch einen passenden Karton bekommen.

## Rad & Bahn

Innerhalb Südschwedens ist eine Mitnahme von Fahrrädern im Bereich des Verkehrsverbundes Skånetrafiken möglich, der den größten Teil der beschriebenen Route abdeckt. In dessen Regionalzügen, Öresundståg und Pågatåg, können Sie u. a. folgende auf der Route gelegene Orte erreichen: Trelleborg, Malmö, Lund, Höör, Vinslöv, Hässleholm, Olofström, Karlshamn, Sölvesborg, Mörrum, Bromölla, Fjälkinge, Kristianstad, Simrishamn, Ystad und Svarte. Für den Transport über die Öresundbrücke muss eine zusätzliche Fahrradkarte gelöst werden, ansonsten ist die Fahrradmitnahme in Skåne kostenlos. In den Zügen des Öresundståg ist Platz für bis zu neun Fahrräder, in den Zügen des Pågatåg gibt es in der Regel in der Mitte des Zuges Platz für bis zu sechs Fahrräder.

Im Fernverkehr der schwedischen Eisenbahn SJ sind ausschließlich Klappräder erlaubt, klassische Fahrräder hingegen nicht zugelassen.

## Rad & Bus

Am Wochenende, an Feiertagen und vom 15. Juni bis 15. August können in den gelben Regionalbussen des Verkehrsverbunds Skånetrafiken Fahrräder mitgenommen werden. In der Regel gibt es Fahrradhalter für ein bis zwei Räder pro Bus, an denen Sie Ihr Fahrrad selbst aufhängen müssen. E-Bikes sind aufgrund des Gewichts nicht erlaubt.

## Übernachtung

Die beliebteste Unterkunft in Schweden ist die **Stuga** (Ferienhaus). Da diese meist wochenweise angemietet werden muss, ist sie für Tourenradler ungeeignet. Auf der beschriebenen Route finden sich aber auch Hotels und Pensionen. Auf dem Land werden auf Schildern mit der Aufschrift „Rum ledigt“ (Zimmer frei) häufig Privatzimmer oder Bed & Breakfast angeboten.

Preiswert übernachten kann man in den schwedischen **Jugendherbergen** (Vandrarhem) oder auf einem der zahlreichen Zeltplätze, auf denen Sie zumeist auch einfache Holzhütten mieten können. Außerdem gibt es entlang von Fernwanderwegen und Wasserwanderwegen Freiübernachtungsstellen, die natürlich auch von Radfahrern genutzt werden dürfen. Diese sind zumeist mit einer Schutzhütte und Feuerstelle, zum Teil sogar mit Trockentoilette und Trinkwasser ausgestattet.

Das schwedische **Jedermannsrecht** (Allemansrätten) erlaubt es zudem, unter Einhaltung gewisser Regeln wild zu zelten – sofern man sein Zelt nicht in der Sichtweite von bewohnten Häusern, auf einer landwirtschaftlichen Fläche oder im Naturschutzgebiet aufbaut und bei der Abreise keinerlei Spuren hinterlässt.

Bei unseren Recherchen haben wir eine größtmögliche Auswahl für Sie zusammengestellt. Für alle,

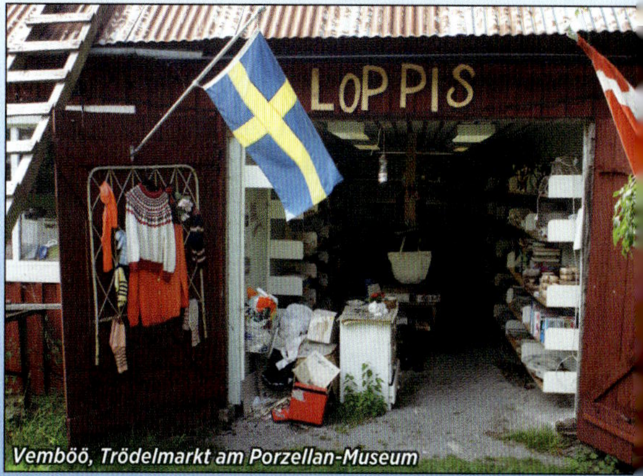

Vemböö, Trödelmarkt am Porzellan-Museum

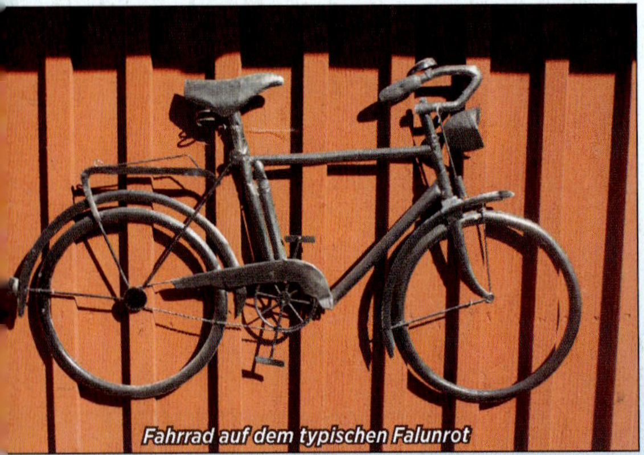

Fahrrad auf dem typischen Falunrot

die Alternativen oder einfach noch mehr Anbieter suchen, gibt es nachfolgende Internet-Adressen, die auch Beherbergungen anderer Art anbieten:

Unter www.camping.se/de finden Sie flächendeckend den **Campingplatz** nach Ihrem Geschmack. Wenn Sie vorrangig auf Campingplätzen übernachten wollen, ist der Kauf der Rabattkarte Camping Key Europe (CKE) empfehlenswert, die gewisse Vorteile gewährt und den Check-In vereinfacht.

**Übernachtungsnetzwerke** wie www.couchsurfing.org oder www.bewelcome.org funktionieren nach dem Gegenseitigkeitsprinzip: Mitglieder bieten anderen Reisenden kostenlos eine Unterkunft bei sich zu Hause an. Dies ist eine gute Möglichkeit, authentische Einblicke in das Land zu erlangen. Besonders hervorzuheben ist **Warm Showers**. Hier bieten Radfreunde anderen Tourenradlern private Schlafplätze an, selbstverständlich auch kostenlos. Mehr darüber unter www.warmshowers.org.

Eine Übersicht über Hostels finden Sie unter www.hihostels.com.

**Svenska Turistföreningen (STF)**, Box 17251, SE-10462 Stockholm, ✆ 0046(0)8/4632100 (Mo-Fr 9-12 Uhr), info@stfturist.se, www.svenskaturistforeningen.se

**SCR Svensk Camping**, Mässans Gata 10, Box 5079, SE-40222 Göteborg, ✆ 0046(0)771/117117 (Mo-Fr, 8-17 Uhr, info@scr.se, www.camping.se/de

### Reisezeit

Eine Radtour durch Südschweden ist von Mai bis September empfehlenswert. Im August und September ist das Regenrisiko etwas höher einzuschätzen. Von Mittsommer (Samstag zwischen dem 20. und 26. Juni) bis zur zweiten Augustwoche herrscht in Schweden Hochsaison. Ist man in diesen Wochen unterwegs, sollte man vorher Unterkünfte reservieren, selbst auf Zeltplätzen kann es für größere Gruppen eng werden. Außerhalb der schwedischen Sommerferien ist es zumeist kein Problem, spontan eine Übernachtungsmöglichkeit zu finden. Allerdings sind dann auch viele touristische Angebote und Sehenswürdigkeiten geschlossen.

### Verpflegung

Die Route führt Sie in Blekinge und Småland durch relativ dünn besiedelte Regionen, in denen es dementsprechend wenige Supermärkte oder Restaurants gibt. Vor allem außerhalb der Hauptsaison sollten Sie daher Ihren Lebensmitteleinkauf planen bzw. ausreichend Proviant mitnehmen. In größeren Orten sind Supermärkte in der Woche oft bis 22 Uhr, am Wochenende bis 18 Uhr geöffnet. Auf dem Land gibt es häufig kleine Lebensmittelhändler (Lanthandel, Handelsbod) sowie Obst- und Gemüsestände an der Straße, in denen man sein Geld in eine „Kasse des Vertrauens" legt. Im Sommer erhalten Sie auf den meisten Campingplätzen eine Grundausstattung an Lebensmitteln und Getränken. Halten Sie außerdem Ausschau nach Hinweisschildern für Hofläden (Gårdsbutik, Grönsaker, Gårdsbod) oder Fischräuchereien (Rökeri).

Während schwedische Restaurants verhältnismäßig teuer sind, bekommt man in Selbstbedienungsrestaurants, Pizzerien und Imbissen oft ein preiswertes, gutes Essen. Mittags sollten Sie nach dem Tagesgericht (Dagens rätt/lunch) fragen, das zumeist inklusive Brot, Salat und Kaffee serviert wird.

### *Mit Kindern unterwegs*

Die ausgewählte Route ist wegen der überwiegend guten Wegequalität und der geringen Verkehrsdichte auch für das gemeinsame Reisen mit Kindern geeignet. Da es im Binnenland einige steilere Anstiege und Abfahrten gibt, ist die gesamte Tour allerdings erst für allein radelnde Kinder ab etwa zwölf Jahren zu empfehlen. Die Tagestouren hingegen können auch jüngere Kinder bewältigen.

### *Radreiseveranstalter*

**Radreisen online**, Hermannstr. 25, D-99817 Eisenach, ✆ 0049(0)3691/8867277, info@radreisen-online.net, www.radreisen-online.de

**Reise-Karhu**, Bahnhofstr. 14, D-07545 Gera, ✆ 0049(0)365/5529670, info@reise-karhu.de, www.reise-karhu.de

**Ravlunda Cykel**, Vitabyvägen 9, SE-27737 Ravlunda, ✆ 0046(0)414/74001 od. 0046(0)739/720548, info@ravlundacykel.se, www.ravlundacykel.se

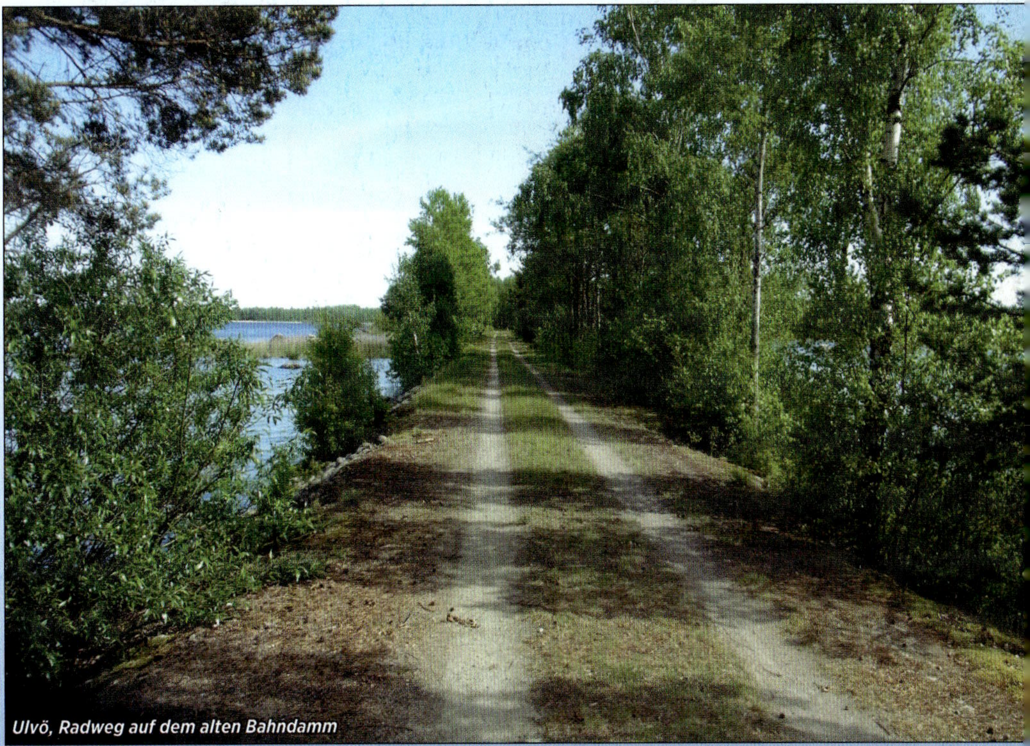

*Ulvö, Radweg auf dem alten Bahndamm*

## Kleine Sprachkunde

Nachfolgend einige Vokabeln, auf die Sie unterwegs in gewisser Regelmäßigkeit stoßen werden. Wissenswert ist dabei, dass oft die bestimmten Artikel als Endung ***-en/-n*** oder ***-et/-t*** angehangen werden (z. B. torg/torget, bro/bron, skog/skogen, å/ån, museum/museet), halten Sie sich also an den Wortstamm. Der skandinavische Buchstabe **å/Å** wird in etwa wie das o in „horchen" ausgesprochen, das schwedische **o** spricht man wie das deutsche u und das schwedische **u** wie das deutsche ü. Bei Ortsnamen gibt es oft vorangestellte Buchstaben wie St (Stora – Groß) oder L (Lilla – Klein), ferner für die Himmelsrichtungen V (Västra – West), Ö (Östra – Ost), S (Södra – Süd) und N (Norra – Nord).

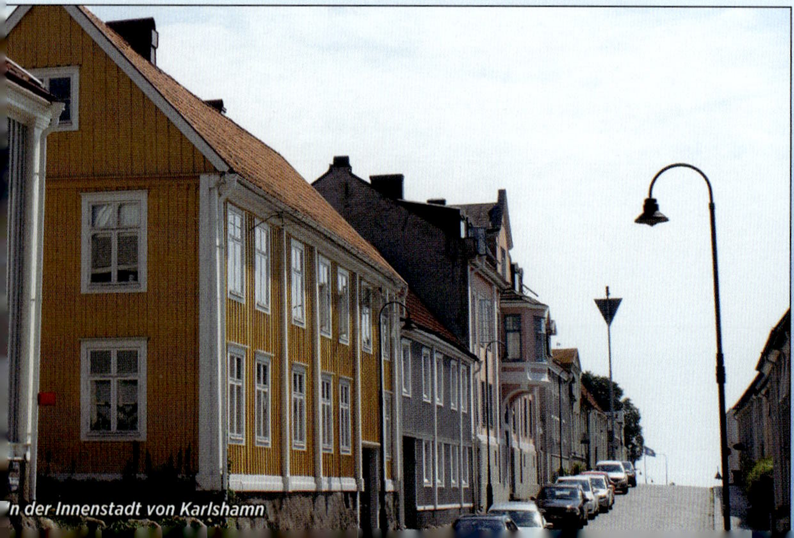
In der Innenstadt von Karlshamn

| | |
|---|---|
| ***å*** | Fluss |
| ***allemansrätten*** | Jedermannsrecht |
| ***badplats*** | Badestelle |
| ***bäck*** | Bach |
| ***betala*** | bezahlen |
| ***bro*** | Brücke |
| ***by*** | Dorf |
| ***cykel*** | Fahrrad |
| ***Dagens rätt*** | Tagesgericht |
| ***Dygnet rund*** | rund um die Uhr |
| ***eld*** | Feuer |
| ***frukost*** | Frühstück |
| ***gatukök*** | Imbissbude |
| ***hytte*** | Unterstand |
| ***idrottsplats*** | Sportplatz |
| ***kväll*** | Abend |
| ***kvarn*** | Mühle |
| ***kyrka*** | Kirche |
| ***lanthandel*** | Dorfladen |
| ***led*** | Wander-/Radweg |
| ***loppis/loppemarknad*** | Trödel |
| ***lunch*** | Mittagessen |
| ***mat*** | Essen |
| ***middag*** | Abendbrot |
| ***morgon*** | Morgen |
| ***natt*** | Nacht |
| ***nattöppet*** | auch nachts geöffnet |
| ***ö*** | Insel |
| ***övernattning*** | Übernachtung |
| ***Påtår ingår.*** | Man kann sich jeweils eine Tasse Tee/Kaffee nachholen. |
| ***pengar*** | Geld |
| ***Rum & Frukost*** | Zimmer mit Frühstück |
| ***rum ledigt*** | freies Zimmer |
| ***semester*** | Ferien/Urlaub |
| ***semesterstängd*** | zur Ferienzeit geschlossen |
| ***Servering*** | Bedienung |
| ***sjukjus*** | Krankenhaus |
| ***skog*** | Wald |
| ***stängd*** | geschlossen |
| ***stortorg*** | Großer Marktplatz |
| ***stuga*** | Ferienhaus |
| ***tack*** | danke |
| ***torg*** | Marktplatz |
| ***torn*** | Turm |
| ***träd*** | Holz |
| ***tvättmaskin*** | Waschmaschine |
| ***vandrarhem*** | Jugendherberge |
| ***varsågod!*** | Bitte! |
| ***ved*** | Brennholz |

# Zu diesem Buch

Dieser Radreiseführer enthält alle Informationen, die Sie für den Radurlaub in Südschweden benötigen: Exakte Karten, eine detaillierte Streckenbeschreibung, ein ausführliches Übernachtungsverzeichnis, Stadt- und Ortspläne und die wichtigsten Informationen zu touristischen Attraktionen und Sehenswürdigkeiten.

Und das alles mit der ***bikeline*-Garantie**: die Routen in unseren Büchern sind vor Ort professionell auf ihre Fahrradtauglichkeit geprüft worden. Um höchste Aktualität zu gewährleisten, nehmen wir nach der Befahrung Korrekturen von Lesern bzw. offiziellen Stellen bis Redaktionsschluss entgegen, die dann jedoch teilweise nicht mehr an Ort und Stelle verifiziert werden können.

Die Radtour ist nicht in Tagesetappen, sondern in logische Abschnitte aufgeteilt, weil die Tagesleistung zu sehr davon abhängt, wie sportlich oder genussvoll Sie die Strecke in Angriff nehmen möchten.

### *Die Karten*

Die Detailkarten sind im Maßstab 1 : 75000 erstellt. Dies bedeutet, dass 1 Zentimeter auf der Karte einer Strecke von 750 Metern in der Natur entspricht. Zusätzlich zum genauen Routenverlauf informieren die Karten auch über die Beschaffenheit des Bodenbelages (befestigt oder unbefestigt), Steigungen (leicht oder stark), Entfernungen sowie über kulturelle, touristische und gastronomische Einrichtungen entlang der Strecke.

Allerdings können selbst die genauesten Karten den Blick auf die Wegbeschreibung nicht ersetzen. Komplizierte Stellen werden in der Karte mit diesem Symbol ⚠ gekennzeichnet, im Text finden Sie das gleiche Zeichen zur Markierung der betreffenden Stelle wieder. Beachten Sie, dass die empfohlene Hauptroute immer in Rot und Violett, Varianten und Ausflüge hingegen in Orange dargestellt sind. Die genaue Bedeutung der einzelnen Symbole wird in der Legende auf den Seiten 4 und 5 erläutert.

### *Höhen- und Streckenprofil*

Das Höhen- und Streckenprofil gibt Ihnen einen grafischen Überblick über die Steigungsverhältnisse, die Länge und die wichtigsten Orte entlang der Radroute. Es können in diesem Überblick nur die markantesten Höhenunterschiede dargestellt werden, jede einzelne kleinere Steigung wird in dieser grafischen Darstellung nicht berücksichtigt. Die Steigungs- und Gefälleverhältnisse entlang der Route finden Sie im Detail mit Hilfe der Steigungspfeile in den genauen Karten.

### *Der Text*

Der Textteil besteht im Wesentlichen aus der genauen Streckenbeschreibung, welche die empfohlene Hauptroute enthält. Stichwortartige Streckeninformationen werden von dem Zeichen begleitet. Manche besonders markante oder wichtige Punkte auf der Strecke sind als Wegpunkte **1**, **2**, **3**,... durchnummeriert und – zur besseren Orientierung – mit dem selben Symbol in den Karten wieder zu finden.

Unterbrochen wird dieser Text gegebenenfalls durch orangefarbige Absätze, die Varianten und Ausflüge beschreiben.

TIPP Textabschnitte in Violett heben Stellen hervor, an denen Sie Entscheidungen über Ihre weitere Fahrstrecke treffen müssen, z. B. wenn die Streckenführung von der Wegweisung abweicht oder mehrere Varianten zur Auswahl stehen u. ä.

AUSFLUG **Sie weisen auch auf Ausflugstipps, interessante Sehenswürdigkeiten oder Freizeitaktivitäten etwas abseits der Route hin.**

Ferner sind alle wichtigen **Orte** zur besseren Orientierung aus dem Text hervorgehoben. Gibt es interessante Sehenswürdigkeiten in einem Ort, so finden Sie unter dem Ortsbalken die jeweiligen Adressen, Telefonnummern, Öffnungszeiten-Kategorien und Weblinks.

Die Beschreibung der einzelnen Orte sowie historisch, kulturell oder naturkundlich interessanter Gegebenheiten entlang der Route trägt zu einem abgerundeten Reiseerlebnis bei. Diese Textblöcke sind kursiv gesetzt und unterscheiden sich dadurch auch optisch von der Streckenbeschreibung.

### *Öffnungszeiten – Kategorien*

- Öffnungszeiten
- frei zugänglich
- täglich
- häufig (5-6 Tage/Wo.)
- durchschnittlich (3-4 Tage/Wo.)
- selten (bis 2 Tage/Wo.)
- nach tel. Anfrage

Diese Angaben gelten während der Radsaison und dienen als Orientierungshilfe. Die tagesaktuellen Öffnungszeiten finden Sie über den Weblink.

### *Weblink*

Im Ortsdatenblock bei dem jeweiligen touristischen Eintrag befindet sich nach dem @ Symbol eine sechsstellige Zahlen- und Buchstabenkombination ***(z. B. @ abc123)***. Die Eingabe dieser Weblink-ID auf unserer Internetseite www.esterbauer.com leitet Sie direkt auf die entsprechende Webseite weiter und ersetzt somit die mühsame Eingabe ellenlanger Webadressen.

### *Übernachtungs- und Serviceverzeichnis*

Auf den letzten Seiten dieses Radtourenbuches sind zu fast allen Orten entlang der Strecke eine Vielzahl von Übernachtungsmöglichkeiten aufgelistet, vom einfachen Zeltplatz bis zum 5-Sterne-Hotel. Zusätzlich finden Sie umfangreiche Informationen zu Radwerkstätten und Radverleihstationen.

### *Mit dem E-Bike*

Mittlerweile sind immer mehr Radler mit einem E-Bike unterwegs. Im Grunde sind dabei die Anforderungen dieselben, auch wenn damit längere Etappen und mehr Steigungen zurückgelegt werden können. Da auch die Leistungsfähigkeit bei unmotorisierten Radlern sehr unterschiedlich ist, haben wir schon bisher keine Etappenlängen vorgegeben.

Engstellen, Treppen oder Tragestellen, die wegen des Gewichts des E-Bikes schwer zu überwinden sind, sind in den Karten verzeichnet und wo möglich Alternativen angegeben.

Wir verzichten bewusst auf das systematische Erfassen offizieller Ladestationen, da die „inoffiziellen" Ladestationen (Steckdosen) ungleich häufiger sind. Vergessen Sie das Ladekabel nicht.

# Von Trelleborg nach Lund

68,1 km

HM/km: ↗1,4 (93m) ↘0,7 (51m) Radweg: 66 % Unbefestigt: 5 % Verkehr: 4 %

Der erste Tourenabschnitt führt Sie durch den Südwesten der Provinz Skåne und die größeren Städte Malmö und Lund. Vom Fährhafen in Trelleborg lohnt sich zunächst ein Abstecher zur nachgebauten Wikingerburg Trelleborgen. Auf der weiteren Fahrt durchs Binnenland kommen Sie immer wieder an Feldern und kleinen Dörfern mit Fachwerkhäusern vorbei. Die Landschaft und ihre Kirchen und Häuser erinnern an Dänemark, zu dem Schwedens südlichste Provinz einst gehörte.

Einige Kilometer vor Malmö gelangen Sie an die Küste des Öresunds und fahren unter der gewaltigen Öresundbrücke hindurch, die Dänemark mit Schweden verbindet. Sehenswert in Malmö sind die Altstadt mit dem Schloss Malmöhus und der Wolkenkratzer Turning Torso im neugestalteten Westhafen-Viertel. Etwa zwanzig Kilometer weiter erreichen sie die Universitätsstadt Lund, deren größte Sehenswürdigkeit der romanische Dom aus dem 11. Jahrhundert ist.

Die Route verläuft zum größten Teil über Radwege, regionale Radrouten und wenig befahrene Nebenstraßen. In und um Malmö wird der Verkehr dichter, es gibt aber fast überall Radwege.

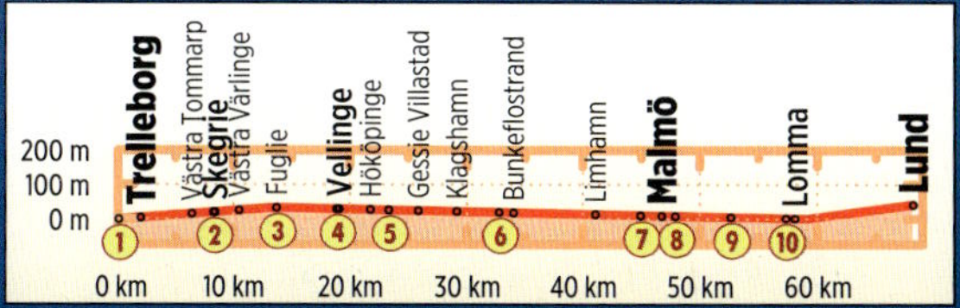


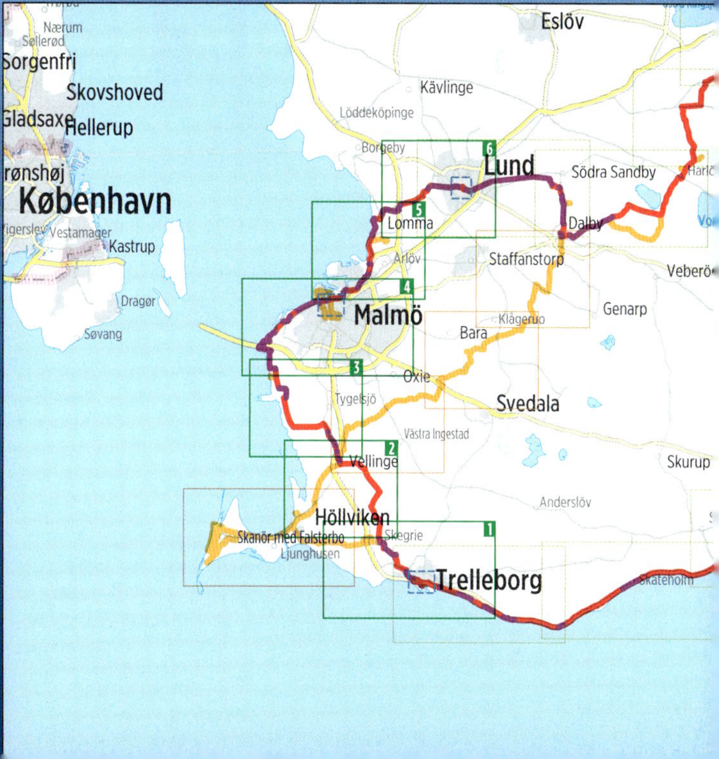

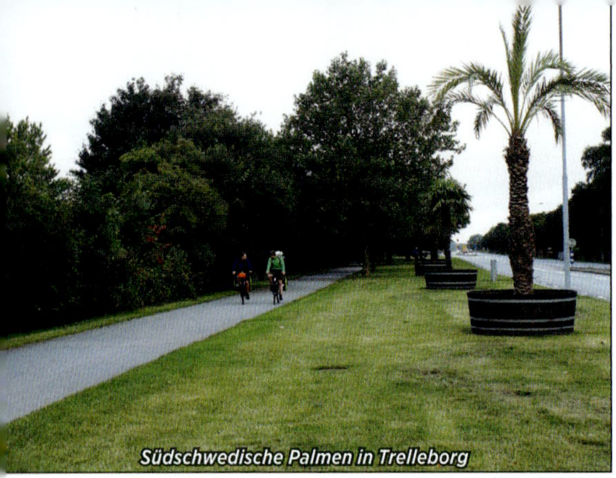

Südschwedische Palmen in Trelleborg

## Trelleborg

Vorwahl: 0410

- **Info-Punkte**, im Trelleborg Museum, im Museum der Trelleborgen, im Clarion Hotell Magasinet
- **Smygehuk Turistinformation**, Smyge Strandväg 4C, Smygehuk (Smygehamn), ✆ 733320, @ pgd345
- **Trelleborg- Świnoujście (TT-Line)**, Norra Nyhamnsgatan 1b, TT-Line-Fähranleger Trelleborg. ✆ 0049(0)180/6020100 (€ 0,20/Anruf aus dem dt. Festnetz, ganzjähriger Fährbetrieb, 1-2 mal tägl., Dauer: ca. 7 Std. @ eyq785
- **Trelleborg-Rostock (Stena Line)**, Hamngatan 9, Travemündebron, Stena-Line-Fähranleger Trelleborg. ✆ 0049(0)180/6020100 (€ 0,20/Anruf aus dem dt. Festnetz), ganzjähriger Fährbetrieb, 2-4 mal tägl., Dauer: ca. 6 Std. @ his145
- **Trelleborg-Rostock (TT-Line)**, Hamngatan 9, Travemündebron, TT-Line-Fähranleger Trelleborg. ✆ 0900/1112031 (1,50 SEK/Min), ganzjähriger Fährbetrieb, 3-4 mal tägl., Dauer: ca. 6 Std. @ tmn762
- **Trelleborg-Sassnitz (FRS Baltic)**, Jasmunder Landstr. 2, Neu Mukran (Sassnitz), ✆ 0461/864608. Verkehrt während der Saison (April-Okt.), 1-3 mal tägl., Dauer: ca. 2,5 Std. @ cri366
- **Trelleborg-Świnoujście (Unity-Line)**, Unity-Line-Fähranleger Trelleborg. ✆ 0048(0)91/8802909, ganzjähriger Fährbetrieb, 2 mal tägl., Dauer: ca. 7 Std, @ xun428
- **Trelleborg-Travemünde (TT-Line)**, Hamngatan 9, Travemündebron, TT-Line-Fähranleger Trelleborg. ✆ 0900/1112031 (1,50 SEK/min), ganzjähriger Fährbetrieb, 2-4 mal tägl., Dauer: ca. 8 Std.
- **Axel Ebbes Konsthall**, Hesekillegatan 1, ✆ 733030, Ende Juni-Mitte Aug., Mi-So 12-16 Uhr, außerhalb der Saison bei temporären Ausstellungen geöffnet. In der Kunsthalle werden Skulpturen des schonischen Künstlers Axel Ebbe (1868-1941) sowie wechselnde Ausstellungen gezeigt. 2023 wegen Umbau geschlossen, Wiedereröffnung 2024. @ wvm522
- **Trelleborgs Museum**, Stortorget 1, ✆ 733050 In Trelleborgs Stadtmuseum werden u. a. die archäologischen Funde einer 7.000 Jahre alten Siedlung gezeigt. @ fvy646
- **Trelleborgs Sjöfartsmuseum**, Gråbrödersgatan 12, ✆ 070/2420676, März-Nov., Sa, So 13-16 Uhr. Das kleine Seeschifffahrtsmuseum informiert u. a. über die Geschichte der Navigation und Trelleborgs Fährhafen. @ idd587
- **S:t Nicolai Kyrka**, Norregatan, ✆ 59700 Dem heiligen Nikolaus, dem Schutzheilgen der Seefahrer, geweihte Kirche aus der Mitte des 13. Jhs. Ihr heutiges Aussehen bekam die Kirche 1883. @ hot283
- **Trelleborgen**, Västra Vallgatan 6, ✆ 733021, (Museum): Ende Juni-Ende Aug., Mo-So 10-17 Uhr; Mai-Ende Juni, Sept., Do-Mo 12-16 Uhr, April, Okt., Sa, So 12-16 Uhr, Burganlage frei zugänglich. Erst im Jahr 1988 wurden Überreste einer Wikingerburg aus der Zeit des Wikingerkönigs Harald I. „Blauzahn“ (10. Jh.) entdeckt. Vermutlich geht der Name der Stadt Trelleborg auf diese Anlage zurück. 1995 wurde ein Viertel der am höchsten Punkt der Stadt gelegenen Festungsanlage rekonstruiert. Das zur Burg gehörige Museum gibt Einblicke in das Leben der Wikinger. Am ersten Juli-Wochenende gibt es einen Wikingermarkt mit Kunsthandwerk und einer nachgestellten Wikingerschlacht. Nach dem erwähnten Wikingerkönig wurde übrigens die Datenübertragungstechnologie Bluetooth benannt, deren Logo aus den altnordischen Runen für H (Harald) und B (Blauzahn) besteht. Mit Café am Museum. @ hxk873
- **Gamla Vattentornet**. Der alte Wasserturm ist mit seinen 58 m das höchste Gebäude der Stadt Trelleborg.
- **Badhuset**, Östra Vallgatan 6, ✆ 733870, @ asv337

*Trelleborg (31.000 Einwohner) ist die südlichste Stadt Schwedens und liegt in der schwedischen Provinz Skåne (dt.: Schonen). Wegen ihres Fährhafens gilt die Kleinstadt als Tor zu Schweden und ist für viele Reisende nur eine Durchgangsstation.*

*Trelleborg wurde im 13. Jahrhundert als dänische Stadt gegründet und hatte dank der reichen Heringsbestände in der Ostsee seine Blütezeit im Mittelalter. Der Name geht vermutlich auf die erst 1988 entdeckte Wikingerburg Trelleborgen zurück: „Trelle“ nennt* man auf Dänisch die schräg gestellten Holzstücke, die außen am Wall die Palisade stützen.

Seit dem Frieden von Roskilde im Jahr 1658 gehört die Stadt zu Schweden. Trelleborgs Fährhafen wurde 1897 eingeweiht. Zwischen Trelleborg und Sassnitz gab es seit 1909 eine Fährverbindung. Sie trug den Namen „Königslinie", nach dem schwedischen König Gustav V. und Kaiser Wilhelm II. als König von Preußen. Sie war bis 2021 die schnellste direkte Seeverbindung zwischen Deutschland und Schweden, wurde allerdings im April 2020 wegen zu geringer Auslastung eingestellt. Aktuell gibt es eine schnelle Katamaran-Verbindung während der Saison, ob sie von Dauer ist, wird sich zeigen. Heute verkehren von Trelleborg aus Fährschiffe u. a. nach Travemünde, Rostock und ins polnische Swinemünde. Um auf Trelleborgs südliche Lage aufmerksam zu machen, stellt die Stadtverwaltung jeden Sommer rund 100 Palmen an der Strandpromenade auf und feiert Ende August das „PalmFestivalen".

## Skåne – Streitobjekt zwischen Dänemark und Schweden

Ebenso wie Trelleborg hat Skåne insgesamt eine dänische Vergangenheit. Daran erinnern z. B. die vielen kleinen Fachwerkhäuser. An der Westküste

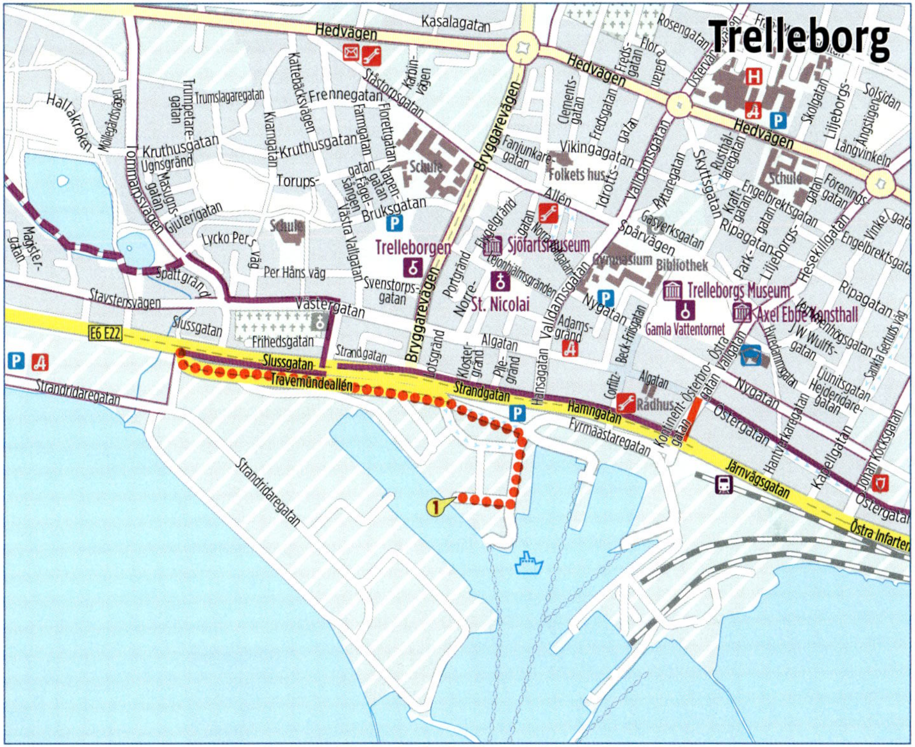

*gibt es außerdem etwa 150 Burgen und Schlösser, die davon zeugen, dass die Region lange zwischen Dänen und Schweden umkämpft war. Auch das in Skåne gesprochene Schwedisch weist noch immer Merkmale des Dänischen auf.*

*Im 11. Jahrhundert wurde Skåne erstmals als Teil des dänischen Reiches beschrieben. U. a. wurde eine Münzprägestätte in Lund gebaut. Die Stadt war das kulturelle Zentrum der Region und wurde 1103 zum Erzbischofssitz für ganz Skandinavien erhoben. Zum ersten Mal schwedisch wurde Skåne 1332, nachdem es Anfang des 14. Jahrhunderts während eines Kriegs zwischen Schweden und Dänemark zerstört worden war. Schon 1360 ging die Region allerdings zurück an Dänemark und der dänische Adel beschloss, im östlichen Teil des Öresunds seine Gutshöfe zu bauen. 1657 erklärte Dänemark während des Zweiten Nordischen Krieges Schweden den Krieg, um einige im Dreißigjährigen Krieg verlorene Gebiete zurückzugewinnen. Dänemark unterlag jedoch und musste 1658 im Frieden von Roskilde die Insel Bornholm sowie die Provinzen Blekinge, Halland und Skåne an Schweden abtreten. In den kommenden 150 Jahren wurden die Bewohner Skånes „schwedifiziert", in dem v. a. die dänische Sprache verdrängt wurde. Noch zweimal – 1676 und 1710 – versuchten die Dänen Skåne zurückzuerobern, sie scheiterten jedoch beide Male.*

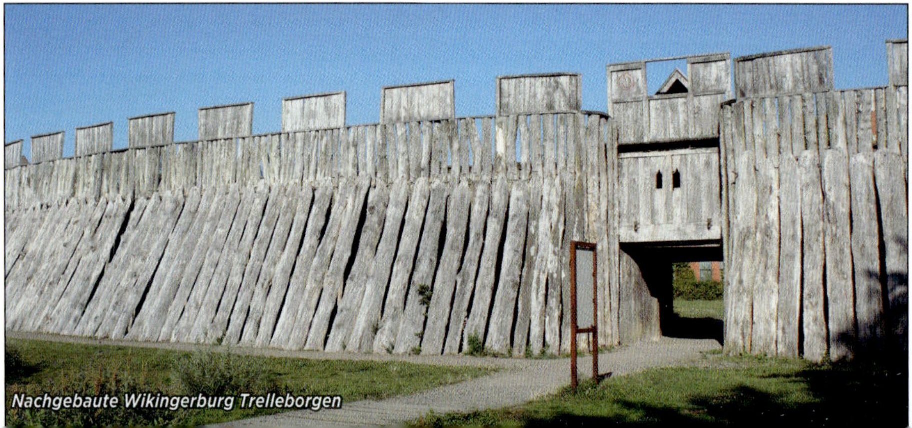
Nachgebaute Wikingerburg Trelleborgen

## Von Trelleborg nach Vellinge 17,5 km

**1** Nach Verlassen der Fähre folgen Sie der Beschilderung für Autofahrer aus dem Hafengelände ~ 100 m nach dem Ende des Metallzauns biegen Sie in einer 180-Grad-Rechtskurve auf den asphaltierten Radweg rechts von der **E 6/E 22** Richtung Trelleborg-Zentrum ein ~ weiter geradeaus entlang der von Palmen gesäumten Uferpromenade ~ an der ersten Möglichkeit links über den Zebrastreifen Richtung Trelleborgen auf den Radweg links der **Östersjögatan** ~ an der T-Kreuzung die **Västergatan** überqueren und links auf den Radweg Richtung Malmö und Falsterbo.

AUSFLUG Ein Abstecher zur nachgebauten Wikingerburg Trelleborgen ist lohnenswert. Biegen Sie dafür an der T-Kreuzung rechts und direkt wieder links ab und folgen Sie der Beschilderung. Nach 100 m erreichen Sie auf der rechten Seite die Burg.

An der ersten Kreuzung am Zaun entlang rechts in den **Tommarpsvägen** und dem Radweg folgen ~ an der nächsten Möglichkeit links in den Park auf den unbefestigten Parkweg ~ am Spielplatz vorbei und über eine Holzbrücke ~ rechts und über eine weitere Holzbrücke, direkt danach an der Weggabelung links halten und an dem kleinen See vorbei ~ an der nächsten Weggabelung links

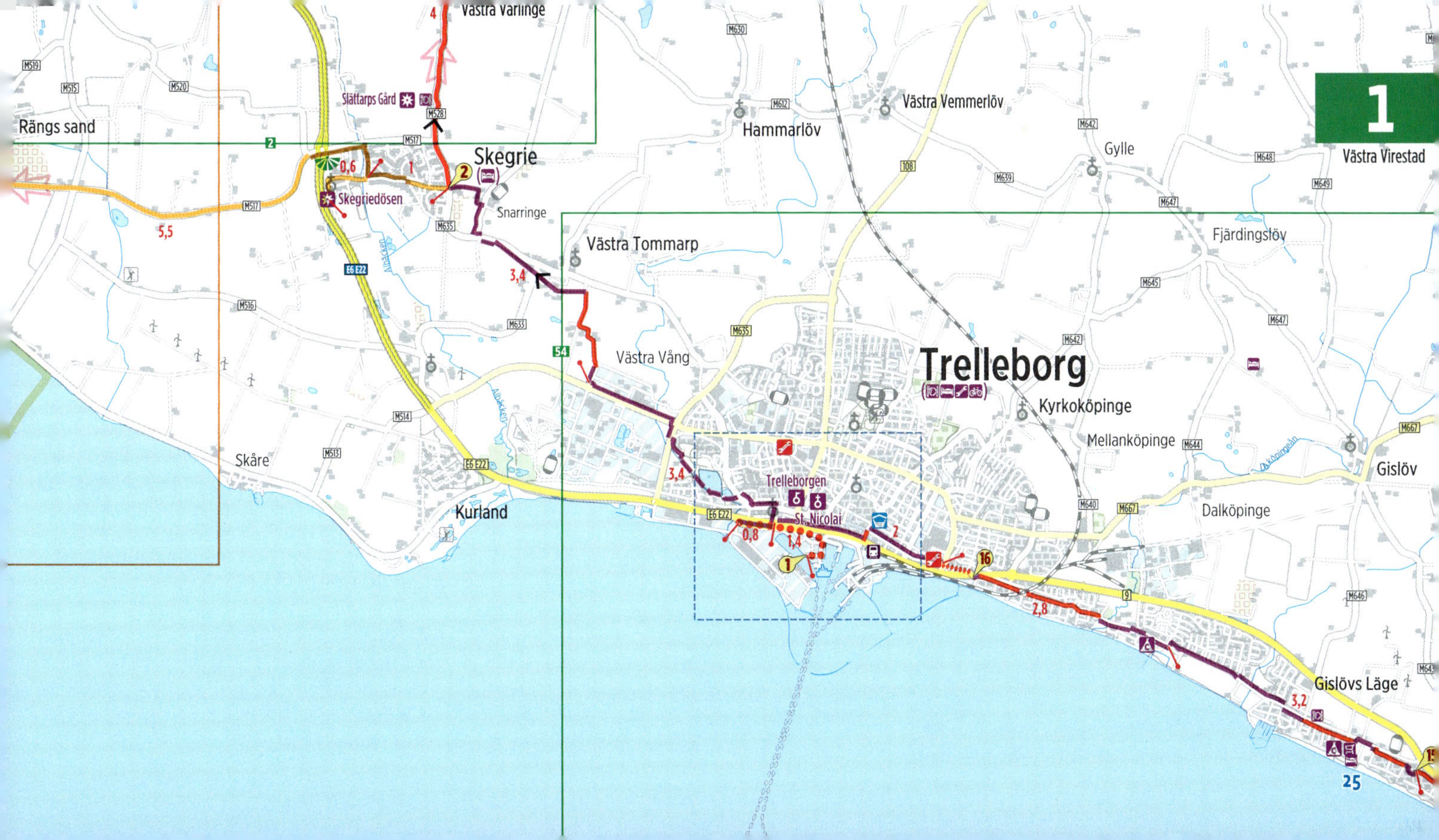
1
Västra Virestad
Västra Varlinge
Slättarps Gård
Rängs sand
Skegrie
Snarringe
Skegriedösen
Hammarlöv
Västra Vemmerlöv
Gylle
Fjärdingslöv
Västra Tommarp
Västra Vång
Trelleborg
Kyrkoköpinge
Mellanköpinge
Gislöv
Dalköpinge
Trelleborgen
St. Nicolai
Skåre
Kurland
Gislövs Läge
Albäcken
Dalköpingeån
E6 E22
M517
M528
M635
M633
M630
M612
M642
M639
M647
M648
M649
M645
M644
M640
M667
M646
M643
M519
M515
M520
M516
M514
M513
108
9
2
54
25
5,5
0,6
1
3,4
0,8
1,4
2
2,8
3,2
4
16

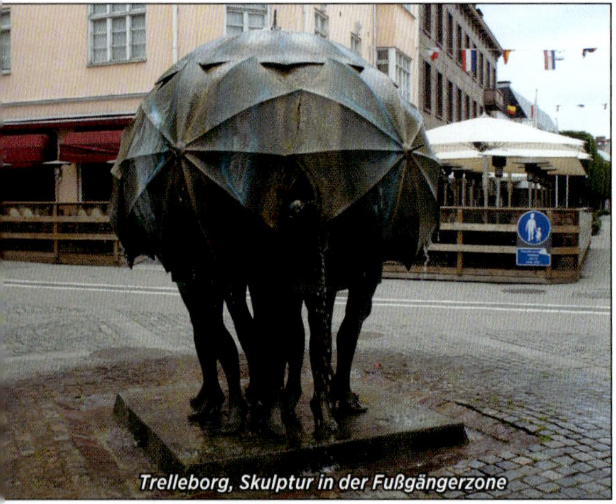

Trelleborg, Skulptur in der Fußgängerzone

halten und den See verlassen ⤳ am Ende des Weges rechts ⤳ gleich wieder links auf die Asphaltstraße in die Wohnsiedlung ⤳ am Zebrastreifen links auf den kurzen Radweg vorbei an der Bushaltestelle, dann die Straße überqueren und rechts auf den straßenbegleitenden Radweg ⤳ am Kreisverkehr über die Straße und links auf den Radweg entlang der Straße ⤳ am nächsten Kreisverkehr rechts auf den linksseitigen Radweg ⤳ der Linkskurve folgen und weiter auf der ruhigen Nebenstraße ⤳ vorbei an Bauernhöfen und Pferdekoppeln ⤳ an der Kreuzung rechts ⤳ links auf einen asphaltierten Radweg durch die Siedlung.

### Västra Tommarp

Im Neubaugebiet bleiben Sie auf dem Radweg und verlassen die Ortschaft ⤳ die Straße überqueren und dem Radweg weiter folgen ⤳ der Radweg wechselt die Seite, kurz darauf rechts auf den Radweg entlang des **Snarringevägen** ⤳ folgen Sie dem Radweg nach links an der Ortschaft **Snarringe** vorbei.

### Skegrie (Trelleborg)

**Skegriedösen.** Der Dolmen von Skegrie entstand zwischen 3500 und 2800 v. Chr.

**Slättarps Gård,** Västra Värlingevägen 139-9, ✆ 0733/835995, ✆ 0760/225882 (Laden), Mi-Fr 11-17 Uhr, Sa, So 11-16 Uhr. Alter Bauernhof mit Restaurant, Café, Atelier, Spielplatz, Spielzeug- und Designladen. @ jel657

*Auf dem Gelände der heutigen Ortschaft Skegrie (1.600 Einwohner) lebten schon vor über 5.000 Jahren Menschen, wovon heute noch das gut erhaltene Steinkammergrab Skegriedösen nahe der Autobahn E 6 zeugt. Im Mittelalter war Skegrie eines der größten Dörfer in Skåne. Die meisten Bauernhöfe lagen direkt an der Kirche und der Straße Richtung Norden. Die für die Region typische Steinkirche wurde Ende des 12. Jahrhunderts gebaut. Aus dieser Zeit sind heute noch das Kirchenschiff und die Kanzel erhalten. Der Turm auf der Westseite kam erst bei einem Umbau im Jahre 1844 hinzu.*

*Anfang des 20. Jahrhunderts hatte Skåne das dichteste Eisenbahnnetz in Schweden. Die Eisenbahnstrecke zwischen Trelleborg und Malmö (MTJ) wurde 1883 eröffnet und war bis 1960 in Betrieb. Skegrie hatte während dieser Zeit einen eigenen Bahnhof und entwickelte sich vom einfachen Dorf zu einer größeren Siedlung.*

**2** In Skegrie biegen Sie direkt am Ortseingang vom Radweg nach rechts ab.

AUSFLUG Wenn Sie an dieser Stelle die Hauptroute verlassen, können Sie einen Ausflug auf die Halbinsel Falsterbo machen, den südwestlichsten Zipfel Schwedens. Dies empfiehlt sich, wenn Sie vor den großen Städten Malmö und Lund einen ruhigen Tag am Strand verbringen möchten. Auf dem Rückweg können Sie von Höllviken direkt zurück zur Hauptroute nach Vellinge fahren. Die Route verlängert sich so um etwa 30 km.

## Ausflug nach Falsterbo 40 km

Am Ortseingang von Skegrie fahren Sie geradeaus über die Kreuzung auf den **Skegrie Stationsväg** ⤳ am Ende der Straße geradeaus und entlang des ruhigen **Skegrie Byaväg**.

TIPP Fahren Sie weiter geradeaus und biegen Sie am Ende der Straße links ab, um zum Großsteingrab Skegriedösen zu gelangen. Dieses befindet sich nahe der Kirche.

## Der Dolmen von Skegrie

*Skegriedösen (dt. Dolmen von Skegrie) ist ein etwa 5.000 Jahre altes Großsteingrab aus der Jungsteinzeit nahe der Autobahn E 6. Der rechteckige Dolmen, eine Art Steintisch, befindet sich in den Resten eines Hügels und besteht aus vier großen Blöcken und einem Dachblock sowie einem Schwellenstein am Eingang. Da der Dolmen von 17 weiteren Steinblöcken umgeben ist, spricht man von einem sogenannten „Dolmen im Hünenbett". Die Grabkammer war ursprünglich mit Erde bedeckt. Als Grabbeigabe wurde dem Leichnam vermutlich eine Steinaxt und Essen und Trinken in Tongefäßen mitgegeben.*

*Gebaut wurden die Steinkammergräber von einer Bevölkerung, die von Ackerbau und Viehzucht lebte und vorzugsweise in Küstennähe und an großen Flüssen siedelte. In unmittelbarer Nähe von Skegriedösen wurde beim Ausbau der Autobahn E 6 zudem das Gräberfeld von Döserygg entdeckt und ausgegraben.*

Hinter dem Kindergartengelände biegen Sie rechts ab auf den Radweg parallel zum **Midsommarängen** ~ an der T-Kreuzung links auf den Radweg links des **Skegrievägen** ~ vorbei an einem Aussichtspunkt mit Informationstafeln zur Grabstätte Skegriedösen und die Autobahnbrücke überqueren ~ am Ende des Radwegs weiter geradeaus auf der **M 517** durch Felder ~ **A** am Ende der Straße links auf die **M 519** und nach Kämpinge hinein.

## Die Halbinsel Falsterbo

*Am südwestlichsten Zipfel Schwedens liegt die ca. 30 Quadratkilometer große Halbinsel Falsterbo. Sie ist durch den Falsterbo-Kanal vom Festland getrennt, der den Schiffen den Weg zwischen der Ostsee und dem Öresund verkürzt. Die künstliche Wasserstraße wurde 1940/41 vom schwedischen Staat gebaut, da die Deutschen die Fahrgewässer um die Halbinsel so stark vermint hatten, dass der Schiffsverkehr in die Ostsee hinein lahmgelegt war.*

*Die beiden Fischerdörfer Falsterbo und Skanör hatten ihre beste Zeit im Mittelalter. Grund dafür war der Heringsreichtum im Öresund. Als die Bestände wegen Überfischung zurückgingen, verlor die Halbinsel an Bedeutung. Heute profitieren Falsterbo und Skanör vor allem von der Nähe zur Großstadt Malmö, deren Bewohner es im Sommer an die kilometerlangen Sandstrände zieht. Die schönsten Strände finden Sie im südlichen und westlichen Teil: Falsterbo Strandbad, Skanörs Havsbad, Kämpinge Strandbad und Ljunghusens Strandbad.*

*Da die Halbinsel wie eine Nase (schwed.: näs/näset) in den Öresund hineinreicht, wird sie auch Falsterbonäset genannt. Im Westteil der Halbinsel liegt der Doppelort Skanör med Falsterbo mit den Ortsteilen Falsterbo im Süden und Skanör im Norden. Westlich und östlich des Falsterbo-Kanals liegen die Orte Ljunghusen und Höllviken.*

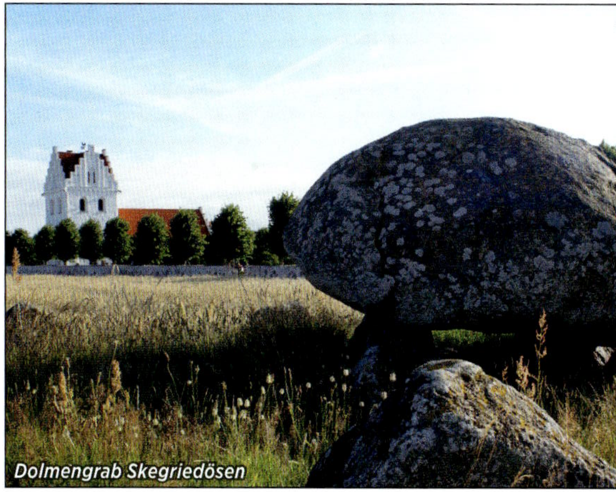

Dolmengrab Skegriedösen

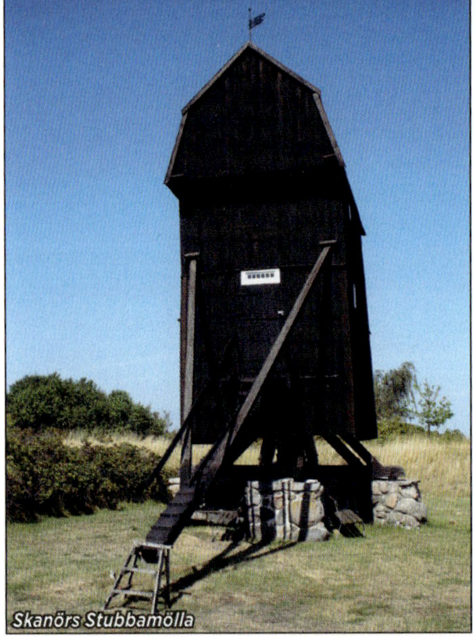
Skanörs Stubbamölla

## Kämpinge (Höllviken)

Vorwahl: 040

- **Bärnstensmuseet**, Södra Mariavägen 4, ✆ 454504, ⏲ Mitte Juni-Mitte Aug., tägl. 11-17 Uhr. An den Stränden Falsterbos findet man häufig Bernstein. Im Bernsteinmuseum werden Bernsteinschmuck sowie bis zu 40 Mio. Jahre alte Einschlüsse mit Insekten und Spinnen gezeigt. @ mkx764

Verlassen Sie hier vorübergehend den Sydkustleden, der teils auf stärker befahrenen Straßen verläuft, und folgen Sie im Ort der Straße nach rechts ~ an der T-Kreuzung links in den **Kämpingevägen** ~ über die Vorfahrtsstraße, dann die nächste links.

TIPP **Wenn der geplante Radweg entlang der Östra Fädriften fertiggestellt ist, kann man ab hier auch der Vorfahrtsstraße bis zum Ende folgen.**

Gleich wieder rechts in den **Ringvägen** durch die Ferienhaussiedlung ~ am Ende der Straße rechts in den **Klockarevägen** und weiter auf dem Radweg ~ an der nächsten Kreuzung links in den **Militärvägen**.

## Höllviken

- **Info-Punkt**, Museivägen 27, im Wikingermuseum (Vikingareservat Foteviken) @ evb535
- **Falsterbonäsets Open Air Museum**, Falsterbovägen 110. Kleiner Skulpturenpark direkt an der Strandpromenade mit 5 Bronzeskulpturen des schwedisch-französischen Künstlers Gudmar Olovson.
- **Kungshaga Gård**, Kämpingevägen 54-9, ✆ 0709/649506. Erlebnis-Bauernhof mit Café, Spielplatz sowie Reittouren und Alpakawandern (nach Voranmeldung). @ xqw814

Nach ca. 300 m biegen Sie vom Militärvägen rechts ab in den **Sandvägen** ~ geradeaus über die Hauptstraße und weiter auf dem Sandvägen durch die Siedlung ~ am Ende der Straße links und an der Fahrradampel gleich wieder rechts auf den schmalen Fuß- und Radweg entlang des **Östersjövägen** ~ am Kreisverkehr links auf den Radweg links der Straße Richtung Skanör ~ weiter geradeaus auf dem Radweg links der Straße und auf der Klappbrücke über den Falsterbo-Kanal.

## Ljunghusen

Folgen Sie weiterhin der Beschilderung des Radwegs Richtung Skanör ~ den Zebrastreifen am Kiosk überqueren ~ **B** hinter dem Kiosk links auf den unbefestigten Radweg ~ weiter geradeaus auf einer Nebenstraße durch die Siedlung ~ leicht rechts auf den unbefestigten Radweg am Naturreservat Norra Ljunghusen mit Schafs-, Pferde- und Rinderweiden entlang, wo immer wieder Bänke zum Rasten einladen ~ **C** die Hauptstraße überqueren und auf dem asphaltierten Radweg links der Straße weiter geradeaus.

## Skanör

Vorwahl: 040

- **S:t Olofs Kyrka**, Kyrkogatan 5, ✆ 479700. Der älteste Teil der Kirche stammt aus dem 13. Jh.
- **Skanörs Stubbamölla**, Hamnvägen. Älteste noch erhaltene Pfahlmühle in Skåne (1769). Um sie in Schwung zu bringen, musste das gesamte Mühlenhaus um den Mittelpfahl in den Wind gedreht werden. Die Mühle war bis 1922 in Betrieb.

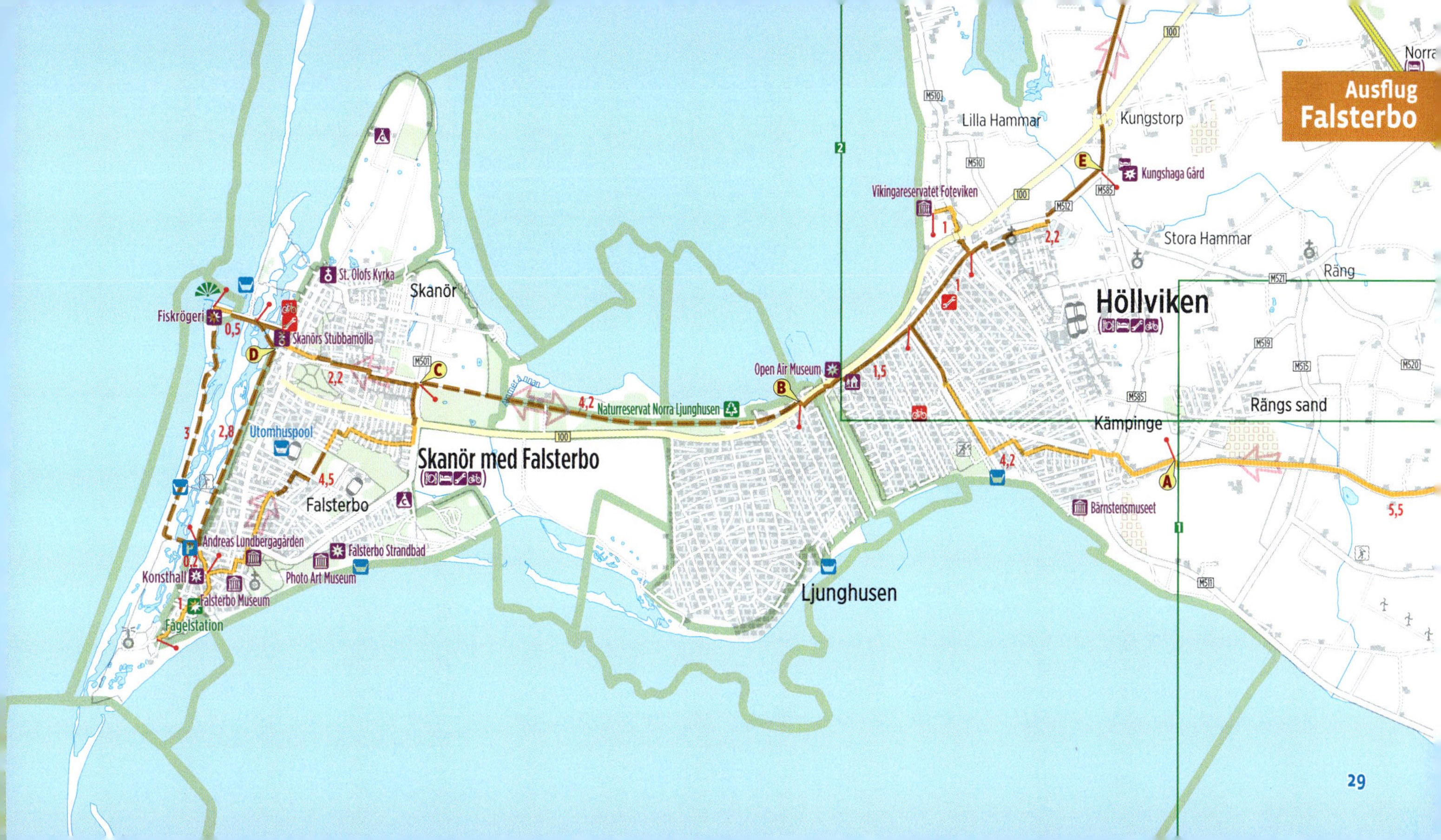
Höllviken
Skanör med Falsterbo
Skanör
Falsterbo
Ljunghusen
Kämpinge
Rängs sand
Räng
Stora Hammar
Kungstorp
Lilla Hammar
Norra
Kungshaga Gård
Vikingareservatet Foteviken
Bärnstensmuseet
Open Air Museum
Naturreservat Norra Ljunghusen
St. Olofs Kyrka
Skanörs Stubbamölla
Fiskrögeri
Utomhuspool
Andreas Lundbergagården
Konsthall
Falsterbo Museum
Fågelstation
Falsterbo Strandbad
Photo Art Museum
A
B
C
D
E
5,5
4,2
2,2
1
1,5
4,2
2,2
4,5
0,5
2,8
3
0,2
1
100
M510
M512
M585
M521
M519
M515
M520
M511
M501

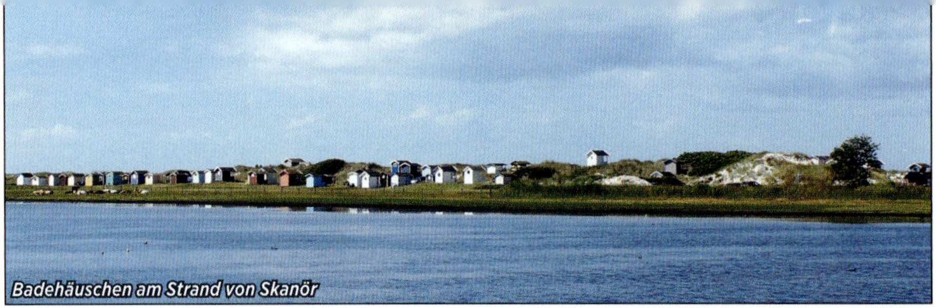

*Badehäuschen am Strand von Skanör*

**Skanörs Fiskrögeri**, Hamnvägen 1, Skanörs hamn, ✆ 474050. Fischräucherei mit Ladenverkauf und Restaurant. @ mle861

Der Radweg wechselt auf die rechte Straßenseite ~ die Route führt nun abwechselnd über Nebenstraßen und kleinere Schotterwege ~ im Wohngebiet schräg links um die Verkehrsinsel in die Ortsmitte hinein ~ auf der **Södergatan** über den Falsterbovägen und bei der nächsten Möglichkeit rechts in die **Västergatan** ~ nach der Windmühle links auf den Radweg entlang des **Hamnvägen** und Richtung Hafen.

TIPP **Am Hafen können Sie die Sicht auf den Öresund genießen, das Hafentreiben beobachten, frischen Fisch essen oder ihre Räder abstellen und die schmale Halbinsel mit ihren bunten Strandhäusern und den Dünen zu Fuß erkunden. Es führt auch ein Fuß- und Radweg über die Dünen in Richtung Südspitze, der parallel zur Hauptroute gefahren werden kann.**

## Skanör Fiskehamn (Fischerhafen)

Vom Hafen fahren Sie auf dem **Hamnväg** ein Stück zurück ~ rechts auf den unbefestigten Fuß- und Radweg durchs Naturreservat, wo mehrere Bänke zu kurzer Rast einladen ~ **D** vor den Häusern rechts weiter auf dem Schotterweg.

TIPP **Auf dem gut befahrbaren Schotterweg durchs Naturreservat muss v. a. in der Hauptsaison Rücksicht auf Spaziergänger und Jogger genommen werden. Wollen Sie schneller vorankommen, nutzen Sie den Radstreifen entlang des im Sommer mäßig stark befahrenen Falsterbovägen.**

## Falsterbo

Vorwahl: 040

**Info-Punkte**, Reuterswärds väg 1, im Falsterbo Camping & Resort, @ faa321

**Andreas Lundbergagården/Galleri Stallet**, Östergatan 10, ✆ 0708/262179, Museum: Mitte Juni-Mitte Aug., tägl. 12-18 Uhr. Der Hof trägt den Namen des Schiffers Andreas Lundberg, der 1857 mit seiner Frau einzog. Es ist der vermutlich älteste Hof Falsterbos (1658) mit für Skåne typischem verputztem Fachwerk und weiß getünchten Fassaden. Der Nordflügel wird heute als Museum betrieben und zeigt die Wohnungseinrichtung eines Seekapitäns aus dem 19. Jh. Im Südflügel befindet sich eine Galerie. @ hyo632

**Falsterbo Museum**, Sjögatan 12, ✆ 0733/471830, Mitte Juni-Mitte Aug., tägl. 10-18 Uhr. Das kleine Museum zeigt archäologische Funde aus der Zeit der mittelalterlichen Heringsmärkte, außerdem gibt es eine naturkundliche Abteilung. @ ste585

**Falsterbo Horse Show**, Clemensagervägen. Jährliches Freiluft-Reitturnier Anfang Juli mit ca. 1.000 Pferden und 50 verschiedenen Wettbewerben. @ kst723

**Falsterbo Photo Art Museum**, Strandbadsvägen 30, ✆ 400083 Modernes Fotomuseum mit Restaurant. Den Grundstock der Ausstellung bildet die private Photosammlung des in Malmö lebenden Ehepaars Lindquist. Zur Sammlung gehören etwa 450 Originalfotografien von berühmten Fotografen wie Helmut Newton oder Irving Penn. @ fhr637

**Falsterbo Fågelstation**, Fyrvägen 35, ✆ 0736/254256, April-Mai, Aug.-Okt., Anmeldung erforderlich (falsterbo@skof.se). Auf der Vogelwarte Falsterbo werden jährlich bis zu 25.000 Zugvögel beringt. Im Frühling und Herbst kann man während einer einstündigen Führung bei der Beringung zusehen und sich über den Vogelzug auf Falsterbo informieren. @ ffw362

**Falsterbo Utomhuspool**, Bävervägen 1, ✆ 457860, @ fcv773

Hier trifft der Radweg durch die Dünen wieder auf die Hauptroute; fahren Sie leicht links versetzt auf den unbefestigten **Siegburgskavägen** ⁓ am ehemaligen Bahnhofsgebäude links auf die asphaltierte **Stadsallén**.

TIPP Vom Parkplatz des Golfklubs aus kann man einen Abstecher zu Falsterbos Vogelstation und dem Leuchtturm machen. Dazu folgen Sie für 1 km dem Fyrvägen weiter geradeaus.

## Vogelzug auf Falsterbo

*Über 500 Millionen Vögel überqueren jeden Herbst Südschweden, die meisten von ihnen auf der „Vogelfluglinie" über Falsterbo. Das liegt daran, dass sich Zugvögel auf ihrem Weg gen Süden meist in südwestlicher Richtung und entlang der Küste bewegen. Da fast alle Vogelarten Angst vor der Ostseeüberquerung haben, folgen sie der Küstenlinie so lang, bis sie auf Falsterbo landen.*

*An sonnigen Herbsttagen sind es oft hunderttausende Vögel (z. B. Buchfinken, Ringeltauben, Stare, Grünfinken, Dohlen, Blaumeisen), die Falsterbo als Rastplatz vor dem Weiterzug über die Ostsee nutzen. Dieses Spektakel lässt sich z. B. von Nabben aus beobachten, der südwestlichsten Spitze Falsterbos. Um dorthin zu gelangen, nutzt man am besten einen der Fußwege, die am Falsterbo Golfklubb (Fyrvägen 34) beginnen und läuft in Richtung des Leuchtturms. Für die Beobachtung von Greifvögeln (z. B. Sperber, Wespenbussarde, Mäusebussarde) eignet sich das Birkenwäldchen vor dem Zeltplatz in Falsterbo (Reuterswärds väg 1).*

Nach dem Supermarkt biegen Sie links in die **Torggatan** ab ⁓ nach dem Hotel rechts und gleich wieder links auf die **Östergatan** und vorbei am alten Hof Andreas Lundbergagården ⁓ die Straße überqueren und weiter geradeaus auf dem **Möllemadsvägen** durch die Ferienhaussiedlung ⁓ nach der Engstelle rechts auf den **Kullsbackavägen**, dann gleich wieder links auf den unbefestigten Radweg und am Spielplatz vorbei ⁓ an der T-Kreuzung rechts auf den Radweg entlang des **Clemensagervägen** ⁓ dem Radweg folgend links über die Straße und durch eine große Wiese ⁓ weiter auf dem **Råbockavägen** durch die Siedlung ⁓ nach dem Parkplatz rechts auf den unbefestigten Fuß- und Radweg ⁓ an der ersten Möglichkeit links auf die Asphaltstraße, dann die nächste Straße rechts in die breite **Mästers Gata** ⁓ vor dem Ortsausgang links auf die Nebenstraße parallel zur Hauptstraße und der Beschilderung Richtung Höllviken folgen ⁓ weiter Richtung Höllviken und die Hauptstraße überqueren ⁓ der Radweg verläuft nun links der Hauptstraße **Storevångsvägen** ⁓ **C** rechts über die Straße und auf den unbefestigten Radweg, der bereits auf der Hinfahrt nach Falsterbo genutzt wurde ⁓ auf dem bekannten Wege fahren Sie über den Kanal bis zum Kreisverkehr in Höllviken ⁓ am Kreisverkehr weiter geradeaus auf dem Radweg und am runden Haus der Bücherei vorbei ⁓ weiter geradeaus entlang des **Falsterbovägen**.

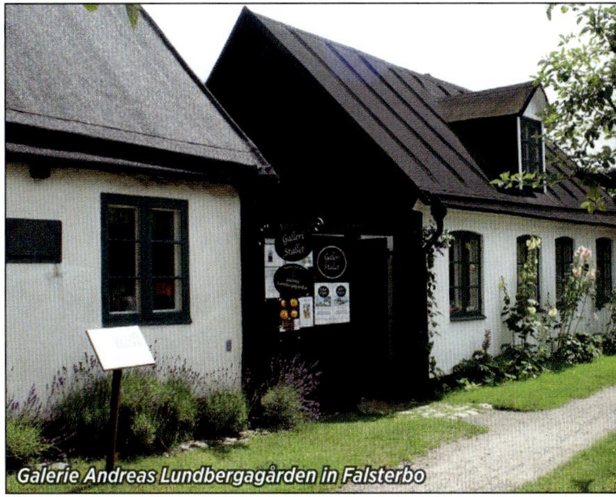

Galerie Andreas Lundbergagården in Falsterbo

TIPP Insbesondere mit Kindern lohnt sich ein Abstecher zum Wikingermuseum Höllviken. Dafür biegen Sie am Kreisverkehr links ab und folgen der Beschilderung zum Museum.

### Vikingareservatet Foteviken (Höllviken)

Vorwahl: 040

**Vikingareservatet Foteviken (Wikingermuseum)**, Museivägen 27, ✆ 330800, ⌚ Mitte Juni-Mitte Aug., tägl. 10-17 Uhr, Mai-Mitte Juni, Mitte Aug.-Sept., Sa/So 10-17 Uhr. Nachgebautes Wikingerdorf (12. Jh.). Im Sommer werden die etwa 20 Häuser von Dutzenden Freiwilligen bewohnt, die den Alltag der Wikinger nachempfinden (u. a. mit Schmiede, Töpferei, Webhaus, Räucherei, Fischerhütte). Ende Juni treffen sich zum Wikingermarkt Hunderte Wikinger aus ganz Europa, u. a. um eine Wikingerschlacht nachzustellen. @ syi667

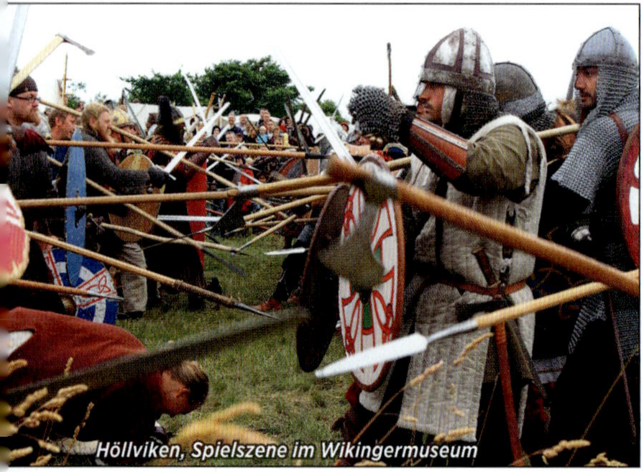
Höllviken, Spielszene im Wikingermuseum

Am Kreisverkehr fahren Sie schräg geradeaus auf den Radweg rechts von der Straße und folgen den Schildern in Richtung Vellinge ⤳ am nächsten Kreisverkehr rechts auf den Radweg des **Kronodalsvägen** und nach 50 m links in den **Björkdalsvägen** ⤳ an der Kirche links und gleich wieder rechts auf den Radweg ⤳ vor dem Schulgelände links auf den Radweg, direkt danach die Straße überqueren und rechts auf den Radweg entlang der **M 512** ⤳ **E** dem Radweg an Feldern vorbei nach links folgen, nun entlang der **M 585** ⤳ unter der Schnellstraße hindurch ⤳ Sie kommen durch **Vellinge Väster** ⤳ vor Vellinge durch die Autobahnunterführung.

### Vellinge s. S. 32

In Vellinge wechseln Sie hinter dem ersten Kreisverkehr auf den Fuß- und Radweg auf der rechten Straßenseite und verlassen vorübergehend den Sydkustenleden ⤳ **4** am Parkplatz stößt von vorn die Hauptroute hinzu, biegen Sie hier links ab in die **Järnvägsgatan**.

**2** Auf der Hauptroute in **Skegrie** folgen Sie der Straße rechts am Ort vorbei ⤳ weiter an Slättarps Gård vorbei Richtung Vellinge.

### Västra Värlinge

Im Ort biegen Sie am Ende der Straße links auf den **Värlingevägen** ab und verlassen den Ort ⤳ halten Sie sich dann rechts auf der Hauptstraße.

### Bodarp

**Hallongården**, Bodarpsvägen 144, ✆ 040/6750504, ⌚ Juni-Sept., tägl. 11-18 Uhr, Feb.-Mai, Okt.-Dez., Mi-So 11-17 Uhr, Jan.-März, Mi-So 11-16 Uhr. Himbeerfarm mit Hofladen und Café. @ bnm276

TIPP Wenn Sie sich hinter dem Ortseingang links halten, kommen Sie nach 100 m zu einer Himbeerfarm mit breitem Angebot.

Direkt hinter dem Ortseingang biegen Sie an der T-Kreuzung rechts ab Richtung Fuglie.

### Fuglie

**3** Auf Höhe der Kirche biegen Sie links ab Richtung Vellinge ⤳ am Ende der Straße links auf die mäßig befahrene Nebenstraße Richtung Vellinge.

### Vellinge

Vorwahl: 040

**Vellingeblomman**, Falsterbovägen 177-9, ✆ 429630, ⌚ tägl. Gartenausstellung auf 15.000 m² mit angeschlossenem Laden, Café und Bistro. @ ahg285

**Badhuset Vanningen**, Västerbrogatan, ✆ 425286 @ tpf861

*Vellinge (7.000 Einwohner) liegt etwa 12 Kilometer südlich von Malmö. Der Ort gehört zur Öresundregion und ist Sitz der gleichnamigen Gemeinde, zu der auch die Halbinsel Falsterbo gehört.*

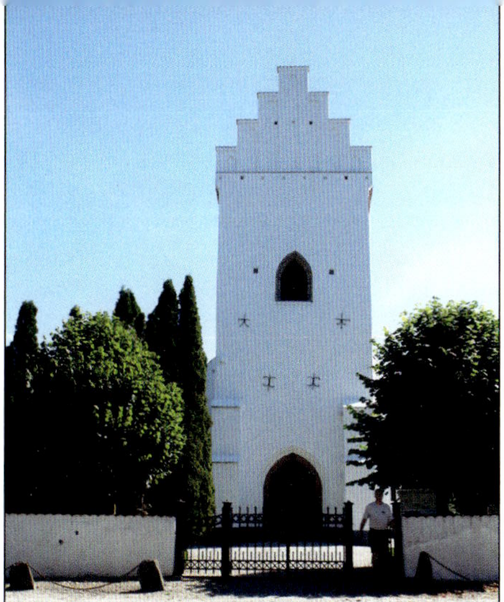

Vellinge, Eskilstorps Kyrka

Schon in der späten Wikingerzeit gab es auf dem heutigen Areal einen besiedelten Ortskern, erstmals schriftlich erwähnt wurde Vellinge aber erst im 14. Jahrhundert. Um 1570 bestand der Ort aus 36 Bauernhöfen, die sich allesamt um die mittelalterliche Kirche scharten. Nach dem Bau der Eisenbahnlinie Malmö-Trelleborg (MTJ) wurde Vellinge ein wichtiger Haltepunkt an der Strecke, bewahrte sich aber seinen ländlichen Charakter.

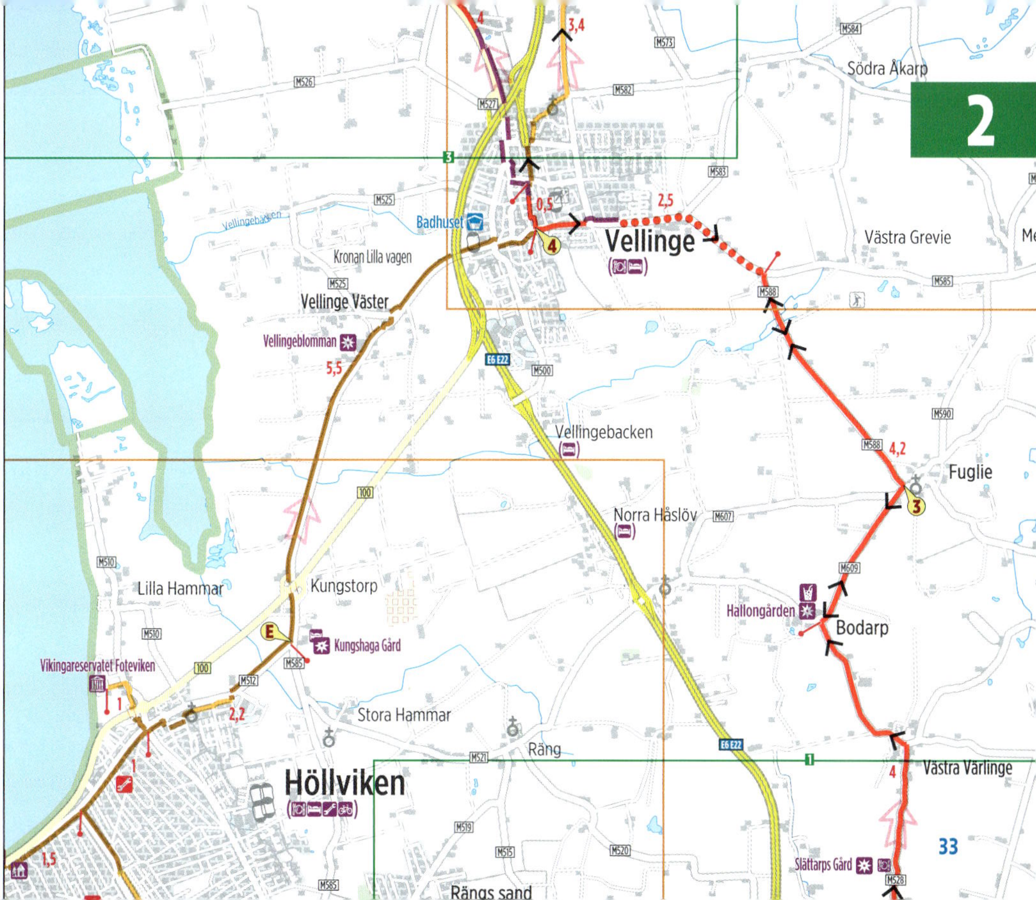

Im Ort auf den Radweg rechts der Straße wechseln und geradeaus über den Kreisverkehr ⁓ **4** etwa 50 m nach der Apotheke rechts in die **Järnvägsgatan** ⁓ nach dem Supermarkt rechts auf den Marktplatz **Stortorget** ⁓ den Marktplatz und die Vorfahrtsstraße überqueren und geradeaus auf den Radweg.

VARIANTE **Wenn Sie die größeren Städte Malmö und Lund meiden wollen, können Sie von Vellinge direkt nach Dalby östlich von Lund fahren. Die Gesamtroute verkürzt sich somit um etwa 25 km.**

## Von Vellinge nach Dalby 40 km

Fahren Sie kurz rechts, dann hinter der Tankstelle links über die Straße in den Radweg hinein ⁓ wenige Meter nach der Unterführung links in die Siedlung

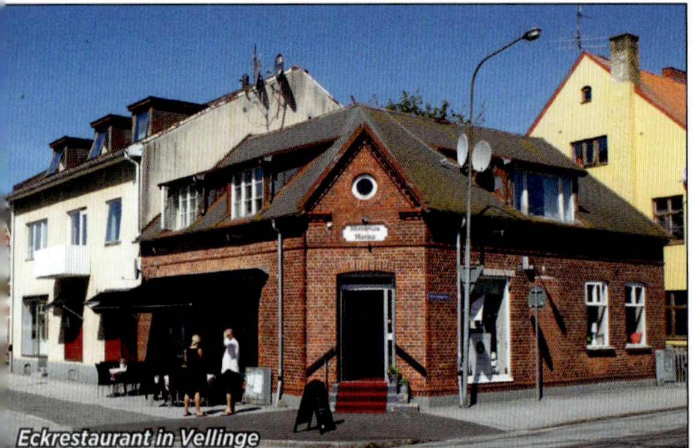

Eckrestaurant in Vellinge

⁓ am Ende der Straße auf den Radweg wechseln, an dessen Ende rechts auf die **Klockaregatan** und an der Kirche vorbei ⁓ an der Kreuzung links auf die mäßig befahrene Straße Richtung Hököpinge Kyrkby.

### Hököpinge Kyrkby (Vellinge)

**Hököpinge Kyrka**, Lockarpsvägen 3, ☎ 040/429300. Kirche (1874) aus gelbem Backstein mit spitzem Kirchturm. Die alte mittelalterliche Kirche wurde für den Neubau abgerissen.

In Hököpinge Kyrkby können Sie links noch einmal die Öresundbrücke sehen ⁓ **A** am Ende der Straße vor der Kirche rechts bis ins 3,5 km entfernte Arrie.

### Arrie

**Arrie Kyrka**, Prästagårdsvägen 14, ☎ 040/429300. 1890 eingeweihte Kirche mit weißem Stuck.

**Arriesjön.** Naherholungsgebiet rund um die ehemalige Kiesgrube Arriesjön mit barrierefreiem Wanderpfad, Vogelbeobachtungstürmen, Angelplattform und mehreren Grill- und Rastplätzen.

Im Ort vorbei an der Kirche ⁓ die Bundesstraße 101 überqueren und gleich wieder links Richtung Törringe ⁓ vorbei am Rastplatz Arriesjön ⁓ an der T-Kreuzung am Ende der **M 569** rechts auf die **M 833** Richtung Svedala ⁓ **B** am Ende der Allee hinter der Bushaltestelle links Richtung Skabersjö ⁓ in der kleinen Ortschaft über den Bahnübergang ⁓ am Ende der Straße links Richtung Skabersjö auf die ausgeschilderte Radroute ⁓ nach 300 m an

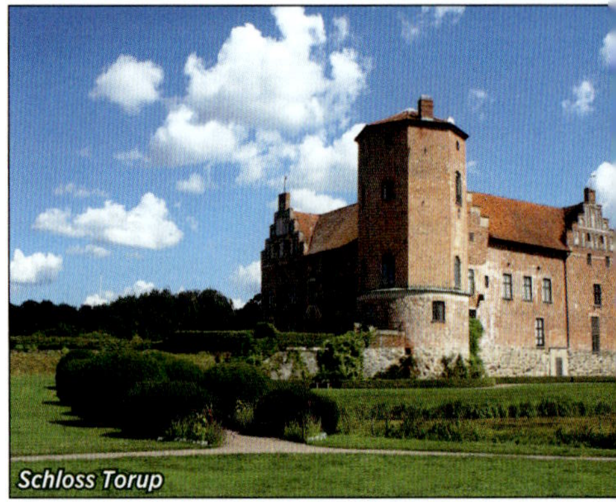

Schloss Torup

der ersten Möglichkeit rechts auf die **M 832** ⁓ am Abzweig der M 828 weiter geradeaus ⁓ vorbei an mehreren Parkplätzen für Wanderer und durch die stark hügelige Landschaft.

TIPP **Wenn Sie sich im Ort links halten, gelangen Sie nach 200 m zum Schloss Torup, wo Sie im Schlosscafé auch einkehren können.**

### Torup (Bara)

Vorwahl: 040

**Statarmuseet**, Torupsvägen 606-59, ☎ 447090, Juli/Aug., Di-So 11-16 Uhr, Sept.-Mai, Di-Fr 11-15 Uhr, Sept.-Dez. und März-Mai, Sa, So 11-16 Uhr. Das kleine Museum zeigt u. a., wie Landarbeiter im 20. Jh. gelebt haben. Mit Café und Tieren im Garten. @ vjh485

♁ **Torups slott**, Torupsvägen 530, ✆ 103020, ◷ Schlosspark: Mai-Sept., tägl 8-20 Uhr, Okt.-April, tägl. 8-18 Uhr, Führungen im Sommer mit vorheriger Anmeldung. Schloss Torup (16. Jh.) gehört zu den am besten erhaltenen Renaissanceschlössern in Schweden. Die Burg besteht aus einem viereckigen Ziegelbau mit Innenhof sowie einem achteckigen und einem runden Turm. Sie wird von einem See umgeben, der einst der Burggraben war. Seit 1970 gehört die Burganlage der Stadt Malmö. Der Schlosspark mit einem Rundweg („Slottsstigen") und eine kostenlose Ausstellung in den ehemaligen Stallungen neben dem Schlosscafé sind frei zugänglich. @ apq845

✱ **Bokskogen**. In dem ca. 365 ha großen Buchenwald gibt es gut ausgebaute Wege zum Spazieren, Joggen und Reiten. @ msr436

**C** In Torup biegen Sie vor der Linkskurve rechts ab auf die gelb ausgeschilderte Radroute Richtung Staffanstorp und folgen dieser durch den Wald vorbei am Abzweig zu einer schönen Badestelle am Pudesjö und durch die Unterführung der Bundesstraße 108.

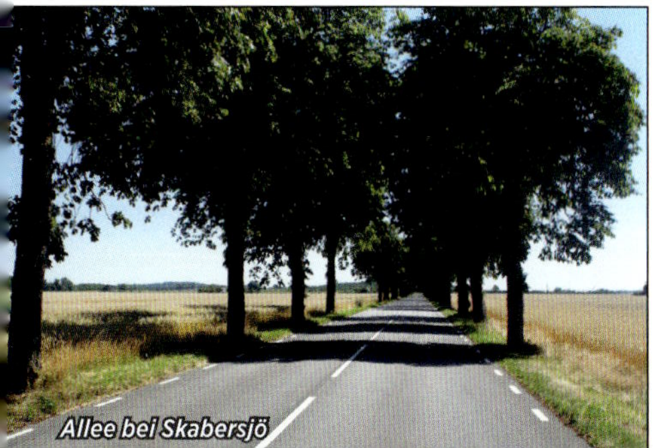

*Allee bei Skabersjö*

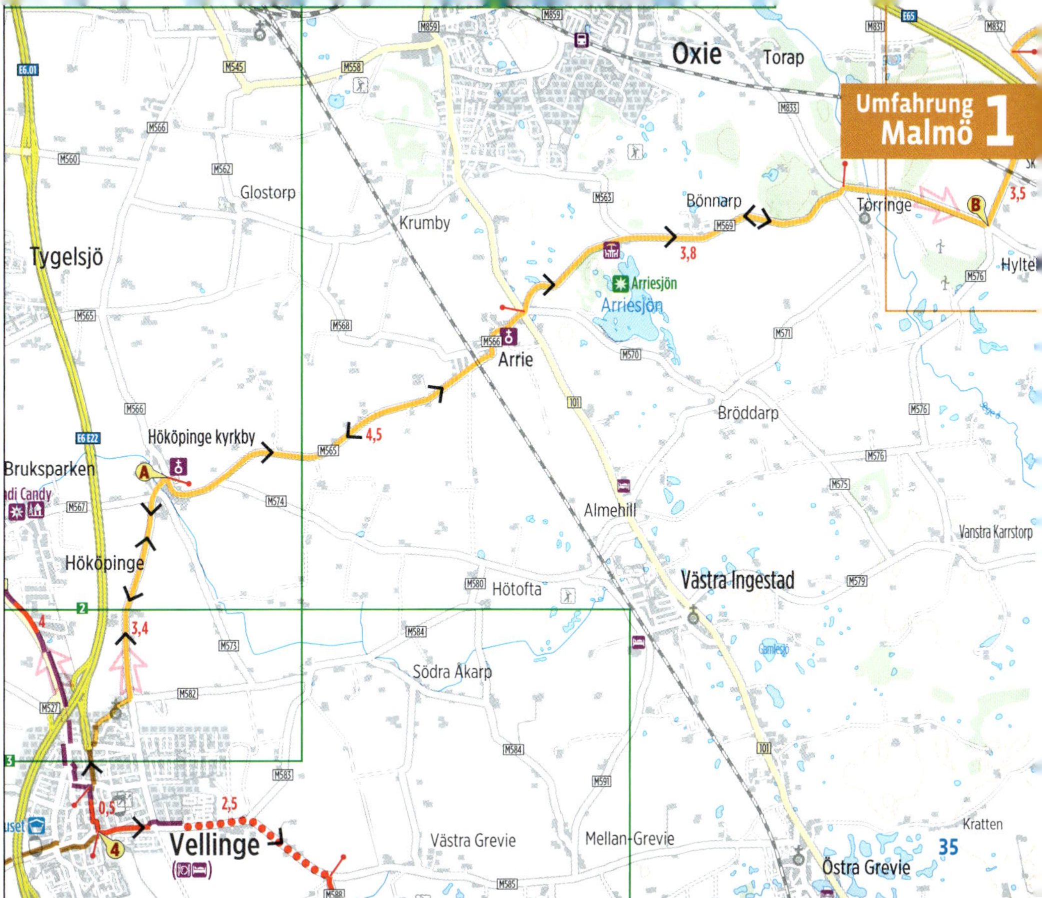

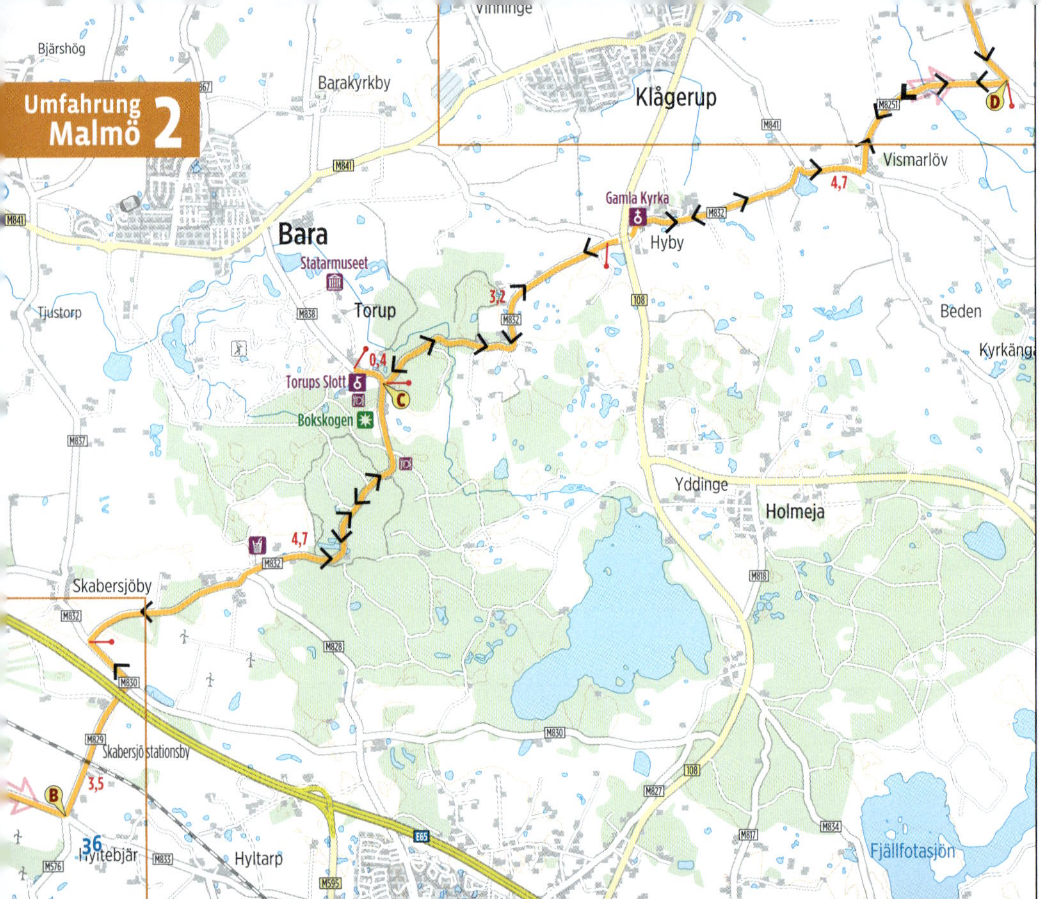




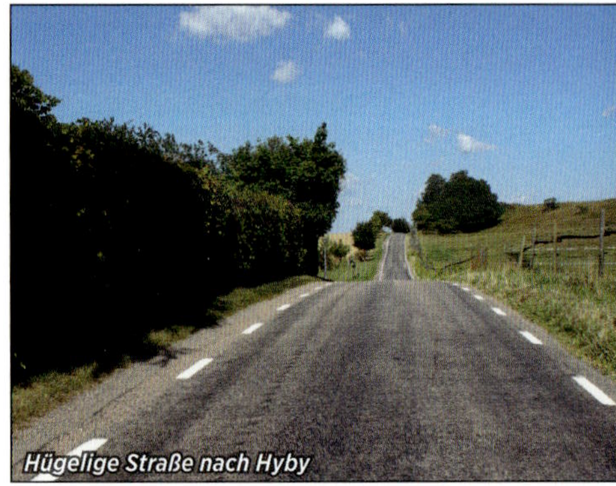
*Hügelige Straße nach Hyby*

## Hyby (Bara)

**Hyby gamla Kyrka**, Hyby kyrkoväg, 040/440064. Die Kirche aus dem 11. Jh. wurde 1873 durch einen Brand fast vollständig zerstört. Nur der Chor, heute Leichenschauhaus, blieb erhalten. Eine neue Kirche wurde 1877 erbaut.

In Hyby kommen Sie zunächst an der neuen und dann an der alten Kirche vorbei ~ am Ende der Straße rechts Richtung Genarp.

## Vismarlöv

Nach dem Ortseingang biegen Sie links ab Richtung Kongsmarken ~ **D** am Ende der Straße links nach **Kongsmarken** ~ durch den Ort und weiter bis nach Esarp.

## Esarp (Staffanstorp)

Esarps kyrka, Esarpsvägen, ✆ 046/2742500. Die Kirche wurde im Jahr 1860 umgebaut, ein Teil der südlichen Längswand der alten Kirche (11. Jh.) ist noch erhalten.

Nach dem Ortseingang biegen Sie an der T-Kreuzung rechts ab auf den **Esarpsvägen** ~ vorbei an der Kirche und am Ortsausgang links abbiegen Richtung Lunnarp ~ der Links-Rechts-Kurve folgen und weiter bis ins 3,5 km entfernte Lunnarp.

## Lunnarp (Dalby)

**Lunnarps Tupp Gårdsbutik**, Lunnarp 321, ✆ 0708/877584, täglich 8-22 Uhr. Hofladen mit Selbstbedienung in einem ehemaligen Schweinestall. @ pnt717

**E** Nach dem Ortseingang fahren Sie links Richtung Dalby (Anschluss Karte 8, s. S. 55) ~ vorbei am Hofladen Lunnarps Hills Gårdsbutik ~ auf der Brücke über die Bundesstraße 102.

## Dalby s. S. 52

In der Ortschaft folgen Sie der Hauptstraße ~ nach kurzem starken Anstieg nach der Ortsmitte mit Supermärkten und Banken rechts in den **Hällestadsvägen**, nun wieder auf der Hauptroute (s. Karte 8, Wegpunkt 3).

## *Von Vellinge nach Malmö* *28 km*

**4** Auf der Hauptroute in Vellinge biegen Sie am Ende des Radweges links ab in die ruhige **Perstorpsgatan**

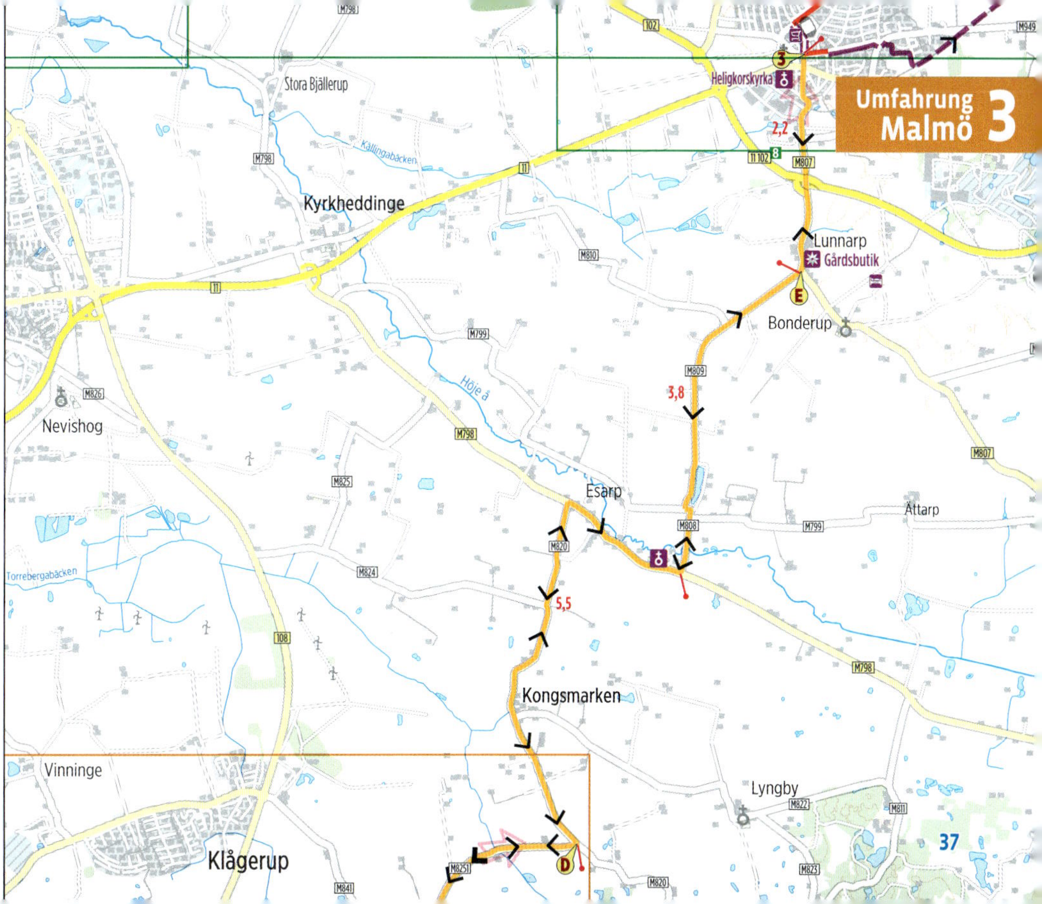

~ vor der T-Kreuzung rechts auf den straßenbegleitenden Radweg ~ nach dem Kreisverkehr auf den Radweg auf der linken Straßenseite wechseln ~ der Beschilderung in Richtung Malmö folgen ~ an der nächsten Kreuzung erneut die Straßenseite wechseln ~ durch die Unterführung der E 6/E 22 ~ weiter geradeaus auf dem Radweg etwa 40 m rechts der Straße ~ vom Radweg geradeaus in die Nebenstraße.

## Hököpinge (Vellinge)

**Scandi Candy**, Bruksvägen 11, ✆ 040/370550, Do 16–18 Uhr, Fr 12–17 Uhr, Juni/Juli auch Sa 12–15 Uhr. Werksverkauf in einer (gelatinefreien) Gummibärchen-Fabrik. @ hkb364

In der Ortschaft biegen Sie rechts und gleich wieder links ab auf die unbefestigte Straße ~ die Vorfahrtsstraße überqueren und danach weiter auf den asphaltierten Radweg.

## Gessie

In Gessie folgen Sie dem Radweg auf die linke Straßenseite ~ hinter der Bushaltestelle schräg links in die Seitenstraße und über eine kleine Brücke ~ **5** ab jetzt nicht mehr der ausgeschilderten Radroute nach Malmö folgen, sondern links abbiegen auf die Nebenstraße, um in Küstennähe zu bleiben ~ an der Kirche vorbei und weiter geradeaus bis Gessie Villastad.

## Gessie Villastad

Fahren Sie auf der Vorfahrtsstraße durch den Ort ~ am Ortsausgang der Rechtskurve nach Norden folgen ~ weiter geradeaus nach Klagshamn.

## Klagshamn

Biegen Sie am Supermarkt rechts ab in den **Nygårdsvägen** Richtung Malmö ~ an der folgenden Kreuzung links auf den Radweg und an der Schule vorbei ~ die Straße **Badvägen** überqueren und weiter auf dem Radweg im **Syster Ellens Stig** an einem Baggersee vorbei ~ am Ende der Straße links in die Tempo-30-Zone und gleich wieder rechts in den **Möllevägen** ~ nach der Siedlung links auf den Radweg und dessen Verlauf folgen ~ an der querenden **M 533** rechts und auf dem straßenbegleitenden Radweg Richtung Bunkeflostrand.

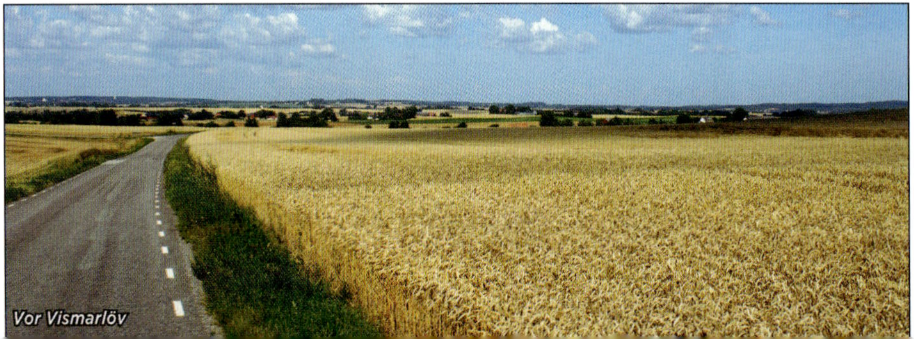

Vor Vismarlöv

**TIPP** **Vor Bunkeflostrand gibt es eine Seebrücke, von der man einen guten Ausblick auf die Öresundbrücke hat. Dafür müssen Sie an der Bushaltestelle Bunkeflostrand Strandhem links in den Kungsljusvägen abbiegen und geradeaus bis zum Strand durchfahren.**

## Bunkeflostrand

Fahren Sie am Kreisverkehr geradeaus ~ **6** an der nächsten Kreuzung dem Radweg auf die linke Straßenseite folgen und weiter geradeaus ~ kurz danach auf Höhe der Bushaltestelle links und dem ausgeschilderten Radweg auf dem **Bunkeflo Strandstig** folgen ~ am Siedlungsende rechts auf den unbefestigten Radweg ~ weiter geradeaus auf die Asphaltstraße, die sich mit Radwegen abwechselt und vorbei am Naturreservat Bunkeflostrand ~ am Ende der Siedlung der Rechtskurve der Straße folgen und direkt danach links über die kleine Brücke auf einen Radweg mit starkem Anstieg ~ vorbei an Aussichtspunkten

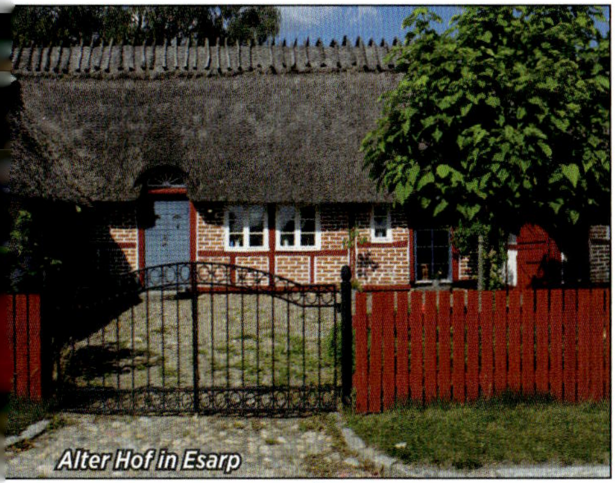
Alter Hof in Esarp

und Rastplätzen und die Öresundbrücke unterqueren ⤳ etwa 200 m nach der Brücke an der Weggabelung links ⤳ rechts halten und am Leuchtturm und den Parkplätzen vorbei ⤳ die Straße überqueren und auf den Radweg links der Straße ⤳ der Beschilderung des Radwegs folgen und links halten ⤳ am Ende des Radwegs links auf die Straße ⤳ über eine kleine Brücke in Richtung des Zeltplatzes, der am Stadtrand von Malmö liegt, und links über den Parkplatz.

TIPP Auf der Wiese an der Bucht gegenüber vom Zeltplatz ist das (kostenlose) Zelten für eine Nacht erlaubt, Toiletten und Freiluftdusche sind vorhanden.

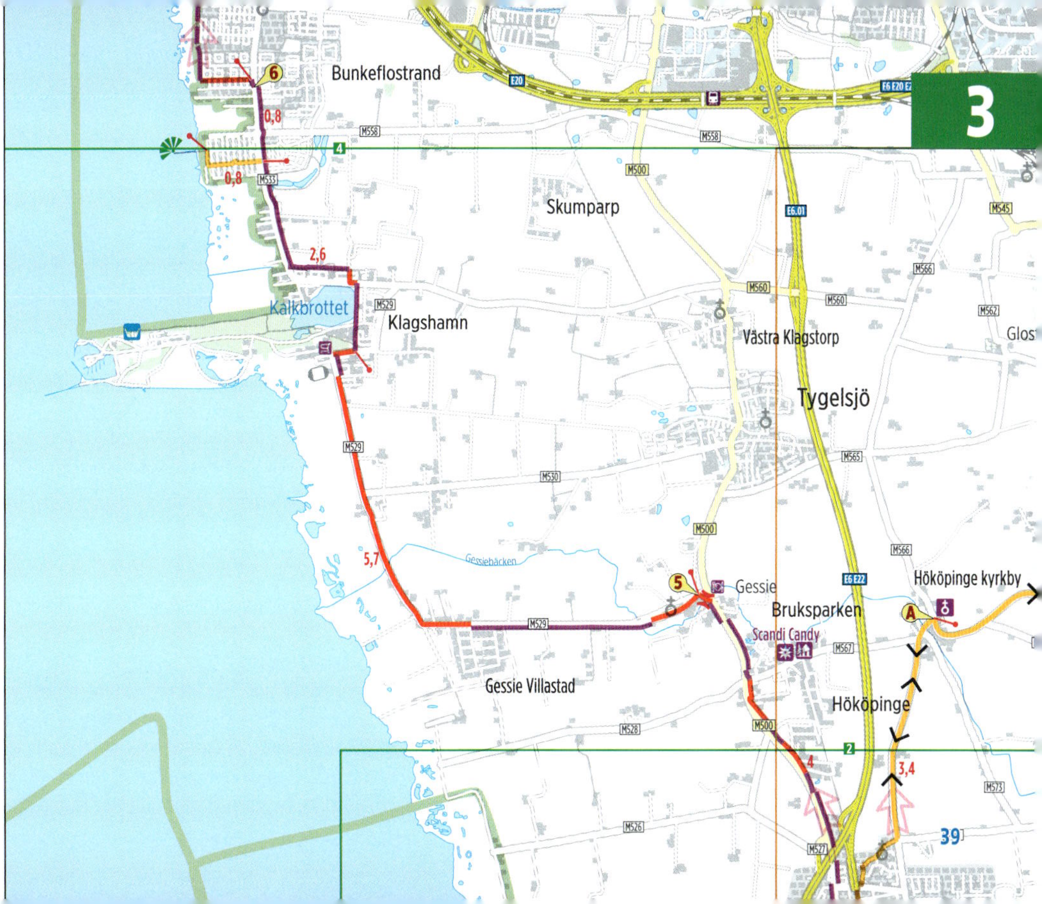

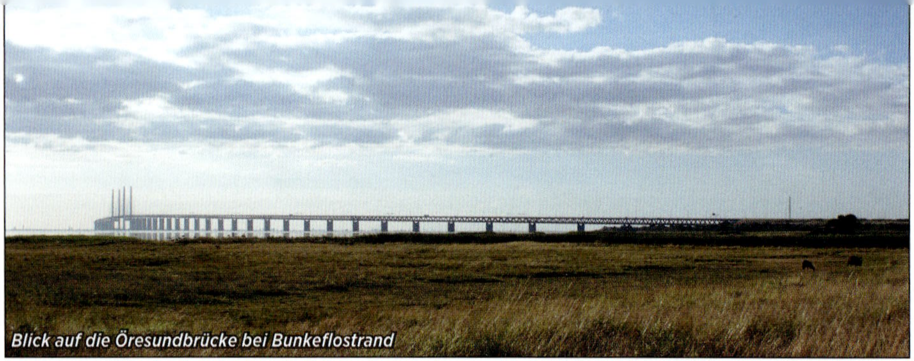

Blick auf die Öresundbrücke bei Bunkeflostrand

## Öresundbrücke

*Die mautpflichtige Öresundbrücke (Öresundsbron) verbindet die dänische Hauptstadt Kopenhagen mit dem schwedischen Malmö. Sie wurde 2000 eröffnet und ist die längste Schrägseilbrücke der Welt. Von Malmö aus führt die Brücke knapp acht Kilometer lang über den Öresund bis zur künstlichen Insel Peberholm. Von dort geht es weiter durch einen Tunnel bis zum Kopenhagener Flughafen. Der Verkehr auf der Brücke rollt über zwei Stockwerke: unten die Züge, oben die restlichen Fahrzeuge.*

*Radfahrer sind auf den zügig befahrenen Fahrspuren der Brücke und des Tunnels nicht zugelassen. Wer mit dem Fahrrad nach Kopenhagen möchte, nimmt am besten einen der häufig verkehrenden Öresundzüge (Fahrtzeit: ca. 35 Minuten). Für die Fahrradmitnahme muss ein zusätzliches Ticket gelöst werden.*

Biegen Sie am Ende des Parkplatzes vor dem alten Schwimmbad rechts ab auf den asphaltierten Radweg mit Blick auf Malmö ~ vorbei am Strand und dem Meerwasserfreibad Sibbarps Saltsjöbad.

### Limhamn (Malmö)

Vorwahl: 040

**Limhamns Fiskrögeri**, Strandgatan 17b, ✆ 152470 Mit Restaurant. @ nvs113

**Sibbarps Saltsjöbad**, Strandgatan 85, ✆ 151778, Mai-Aug., Mo-Fr 10-19 Uhr, Sa/Fei 10-16 Uhr, So 10-17 Uhr. FKK-Meerwasserfreibad direkt am feinen Sandstrand mit getrennten Bereichen für Männer und Frauen, Holzofensauna. @ dcd124

*Limhamn (5.700 Einwohner) war bis 1915 eine eigene Stadt, gehört heute aber zusammen mit Bunkeflostrand zu Malmö. Vom frühen 16. Jahrhundert bis 1994 wurde hier Kalkstein abgebaut. Inzwischen hat der Ort seine industrielle Prägung verloren und ist ein beliebtes Wohnviertel, das immer mehr an Malmö herangewachsen ist. Im Sommer 2017 verkehrte testweise eine Fahrradfähre (cykelfærgen) von Limhamn bis in dänische Dragør südlich von Kopenhagen, auf der bis zu 36 Fahrräder über den Öresund transportiert werden konnten. Das Projekt wurde gut angenommen, es konnte aber keine Finanzierung für eine dauerhafte Verbindung gefunden werden.*

Hinter dem großen Parkplatz biegen Sie links ab auf den Radweg entlang der **Strandgatan** Richtung Malmö-Zentrum ~ vorbei an Limhamns Fiskrökeri am kleinen Hafen ~ der Radweg führt links der Straße bis zur Kreuzung ~ die Kreuzung auf dem Radweg auf der linken Straßenseite überqueren ~ an der nächsten Möglichkeit rechts abbiegen und der kleineren Straße **Betonggatan** folgen ~ dem Linksbogen der Straße folgen und an der T-Kreuzung geradeaus auf den Fuß- und Radweg, vorbei an einem kleinen Park mit Spielplatz ~ die kleine Straße überqueren und weiter geradeaus ~ am Ende des Radwegs die Vorfahrtsstraße überqueren und weiter auf dem linksseitigen Radweg ~ schräg rechts auf den **Ribberborgsstigen**, der erst durch ein Wäldchen

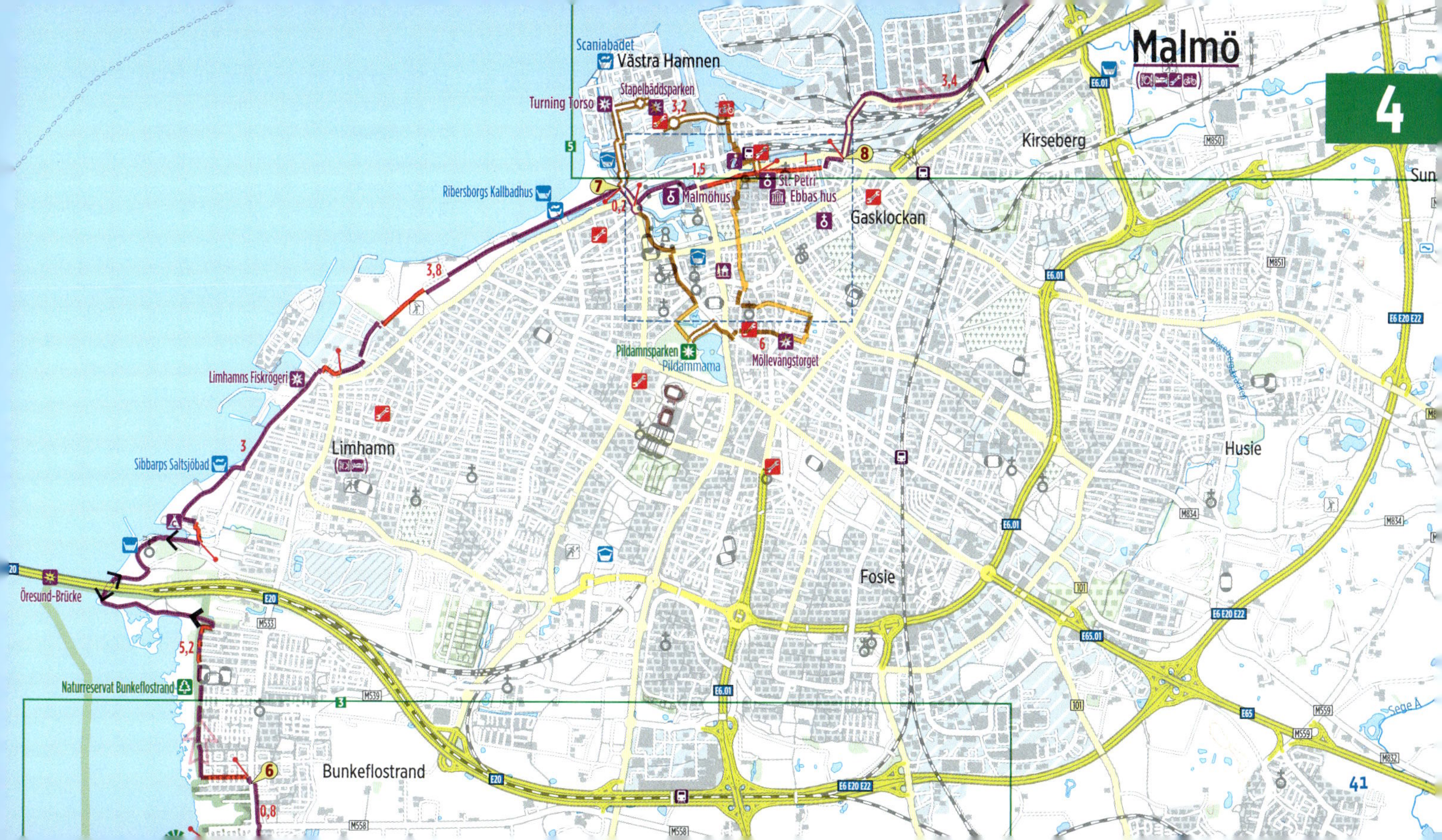
Malmö
4
Scaniabadet
Västra Hamnen
Stapelbäddsparken
Turning Torso
Kirseberg
Ribersborgs Kallbadhus
St. Petri
Ebbas hus
Malmöhus
Gasklockan
Pildamnsparken
Pildammarna
Möllevångstorget
Limhamns Fiskrögeri
Limhamn
Sibbarps Saltsjöbad
Husie
Fosie
Öresund-Brücke
Naturreservat Bunkeflostrand
Bunkeflostrand
Sege Å
Sun
41

und danach parallel zum Strand bis ins Westhafen-Viertel führt.

## Malmö

Vorwahl: 040

**Malmö Travelshop und Info-Point**, Carlsgatan 4, ✆ 330570, ✆ 341200. Weitere Info-Punkte im Rathaus, Moderna Museet und im Hbf. @ xvj753

**Malmö-Travemünde**, Norra Hamnen, Lappögatan 3B, Finnlines Fähranleger Malmö, ✆ 771/340900. Ganzjähriger Fährbetrieb, 1-3 Mal tägl., Dauer: ca. 9 Std. @ hyj736

**Rundan (Kanalrundfahrt)**, Norra Vallgatan 3, (gegenüber dem Hbf.), ✆ 6117488, Abfahrten: Mitte Juli-Mitte Aug., tägl. bis zu 6 Fahrten zw. 10 Uhr und 18.30 Uhr, Mitte April-Anfang Okt., tägl. bis zu drei Fahrten zw. 11 Uhr und 14.30 Uhr. Mit dem traditionellen Ausflugsboot „Rundan" geht es entlang des Ringkanals, der die Altstadt umgibt, und durch die Gräben des Schlossparks, Dauer: ca. 50 Min. @ ecb435

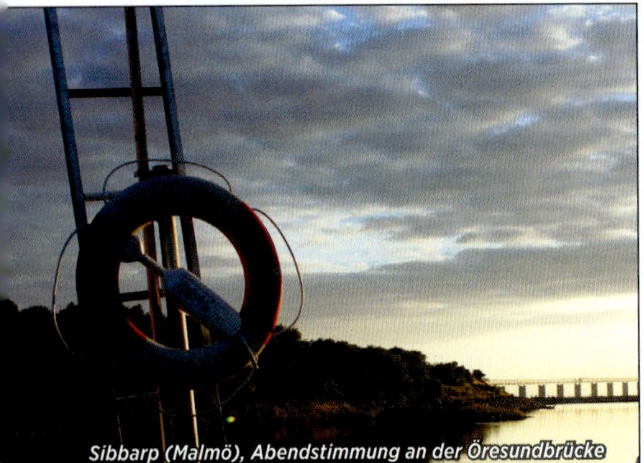

Sibbarp (Malmö), Abendstimmung an der Öresundbrücke

**Disgusting Food Museum**, Södra Förstadsgatan, ✆ 101771 Die Ausstellung zeigt 80 ungewöhnliche Lebensmittel aus aller Welt, die zum Teil auch probiert werden können. @ drl452

**Ebbas Hus**, Snapperupsgatan 10, ✆ 344400, Mi 13-17 Uhr. Malmös kleinstes Museum mit Original-Einrichtung aus dem Jahr 1910. Das Haus gehörte Ebba Olsson, die sich bis zu ihrem Tod weigerte, ihr Haus zu verkaufen. 2023 wegen Umbau geschlossen. @ gfl741

**Form Design Center**, Lilla Torg 9, ✆ 6645150 Die kostenlos zu besichtigende Dauerausstellung zu schwedischem Design und Kunsthandwerk ist in einem ehemaligen Kaufmannshof mit sehenswerten Innenhöfen untergebracht. @ ipy252

**Malmö Konsthall**, Sankt Johannesgatan 7, ✆ 346000 In der Kunsthalle stellen seit den 1970er Jahren zeitgenössische schwedische Künstler aus, der Eintritt ist frei. Geführte Touren in engl. Sprache nur mit Anmeldung. @ aln845

**Malmöhus/Malmö Museum**, Malmöhusvägen 6, ✆ 344400 Auf dem Gelände des Renaissanceschlosses (1536) sind heute alle städtischen Museen untergebracht, u. a. das Kunst-, Stadt-, Naturkunde- und Technik- und Seefahrtsmuseum. @ gux148

**Moderna Museet Malmö**, Ola Billgrens plats 2-4, ✆ 6857937 Gezeigt wird nordische und internationale moderne und zeitgenössische Kunst aus dem 19. und 20. Jh. Das 2009 eröffnete Museum ist ein Ableger des Moderna Museet Stockholm und in einem ehemaligen Elektrizitätswerk untergebracht. @ kvt822

**S:t. Petri Kyrka**, Göran Olsgatan 4, ✆ 279056 Der gotische Backsteinbau (14. Jh.) wurde nach dem Vorbild der Lübecker Marienkirche errichtet. @ vew145

**Lilla Torg.** Kleiner Marktplatz (1592) mit alten dänischen Fachwerkhäusern sowie zahlreichen Straßenlokalen.

**Möllevångstorget.** Belebter Platz mit täglichem Bauernmarkt und zahlreichen Restaurants und Kneipen. Der Platz liegt inmitten des ehemaligen Arbeiterviertels Möllenvangen, das heute stark migrantisch geprägt ist.

**Stapelbäddsparken**, Stapelbäddsgatan 7. Riesiger Outdoor-Skatepark auf dem ehemaligen Fabrikgelände der Werft Kockum im Westhafenviertel (Västra Hamnen). Im Boulderpark von Stapelbädden kann man kostenlos klettern. @ aes888

**Stortorget.** Großer Marktplatz mit Renaissance-Rathaus (1546). Die Reiterstatue erinnert an Karl X. Gustav, der die Provinz Skåne durch den Frieden von Roskilde 1658 mit Schweden vereinigte.

**Temalekplatser.** Mehr als 20 über das ganze Stadtgebiet verteilte große Themenspielplätze für Kinder, z. B. zu den Themen Meer, Dschungel oder Spinnen. @ xsg782

**Turning Torso**, Lilla Varvsgatan 14. Spektakuläres 190 m hohes Miets- und Bürohaus auf dem ehemaligen Werftgelände im Westhafen (Västra Hamnen). Der Turning Torso wurde 2005 nach Entwürfen von Santiago Calatrava fertiggestellt. Er dreht sich vom Erdgeschoss bis zum 54. Stock um 90 Grad.

**Bike & Ride-Stellplätze.** Informationen zu den etwa 30 Stellplätzen können Sie dem kostenlosen Fahrradstadtplan entnehmen. @ uci878

**Geführte Stadttouren per Rad**, ✆ 0762/060515. Malmö Bike Tours bietet geführte Stadttouren per Rad und Touren durch die Umgebung an. @ ury755

**Folkets Park**, Falsterbogatan 9, ✆ 341000. Nach dem Vorbild des Kopenhagener Tivolis gebauter Volkspark (1893) mit Rummelplatz, großem Spielplatz, Verkehrsübungsplatz (Cykelsafari), Ponyreiten, Reptilienhaus und häufigen Flohmärkten in den Sommermonaten. @ hrs682

**Kungs- und Slottsparken**, Kung Oscars väg 2. Der Kungsparken (1871) ist Malmös ältester Park, ein Landschaftspark im englischen Stil. Benachbart liegt der Slottsparken, der von den Bewohnern Malmös gerne zum Picknicken und Sporttreiben genutzt wird. @ ygn747

**Pildamnsparken**, Roskildevägen. Mit 45 ha Malmös größter Park. Benannt nach den Weiden (schwedisch: pil), die zur Befestigung eines alten Wasserreservoirs gepflanzt wurden. In den Sommermonaten wird jede halbe Stunde nach Sonnenuntergang (bis 1 Uhr nachts) eine Licht- und Musikshow am Wasser gezeigt. @ ssx455

**Ribersborgs Kallbadehus**, Limhamnsvägen, Brygga 1, ✆ 260366 Das „Kallis" ist ein Jugendstil-Badehaus (1898) direkt am feinen Sandstrand mit FKK-Meerwasserfreibad und getrennten Bereichen für Männer und Frauen sowie Holzofensauna. @ wjc863

**Scaniabadet**, Scaniaparken (Västra Hamnen). Frei zugängliche Badebrücken und Sonnendeck im Westhafen. @ mha682

**Segesvångsbadet**, Segesvången 1, ✆ 288167, Juni-Aug. tägl. @ rku816

**Riberborgsstranden**, Limhamnsvägen, Brygga 1. Der „Ribban" (dt. Rippe) ist Malmös meistbesuchter Sandstrand. Der künstliche Strand wurde 1926 eröffnet und wird jedes Jahr im Frühling mit neuem Sand befüllt.

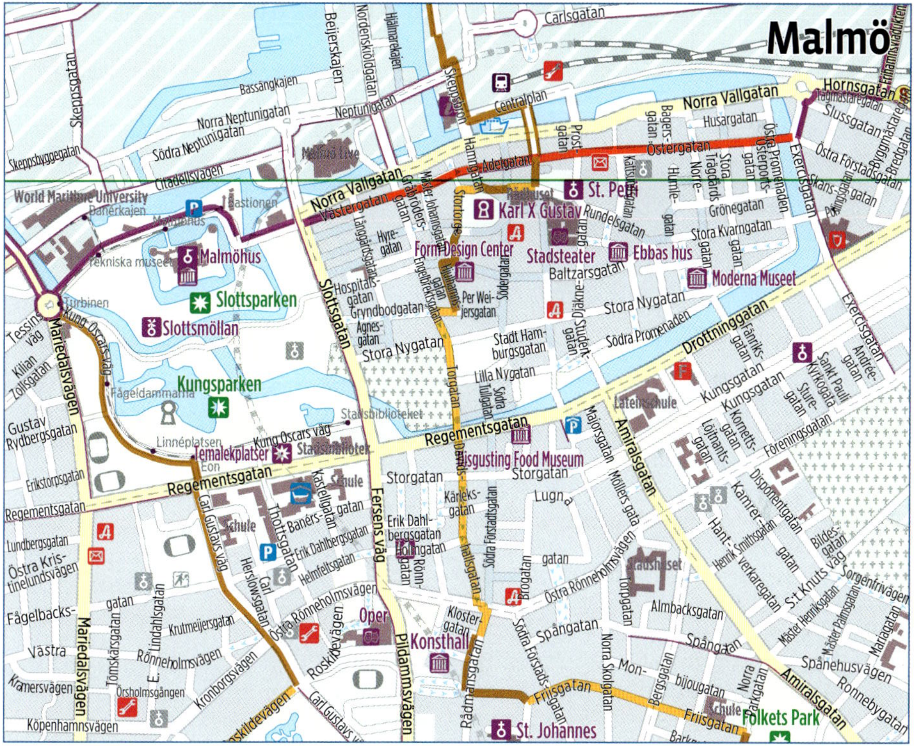

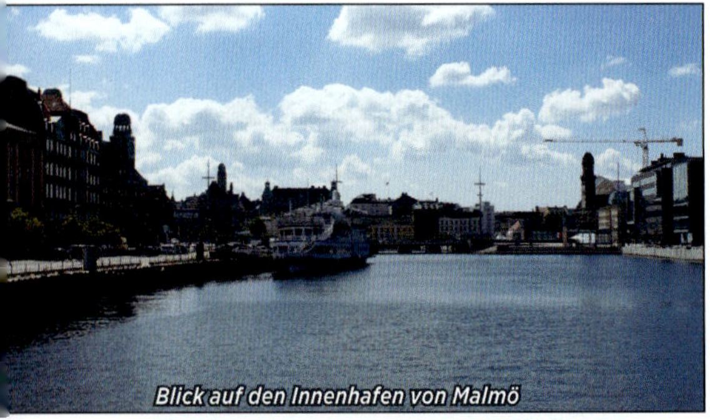

Blick auf den Innenhafen von Malmö

Hylliebadet, Hyllievångsvägen 20, ☎ 342650, @ dbq145

Kockum fritid, Västra Varvsgatan 8, ☎ 304080, @ qga135

*Malmö (325.000 Einwohner) ist die drittgrößte Stadt Schwedens und die Hauptstadt der Provinz Skåne. Sie entstand als Siedlung im 13. Jahrhundert und entwickelte sich wegen ihrer Lage am Öresund und des Handels mit der Hanse rasch zu einer größeren Hafenstadt. Schon 1275 war Malmö eine befestigte Stadt mit Stadtmauer und Kirchen. Bis zum Frieden von Roskilde 1658 gehörte Malmö zusammen mit der Provinz Skåne zu Dänemark.*

*Im 19. Jahrhundert entwickelte sich Malmö zu einer Industriestadt. Die Werft „Kockums Mekaniska Verkstad" wurde 1840 in Betrieb genommen und prägte mit ihren hohen Kränen über 150 Jahre lang das Stadtbild. Seit Anfang der 1970er Jahre gingen jedoch wegen der Werftenkrise viele Arbeitsplätze in der Industrie verloren und Malmö wies eine der höchsten Arbeitslosenraten Schwedens auf.*

*Seit dem Bau der Öresundbrücke zwischen Kopenhagen und Malmö erlebt die Stadt einen wirtschaftlichen Aufschwung. In der Öresundregion, in der sich viele Biotech- und Pharmaunternehmen („Medicon Valley") angesiedelt haben, wird heute etwa ein Viertel des Bruttosozialprodukts von Schweden und Dänemark erwirtschaftet. Auf dem ehemaligen Hafen- und Industriegelände ist der neue Stadtteil Västra Hamnen entstanden. Neben modernen Wohn- und Bürogebäuden gibt es eine rund acht Kilometer lange Uferlinie mit Strandpromenaden, Badestellen und Parkflächen.*

*Malmö ist außerdem für seine Musik-, Kunst-, Theater- und Restaurantszene bekannt. Viele internationale Ausstellungen kommen erst nach Malmö, bevor sie in Stockholm oder Göteborg gezeigt werden.*

## Fahrradfreundliches Malmö

*Malmö gehört wegen seiner gut ausgebauten Radwege zu den fahrradfreundlichsten Städten Schwedens. Mit einer Länge von rund 515 Kilometern ist das Radwegenetz zwar kürzer als in Göteborg oder Stockholm, doch der Anteil des Radverkehrs am Gesamtverkehr ist deutlich höher. Etwa ein Viertel aller Fahrten werden in Malmö mit dem Fahrrad zurückgelegt, bis 2030 soll der Anteil auf 30 Prozent gesteigert werden.*

*In Malmö haben Radfahrer an rund 50 Kreuzungen im Stadtgebiet Vorfahrt. Zum Teil haben Radwege sogar eigene Namen bekommen, um besser per GPS auffindbar zu sein. Es gibt am Hauptbahnhof eine Fahrradgarage mit 1.500 kostenlosen Stellplätzen. Weitere Bike & Ride-Stellplätze, etwa 30 über das Stadtgebiet verteilte Fahrradpumpen sowie weitere Fahrradinfrastruktur können Sie dem kostenlosen Fahrradstadtplan (Cykelkarta Malmö) entnehmen, den Sie an den Info-Punkten erhalten oder online (www.malmo.se/Stadsplanering--trafik/Trafik--hallbart-resande/Nar-du-cyklar/Cykelkarta.html) abrufen können.*

*Zudem bietet die Stadt einen kostenlosen Audioführer (www.malmo-audio-guide.se) mit acht Stationen für Fußgänger und Radfahrer an. Für radelnde Kinder gibt es im Folkets Park einen liebevoll gestalteten Verkehrsübungsplatz (Cykelsafari, www.malmofolketspark.se/att-gora/cykelsafari)*

*Geführte Stadttouren per Rad und Touren durch die Umgebung bietet Malmo Bike Tours (www.malmobiketours.se, ✆ 6116454 ) an. Wer nur für einen Städtetrip in Malmö ist, kann das Fahrradverleih-System „Malmö by Bike" mit rund 100 Stationen in der ganzen Stadt nutzen (www.malmobybike.se).*

## Rundtour durch Malmös Altstadt und das Westhafen-Viertel 9,5 km

**7** Überqueren Sie nach dem Strand den Mariedalsvägen und fahren Sie schräg geradeaus Richtung Västra Hamnen (Westhafen) ⇝ auf den Turning Torso zu ⇝ am Kreisverkehr dem Radweg folgen und geradeaus entlang der promenadenartigen **Västra Varvsgatan** ⇝ nach der Rechtskurve links über den Zebrastreifen auf den straßenbegleitenden Radweg und weiter auf den Turning Torso zu ⇝ direkt vor dem markanten Hochhaus rechts auf den Radweg entlang der **Lilla Varvsgatan** Richtung Central Stationen (Hbf.) ⇝ vorbei an den Waterfront Houses und dem Varvsparken, dann am Kreisverkehr geradeaus auf dem Radweg bleiben ⇝ am Skatepark Stapelbäddsparken rechts auf den Fuß- und Radweg entlang der Straße ⇝ am Ende der Straße zunächst rechts, nach 20 m direkt links am Übergang die breite **Stora Varvsgatan** queren und wieder links halten ⇝ an der stillgelegten Kockums Werft vorbei ⇝ geradeaus über die Brücke **Klaff Bron** ⇝ vorbei am kleinen Leuchtturm und über die zweite Brücke ⇝ hinter der Brücke rechts entlang des Kanales und der Beschilderung Richtung Central Stationen folgen ⇝ vor der Fahrradampel über die Neptungatan links ⇝ direkt danach rechts über die Fahrradampel auf der anderen Seite der Kreuzung und anschließend geradeaus auf den Radweg entlang der Straße **Skeppsbron** Richtung Gamla Staden (Altstadt) ⇝ nach dem Bahnhof links auf dem Radweg am Kanal entlang, am gegenüberliegenden Ufer befindet sich der Anleger des Ausflugsboots Rundan ⇝ an der nächsten Möglichkeit rechts über die Brücke **Petribron** und geradeaus in die Altstadt hinein ⇝ hinter der St. Petri Kyrka rechts in die **Kyrkogatan** ⇝ der Straße halb um den **Stortorget** (großer Marktplatz) folgen ⇝ schräg rechts auf das Kopfsteinpflaster zum **Lilla Torg** (kleiner Marktplatz), auf dem Sie wegen starken Fußgängerverkehrs ggf. absteigen sollten. Vor dem Form Design Center rechts halten und am Ende des Platzes direkt wieder links in die schmale Gasse **Hjulhamnsgatan** ⇝ am Ende der Straße rechts auf die **Per Weijersgatan**, dann an der nächsten Kreuzung links in die **Engelbrektsgatan** ⇝ auf den **Gustav Adolfs Torg** und weiter geradeaus auf der Busspur

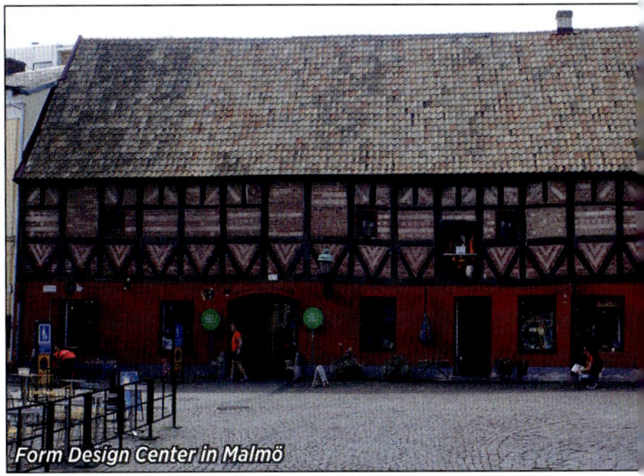
*Form Design Center in Malmö*

⇝ links vorbei am Friedhof ⇝ über eine kleine Brücke und an der Kreuzung weiter geradeaus ⇝ am Platz mit dem Brunnen (Triangelntorget) geradeaus über den Östra Rönneholmsvägen und schräg rechts auf den Radweg entlang der **Rådmansgatan**.

**TIPP** Vom Bahnhof Triangeln verkehren Züge, mit denen Sie der dänischen Hauptstadt Kopenhagen einen Besuch abstatten können.

Am Bahnhof Triangeln mit seiner Glaskuppel links auf den Radweg und an der Kirche St. Johannes vorbei ⇝ geradeaus in die **Friisgatan** ⇝ weiter

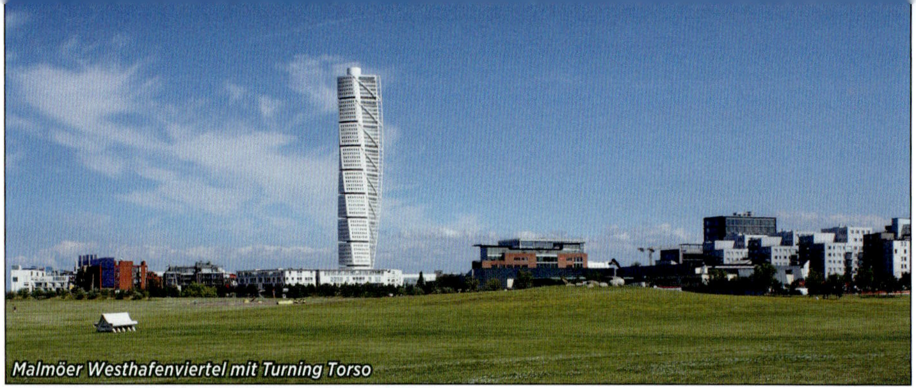

Malmöer Westhafenviertel mit Turning Torso

geradeaus und der Beschilderung Richtung Folkets Park (Volkspark) und Möllevång folgen ~ vor dem Volkspark rechts auf den Fuß- und Radweg ~ am Eingang des Volksparks vorbei ~ am Kreisverkehr geradeaus auf die gepflasterte Straße ~ an der nächsten Kreuzung rechts in die **Simrishamsgatan**, kurz darauf über den **Möllevångstorget** ~ am Ende des Platzes links, dann rechts über die Fußgängerampel in die **Smedjegatan** ~ in der Rechts-Links-Kurve an der modernen Glaskuppel des südlichen Ausgangs des Bahnhofs Triangeln vorbei und am Ende des Platzes links ~ an der Fahrradampel den Carl Gustavs Väg überqueren und rechts auf den Radweg Richtung Pildamnsparken ~ geradeaus über die große Kreuzung mit dem Pildammsvägen ~ am Pildamnsparken entlang und weiter geradeaus auf den Radweg links von der Straße ~ an der nächsten Kreuzung links auf den Radweg rechts von der Straße **Baltiska Vägen** durch den Park ~ an der nächsten Straßenkreuzung rechts in den **Margaretavägen** ~ am Ende der Allee rechts auf den **Roskildevägen** am Park entlang ~ am Ende des Parks links auf den Radweg entlang des **Carl Gustavs Väg** ~ am Fußballplatz vorbei ~ an der Kreuzung über die Fahrradampel geradeaus in den **Slottsparken** ~ nach 50 m links auf den Radweg Richtung Westhafen ~ am Kreisverkehr endet die Rundtour durch Malmö, von vorn stößt die Hauptroute hinzu und wendet sich hier Richtung Schloss.

## Von Malmö nach Lund — 21,5 km

**7** Überqueren Sie am Ende des Radweges den **Mariedalsvägen** und biegen Sie rechts ab auf den straßenbegleitenden Radweg ~ am Kreisverkehr links auf den Radweg entlang des **Malmöhusvägen** und über eine kleine Brücke ~ auf dem Radweg am Malmöhus Slott vorbei ~ erneut über eine Brücke ~ an der Slottsgatan geradeaus über die Fahrradampel in die Fahrradstraße **Västergatan** ~ die Västergatan wird zur Nebenstraße und später zur Einkaufsstraße, fahren Sie immer geradeaus ~ vorbei an der Karolikirche ~ über die Brücke und direkt danach links auf den Radweg rechts von der Straße ~ am Kreisverkehr rechts auf die Auffahrt zur Brücke ~ **8** auf Höhe der Brücke links auf den Radweg links der Straße Richtung Lomma und über die Brücke ~ weiter geradeaus durch das Industriegebiet auf dem Radweg entlang des stark befahrenen **Västkustvägen** ~ an der Lodgatan, dem Abzweig zum Frihamn (Freihafen), schräg rechts über die Kreuzung und weiter dem Radweg folgen ~ hinter der nächsten Kreuzung entfernt sich der Radweg leicht von der Straße ~ in der weiten Linkskurve am Trafikplats Spillepengen rechts durch die Unterführung Richtung Lomma ~ nach einer weiteren Unterführung dem Radweg über das Flüsschen

Sege Å folgen ~ nach dem Busdepot links auf den Radweg entlang des **Arlövsvägen**.

## Arlöv

In Arlöv fahren Sie zunächst durchs Industriegebiet ~ **9** nach ca. 1 km links auf den Radweg Richtung Lomma und durch die Unterführungen ~ danach rechts abbiegen in Richtung Lomma ~ entlang der **M 892** am Naturreservat Södra Lomma Bukten vorbei, immer wieder führen Wege zum Strand hinab.

AUSFLUG Etwa 2,5 km nach der Unterführung können Sie einen Abstecher zum Schloss Alnarp machen. Biegen Sie dafür rechts Richtung Alnarp ab. Nach etwa 2 km erreichen Sie das Schloss.

## Alnarp

**Alnarp slott**, Slottsvägen, 040/410334, (Museum): April-Okt., Mi, So 13-16 Uhr. Ursprüngliche Burg (12. Jh.), heutiges Gebäude (1862) im Renaissancestil. Im Schloss befinden sich Räume der schwedischen Universität der Agrarwissenschaften und ein Landwirtschaftsmuseum. Der im Stile englischer Gärten angelegte Schlosspark bietet einen der abwechslungsreichsten Baumbestände des ganzen Landes und ist öffentlich zugänglich. @ oin216

Der Radweg führt Sie nun links weg von der Straße geradeaus nach Lomma hinein ~ kurz vor den ersten Häusern links in den kleinen Weg und kurz darauf wieder rechts auf den unbefestigten Radweg entlang des flachen Sandstrandes ~ nach ca. 1 km an der ers-

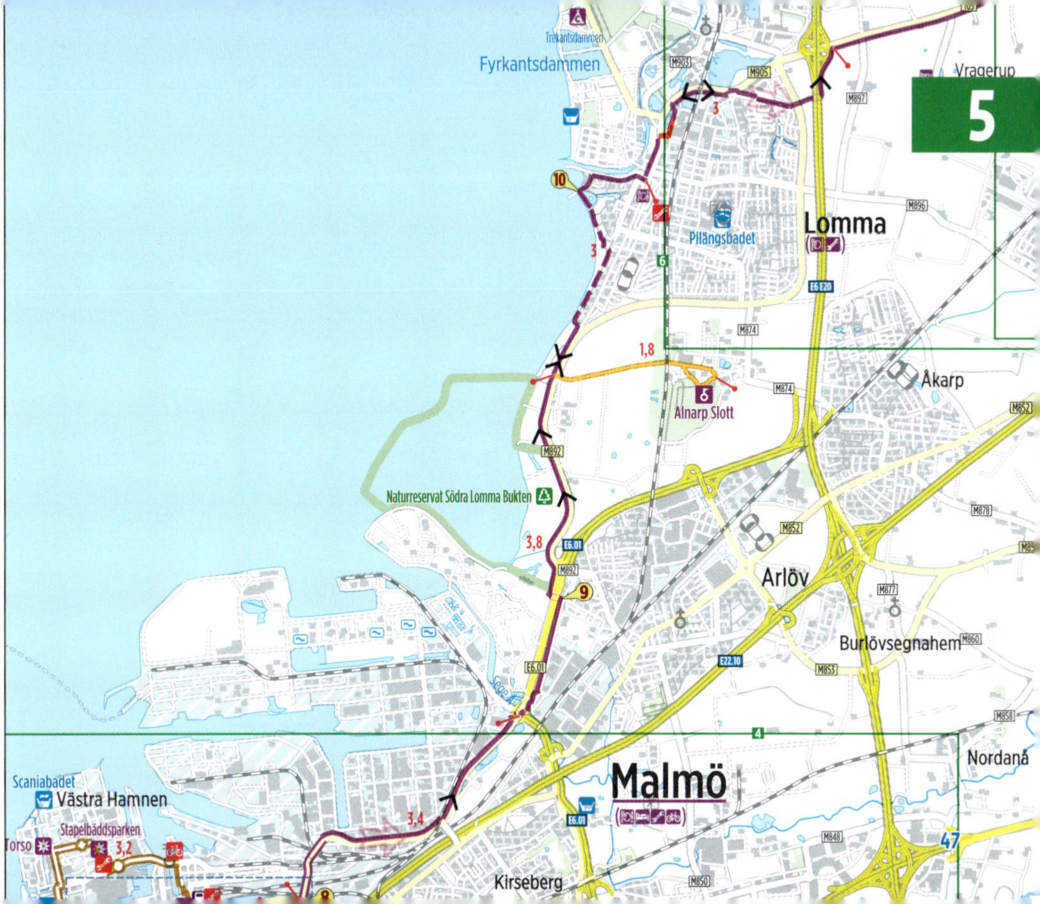

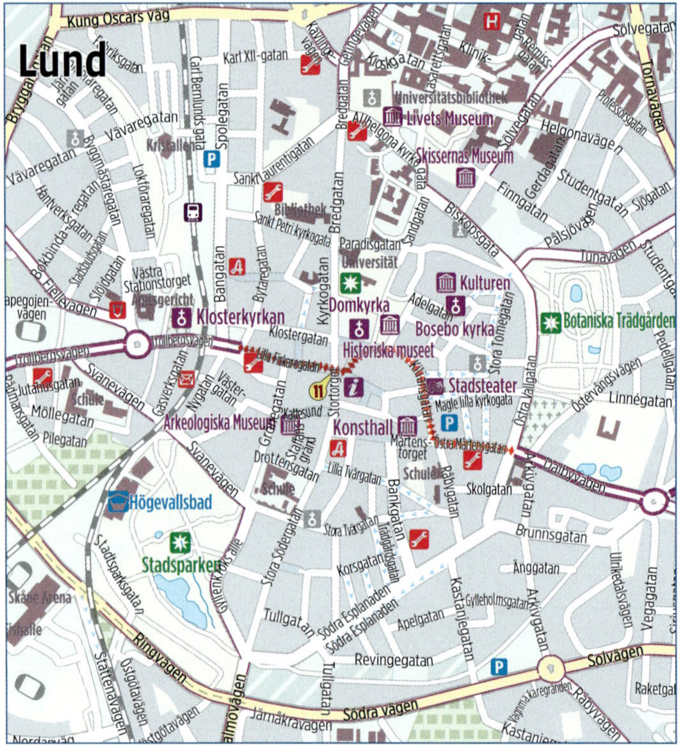


ten Möglichkeit links und der Rechtskurve folgen ⤳ **10** an der Seebrücke rechts auf den asphaltierten Fuß- und Radweg und am Yachthafen vorbei.

## Lomma

Vorwahl: 040

Pilängsbadet, Ringvägen 11, ✆ 6411291, @ xgv638

*Die Kleinstadt Lomma (13.700 Einwohner) ist vor allem für ihren flachen Sandstrand bekannt. Bei klarem Wetter hat man einen guten Blick auf Malmö, die Öresundbrücke und Kopenhagen.*

Am Wendekreis rechts auf den Radweg entlang der Straße und am Hafenbecken vorbei ⤳ vor dem ovalen Kreisverkehr links auf den Radweg links der Straße ⤳ 100 m nach der Schule rechts über den Fußgängerüberweg auf den Radweg der **Industrigatan**, dann gleich wieder links in den **Parkstigen** ⤳ nach dem Parkplatz mit dem Rastplatz nicht durch die Unterführung, sondern leicht rechts halten ⤳ der Radweg verläuft rechts der **M 905** ⤳ unter den Schienen hindurch ⤳ vorbei am Gewerbegebiet, dann am Kreisverkehr die Straße überqueren und rechts halten auf den Radweg Richtung Lund ⤳ die M 892 überqueren und durch den Tunnel unter der Autobahn E 20 hindurch ⤳ links vom Radweg verläuft zunächst die Autobahn, später die **M 103** ⤳ nach einem Rechts-Links-Bogen wieder durch eine Unterführung ⤳ der Radweg führt wenig später rechts von der Straße weg auf den **Trollebergsvägen** ⤳ vorbei an Trollebergs Gård und bald wieder entlang der Landstraße **M 902** ⤳ auf einer kleinen Brücke über den Höje Å ⤳ Sie erreichen den Stadtrand von Lund ⤳ nun über 500 Meter im leichten Anstieg ⤳ nach 2 km entlang des **Trollebergsvägen** am Kreisverkehr geradeaus und weiter dem Radweg folgen ⤳ nach der Bahnunterführung schräg rechts auf dem Radweg in die Innenstadt hinein ⤳ durch eine kleine Einkaufsstraße ⤳ **11** Sie erreichen den **Stortorget** mit dem Rathaus.

## Lund

Vorwahl: 046

- **Info-Punkt im Rathaus**, Bangatan 1, ✆ 131415. Weitere Info-Punkte im Kulturen und allen großen Hotels. @ bcl533
- **Drottens Arkeologiska Museum**, Kattesund 6, ✆ 320777 (Restaurant) Eingang durch das Restaurant Gattostretto. Unterirdische Kirchenruine (um 1050) mit anschaulich gemachter Ausstellung zu Lunds Kirchenlandschaft im Mittelalter.
- **Historiska Museet**, Krafts torg 1, ✆ 2227944 Historisches Museum der Universität Lund mit archäologischen Funden aus der Eisenzeit, Münzsammlung und mittelalterlicher Kirchenkunst. Zum Museum gehört auch das Dommuseum (Domkyrkamuseet), das über die Geschichte der Kirche in Skåne informiert. @ sgx866
- **Kulturen**, Tegnérplatsen, ✆ 350400 Großes Freilichtmuseum mitten in der Stadt, eröffnet 1892. Über zwei Straßenzüge hinweg werden Hütten und Häuser gezeigt, in der die südschwedische Land- und Stadtbevölkerung vom Mittelalter bis in die erste Hälfte des 20. Jhs. lebte. Außerdem gibt es etwa 20 kleinere Ausstellungen zum mittelalterlichen Lund, in denen Möbel, Trachten, Kunsthandwerk, Spielzeug etc. gezeigt werden. Ein etwas abseits gelegener Teil des Museums ist kostenlos: der Kaufmannsladen Hökeriet mit Einrichtung von 1906 an der Ecke Sankt Annegatan/Tomegapsgatan. @ leh841
- **Livets Museum**, Lasarettsgatan 5b, ✆ 172882 Medizinhistorisches Museum, das auf interaktive Weise das Funktionieren des menschlichen Körpers erklärt. Eintritt frei. @ jul611

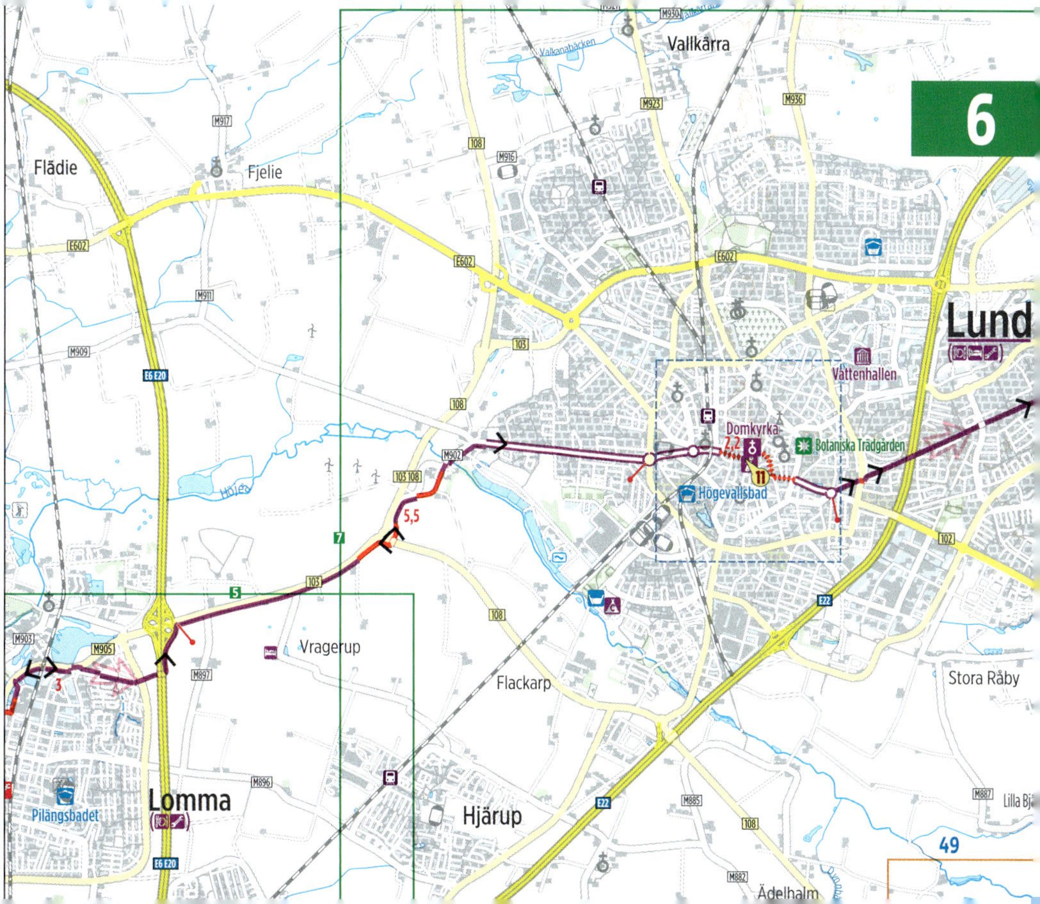

**Lund Konsthall**, Mårtenstorget 3, ✆ 3595295 Kunsthalle mit wechselnden Ausstellungen zu zeitgenössischer schwedischer und internationaler Kunst. @ bqf264

**Skissernas Museum**, Finngatan 2, ✆ 2227283 Kunstmuseum mit großer Sammlung von Skizzen, Entwürfen und Modellen schwedischer und internationaler Künstler, z. B. Sigrid Hjertén, Christo, Diego Rivera. @ qhg611

**Vattenhallen Science Center**, John Ericssons väg 1, ✆ 2224351, Mitte Juni-Mitte Aug., Di-So 10-16 Uhr sowie in den schwed. Schulferien, engl. Vorführungen im Planetarium nach Voranm. Im zur Universität gehörigen Wissenschaftszentrum gibt es ein Planetarium und eine interaktive Ausstellung, in der man selber zum Forscher werden kann. @ rcs268

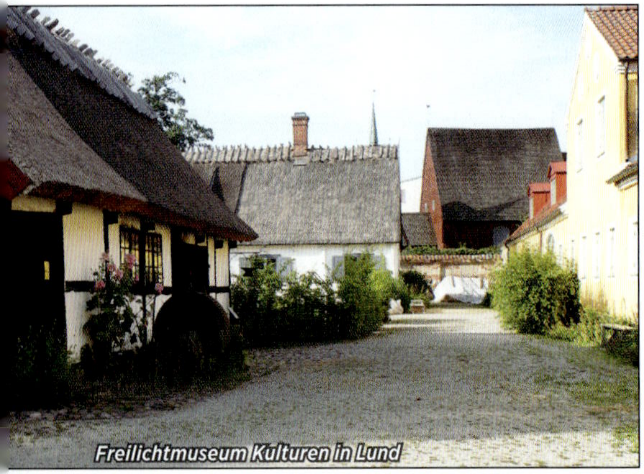

Freilichtmuseum Kulturen in Lund

**Domkyrka**, Kyrkogatan 6, ✆ 718700 Die romanische Domkirche (12. Jh.) ist Lunds Wahrzeichen. Es ist der älteste Dom Skandinaviens und mit 700.000 Besuchern jährlich die beliebteste Sehenswürdigkeit Skånes. Die beste Besuchszeit ist um 12 und 15 Uhr (So/Fei 13 und 15 Uhr), da sich dann die Astronomische Uhr mit ihren Holzfiguren in Bewegung setzt. In der Krypta finden sich Bischofssärge und eine Skulptur des Riesen Finn, welcher der Sage nach den Dom erbaut haben soll. @ ygu437

**Botaniska trädgården**, Östra Vallgatan 20, ✆ 2227320 Der Botanische Garten der Universität Lund ist etwa 8 ha groß und beherbergt rund 7.000 Pflanzenarten sowie mehrere tropische Treibhäuser. @ uxf361

**Lundagård**, Kyrkogatan 15. Park der Universität mit schönem altem Baumbestand, der sich zwischen dem Dom und dem neuen Universitätshauptgebäude (1880) erstreckt. Bis 1837 war er mit einer Mauer umzäunt, die den Campus vom Rest der Stadt abgrenzte. Im Park befindet sich auch das Kungshuset (1584), einst Residenzsitz des dänischen Königs, später Universitätshauptgebäude und heute Sitz der Philosophischen Fakultät. @ wbj842

**Stadsparken**, Svanegatan. Großer Landschaftspark südwestlich der Innenstadt rund um den alten Stadtwall mit Spielplätzen, Vogelvolieren, Skatepark und einem Boulderblock für Kletterer. @ yoo714

**Källbybadet**, Badarevägen 10, ✆ 3595188, Juni-Mitte Aug., tägl. @ lvc378

**Högevallsbadet**, Högevallsgatan 3, ✆ 3595217 Erlebnisbad mit Wasserrutschen und Kletterwand. @ dml663

**Delphinenbadet**, Magistratsvägen 59, ✆ 131578, @ bme616

*Die Universitätsstadt Lund (94.000 Einwohner) ist das kulturelle und geistige Zentrum Südschwedens und die zweitälteste Stadt Schwedens. Das heutige Stadtbild ist geprägt durch kopfsteingepflasterte Straßen, niedrige alte Häuser, Parks und zahlreiche Straßencafés.*

*Lund wurde um 990 vom dänischen Wikingerkönig Sven Gabelbart gegründet. Im 11. Jahrhundert wurde Lund Bischofssitz, der Bau des Domes 1103 festigte diese Stellung. Im 13. und 14. Jahrhundert war Lund die bedeutendste Stadt Skandinaviens. Durch Kriege und die Reformation verlor es jedoch an Bedeutung, die es erst mit Gründung der Universität 1666 wiedergewann. Diese sollte die Region wieder stärken und dabei helfen, die ehemals dänische Bevölkerung an Schweden zu binden, nachdem Skåne 1658 zu Schweden gekommen war. Heute sind knapp 45.000 Studenten an der Universität Lund immatrikuliert, die immer noch eine der größten in ganz Skandinavien ist.*

*Ebenso wie Malmö ist Lund eine Fahrradstadt: Neben dem sehr guten Radwegenetz gibt es das Fahrradverleihsystem Lundahoj (25 Stationen mit insgesamt 250 Leihrädern), ein Fahrradparkhaus am Hauptbahnhof und mehrere über das Stadtgebiet verteilte, öffentliche Fahrradpumpen.*

# Von Lund nach Rickarum

**79,7 km**

HM/km: ↗ 4,2 (334m) ↘ 3,5 (277m) Radweg: 23 % Unbefestigt: 22 % Verkehr: 0 %

Von Lund führt Sie der zweite Tourenabschnitt quer durch die landwirtschaftlich geprägte Provinz Skåne bis nach Rickarum. Die Fahrt durchs Binnenland führt zunächst durch ein Naturschutzgebiet und dann auf einem alten Bahndamm von Dalby bis zum einsamen See Krankesjön, an dem man Vögel beobachten kann. Danach wird die Landschaft zunehmend hügeliger, mit einigen starken Anstiegen und schnellen Abfahrten. Auch auf dem Weg zum Ringsjön, dem zweitgrößten See Skånes, radeln Sie entlang von Feldern und Wiesen. Auf einer Landzunge befindet sich das sehenswerte, mittelalterliche Schloss Bosjökloster mit wechselnden Ausstellungen, Kanuverleih und einem Schlosspark mit Wildtiergehegen.

Ab Höör führt Sie die Route durch dünn besiedelte Gebiete, Wälder und kleine Siedlungen mit vielen alten Steinkirchen. Im stetigen Auf und Ab geht es bis zum Bosarpasjön, einem der saubersten Seen Schwedens, der mit einem kleinen Strand und Café am Nordufer zum Baden einlädt. Die alte Kulturlandschaft mit schmalen Steinwällen und kleinen Weideflächen, umgeben von bemoostem alten Baumbestand, begleitet Sie von dort bis in das Dorf Rickarum. Hier besteht die Möglichkeit, auf einer Abkürzung direkt nach Kristianstad zu radeln.

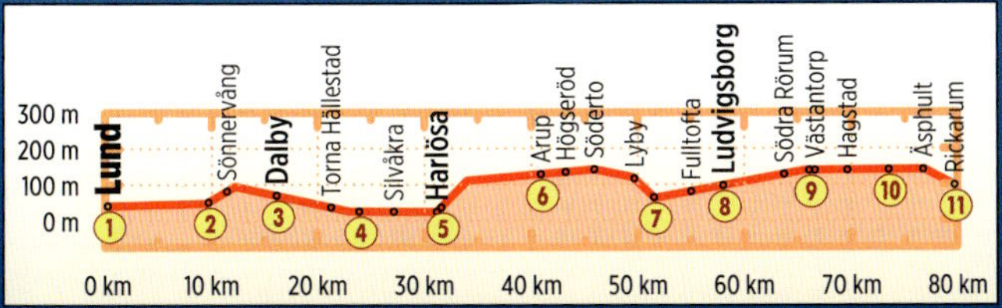


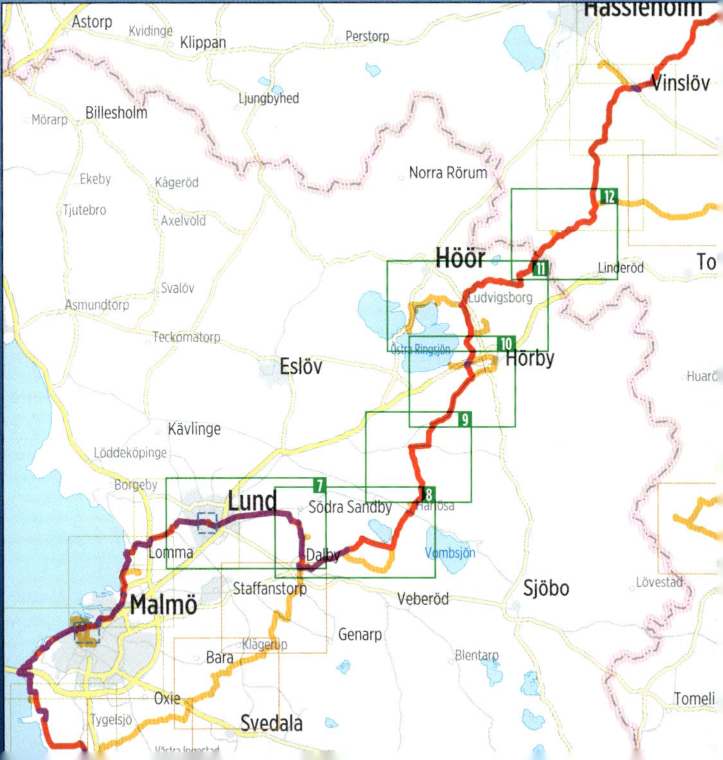

### Von Lund nach Dalby 16 km

**1** Sie verlassen den **Stortorget** nach Norden in die **Kungsgatan** und kommen am gewaltigen Dom vorbei ~ am Universitätsgelände rechts halten in die **Kiliansgatan**, der Sie bis zum **Mårtenstorget** folgen ~ am Ende des Marktplatzes links auf die **Östra Mårtensgatan** ~ am Ende des Kopfsteinpflasters geradeaus auf den Radweg rechts des **Dalbyvägen** ~ vorbei am Park der Östervång-Schule und der Beschilderung nach Dalby folgen ~ am kleinen Kreisverkehr halblinks auf den Fuß- und Radweg

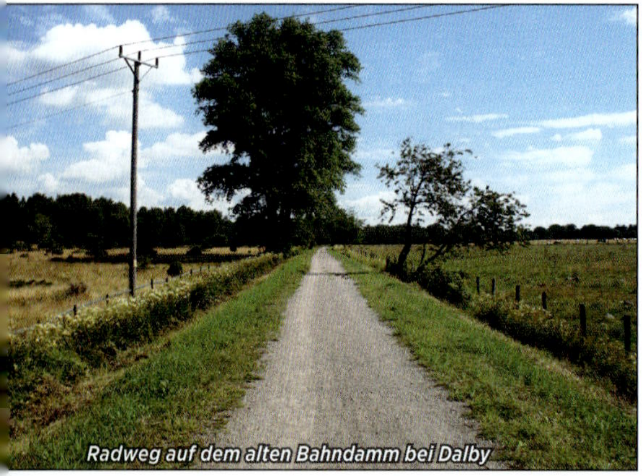

Radweg auf dem alten Bahndamm bei Dalby

Richtung Mårtens Fäland, folgen Sie ab hier nicht mehr dem Radweg nach Dalby ~ durch den Park ~ am Überweg über den Tornavägen und dahinter halblinks halten ~ im leichten Aufstieg dem Radweg Richtung Södra Sandby folgen ~ Sie überqueren die Autobahn E 22 ~ die Route verläuft als **Hardebergaspåret** entlang eines alten Bahndamms durch eine landwirtschaftlich geprägte Gegend ~ mehrfach führt der Radweg unter Straßenbrücken hindurch, zuletzt in einer S-Kurve unter der M 941 ~ geradeaus über die M 945 ~ links am Naturreservat Fågelsångsdalen vorbei ~ nach 8 km auf dem Bahndamm vor der ersten Siedlung rechts auf den Radweg und um die Siedlung herum fahren ~

**2** hinter der Bushaltestelle auf die Straße wechseln und über die Kreuzung rechts in den **Blåvingevägen**.

#### Södra Sandby

**Skrylle naturreservat**, 0761/335373, (Infozentrum): Juni-Aug., tägl. Naturschutz- und Naherholungsgebiet mit Wanderwegen, Infozentrum, Waldspielplatz, Grillplätzen und Restaurant. 2023 wegen Umbau geschlossen. @ dey581

**Sandbybadet**, Hällestadsvägen 16, 046/3593830, Juni-Aug., tägl. @ dyi344

Am Ende der Straße für 30 m auf einen Fuß- und Radweg, dann weiter geradeaus auf dem **Fjärilsvägen** ~ am Ende der Straße links auf den **Assarhusavägen** ~ 50 m vor dem Ende der Straße rechts auf den Radweg Richtung Dalby ~ die M 945 überqueren, direkt links und weiter auf dem Radweg Richtung Dalby ~ wenig später der Rechtskurve des Weges Richtung Dalby folgen.

TIPP **Zum Rasten bietet sich das Naherholungsgebiet Skylle an. Dazu müssen Sie nach der Kurve den Radweg nehmen, der unter der Straße hindurch führt und diesem bis zum Wald folgen.**

Am Ortsrand von Dalby geradeaus über die M 952 und weiter auf dem Radweg bleiben ~ nach 50 m weiter auf der Straße, dem **Sandbyvägen** ~ nach den Sportplätzen biegen Sie links ab auf den Radweg entlang der **Allégatan** und fahren bis zur Ortsmitte.

#### Dalby

Vorwahl: 046

**Heligkors kyrka**, Lundavägen 5, 208600 Die Heiligkreuzkirche in Dalby ist vermutlich die älteste Steinkirche Skandinaviens. Sie wurde um 1060 als Bischofskirche gegründet, wenige Jahre später aber mit dem Bistum Lund vereinigt. Der Taufbrunnen aus Sandstein und die Krypta stammen noch aus der Mitte des 12. Jhs. Vom Kirchengelände aus hat man eine sehr gute Aussicht über das hügelige Skåne. @ fsl454

**Dalby Söderskog.** Der mit 36 ha kleinste Nationalpark Schwedens wurde 1918 geschaffen, um den verbliebenen Laubwald zu schützen. In diesem finden sich Baumarten, die eigentlich weiter südlich anzutreffen sind, z. B. Eschen, Ulmen, Buchen und Eichen. Im Frühling blühen Buschwind-

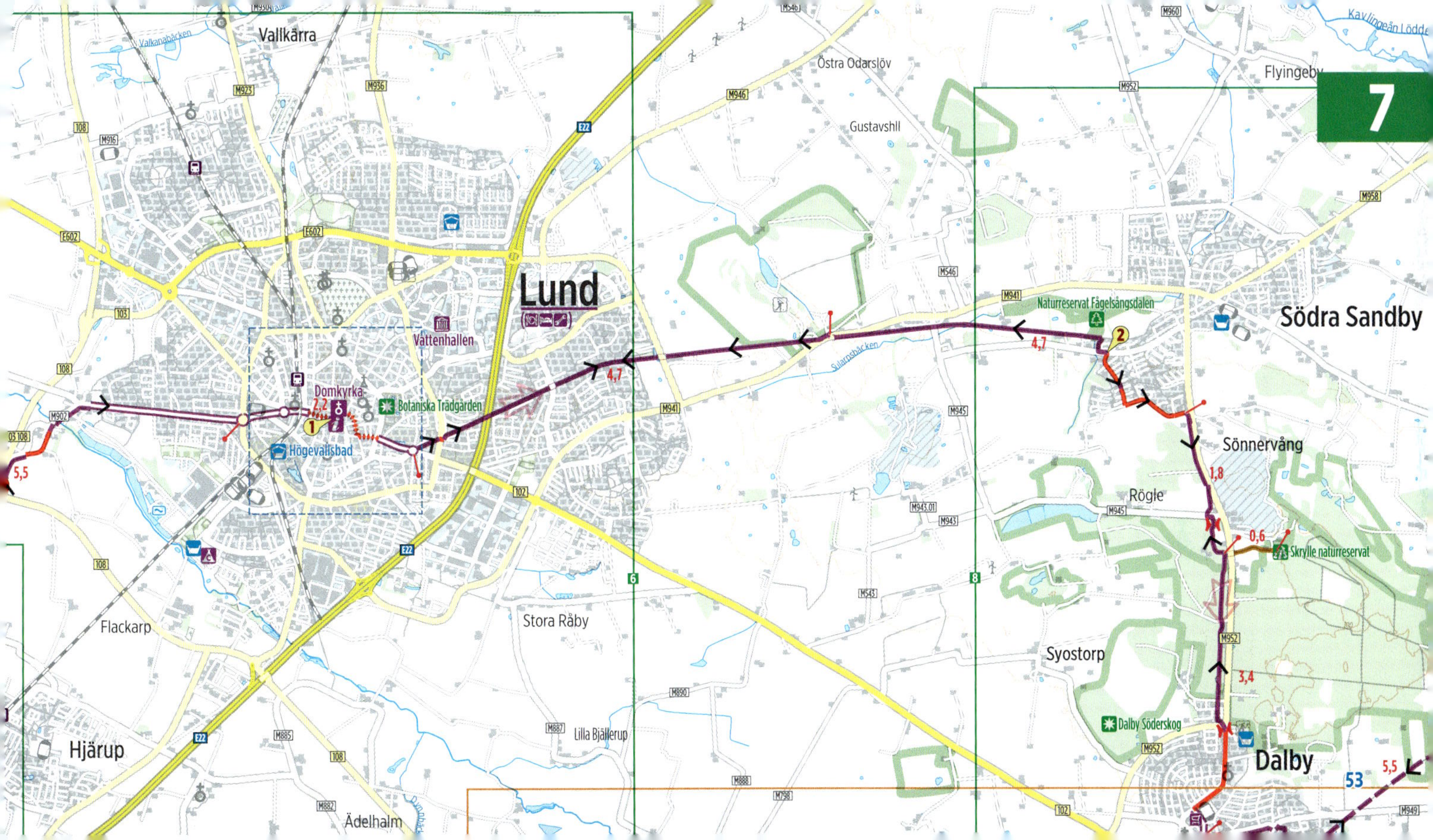
7
Vallkärra
Östra Odarslöv
Flyingeby
Gustavshll
Lund
Vattenhallen
Domkyrka
Botaniska Trädgården
Högevallsbad
Naturreservat Fågelsångsdalen
Södra Sandby
Sönnervång
Rögle
Skrylle naturreservat
Syostorp
Dalby Söderskog
Dalby
Stora Råby
Lilla Bjällerup
Flackarp
Hjärup
Ädelhalm
Valkarabäcken
Sularpsbäcken
Kävlingeån Lödde
Dynnbäcken
2,2
4,7
4,7
1,8
0,6
3,4
5,5
5,5
53
E22
E602
102
103
108
M902
M916
M923
M936
M946
M546
M941
M945
M943
M943.01
M543
M890
M887
M885
M888
M798
M882
M952
M958
M960
M949

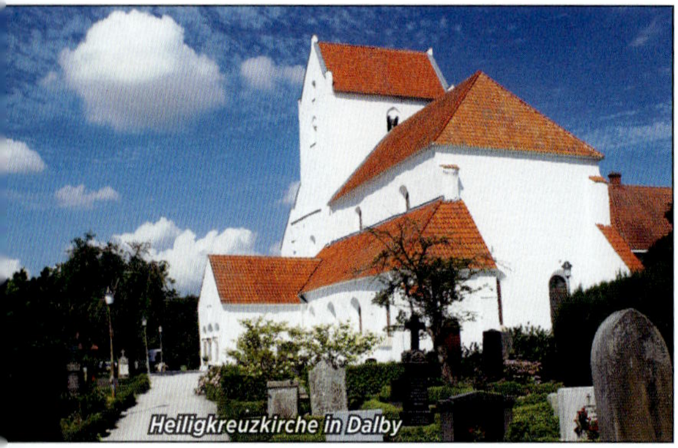

Heiligkreuzkirche in Dalby

röschen und Butterblumen auf dem Waldboden. Vom Ortsrand in Dalby starten mehrere Wanderwege durch den Nationalpark, z. T. als Plankenwege, um die Vegetation zu schützen. @ cpl818

**Dalbybadet**, Lögarevägen 10-12, ✆ 3595436, @ cmr766

## Kirchen in Skåne

*Über 450 Kirchen gibt es in der Provinz Skåne. Die Heiligkreuzkirche in Dalby ist vermutlich die älteste in ganz Skandinavien, der Dom zu Lund die imposanteste der Region. Doch selbst in den kleinen Dörfern mit nur wenigen Einwohnern werden Sie auf gut gepflegte Kirchen und Friedhöfe stoßen, da die schwedische Kirche bis 1999 Staatskirche war. Einige der mittelalterlichen Sandsteinkirchen, zumeist aus dem 11. und 12. Jahrhundert, sind heute noch gut erhalten. Die meisten existieren aber nicht mehr in ihrer ursprünglichen Form, sondern wurden im 18. und 19. Jahrhundert verändert oder durch modernere Backsteinkirchen ersetzt.*

*Auch wenn Sie sich nicht für Kirchen interessieren, lohnt sich der Besuch der einen oder anderen Kirche entlang der Route. Diese eignen sich hervorragend zum Rasten und für Landschaftsfotos, da sie zumeist auf Hügeln mit bester Aussicht platziert wurden. Informative Videos und Audioguides zu Kirchen in Skåne (und ganz Süd- und Mittelschweden) finden Sie auf www.kyrkoguiden.se .*

## Von Dalby nach Härlösa — 15,5 km

**3** Vor der Ortsmitte mit Supermärkten und Banken biegen Sie links ab auf den **Hällestadsvägen** ~ auf den Radweg wechseln ~ nach dem Rechtsbogen an der T-Kreuzung über den Pinnmöllevägen und leicht links versetzt in den Wald hinein ~ nach 50 m rechts ~ am Spielplatz links und dann rechts vorbei an den Häusern ~ nach 100 m rechts auf den querenden unbefestigten Radweg ~ folgen Sie dem Wegverlauf in mehreren Kurven entlang der Häuser ~ schräg links auf den alten Bahndamm **Torna Hällestadsspåret** ~ die M 949 überqueren ~ nach 3 km am Rastplatz am alten Bahnhof Torna Hällestad vorbei ~ vor der Ortschaft eine kleine Straße überqueren.

### Torna-Hällestad

Am Ortsende an der M 949 kurz links und gleich wieder rechts auf die Schotterstraße.

VARIANTE **Falls das Militärgebiet wegen Schießübungen geschlossen ist, umfahren Sie das Sperrgebiet auf der südlichen Alternativroute bis Silvåkra.**

**4** Nach dem Anstieg rechts auf die **M 941** Richtung Silvåkra und der Straße bis zum Ort folgen.

### Silvåkra

**Krankesjön.** Am Krankesjön gibt es mehrere Vogeltürme, von denen man in den Morgenstunden z. B. Bartmeisen oder Rohrdommeln beobachten kann. An der Westseite des Sees befindet sich ein Naturzeltplatz mit Feuerstelle und Toilette. @ wqr448

Im Ort biegen Sie am Ende der Straße links ab.

TIPP **Für eine Rast bietet sich der nur 300 m entfernte Krankesjön an. Biegen Sie dafür links ab in den Fågeltornsvägen.**

3,5 km nach Silvåkra erreichen Sie Harlösa.

### Harlösa

**Donationshus,** ✆ 0705/552374, Juli-Mitte August, So 13-16 Uhr u. n. V. Das „Spendenhaus" (1824) wurde von Graf Carl Gustav von Schwerin als Altersheim und Armenhaus für Bauern und Bedienstete des Schlosses

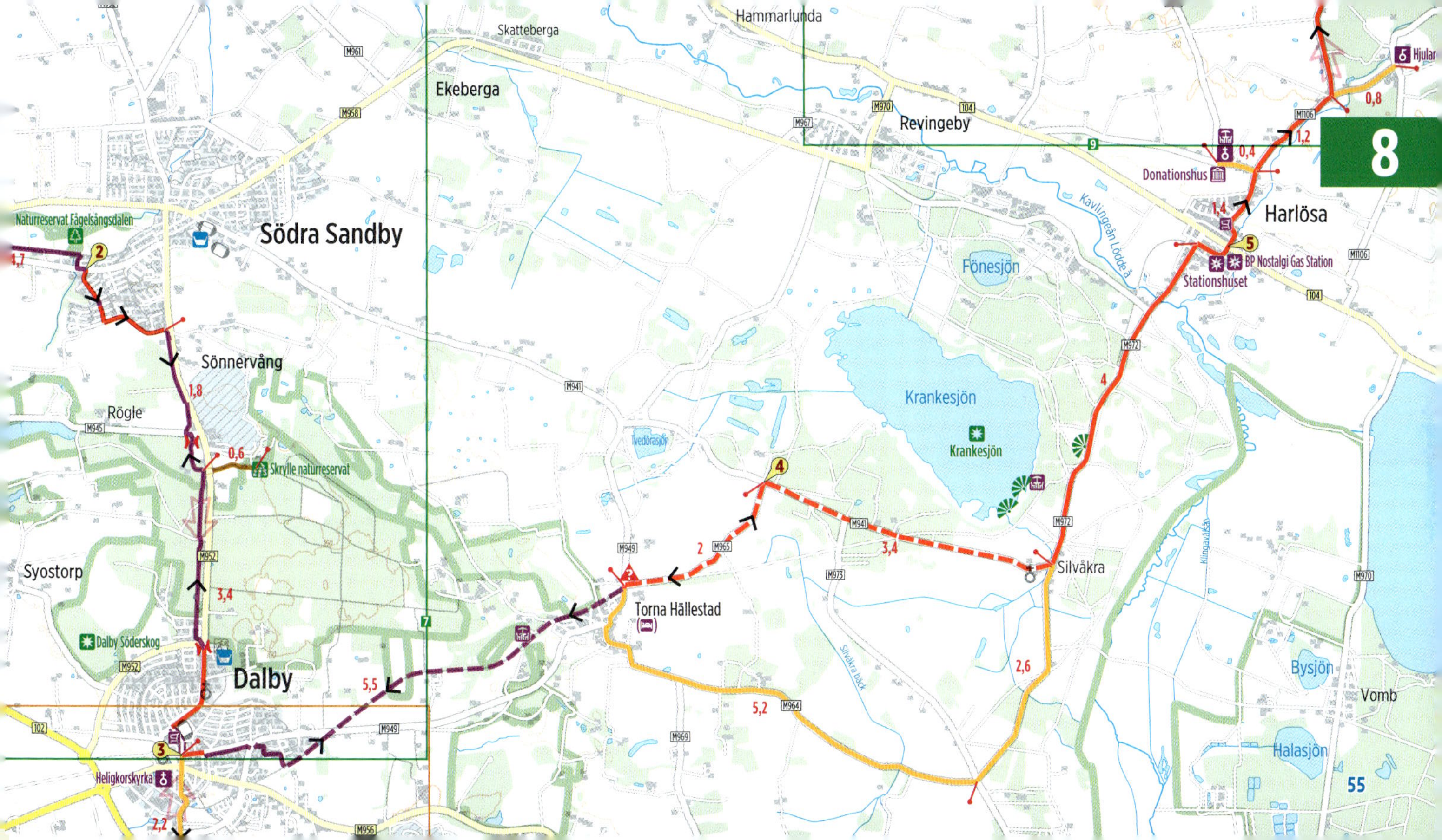

8
Södra Sandby
Dalby
Harlösa
Revingeby
Ekeberga
Skatteberga
Hammarlunda
Sönnervång
Rögle
Syostorp
Torna Hällestad
Silvåkra
Vomb
Krankesjön
Fönesjön
Tvedörasjön
Bysjön
Halasjön
Kävlingeån Lödde å
Silvåkra bäck
Klingavälsån
Naturreservat Fågelsångsdalen
Skrylle naturreservat
Dalby Söderskog
Heligkorskyrka
Donationshus
Hjular
BP Nostalgi Gas Station
Stationshuset
55

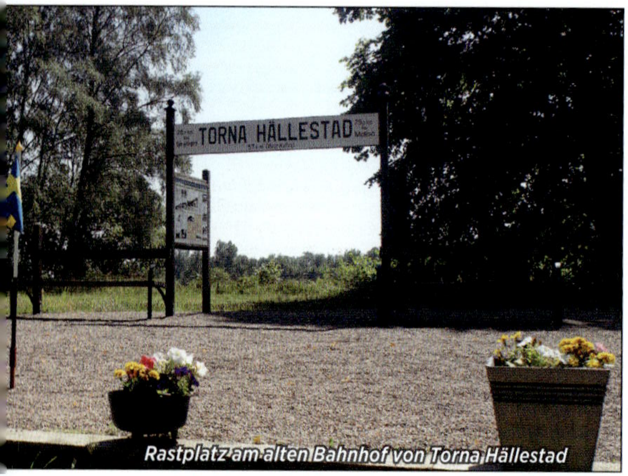

Rastplatz am alten Bahnhof von Torna Hällestad

Hjularöd eingerichtet. Heute beherbergt das Gebäude ein kleines Museum. @ bis862

**Harlösa Kyrka**, ✆ 0413/545830 © Steinkirche aus Sandstein und Granit (11. Jh.). Auf dem Kirchenhügel gibt es einen Aussichtspunkt mit Tisch und Bänken.

**BP Nostalgi Gas Station**, Sjöbovägen 8. Nachgebaute Tankstelle von BP aus den 1950er Jahren mit Original-Zapfsäulen und mehreren Oldtimern. Die Tankstelle befindet sich auf dem Gelände einer Autowerkstatt und darf besichtigt werden.

**Stationshuset**, Stationsvägen. Ehemaliges Bahnhofsgebäude (1906) im Jugendstil. Harlösa war einst ein wichtiger Eisenbahnknotenpunkt in Skåne. Der letzte Personenzug rollte allerdings schon 1955 durch den Ort. Heute befinden sich in dem gelben Gebäude eine Bibliothek und Wohnungen.

400 m nach dem Ortseingang biegen Sie am Zebrastreifen rechts auf den Stationsvägen ab ~ am alten Bahnhof der Straße nach links folgen.

## Von Härlosa nach Osbyholm 19,5 km

**5** Fahren Sie an der Kreuzung mit der Bundesstraße 104 geradeaus ~ auf dem folgenden Kilometer sind 60 Höhenmeter zu überwinden, danach wird die Steigung geringer.

TIPP Nach dem starken Anstieg können Sie links in Richtung Aussichtspunkt und Museum abbiegen, um nach 350 m zum alten Dorfkern von Harlösa zu gelangen.

Biegen Sie nach einem weiteren Kilometer mit mäßigem Anstieg an der Weggabelung links ab Richtung Löberöd.

AUSFLUG Wenn Sie einen kurzen Blick auf das Schloss Hjularöd werfen möchten, dann fahren Sie an der Weggabelung nach Löberöd weiter geradeaus. Sie erreichen das Schloss nach etwa 800 m.

### Hjularöd Slott (Harlösa)

**Hjularöd Slott**, Hjularöd Gods 1. 1391 erstmals urkundlich erwähnte Burg. Das heutige Schloss wurde nach dem Vorbild französischer Märchenschlösser von 1894-1897 errichtet. Es befindet sich in Privatbesitz, öffentlich zugänglich ist nur der neue Padel-Tennisplatz am Rand des Schlossgeländes (bespielbar von 8-22 Uhr). @ agt388

Die wenig befahrene Nebenstraße führt Sie über 5,5 km durch eine hügelige Landschaft ~ am Ende der Straße bei Löberöd rechts Richtung Västerstad.

### Arup

**6** Bei den Häusern von Arup biegen Sie links ab Richtung Högseröd.

### Högseröd

In Högseröd an der Kirche vorbei und am Ende der Straße rechts Richtung Hörby bis nach Söderto.

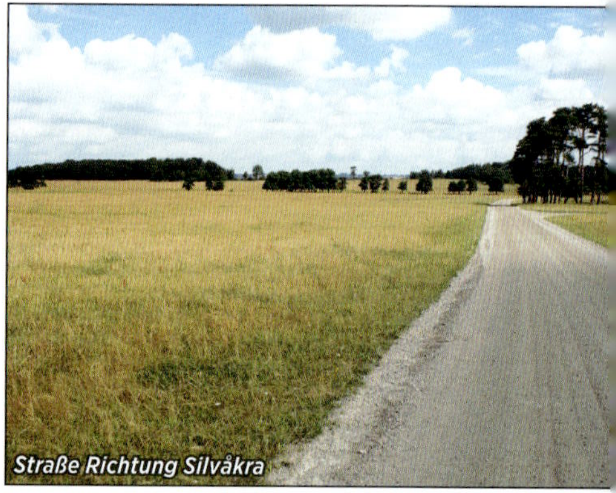
Straße Richtung Silvåkra

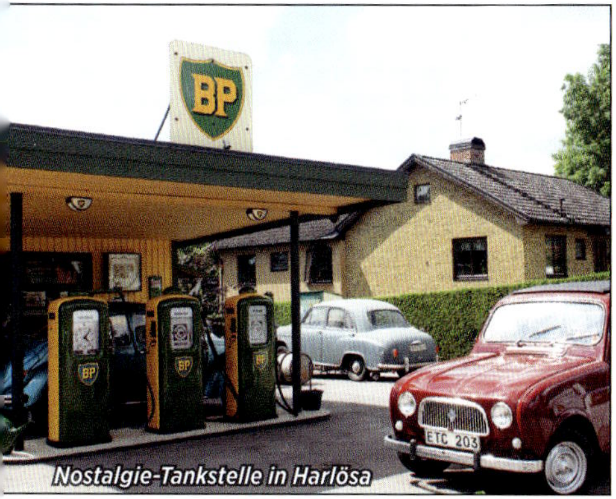

Nostalgie-Tankstelle in Harlösa

## Söderto (Hörby)

Söderto Fotbollsgolf, Söderto 3188, 070/7727732, April-Okt, tägl. Auf der Anlage kann Fußballgolf gespielt werden: eine Ballsportart, die Elemente aus Fußball und Golf kombiniert und ihren Ursprung in Schweden hat. @ nns572

Folgen Sie der Straße durch den Ort und fahren Sie über **Norrto** bis nach Lyby.

## Skåne, die Kornkammer Schwedens

*Als vielfarbigen „Flickenteppich" beschreibt die schwedische Schriftstellerin Selma Lagerlöf die Landschaft Skånes, die Nils Holgersson zusammen mit den Wildgänsen überfliegt: sanft gewellte Hügel,*

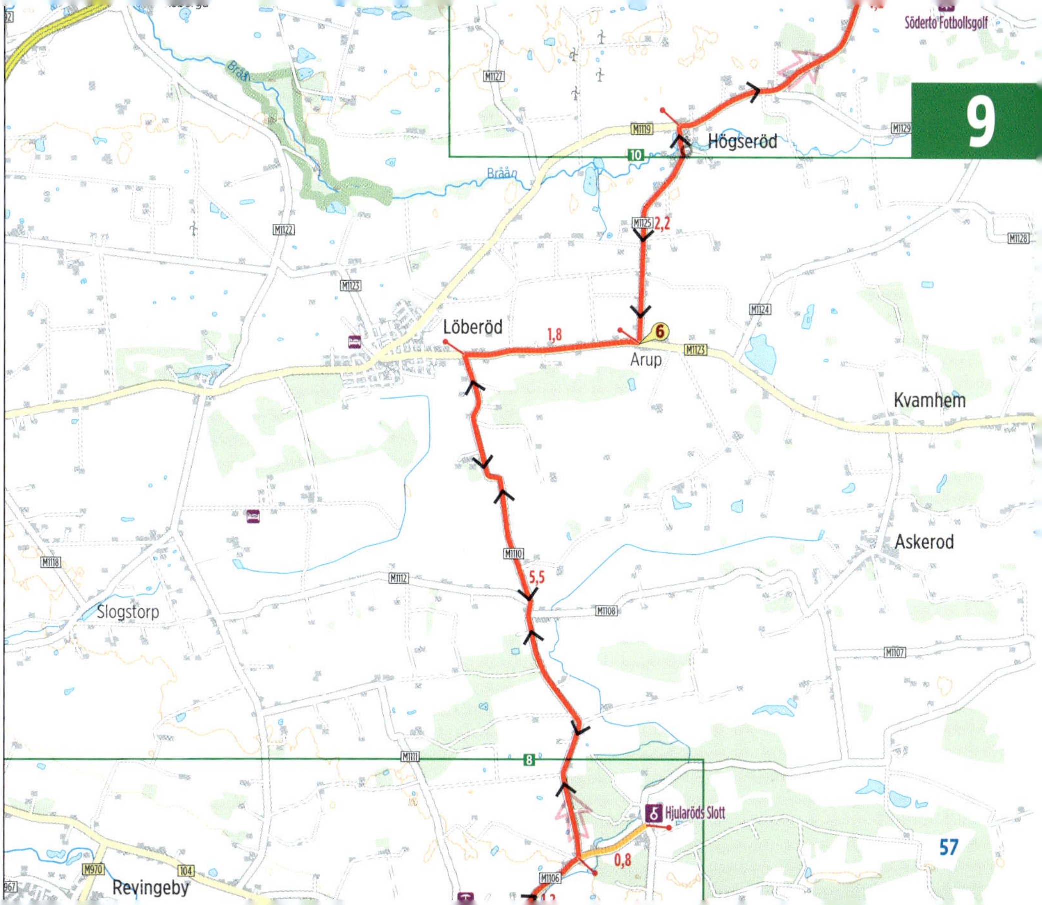

*Obstbaumplantagen, kleine Forste und gelbe Raps- und Kornfelder. Schwedens Südspitze wird wegen ihres milden Klimas und den fruchtbaren Ton- und Lehmböden schon seit Jahrhunderten intensiv landwirtschaftlich genutzt. Davon zeugen heute noch die alten Kulturlandschaften und großen Gehöfte. Bis ins 17. Jahrhundert hinein war Skåne die Kornkammer Dänemarks, danach die Kornkammer Schwedens.*
*Heute werden mehr als zwei Drittel der Provinz landwirtschaftlich genutzt und decken 30 Prozent des schwedischen Agrarbedarfs ab. Angebaut werden vor allem Getreide (Weizen, Gerste, Hafer), Kartoffeln, Zuckerrüben und Raps. In Österlen im Südosten Skånes dominiert der Obstanbau. Rund um die Stadt Kivik erstrecken sich weitläufige Plantagen mit Äpfel-, Birnen- und Kirschbäumen, sogar Wein wird angepflanzt.*

### Lyby (Hörby)

**Lyby Kyrka**, ✆ 0415/17550. Die mittelalterliche Kirche (11. Jh.) wurde 1854 vergrößert und bekam 1879 einen neuen Kirchturm.

Nach der Kirche biegen Sie links ab Richtung Hörby.

VARIANTE Wenn Sie einkaufen oder essen gehen möchten bzw. eine Übernachtungsmöglichkeit suchen, sollten Sie dies in der Kleinstadt Hörby tun, da die folgende Route durch eine sehr dünn besiedelte Gegend führt.

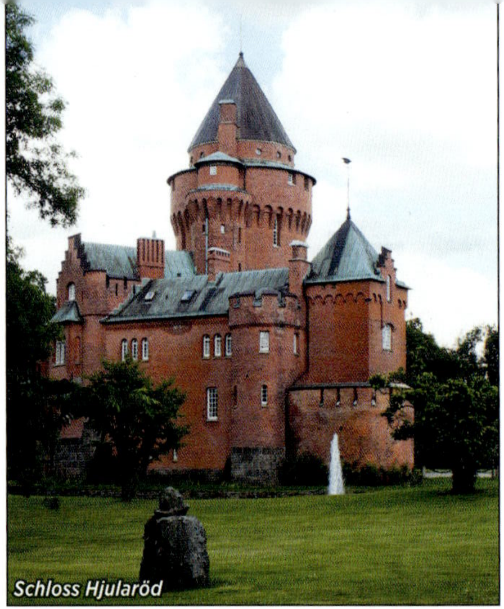

*Schloss Hjularöd*

## Variante über Hörby 6 km

Folgen Sie in Lyby der Ausschilderung nach Hörby und halten Sie sich rechts, um in den Ort hinabzuradeln ~ kurz vor dem Ortseingang die M 13 überqueren ~ nach dem Friedhof links auf den **Ystadsvägen** Richtung Hörby Zentrum ~ noch immer auf dem Ystadsvägen geradeaus in die Sackgasse ~ vor der alten Steinbogenbrücke über den Hörbyån links, über den Parkplatz und rechts auf der Brücke über den Fluss, nun auf der **Nygatan** ~ nach der Kirche geradeaus und vorbei am Marktplatz **Gamla Torg**.

### Hörby

Vorwahl: 0415

**Info-Point Hörby Kommun**, Ringsjövägen 4, ✆ 378000, @ qkq447

**Hörby Kyrka**, Ringsjövägen 1, ✆ 17550 Von der ursprünglichen Kirche (12. Jh.) ist noch das Langhaus erhalten, das im Neubau (1895/96) zum Seitenschiff wurde. Größter Schatz der Kirche ist der Renaissancealtar (1632) des deutschen Bildhauermeisters Statius Otto aus Lüneburg.

**Lågedammsbadet**, Byggmästaregatan 6, Hörby Sportcenter, ✆ 378260 Kleines Erlebnisbad mit Wasserrutsche, Kletterwand und Solarium. @ bjl441

Folgen Sie der Nygatan vom Marktplatz aus weiter geradeaus ~ am Ende der Straße links auf die **Vallgatan** ~ an der T-Kreuzung leicht rechts versetzt auf den Radweg ~ links vorbei am Lågedamnsbadet und dem Naturreservat Hörby Fälad ~ durch die Unterführung ~ nach 1,5 km am Drängelgitter rechts auf die Straße abbiegen, nun wieder auf der Hauptroute.

Auf der Hauptroute in Lyby links abzweigen Richtung Osbyholm ~ eine rasante Abfahrt führt Sie hinab in den Ort am Östra Ringsjön.

## Osbyholm

Biegen Sie 500 m nach dem Ortseingang rechts ab in die Sackgasse über eine alte, mit Gras bewachsene Steinbogenbrücke nach der Brücke die Straße überqueren und kurz dahinter rechts auf den Radweg.

AUSFLUG Zum Baden am Östra Ringsjön und zum Zeltplatz und Hotel Ringsjöstrand biegen Sie links ab auf den Radweg und folgen diesem 2,5 km bis zum Ufer des Sees.

## Ringsjön

*Der Ringsjön ist der zweitgrößte See Skånes. Er besteht aus drei Abschnitten: dem Västra und dem Östra Ringsjön sowie dem Sätoftasjön, wobei die letzten beiden oft zusammengezählt werden. Der See bestand ursprünglich aus einer zusammenhängenden Wasserfläche. Ende des 19. Jh. wurde der Wasserspiegel um 1,5 Meter gesenkt, um neues Ackerland und Torfflächen zu gewinnen. Dadurch verlor der See etwa ein Fünftel seiner Fläche und ein Drittel seiner Wassermenge.*

*Heute ist der See ein Trinkwasserspeicher für den Westen Skånes. Sowohl am Östra als auch am Västra Ringsjön gibt es Bade- und Angelmöglichkeiten. Auf einer früheren Insel liegt das Schloss Bosjökloster,*

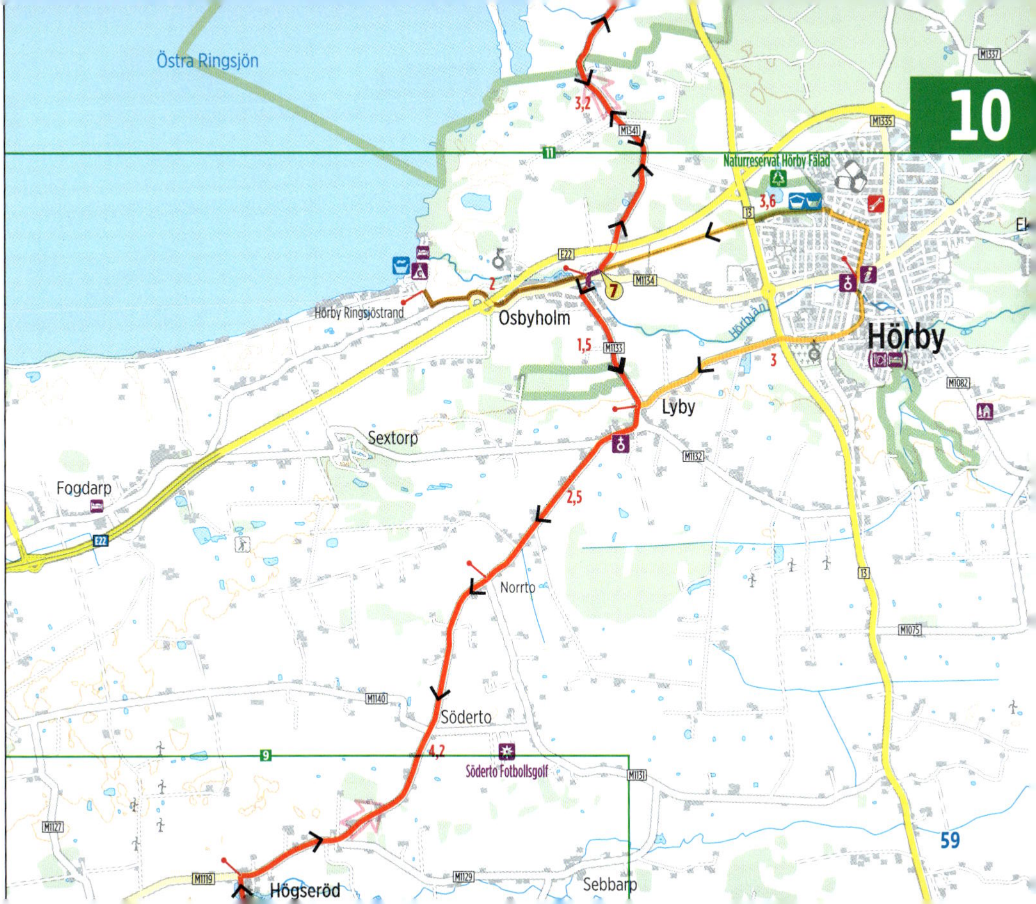

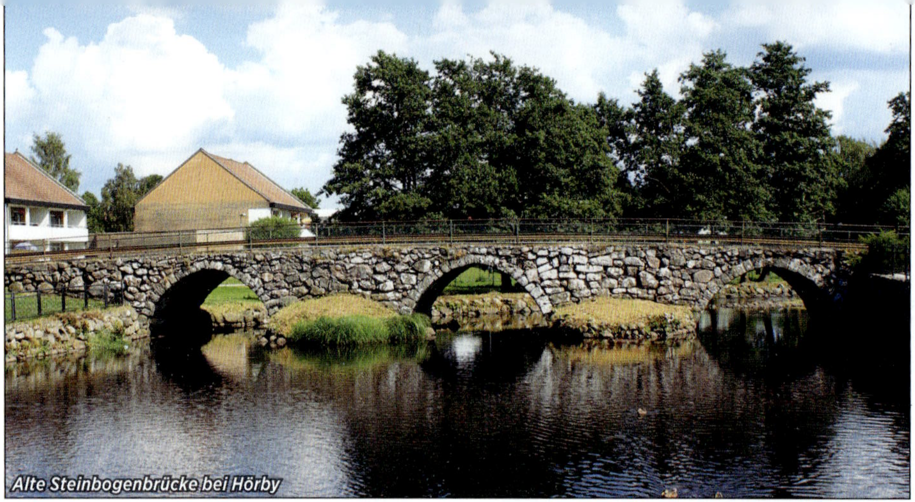

Alte Steinbogenbrücke bei Hörby

*das im 11. Jh. als Benediktinerinnenkloster gegründet wurde.*

## Von Osbyholm nach Rickarum 28,5 km

**7** Nach 100 m biegen Sie links auf die Straße nach Fulltofta ein und folgen ab hier für eine kurze Strecke den roten Schildern des neuen Cykelleden Skåne ~ unter der E 22 hindurch ~ vorbei an Pferdehöfen und durch die hügelige Landschaft nach Fulltofta ~ fahren Sie durch den Ort am Abzweig zur Kirche und dem alten Herrensitz vorbei.

### Fulltofta (Hörby)

Vorwahl: 0415

**Fulltofta Kyrka**, ✆ 17550 Die Kirche aus Granit und Sandstein im romanischen Stil wurde im 12. Jh. auf dem Gelände des Schlosses gebaut. Die Gewölbemalereien (15. Jh.) im Inneren zeigen Szenen aus der Bibel, die Glasmalereien (1936) sind der Heiligen Magnhild von Fulltofta gewidmet. Der Legende nach war Magnhild eine fromme Frau vom Lande, die von ihrer Schwiegertochter ermordet wurde. Die St.-Magnhilds-Quelle befindet sich etwa 1 km östlich der Kirche auf der Straße nach Hästäng.

**Fulltofta Herrgård.** Bereits um 1140 soll es einen Gutshof gegeben haben, der im Mittelalter dem Erzbischof von Lund und später einer Reihe von Adeligen gehörte. Das heutige Herrenhaus im klassischen Stil wurde 1848 angelegt. Es ist in Privatbesitz und nur im Rahmen von Feiern und Veranstaltungen zugänglich. @ nil847

AUSFLUG Wenn Sie Lust haben, Ihr Rad einmal stehen zu lassen und zu wandern, empfiehlt sich ein 3 km langer Abstecher zum Naturzentrum Fulltofta. Biegen Sie dafür nach dem Schlossgelände rechts ab und folgen Sie der Ausschilderung. Der zweite Teil des Wegs ist eine Schotterstraße und führt durch hügeliges Gelände.

### Fulltofta Naturcentrum (Hörby)

**Fulltofta Naturcentrum**, Kvarröd 4058, ✆ 0415/51245. Fulltofta ist Skånes größtes zusammenhängendes Wandergebiet. Das moderne Naturzentrum informiert in einer interaktiven Ausstellung über die Tier- und Pflanzenwelt des Naturschutzgebiets und beherbergt außerdem ein kleines Café. Vom Naturzentrum aus starten mehrere Wanderpfade, u. a. ein „Baumweg" in 8 m Höhe. @ ygb572

Auf der Hauptroute radeln Sie von Fulltofta nach Ludvigsborg.

### Ludvigsborg (Höör)

**8** 150 m nach dem Ortseingang biegen Sie rechts ab in den **Ludvigsborgsvägen** und verlassen den Cykelleden Skåne schon wieder.

AUSFLUG Zum Baden am Östra Ringsjön und zum direkt an der Badestelle gelegenen Zeltplatz kommen Sie, wenn Sie hier geradeaus fahren, 3 km hinter

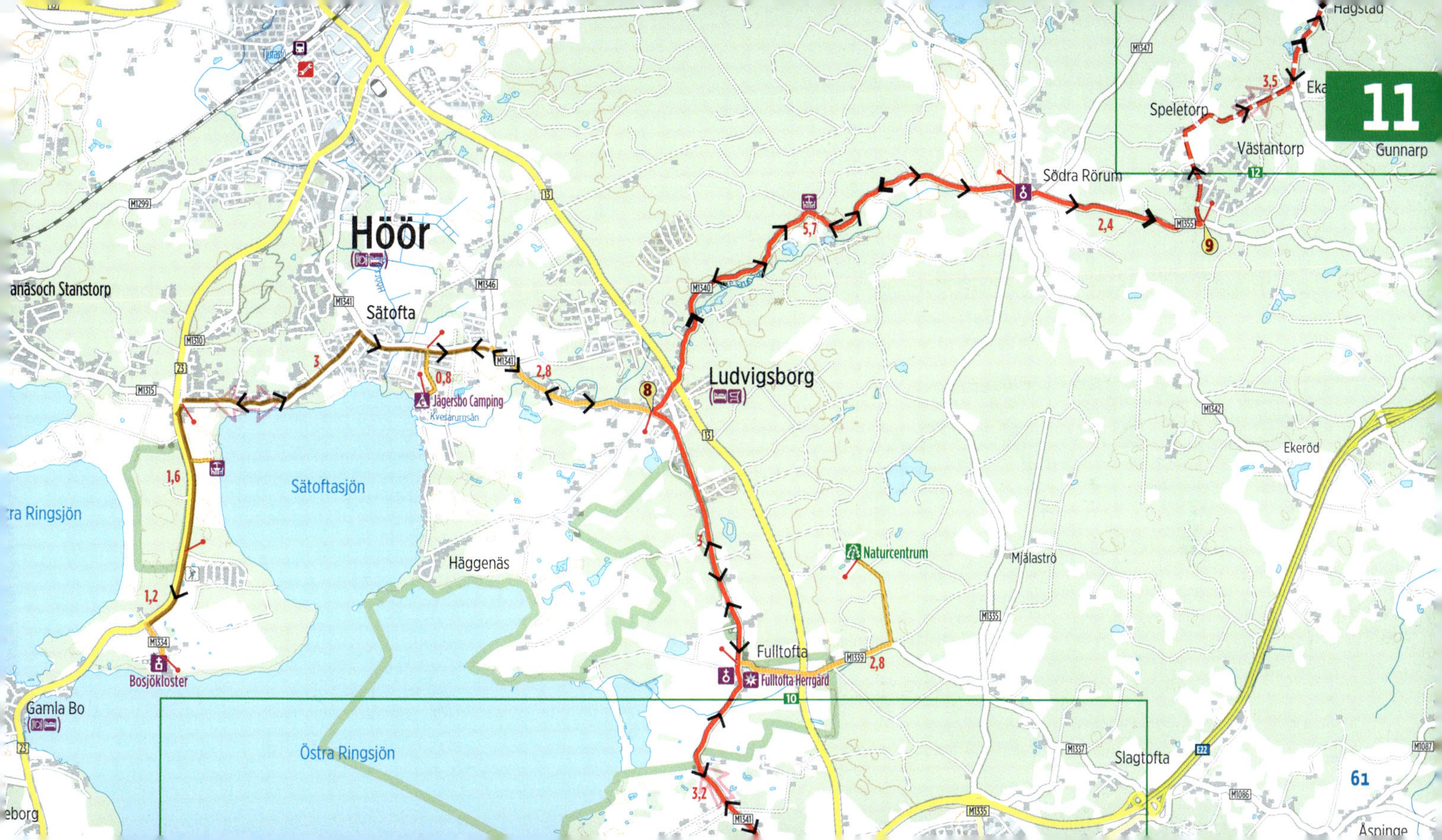

11
Höör
Sätofta
Ludvigsborg
Södra Rörum
Speletorp
Västantorp
Gunnarp
Hagstad
Eka
Ekeröd
Mjälaströ
Häggenäs
Fulltofta
Fulltofta Herrgård
Naturcentrum
Jägersbo Camping
Kvesarumsån
Bosjökloster
Gamla Bo
Sätoftasjön
Östra Ringsjön
ra Ringsjön
anäsoch Stanstorp
Slagtofta
Åspinge
eborg
3
0,8
2,8
5,7
2,4
3,5
1,6
1,2
3,2
8
9
10
12
13
23
E22
M1299
M1310
M1315
M1334
M1335
M1337
M1339
M1340
M1341
M1342
M1346
M1347
M1355
M1086
M1087
61

dem Ort vor der Bushaltestelle links abbiegen und den Schildern nach Jägersbo folgen.

AUSFLUG Wenn Sie ausreichend Zeit haben, können Sie den Ausflug verlängern und zum sehenswerten Schloss Bosjökloster fahren, das sich mit vielfältigen Freizeitangeboten auch für einen Tagesausflug empfiehlt.

## Zum Schloss Bosjökloster 18 km

Fahren Sie in Ludvigsborg weiter geradeaus bis nach Sätofta, dem am See gelegenen Teil von Höör.

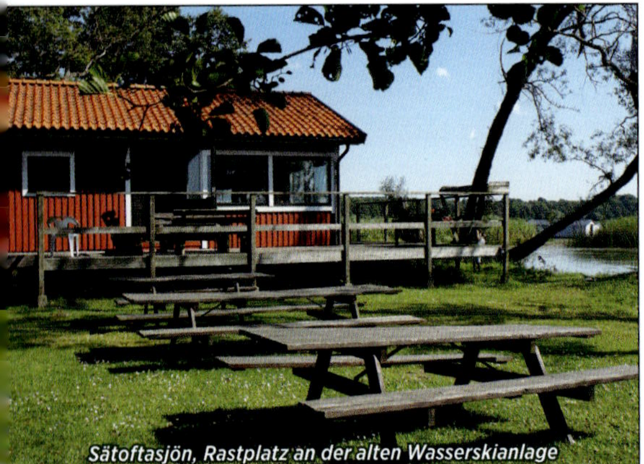

Sätoftasjön, Rastplatz an der alten Wasserskianlage

### Sätofta (Höör)

Biegen Sie 500 m nach dem Ortseingang links ab auf den Radweg rechts von der Straße Richtung Schule ~ vorbei an einem Altersheim und der Schule ~ dem Radweg zum See hinab folgen ~ kurz vor der Bundesstraße 23 links auf den Radweg und der Beschilderung Richtung Malmö folgen ~ der Radweg verläuft entlang der **Bundesstraße 23**.

TIPP **Für eine Rast bietet sich die am See gelegene Wasserskianlage mit Bademöglichkeit an. Hier gibt es einen kleinen Sandstrand, Bänke und eine Liegewiese. Folgen Sie dafür den Straßenschildern Richtung Idrottsplats (Sportplatz) links auf den Schotterweg und dann über die kleine Brücke.**

Sie radeln weiter entlang der Bundesstraße.

TIPP **Es führt ein kleiner unbefestigter Radweg bis zum Kloster, der gut an den selbstgemachten Hinweisschildern zu erkennen ist.**

Überqueren Sie am Ende des Radwegs die Straße Richtung Ängsbyn und fahren Sie auf dem kleinen, unbefestigten Rad- und Fußweg weiter geradeaus ~ am Ende des Radwegs links auf die kleine Allee und bis zum Kloster.

### Bosjökloster (Höör)

**Bosjökloster Slott**, Bosjökloster 111, ☎ 0413/25048 Das Schloss Bosjökloster befindet sich auf einer Landzunge im Ringsjön und wurde von Benediktinerinnen im 11. Jh. als Nonnenkloster gegründet. Heute ist es in privatem Besitz, die ältesten Teile des Schlosses sowie eine Ausstellung zur Geschichte der Nonnen und wechselnde Kunstausstellungen kann man aber besichtigen. Im Schlosspark finden sich Blumengärten, Tiergehege, eine tausendjährige Eiche, Spielplätze, ein Ruderbootverleih sowie ein Restaurant. @ cgy331

Fahren Sie auf demselben Weg zurück nach Ludvigsborg.

**8** Auf der Hauptroute verlassen Sie Ludvigsborg und überqueren die zügig befahrene Bundesstraße 13 ~ die ruhige und hügelige Nebenstraße führt durch einen Mischwald bis nach Södra Rörum ~ entlang der Route bieten sich einige schöne Stellen zum Rasten oder Zelten an.

### Södra Rörum (Hörby)

**Södra Rörums Kyrka**, Husarlyckevägen In den 1880ern umgestaltete Steinkirche mit mittelalterlichem Triumphkreuz (1400) und Taufbecken. Die ursprüngliche Kirche (11./12. Jh.) wurde im romanischen Stil erbaut.

Am Ortsrand biegen Sie an der T-Kreuzung rechts ab ~ nach der Kirche links und am Friedhof vorbei ~ nach 100 m am Ortsausgang rechts abzweigen ~ die Route führt als hügelige Strecke durch einen idyllischen Mischwald ~ **9** nach 2 km links auf eine gut befahrbare Schotterstraße und den Schildern in Richtung Wästantorp folgen ~ am Ende des Weges rechts in die Ortschaft Speletorp hinein.

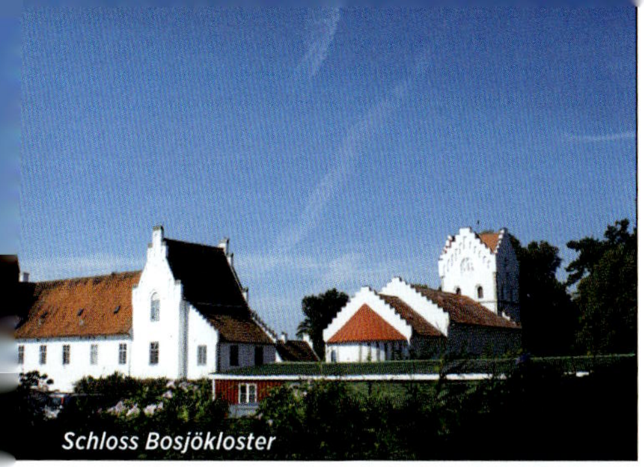

Schloss Bosjökloster

## Speletorp

*Die Schotterstraße über die Dörfer bis nach Hagstad ist ein mittelalterlicher Verbindungsweg, der vor ca. 1.000 Jahren durch die ständige Benutzung von Wanderern, Reitern und später auch Pferdekutschen entstand. Der inzwischen denkmalgeschützte Weg hat sich dabei nie in Breite und Verlauf verändert. Er führt vorbei an naturbelassenen Weiden und durch dichten Buchenwald.*

An der direkt folgenden Weggabelung halten Sie sich rechts und erreichen bald Ekastorp.

## Ekastorp

An der T-Kreuzung nach links in **Hagstad** an der T-Kreuzung rechts und gleich wieder links abbiegen Richtung Bosarpasjön die Route folgt jetzt dem Sverigeleden.

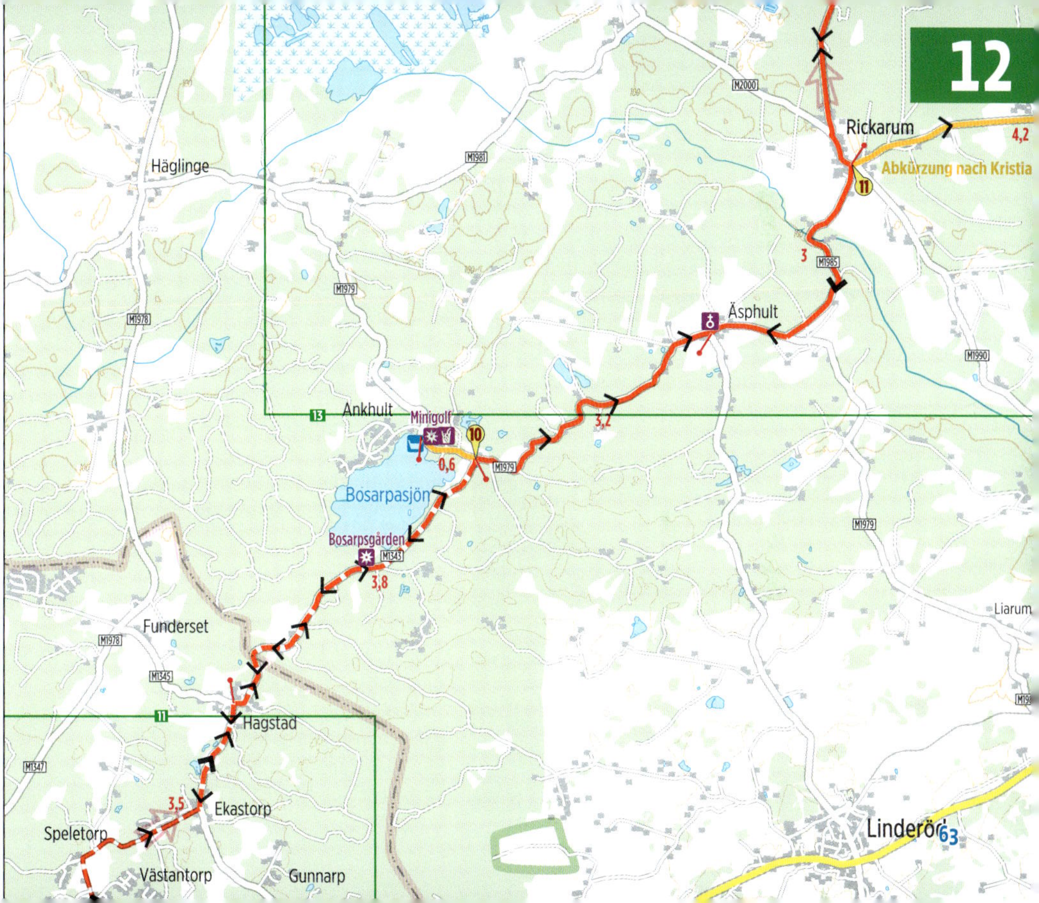

## Sverigeleden

*Der Sverigeleden erstreckt sich als grobes Netz über ganz Schweden, bezieht vielfältige Landschaften und Sehenswürdigkeiten mit ein und reicht dabei von Trelleborg im äußersten Süden bis nach Karesuando an der schwedisch-finnischen Grenze. Dazwischen liegen nicht nur rund 1.500 Kilometer Luftlinie, sondern auch eine riesige Fundgrube an vielschichtigen Erlebnissen, die ausreichen für zahlreiche Urlaubstouren. Unterwegs ist man dabei auf verkehrsarmen und gut zu befahrenden Straßen und Wegen. Keine der schwedischen Provinzen wird vom Sverigeleden ausgelassen, und einige seiner Arme reichen bis an die Grenzen zu Norwegen und Finnland.*

*Im Süden des Landes ist das Netz dieses Fernweges noch relativ dicht und lässt auch ausgedehnte Rundtouren zu, während es sich gen Norden ausdünnt und ganz oben in den Weiten Lapplands nur noch ein einziger Strang übrig bleibt. Zudem wird es dort auch bergiger. Der gut ausgeschilderte Sverigeleden (grüne Schilder mit weißem Fahrrad-Symbol) besteht aus 39 Abschnitten, die sich auf den Kernweg (huvudled) von Helsingborg nach Karesuando sowie eine Reihe von Alternativführungen (alternativled) aufteilen. Der Kernweg ist 2.620 Kilometer lang, die Alternativen summieren sich auf knapp 4.000 Kilometer.*

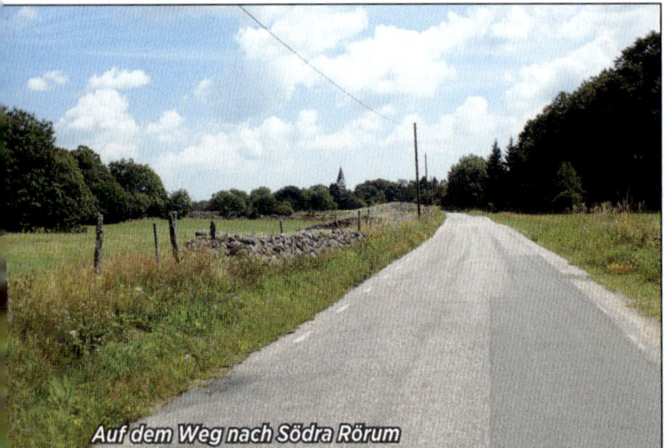
Auf dem Weg nach Södra Rörum

Vorbei am alten Hof Bosarpsgården.

### Bosarpsgården (Sösdala)

**Bosarpsgården.** Der an der Südspitze des Sees gelegene Hof wurde in Ständerbohlenbauweise errichtet, d. h. zwischen den Bohlen wurden waagerecht Planken eingefügt. Diese Form des Fachwerkbaus war in der Region bis ins 19. Jh. verbreitet.

Halten Sie sich nach dem alten Hof links zum See hinunter 10 an der T-Kreuzung führt die Hauptroute nach rechts.

TIPP: Nach links geht es 600 m durch den Wald hinunter zum Bosarpasjön, der zu den saubersten Seen in ganz Schweden gehört und sehr fischreich ist. Am See gibt es einen Sandstrand mit Liegewiese sowie eine Minigolfanlage mit Café.

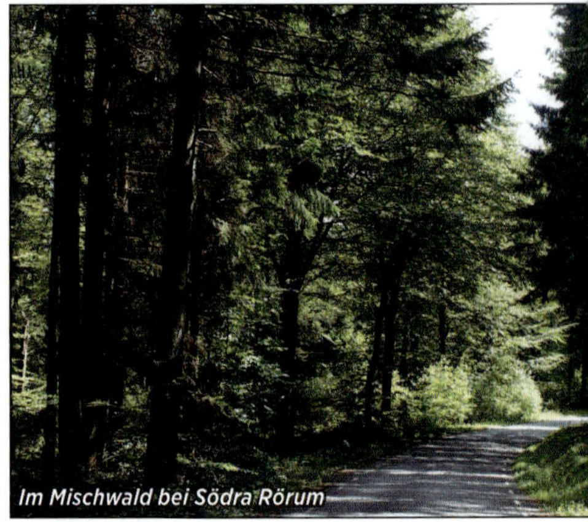
Im Mischwald bei Södra Rörum

### Ankhult (Sösdala)

**Minigolf,** 0451/63077 Minigolfanlage des Sportvereins Sjövikens IF mit angrenzendem Café.

Sie fahren auf der wenig befahrenen Nebenstraße **Sjörupsvägen** und erreichen nach 3 km Äsphult.

### Äsphult

**Äsphults Kyrka,** Oravägen 120. Weiß getünchte Steinkirche (12. Jh.) im romanischen Stil. Von der ursprünglichen Ausstattung ist noch das Taufbecken aus Sandstein erhalten.

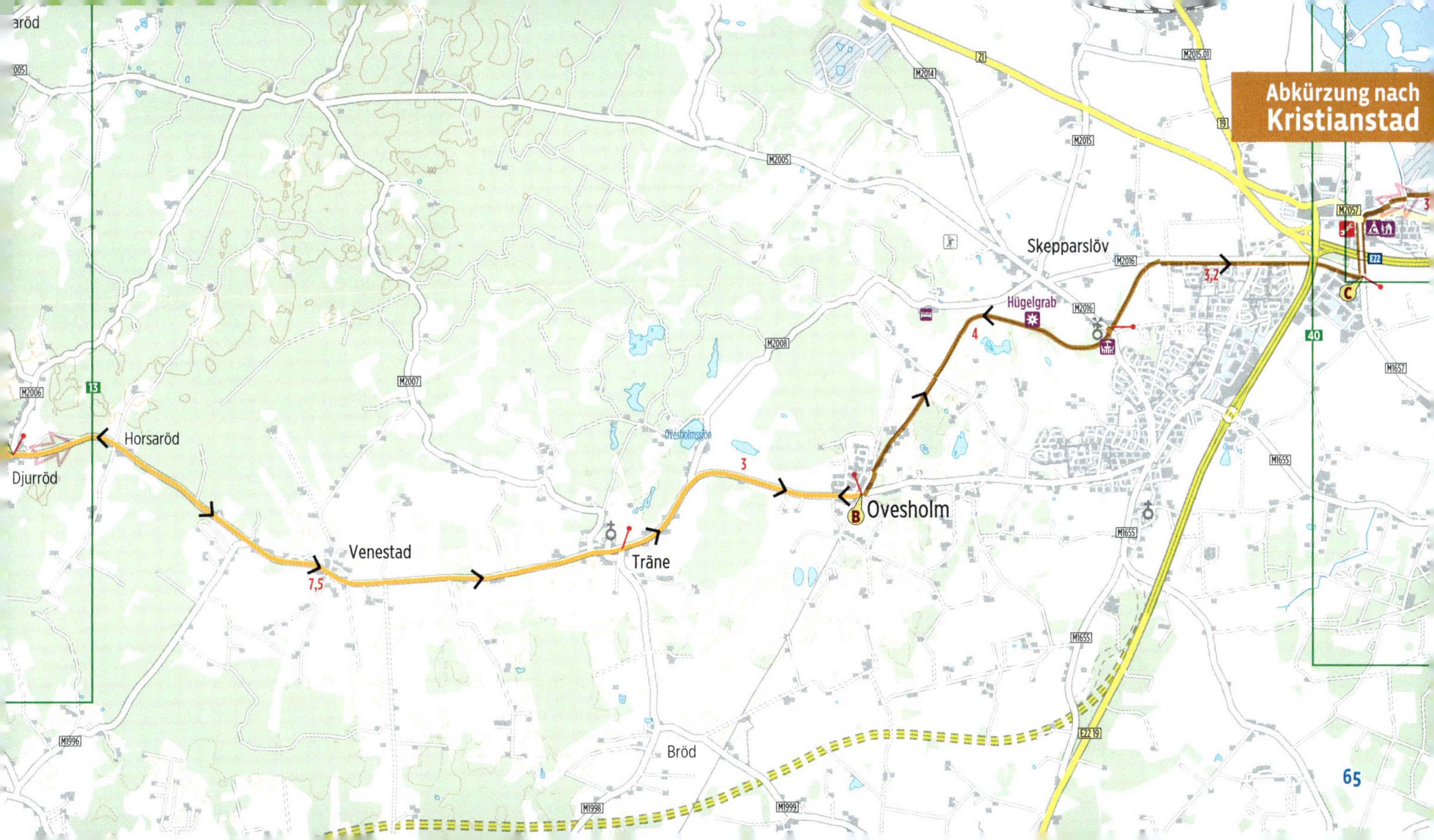

Abkürzung nach
Kristianstad
Skepparslöv
Hügelgrab
Ovesholm
Träne
Venestad
Horsaröd
Djurröd
Bröd
Ovesholmssjön
3,2
4
3
7,5
M2015.01
M2014
M2015
M2005
M2016
M2008
M2007
M2006
M2057
M1657
M1655
M1996
M1998
M1999
E22
E22 19
21
19
40
13

Halten Sie sich an der Kreuzung in der Ortsmitte links auf dem Sverigeleden Richtung Rickarum ⤳ der Hauptstraße im Linksbogen Richtung Rickarum folgen ⤳ nach einer starken Abfahrt über eine alte Steinbrücke bis nach Rickarum **11**.

### Rickarum

**TIPP** Wenn Sie nicht weiter Richtung Norden möchten, können Sie von hier auf direktem Weg nach Kristianstad fahren. Die Gesamtroute verkürzt sich damit um ca. 250 km.

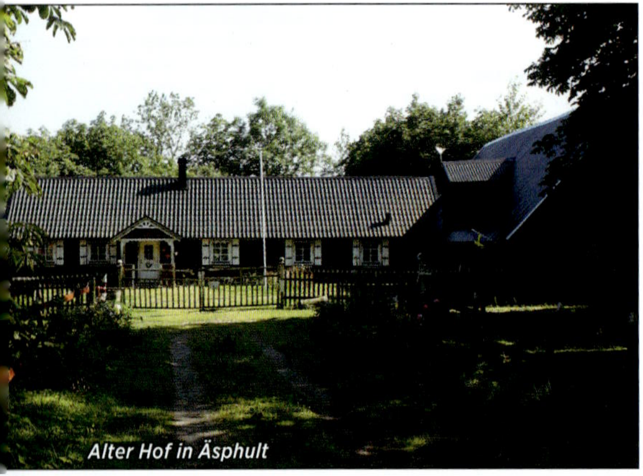
*Alter Hof in Äsphult*

## Abkürzung: Von Rickarum nach Kristianstad — 25 km

Fahren Sie in Rickarum an der T-Kreuzung rechts auf den **Rickarums Byväg** Richtung Kristianstad und weiter geradeaus durch die Dörfer **A** **Djurröd**, **Horsaröd** und **Venestad**.

### Träne (Kristianstad)

Fahren Sie an der Kirche vorbei und weiter geradeaus durch den Ort.

### Ovesholm (Kristianstad)

**B** In Ovesholm biegen Sie 300 m nach dem Ortseingang auf Höhe der Bushaltestelle links ab Richtung Vä Lyckor und folgen bis Kristianstad nochmals dem Cykelleden Skåne ⤳ nach 250 m rechts halten auf den asphaltierten Radweg auf einem alten Bahndamm ⤳ links vorbei an einem Hügelgrab ⤳ vorbei an der Windmühle Skepparslövs Kvarn mit einem Rastplatz ⤳ in einem Linksschlenker die Straße überqueren ⤳ nach einem weiten Rechtsbogen verläuft der Radweg entlang der **M 2016** ⤳ durch die Unterführung der Schnellstraße an den Stadtrand von Kristianstad ⤳ **C** an der T-Kreuzung links auf den straßenbegleitenden Radweg des **Slattängsvägen** Richtung Zentrum, dann über die Autobahnbrücke ⤳ am Kreisverkehr geradeaus und den Cykelleden

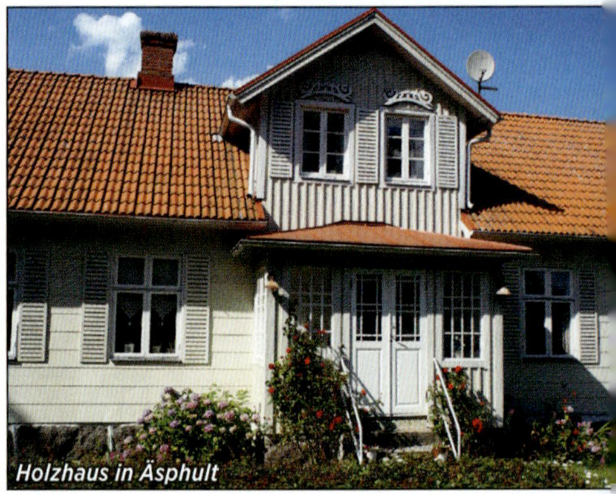
*Holzhaus in Äsphult*

Skåne verlassen ⤳ am Ende der Straße weiter dem Radweg folgen ⤳ durchs folgende Gewerbegebiet verläuft der Radweg links der Straße **Rörvägen** ⤳ vom Radweg auf den Radstreifen wechseln ⤳ geradeaus auf den unbefestigten Radweg und gleich wieder rechts ⤳ an der Straße links und dem Radweg weiter folgen ⤳ nach der alten Eisenbahnbrücke rechts und am Fluss Helge Å entlang ⤳ an der Ampel über die Långebrogatan links auf den Radweg links von der Straße ⤳ nach 200 m an der Ecke des alten Gymnasiums (siehe Karte 39 auf S. 131) rechts über die Fahrradampel und den Schildern nach Åhus folgen, nun wieder auf der Hauptroute (s. S. 133).

# Von Rickarum nach Sibbarp/Näsum

**74,3 km**

HM/km: ↗ 4,9 (362m) ↘ 5,9 (439m) Radweg: 16 % Unbefestigt: 28 % Verkehr: 0 %

Von Rickarum radeln Sie zunächst nach Vinslöv, einer lebendigen Kleinstadt mit wunderschönem Freibad direkt am Ortsrand. Es geht in dieser Gegend weiterhin durch die alte Kulturlandschaft des nördlichen Skåne, mit einem Wechsel von alten Wäldern und Feldern. Kurz vor der Kleinstadt Knislinge lohnt sich ein längerer Stopp am Skulpturenpark von Schloss Wånas mit seiner weitläufigen Freiluftausstellung im Schlosspark und riesigen Installationen von international bekannten Künstlerinnen und Künstlern. Dannach erreichen Sie den See Immeln, an dem es sich bestens paddeln, angeln und baden lässt. Weiter geht es durch dichte Nadelwälder und immer wieder vorbei an kleineren Seen bis nach Sibbarp, wo die Route auf einen Radweg trifft, der auf einem ehemaligen Bahndamm verläuft.

Dieser Abschnitt verläuft hauptsächlich über ruhige Nebenstraßen und regionale Radrouten, hinter Vånga schließlich über einsame Waldwege. Während sich der erste Teil noch als hügelig bezeichnen lässt, wird es im zweiten Teil mit einigen steilen Anstiegen und Abfahrten recht anspruchsvoll.

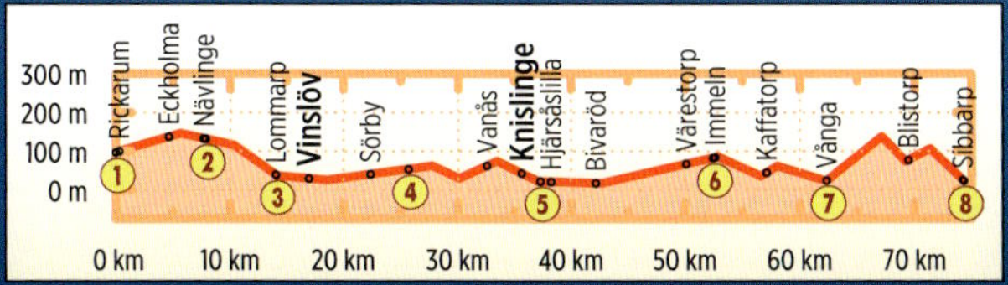


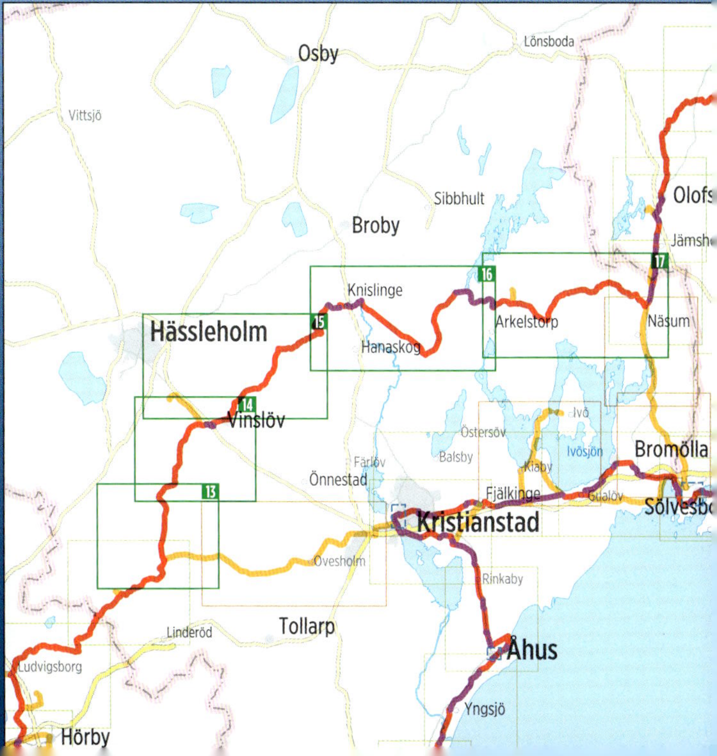

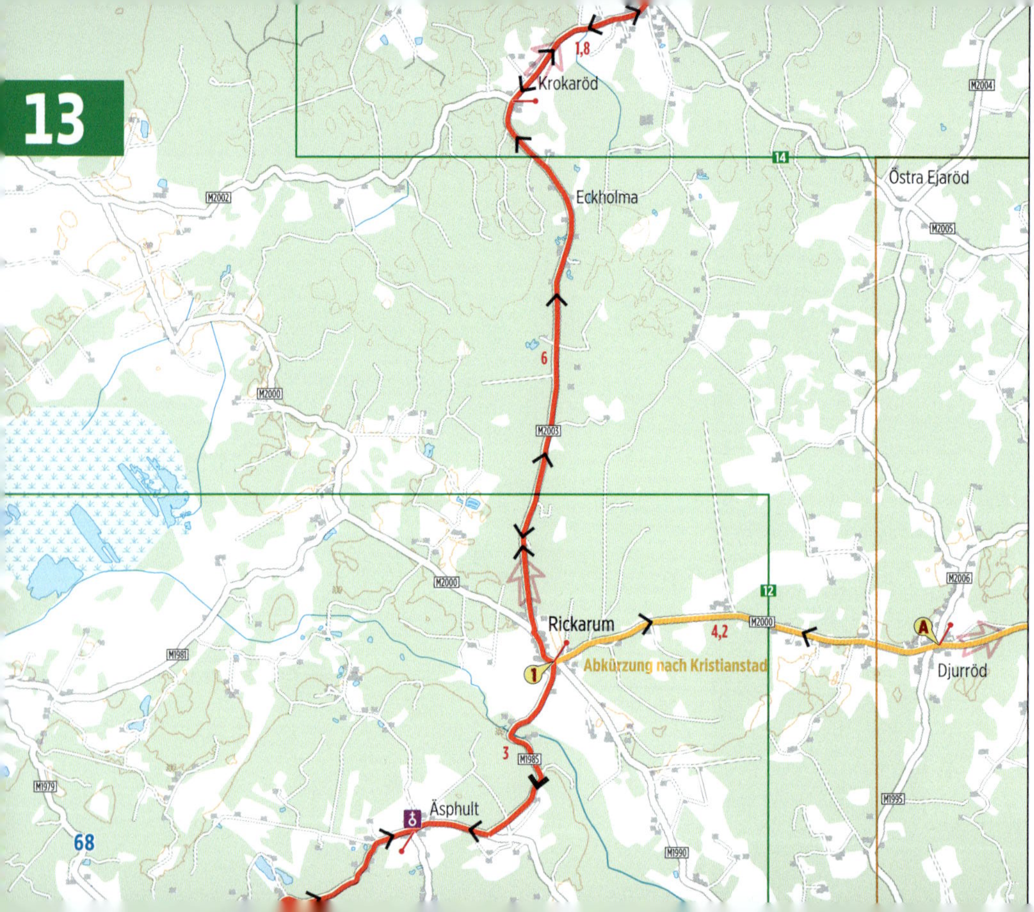


## Von Rickarum nach Vinslöv 17 km

**1** In Rickarum fahren Sie am Ende der Straße links Richtung Norre Melby und bleiben weiterhin auf dem Sverigeleden ~ nach 400 m rechts abbiegen Richtung Nävlinge und Eckholma ~ über **Eckholma** und **Krokaröd** fahren Sie durch die hügelige Landschaft nach Nävlinge.

### Nävlinge

**2** Fahren Sie nach Nävlinge hinein und folgen Sie der Hauptstraße Richtung Vinslöv ~ an der Kirche vorbei ~ die Straße führt Sie über mehrere Abfahrten weiter Richtung Vinslöv ~ an der T-Kreuzung rechts auf die **M 2010** und wieder dem Sverigeleden folgen.

### Lommarp

AUSFLUG Kurz nach dem Ortseingang können Sie einen Ausflug zur sehenswerten Tykarpshöhle beginnen, an der es auch ein Café und einen Zeltplatz gibt.

## Ausflug zur Tykarpshöhle 8 km

**3** Biegen Sie links ab Richtung Ignaberga und fahren Sie auf der ruhigen Straße vorbei an Feldern ~ durch das teilweise geflutete Gelände des Kalktagebaus Ignaberga ~ 300 m nach dem Ortseingang biegen Sie links ab auf die erste Ortsstraße ~ links halten und auf der schmalen Straße durch die alten Wohnhäuser

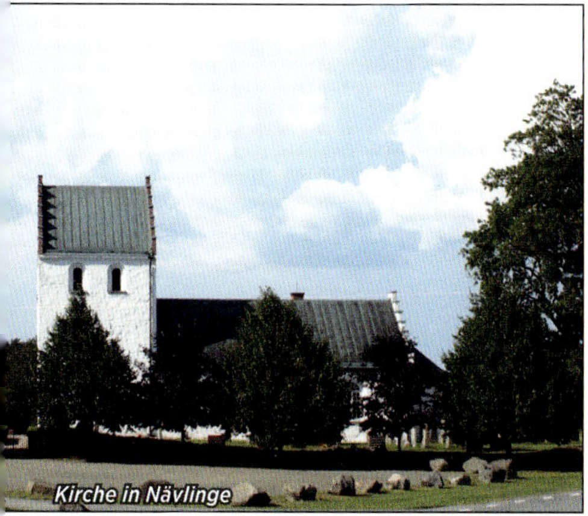

Kirche in Nävlinge

weiter links halten und der Ausschilderung zur Grotte und zum Zeltplatz folgen.

**TIPP** Vom Kirchenhügel der alten Kirche von Ignaberga (11. Jh.) bietet sich ein schöner Blick hinab ins Tal. Biegen Sie nach der schmalen Gasse und den alten Wohnhäusern rechts und gleich wieder links ab, um den Kirchhof zu erreichen.

Nach 400 m erreichen Sie die Einfahrt zur Tykarpshöhle.

**Ignaberga** (Hässleholm)

Vorwahl: 0451

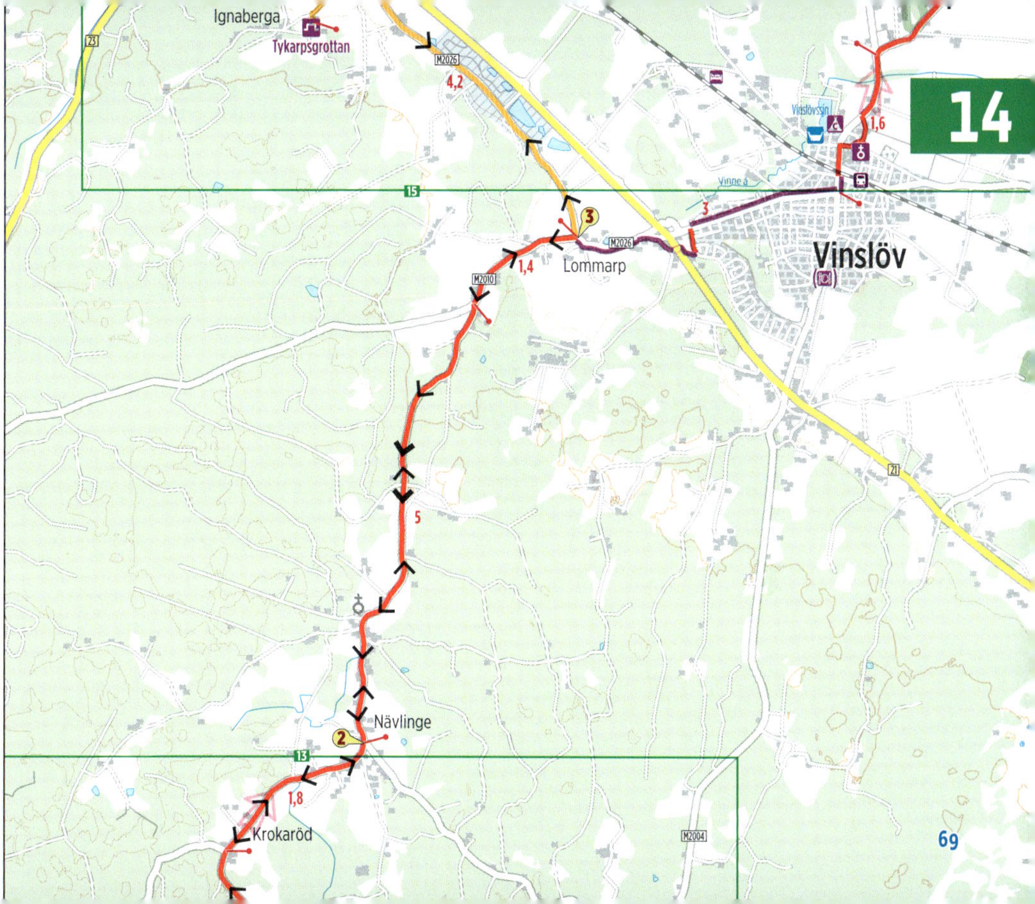

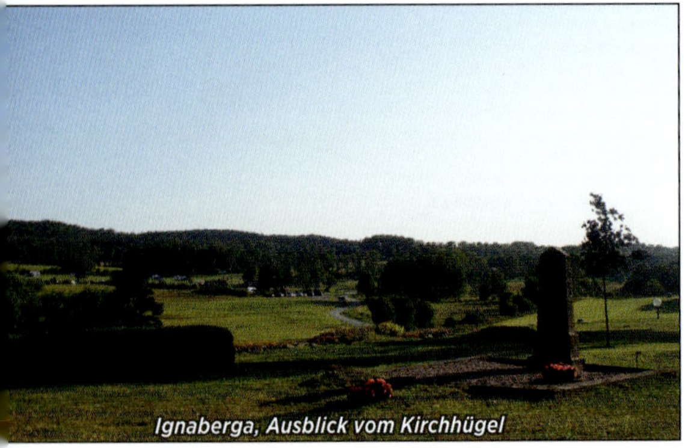

Ignaberga, Ausblick vom Kirchhügel

**Tykarpsgrottan**, Tykarp 7169, ✆ 35087, Ende Juni-Mitte Aug., tägl. 9.30-16 Uhr, Mai-Ende Juni und Mitte Aug.-Sept., Sa, So/Fei 11-15 Uhr. Führungen auf Schwedisch und Englisch alle 45 Min. u. n. V. Die Tykarpshöhle bei Ignaberga ist ein ehemaliges Bergwerk, in dem bis 1880 Kalkstein abgebaut wurde. Noch heute befindet sich unter der Erde ein etwa 10.000 m² großes Labyrinth aus Gängen und Sälen. Die Höhle diente häufig als Schauplatz für Filmaufnahmen, z. B. für Astrid Lindgrens Ronja Räubertochter. Von Oktober bis April ist die Höhle wegen der hier überwinternden Fledermäuse geschlossen. @ jwc378

Fahren Sie auf demselben Weg zurück nach Lommarp.

**3** Kurz nach dem Ortseingang von Lommarp wechseln Sie rechts auf den Radweg ~ auf Höhe der Autobahnauffahrt rechts auf die Nebenstraße und den gelben Radroutenschildern nach Vinslöv folgen ~ direkt danach leicht links auf den Fuß- und Radweg ~ durch die Autobahnunterführung und rechts halten ~ am Ende des Radwegs links auf die Nebenstraße ~ am Ende der Straße die Einfallstraße überqueren und rechts auf den breiten Radweg entlang der Straße ~ 1,5 km weiter geradeaus in den Ort.

## Vinslöv

Vorwahl: 044

**Vinslövs Kyrka**, Bygatan 9. Romanische Kirche (12. Jh.) aus Kalksteinquadern, die wahrscheinlich aus dem Kalksteinbruch Ignaberga westlich von Vinslöv stammen. Der Kirchturm erhielt seine heutige Gestalt im 18. Jh. Aus dem späten 12. Jh. sind mehrere Kalkmalereien erhalten, die Szenen aus dem Evangelium abbilden.

**Vinslövs Friluftsbad**, Troed Nelsongatan 18, ✆ 268224, Juni-Aug., tägl.

*Die Ortschaft Vinslöv (4.100 Einwohner) gehört zur Gemeinde Hässleholm. Vielen Schweden ist der Ort durch den Dokumentarfilm „Plötsligt i Vinslöv“ (dt. „Plötzlich in Vinslöv“) (1999) und dessen beiden Fortsetzungen bekannt. Darin stehen einige Bewohner Vinslövs im Zentrum, darunter ein ehemaliger Minigolf-Europameister.*

### Von Vinslöv nach Immeln 35,5 km

In Vinslöv am Kreisverkehr vor dem Park links in die **Storgatan** ~ an der Kreuzung vor dem Bahnübergang auf die Straße wechseln ~ nach dem Bahnübergang nicht den Schildern des Sverigeleden folgen, sondern 200 m geradeaus auf der mäßig befahrenen Straße ~ nach dem Friedhof rechts in die **Årbygatan** und links vorbei an der Kirche ~ am Ende der Straße kurz auf den Radweg, dann rechts auf die **M 2030** und nach Sörby.

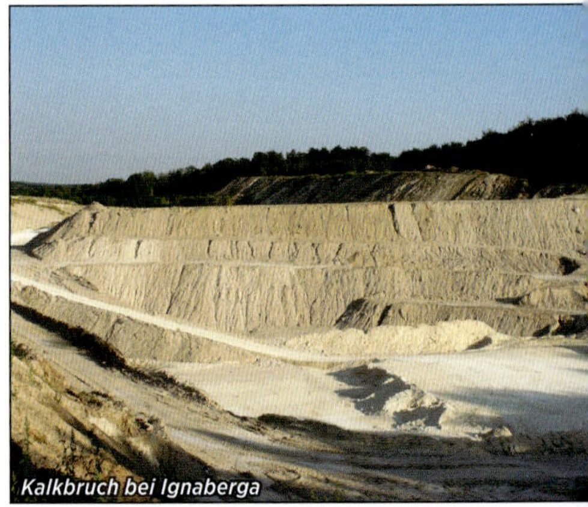

Kalkbruch bei Ignaberga

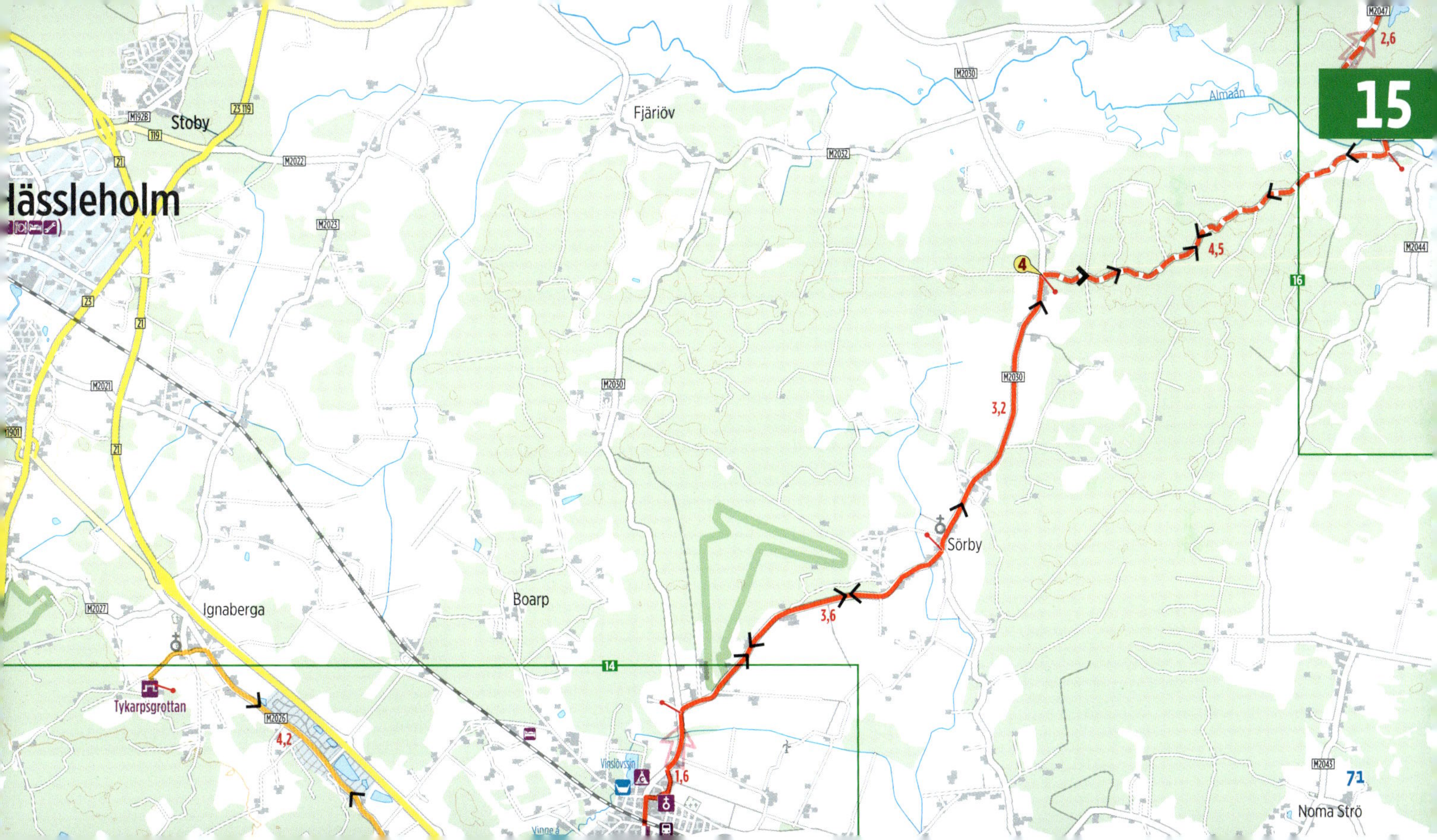

15
Hässleholm
Stoby
Fjäriöv
Almaån
Sörby
Boarp
Ignaberga
Tykarpsgrottan
Vinslövssjn
Vinne å
Noma Strö
M1928
M2022
M2023
M2021
M2027
M2026
M2030
M2032
M2044
M2043
M2047
2,6
4,5
3,2
3,6
1,6
4,2
4
14
16

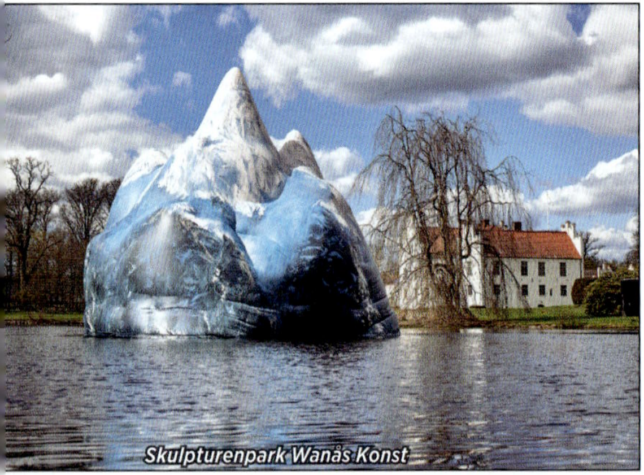

Skulpturenpark Wanås Konst

## Sörby

In Sörby folgen Sie der Hauptstraße Richtung Gumlösa und fahren an der Kirche vorbei ~ **4** ca. 3 km hinter Sörby biegen Sie rechts ab auf die Schotterstraße Richtung Hanaskog ~ die Route ist ab hier als Cykelleden Skåne beschildert und führt durch hügeligen Mischwald ~ vor den Häusern links Richtung Vanås ~ auf Brücken über den Almaån ~ vorbei an einem Aussichtsturm, der bereits Teil des Skulpturenparks von Wanås ist.

## Vanås (Knislinge)

Vorwahl: 044

**Wanås Konst**, Hässleholmsvägen, ✆ 2531568, ⏲ (Park): tägl. 8-17 Uhr, (Ausstellung): Mai-Sept., tägl. 10-17 Uhr, März/April, Sa, So 10-16 Uhr, Sept./Okt., tägl. 10-16 Uhr. Zu Wanås Konst gehören ein Skulpturenpark sowie mehrere Ausstellungen zu moderner und zeitgenössischer Kunst, die auf dem Gelände eines Gutshofes aus dem 15. Jh. untergebracht sind. Für die Ausstellungen werden die Nebengebäude und der Kornspeicher des Gutes genutzt, das Schloss selbst ist in Privatbesitz. Den Skulpturenpark gibt es seit 1987. Er umfasst inzwischen rund 70 Werke internationaler Bildhauer und Installationskünstler, die man bei einem ausgedehnten Spaziergang entdecken kann. Auf dem Gelände gibt es außerdem einen Kunstshop, eine Cafeteria sowie einen Kinderspielplatz und einen eigenen Bereich für kleine Künstler. @ sjx588

Nach dem Ausstellungsgelände biegen Sie rechts ab auf die mäßig befahrene Straße und nach 30 m gleich wieder links auf die ausgeschilderte Radroute nach Knislinge ~ rechts auf den unbefestigten Radweg ~ nach der Engstelle links auf den Radweg ~ an der Kreuzung rechts auf den Radweg links von der Straße ~ dem Radweg am Ende der Straße in die Linkskurve folgen und direkt danach rechts über die Straße ~ der Radroute nach Knislinge weiter folgen ~ nach der Unterführung rechts weiter auf dem Radweg ~ an der Querstraße rechts und den Cykelleden Skåne verlassen ~ die größere Straße überqueren und links auf den Radweg rechts von der Straße ~ an der Kirche vorbei in den Ort.

## Knislinge

**Knislinge Kyrka**, Kristianstadsvägen 6 (7d) Steinkirche (12. Jh.) mit mittelalterlichen Deckenmalereien, die u. a. die Weihnachtsgeschichte abbilden.

Fahren Sie am Kreisverkehr geradeaus Richtung Sibbhult ~ auf der Brücke über den Helge Å ~ **5** 150 m nach der Brücke rechts Richtung Bivaröd.

## Bivaröd

Durchfahren Sie den Ort und biegen Sie nach 2 km links auf die Straße **M 2056** Richtung Immeln (Lönsboda) ab ~ nicht den Schildern des Cykelleden

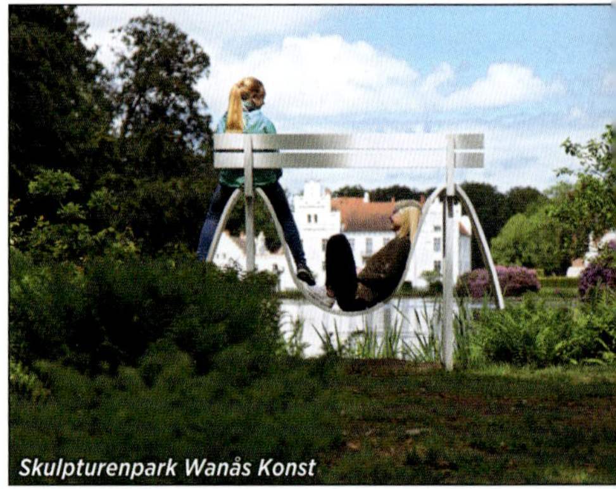

Skulpturenpark Wanås Konst

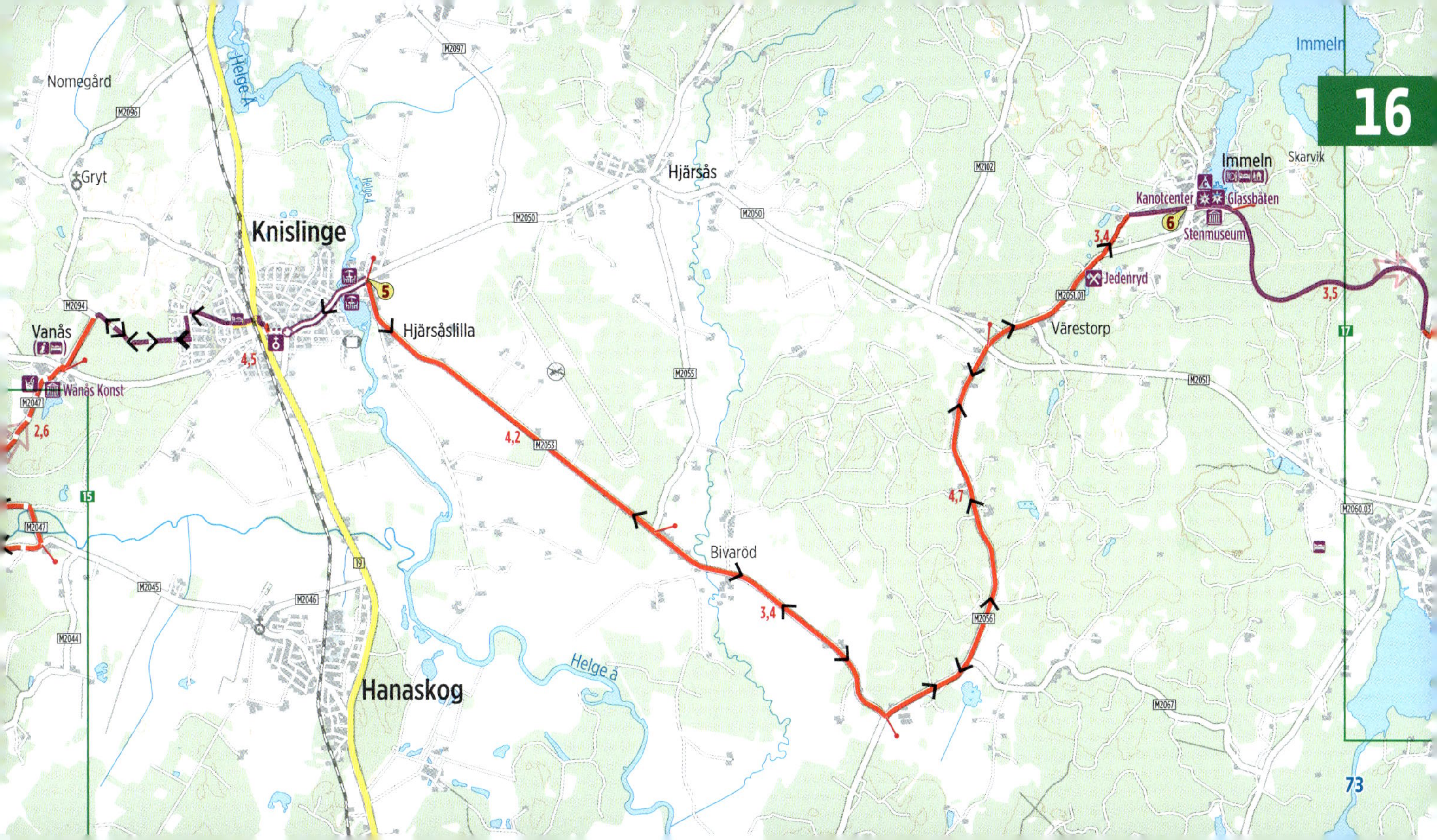
16
Immeln
Skarvik
Immeln
Kanotcenter
Glassbåten
Stenmuseum
6
3,4
Jedenryd
M2051.01
Värestorp
3,5
17
M2102
M2051
M2060.03
4,7
M2056
M2067
Hjärsås
M2050
M2055
Bivaröd
3,4
4,2
M2053
Hjärsåslilla
5
Knislinge
Helge Å
Helge å
4,5
M2097
Nomegård
M2096
Gryt
M2094
Vanås
Wanås Konst
M2047
2,6
15
M2045
M2046
M2044
19
Hanaskog
73

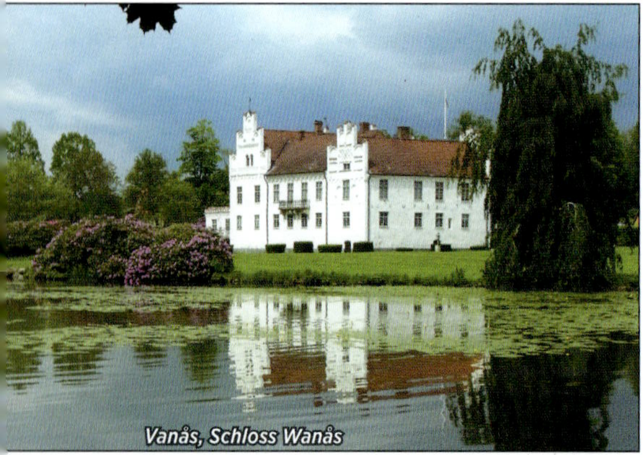
Vanås, Schloss Wanås

Skåne folgen und nach 4,5 km geradeaus über die Kreuzung mit der M 2051 ⤳ vorbei am Steinbruch Jedenryd ⤳ 200 m danach halblinks abzweigen auf die Ortsstraße ⤳ nach 500 m rechts auf den Fuß- und Radweg auf einem alten Bahndamm ⤳ **6** durch die Unterführung und bis zum See und gleichnamigen Ort Immeln.

## Immeln (Sibbhult)

Vorwahl: 044

**Immeln Stenmuseum**, Gamla byvägen, ✆ 0733/144576. Um das kleine Steinmuseum im alten Wasserturm zu besuchen, müssen Sie sich gegen eine Kaution von 50 SEK den Schlüssel im Immeln Kanotcenter (Gamla byvägen 1b) oder im Kiosk an der Badestelle abholen. Die Ausstellung „Schwarzer Granit" informiert über den Abbau und die Verarbeitung von Diabas, einem schwarzen Naturgestein. Hyperitdiabas, wie der Stein eigentlich heißt, entstand vor etwa 1 Mrd. Jahren und wird im Grenzbereich zwischen den Provinzen Skåne, Blekinge und Småland seit etwa 1870 abgebaut.

**Glassbåten MS Immeln**, Immelnvägen 2, ✆ 96100, Juni-Mitte Aug., tägl. 11-17 Uhr. Eisdiele auf einem ehem. Ausflugsschiff. @ fvv511

**Immelns Kanotcenter**, Gamla byvägen 1b, ✆ 96100 Kanuverleih mit Transportservice, Verleih von Zeltzubehör. Mit Bistro. @ mao468

**Stenrundan**. Die Stenrundan ist ein etwa 5 km langer Wanderweg, der u. a. zum alten Steinbruch Jedenryd führt. Dort wurde von 1890 bis in die 1950er Jahre das Naturgestein Diabas abgebaut. Eine kleine Wanderkarte erhalten Sie im Immeln Kanotcenter (Gamla byvägen 1b) oder im Kiosk an der Badestelle. @ bsh513

*Das Dorf Immeln (300 Einwohner) liegt an der Südspitze des gleichnamigen Sees. Es war einst das Transportzentrum der regionalen Steinindustrie und verfügte über einen eigenen Hafen und eine Bahnstation. Heute zieht es vor allem Kanutouristen in den Ort. Der Immeln, auch Immelsjön, ist der drittgrößte See Skånes und liegt inmitten des Seensystems Halen-Immeln-Raslången.*

TIPP

Wegen ihrer dichten Wälder und der hügeligen und felsigen Landschaft wird die Gegend rund um den Immeln als „Schwedens südlichste Wildnis" bezeichnet. Am besten kann man diese Wildnis mit dem Paddelboot erkunden. Am Kanuverleih in Immeln können Sie Ihr Fahrrad stehen lassen und zu einer ein- oder mehrtägigen Paddeltour aufbrechen. Am besten paddeln Sie entlang des Westufers, um brütende Vögel auf den Inseln nicht zu stören. Um auf einem der Kanurastplätze (inkl. Feuerstelle, Toilette, Mülltonne) zu übernachten, benötigen Sie eine Naturschutzkarte, die Sie ebenfalls beim Kanuverleih erhalten.

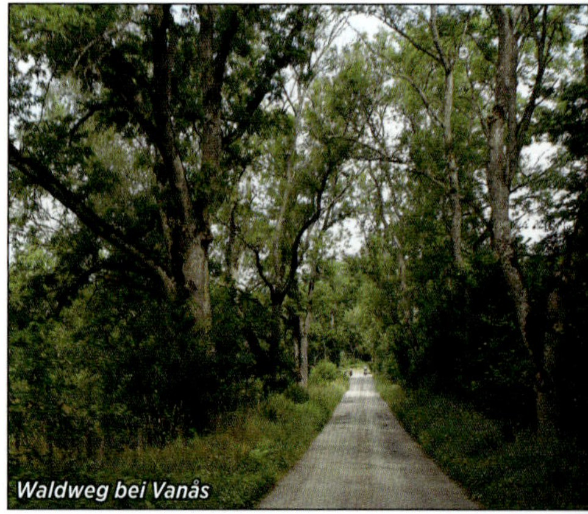
Waldweg bei Vanås

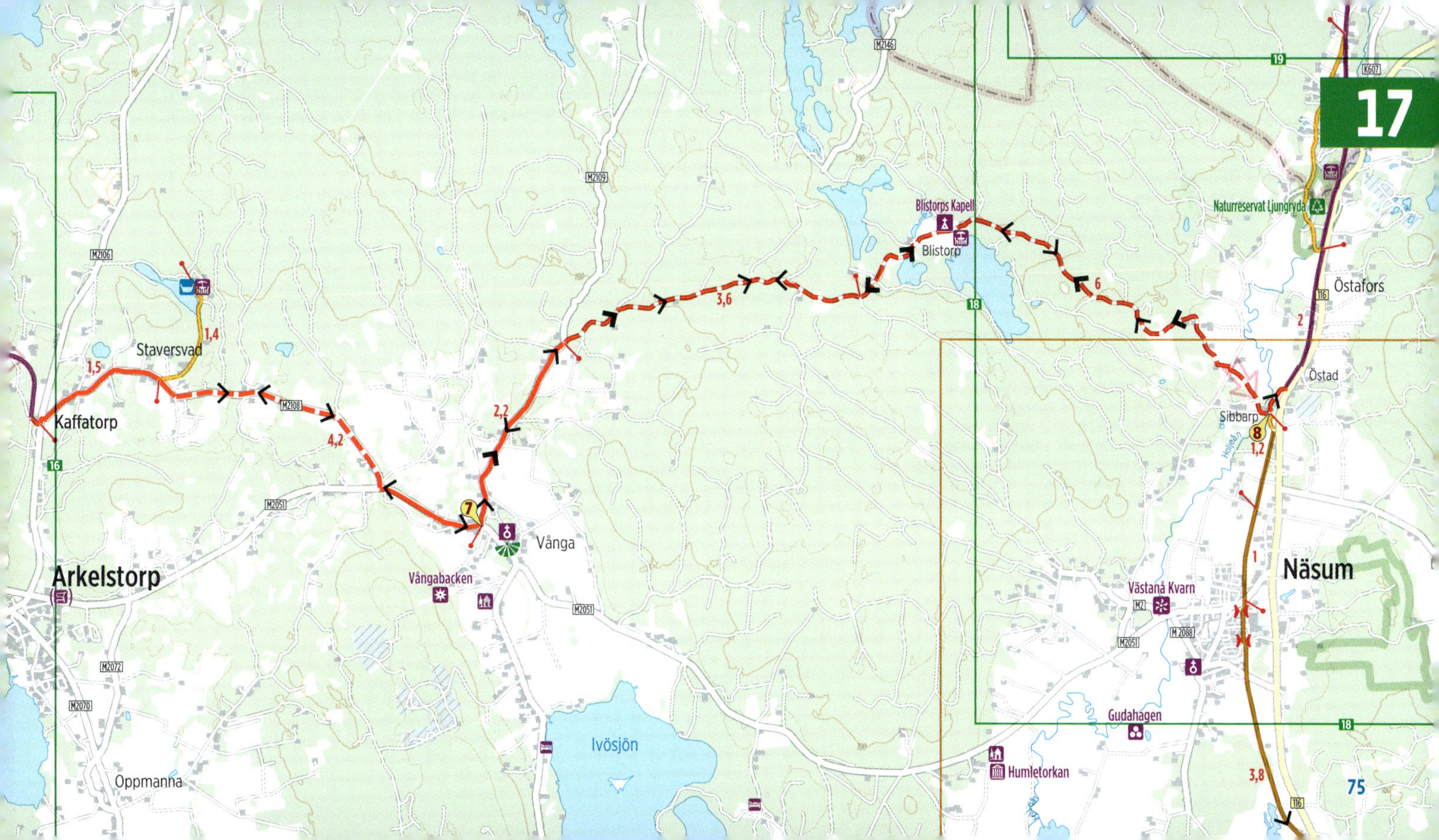
17
Arkelstorp
Kaffatorp
Staversvad
Oppmanna
Vånga
Vångabacken
Ivösjön
Blistorps Kapell
Blistorp
Naturreservat Ljungryda
Östafors
Östad
Sibbarp
Näsum
Västanå Kvarn
Gudahagen
Humletorkan
1,5
1,4
4,2
2,2
3,6
6
2
1,2
1
3,8
M2106
M2108
M2051
M2072
M2070
M2109
M2146
M2088
K607
116
16
18
19

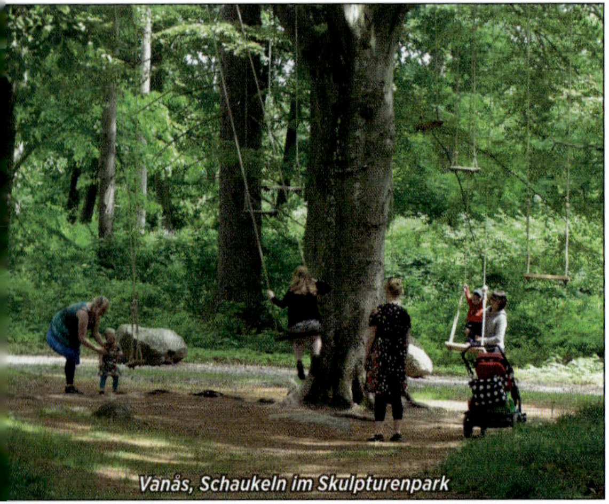
Vanås, Schaukeln im Skulpturenpark

**TIPP** Die Gegend rund um den Immeln ist sehr dünn besiedelt und es gibt kaum Übernachtungsmöglichkeiten. Wenn Sie es am heutigen Tag nicht mehr bis ins 30 km entfernte Olofström schaffen, sollten Sie daher über Nacht in Immeln bleiben.

## Von Immeln nach Sibbarp/Näsum 22 km

Vom Seeufer kommend fahren Sie schräg rechts auf den Waldweg auf dem alten Bahndamm ~ nach knapp 4 km links auf den Schotterweg ~ kurz danach am Ende des Weges links auf die Asphaltstraße und nach 50 m wieder rechts Richtung Staversvad ~ über **Kaffatorp** fahren Sie nach Staversvad.

### Staversvad

**TIPP** Zum Rasten bietet sich das Naherholungsgebiet am Lerjevallssjön mit Badestelle, Grillplätzen und Wanderwegen an. Biegen Sie dafür 250 m nach dem Ortseingang links ab und folgen Sie der Beschilderung.

Folgen Sie weiter der Straße ~ an der T-Kreuzung links auf den **Näsumsvägen** (M 2051) Richtung Vånga.

### Vånga

Vorwahl: 044

**Vånga Kyrka**, Vånga kyrkväg 1. Die Kirche von Vånga, deren älteste Teile aus dem 13. Jh. stammen, erhielt ihr heutiges Aussehen durch einen Umbau im Jahr 1867. Sehenswert ist ein großes Freskengemälde (1941) des expressionistischen Künstlers Pär Siegård. Vom Kirchenhügel aus hat man einen guten Ausblick auf den Ivosjön und die umliegenden Berge.

**Vångabacken**, Bergmossevägen 11, ✆ 94190 Ⓒ Kleines Skigebiet mit zwei Liften, einem Kinderlift, mehreren Pisten und Skiverleih. Im Sommer kann man Mountainbiken und mit nichtmotorisierten Downhill-Autos die Piste herunterrollen. @ spv571

*Die Gegend rund um die Ortschaft Vånga (260 Einwohner) ist für ihre fruchtbaren Böden bekannt. Bis in die 1950er Jahre wurde hier viel Hopfen angebaut, heute dominieren die zahlreichen Obstplantagen die Landschaft. Angebaut werden v. a. Äpfel, aber auch Birnen und Pflaumen. Besonders schön ist es im Mai, wenn die Obstbäume an den Hängen hinab zum Ivösjön blühen, und zur Erntezeit im Herbst. Bei einigen Plantagen besteht dann die Möglichkeit zum Selberpflücken.*

**7** Im Ort biegen Sie links ab Richtung Skärsnäs ~ nach gut 2 km auf der **M 2109** rechts auf die Schotterstraße Richtung Sågmöllan in bergiges und anspruchsvolles Gelände ~ nach 750 m rechts halten auf den **Rörmossevägen** und in den Wald hinein ~ nach knapp 3 km an der Weggabelung links und die steile Abfahrt nehmen ~ vorbei an der alten Kapelle von Blistorp.

### Blistorp

**Blistorps Kapell**, Blistorpsvägen. Die kreuzförmige Kapelle aus Granit wurde von einem Industriellenehepaar als Mausoleum errichtet.

*Die alte Kulturlandschaft rund um das Dorf Blistorp und den Blistorpasjön ist von großen Wäldern umgeben, die von einigen gut erhaltenen Steinmauern durchkreuzt werden.*

Über eine kleine Brücke fahren Sie durch eine Schafweide und dann durch einen schönen, moosbewachsenen Nadelwald mit vielen Steinen ~ am

Ende des Weges nach Verlassen des Waldes rechts und gleich wieder links Richtung Östad ~ 8 bei den Häusern von Sibbarp fahren Sie auf der Brücke über den Höljeån.

### Sibbarp

## Holjeån

*Der Holjeån fließt von Östafors im Norden bis in den Ivosjön im Süden. Von der Industrialisierung bis in die 1960er Jahre wurden die Stromschnellen des Flusses als Antrieb für Mühlen, Sägen und eine Nagelfabrik genutzt. Heute ist der Holjeån wegen seines klaren Wassers und der unberührten Natur ein beliebter Ort zum Paddeln und Angeln. Rund um das alte Wasserkraftwerk im Ortsteil Gonarp kann man am besten Forellen angeln. Aber auch Lachs, Hecht, Rotauge, Brasse, Aal und Barsch sind im Holjeån verbreitet. Seitdem 2007 die Stauanlagen bei Östafors entfernt wurden, können Lachse und Forellen flussaufwärts bis nach Olofström wandern.*

*Für Paddler gibt es zwei Etappen, die jeweils 12 Kilometer lang sind. Die erste Etappe führt von Östafors bis zur Mühle im Ortsteil Västanå über mehrere kleine Stromschnellen, weswegen zweimal umgetragen werden muss. Die zweite Etappe von der Mühle in Västanå bis zum Ivosjön eignet sich besser für Anfänger, da der Fluss hier ruhiger fließt. Kanus können z. B. in Axeltorp (s. S. 78) gemietet werden*

VARIANTE **Wenn Sie hinter der Brücke über den Höljeån nach rechts in Richtung Näsum abbiegen, besteht die Möglichkeit, sich bereits hier nach Süden zu wenden und die Gesamttour um etwa 170 km zu verkürzen.**

## Abkürzung: Über Näsum nach Sölvesborg 19 km

Nach einem guten Kilometer erreichen Sie Näsum.

### Näsum

Vorwahl: 0456

**Humletorkan**, Klagstorpsvägen 80-20, ✆ 070/6052917, Mitte Juni-Mitte Aug., tägl. 13-

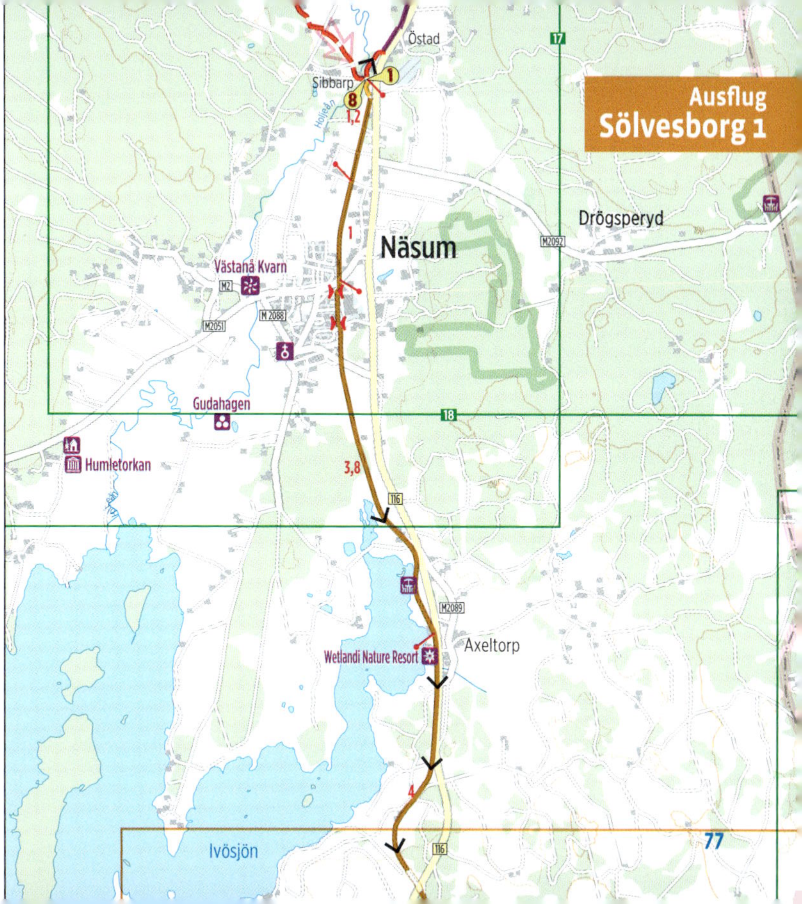

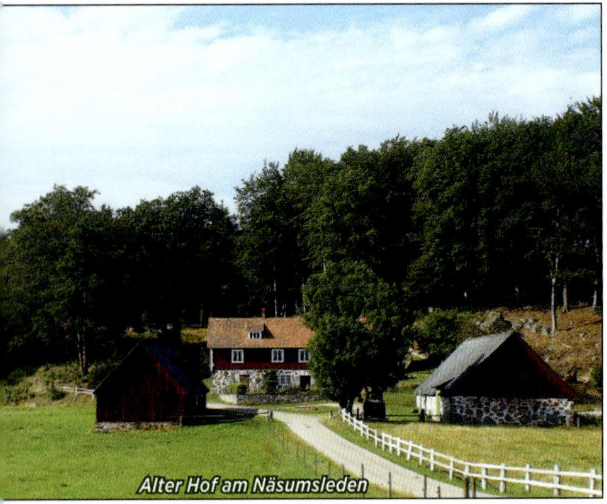

Alter Hof am Näsumsleden

17 Uhr, Mai-Sept., Sa, So 13-17 Uhr. Alte Hopfendarre, in der von 1926 bis 1959 Hopfen für die Herstellung von Bier getrocknet wurde. Heute wird das Gebäude als Café, Jugendherberge und zum Verkauf von Kunsthandwerk genutzt. Im Café kann man ein selbstgebrautes, niedrigprozentiges Bier aus eigenem Hopfenanbau trinken und sich ansehen, wie früher Hopfen getrocknet wurde. @ pch642

**Näsums Kyrka**, Äskekärravägen 4. Das heutige Kirchengebäude im neogotischen Stil wurde 1870 eingeweiht. Es wurde an der Stelle errichtet, auf der bereits im 12. Jh. eine romanische Kirche stand. Direkt an das Gebäude grenzt der alte Friedhof mit einigen gut erhaltenen Grabsteinen.

**Gudahagen**, Gudahagensvägen. Gudahagen ist ein viereckiges, eingefriedetes Gräberfeld aus der Eisenzeit (ca. 400-1050 n. Chr.), etwas südwestlich von Näsums Kirche. Entlang der 50 m langen Seiten waren ursprünglich über 250 Steine aufgestellt. Unterhalb der Einfriedung ist eine Grube, die früher vermutlich mit Wasser gefüllt war und als Opferstätte diente. Immer am dritten Septemberwochenende findet hier ein Wikingermarkt mit Verkaufsständen und Wikingerspielen statt. @ kek345

**Västanå Kvarn**, Västanåvägen 12, ✆ 24027. Die Mühle (um 1380) am Flüsschen Holjeån ist die vermutlich älteste Mühle Schwedens, die noch in Betrieb ist. Sie bestand ursprünglich aus Fachwerk und bekam ihr heutiges Aussehen im 19. Jh. Das Mühlenrad wird heute durch eine Turbine ersetzt.

**Västanå bro**, Västanåvägen. Alte Steinbogenbrücke, die über den Holjeån führt. Die 47 m lange Brücke war bis 1950 in Benutzung und wurde in den 1980er Jahren rekonstruiert.

*Die Gegend rund um Näsum war einst Zentrum des schwedischen Hopfenanbaus. 1927 gab es in der Region 78 Hopfenplantagen. Nach dem Zweiten Weltkrieg wurde jedoch immer mehr billiger Hopfen importiert, sodass viele schwedische Hopfenbauer aufgeben mussten. In Näsum wurde 1959 der letzte Betrieb geschlossen.*

Überqueren Sie in Näsum die größere Straße ⤳ die sehr schmale Engstelle kann ggf. links über die Wiese umfahren werden ⤳ weiter geradeaus auf dem Radweg ⤳ vor dem Zaun rechts, dann wieder links auf den Radweg links von der Straße ⤳ vorbei an alten Bahngebäuden durch die Siedlung ⤳ an der nächsten Engstelle auf den Stationsvägen ausweichen und an der T-Kreuzung mit dem Idrottsvägen zurück auf den Banvallsleden Richtung Sölvesborg ⤳ vorbei am Sportplatz, dann den Axeltorpsvägen queren ⤳ nach dem Ortsausgang von Näsum führt die Straße durch einen kleinen Wald ⤳ nach dem Überqueren der kleinen Straße beginnt auf der rechten Seite der Ivösjön.

## Axeltorp (Näsum)

**Wetlandi Nature Resort**, Olofstromsvägen 177-11, ✆ 0735/314314, Juni-Mitte Aug, tägl. 9-17 Uhr, u. n. V. Kanuverleih mit Transportservice und geführten Touren rund um den Ivosjön. @ ibb113

Der Weg verläuft unweit der Landstraße ⤳ vorbei am alten Bahnhof Barnakälla und durch den alten Eisenbahntunnel.

## Barnakälla

*Als die Eisenbahnstrecke zwischen Olofström und Sölvesborg gebaut wurde, machte die hügelige Landschaft den Bau eines Tunnels erforderlich. Um den 60 Meter langen Tunnel im Sommer 1900 durch den Fels zu sprengen, arbeiteten 30 Männer Tag und Nacht im Schichtbetrieb. Der Barnakälla-Tunnel ist der einzige Tunnel dieser Art in der Provinz Skåne und wurde bis in die 1980er Jahre genutzt. 1984 wurden die Schienen entfernt und der Tunnel in den Radweg Banvallsleden integriert. Barnakällas Bahnhof wurde früher hauptsächlich für den Transport von Holz aus dem nahegelegenen Waldgebiet um den Ryssberget genutzt. Neben dem Herbergsgebäude kann man auf ein Baumhaus in einer alten Buche steigen und die Aussicht auf den Ivosjön genießen.*

Folgen Sie dem Banvallsleden am Abzweig des Sverigeleden weiter geradeaus ⤳ vorbei am Abzweig zur Badestelle bei Råby ⤳ in Håkanryd auf die Nebenstraße wechseln ⤳ kurz danach wieder auf den Fuß- und Radweg ⤳ rechts vorbei an einem kleinen See mit Rastplatz ⤳ am Hof rechts auf die ruhige Straße und weiter den Schildern des Banvallsleden folgen ⤳ vorbei am Vandrarhem in Ynde ⤳ am Ende des Weges links auf den Radweg links der Straße und über die Autobahnbrücke ⤳ den Autobahnzubringer überqueren und hinein nach Sölvesborg ⤳ bis zum Kreisverkehr, der bereits am Rand des Hafenstädtchens **Sölvesborg** liegt.

**Sölvesborg** s. S. 120

Vor dem Kreisverkehr rechts über den Zebrastreifen, den Schildern nach Valje folgen und den Banvallsleden verlassen ⤳ nach 1,5 km gelangen Sie bei Valje zurück auf die Hauptroute bei deren Wegpunkt **2**.

ANSCHLUSS Der Anschluss an die Hauptroute befindet sich im Abschnitt „Von Mörres nach Kristianstad" auf Karte 38 bzw. S. 124.

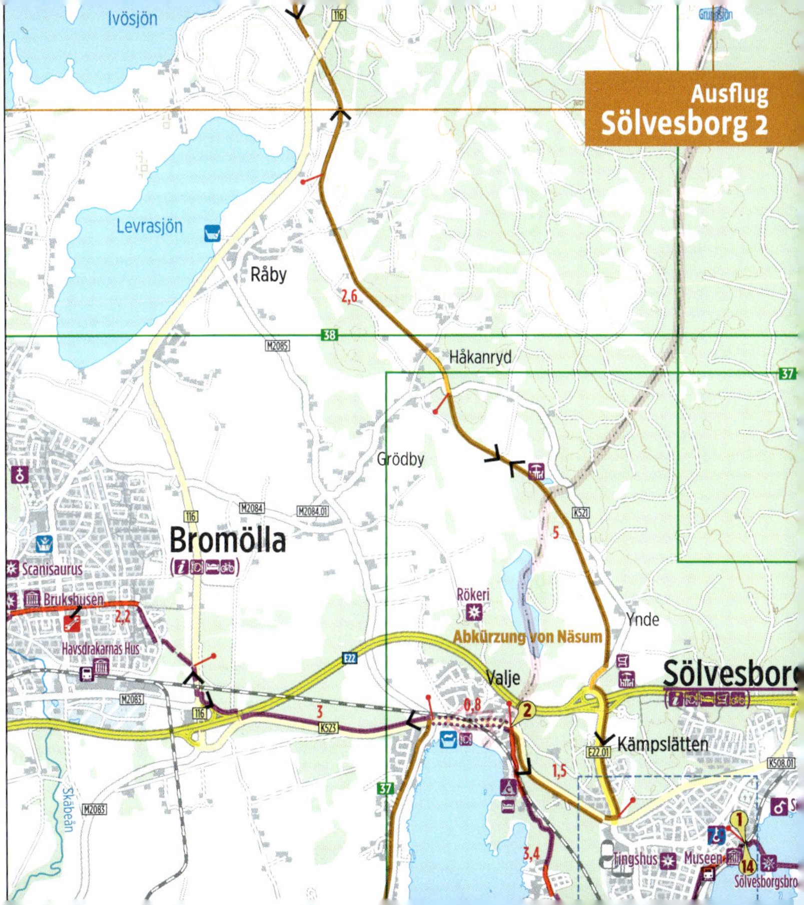

# Von Sibbarp/Näsum nach Urshult

**97,4 km**

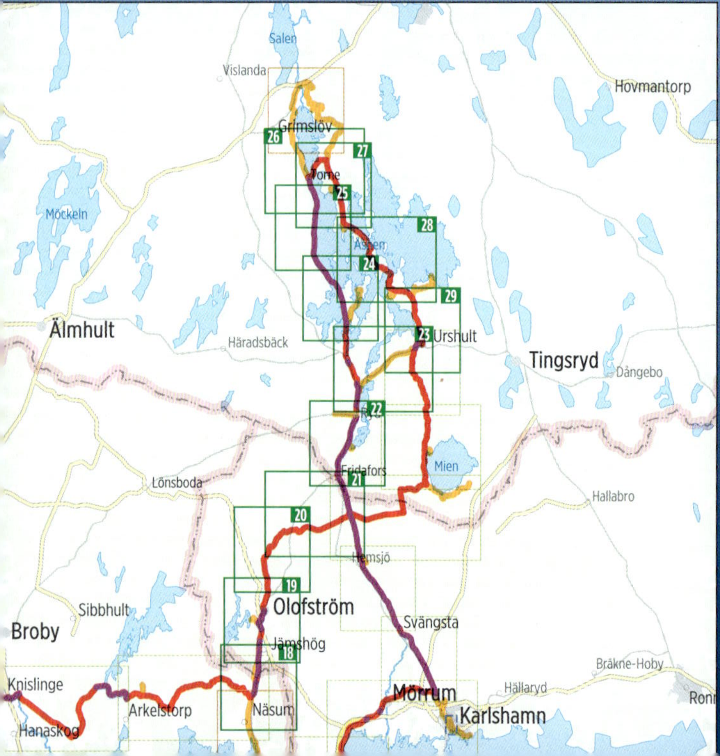


**HM/km:** ↗ 2,8 (274m) ↘ 1,5 (149m) **Radweg:** 43 % **Unbefestigt:** 38 % **Verkehr:** 23 %

Der vierte Tourenabschnitt beschreibt eine abwechslungsreiche Route durch die schwedischen Provinzen Blekinge, Kronoberg und Skåne, wobei es immer wieder Möglichkeiten zum individuellen Abkürzen und für kleinere Tagestouren gibt. Zunächst bringt Sie der gut ausgebaute Radweg auf einem alten Bahndamm bis in die industriell geprägte Kleinstadt Olofström, deren Umgebung als die „südlichste Wildnis von Schweden" bezeichnet wird. Von dort folgen Sie weiter dem Radweg auf dem alten Bahndamm und wandeln auf den Spuren der industriellen Revolution in Schweden. In der Ortschaft Ryd lässt sich ein Abstecher zu einem Autofriedhof mit jahrzehntealten Volvos einschieben, bevor Sie schließlich an den See Åsnen gelangen. Am Seeufer entlang radeln Sie durch dichte Wälder und alte Obstplantagen. Kleine Badestellen laden zur Abkühlung ein, Spuren der industriellen Revolution in Schweden prägen die Landschaft ebenso wie die zerklüftete Küstenlinie des Sees.

Die Route verläuft hauptsächlich auf den Radwegen Banvallsleden und Sydostleden und über ruhige Nebenstraßen. Die Landschaft ist hügelig, um den Åsnen herum wird es flacher.

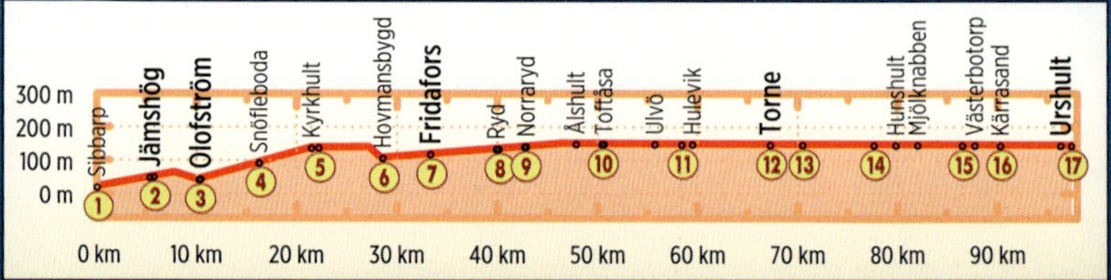

### Von Sibbarp/Näsum nach Hovmansbygd 28,5 km

1 Nach dem Überqueren des Höljeån folgen Sie links der Asphaltstraße ~ nach 350 m links abbiegen auf den **Banvallsleden**, der als gut ausgebauter Radweg bis ins 5 km entfernte Jämshög führt.

## Der Banvallsleden zwischen Olofström und Sölvesborg

*Der Banvallsleden ist ein zumeist asphaltierter Radweg, der der alten Bahnlinie von Olofström nach Sölvesborg folgt. Diese wurde 1901 in Betrieb genommen und führte durch die drei Provinzen Skåne, Blekinge und Kronoberg. Die Strecke wurde bis 1974 für den Güterverkehr genutzt. In den 1980er Jahren wurde sie stillgelegt und teilweise als Radweg ausgebaut. Dieser ist heute insgesamt 29 Kilometer lang und lässt sich sehr gut befahren, da er fast steigungsfrei verläuft.*

*Die Route hier im Buch deckt zunächst den Streckenabschnitt nördlich von Näsum bis nach Olofström ab, wo der Weg entlang des Holje-Flusses verläuft. Auf den Streckenabschnitt von Näsum nach Sölvesborg, auf dem Sie u. a. durch den längsten Bahntunnel*

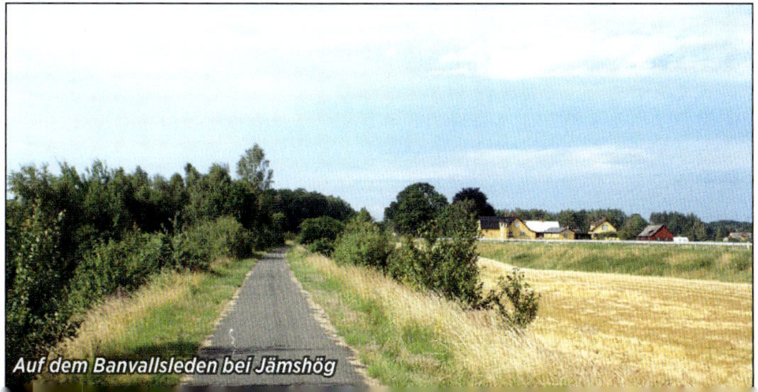

*Auf dem Banvallsleden bei Jämshög*

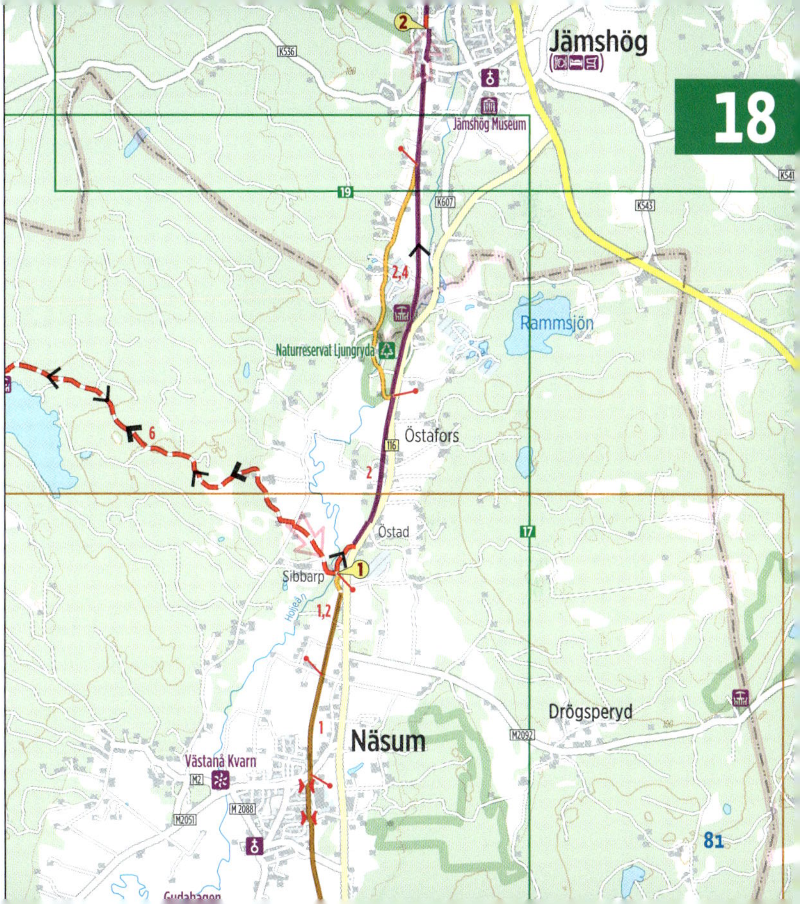

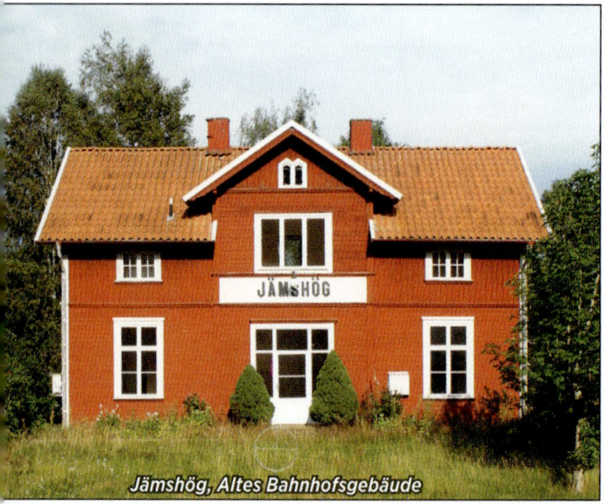

*Jämshög, Altes Bahnhofsgebäude*

*Skånes fahren, gelangen Sie, wenn Sie die Abkürzung „Von Näsum nach Sölvesborg" fahren (siehe oben). Gekennzeichnet ist der Banvallsleden durch Schilder mit einem weißen Fahrrad auf rotem Grund.*

TIPP Falls Sie Lust auf eine kleine Abwechslung haben, biegen Sie links ab Richtung Östafors auf den Sibbarpsvägen und fahren durch das Naturreservat Ljungryda nach Jämshög.

## Jämshög

Vorwahl: 0454

**Jämshögs Hembygdsmuseum (Författarmuseet)**, Hantverkaregatan 15, ✆ 49017 Ⓒ Das kleine Heimatmuseum erinnert mit einer eigenen Ausstellung u. a. an den berühmtesten Sohn Jämshögs, den Schriftsteller Harry Martinson, der 1974 den Nobelpreis für Literatur erhielt. Der Besuch ist nur mit Schwedischkenntnissen ratsam. @ cvu851

**Jämshögs Kyrka**, Bygatan 2, ✆ 97700. In die nach einem Brand wiedererrichtete Kirche (1804) sind noch einige Teile aus der alten Backsteinkirche (12. Jh.) integriert. Der Kirchturm wurde 1832 errichtet.

**Naturreservat Ljungryda**, Ljungrydavägen 278. An der Provinzgrenze zwischen Skåne und Blekinge gelegenes Naturschutzgebiet mit Wanderpfaden und Naturzeltplatz (Schutzhütte, Toiletten, Grillplatz). Am Fluss Holjeån, der sich hier zwischen hohen, bewaldeten Bergrücken entlangschlängelt, kann man Eisvögel oder Gebirgsstelzen beobachten. Am Flussufer wachsen Buchen, Eichen, Erlen und der seltene Königsfarn. Im Naturschutzgebiet finden sich auch Gräber und Reste von alten Siedlungen, da das Flusstal schon vor 5.000 Jahren besiedelt wurde. @ wcp643

In Jämshög überqueren Sie die Straße und fahren rechts weiter auf dem Banvallsleden, der hier als Radstreifen links von der Straße verläuft ⤳ nach 100 m über den Zebrastreifen und links auf den Radstreifen rechts von der Straße ⤳ vorbei am alten Bahnhof von Jämshög und der Beschilderung des Banvallsleden folgen ⤳ **2** am Ortsausgang vom Radstreifen auf die Straße wechseln ⤳ nach 150 m die Hauptstraße nach links verlassen und gleich wieder rechts auf den Radweg ⤳ biegen Sie an der ersten Möglichkeit leicht links ab auf die Asphaltstraße ⤳ nach 1,5 km an der Weggabelung links auf den Fuß- und Radweg und weiter der Beschilderung des Banvallsleden folgen ⤳ kurz danach rechts über den Hof des Vandrarhems und der Bowlinghalle.

TIPP Um Olofströms Kanuverleih am Halen-See und den benachbarten Zeltplatz zu erreichen, biegen Sie am Vandrarhem links ab auf den asphaltierten Radweg. Am See können Sie Ihr Fahrrad gegen ein Kanu tauschen und zu einer ein- oder mehrtägigen Paddeltour aufbrechen. Um auf einem der Kanurastplätze (inkl. Feuerstelle, Toilette, Mülltonne) zu übernachten, benötigen Sie eine Naturschutzkarte, die Sie z. B. im Kanuverleih erhalten.

Nach dem Hof des Vandrarhems halten Sie sich schräg links, fahren durch die Unterführung und dahinter am Museum links.

TIPP Wenn Sie nach der Unterführung rechts abbiegen, kommen Sie bald zum Kamera- und Galgenmuseum.

Kurz nach der Unterführung halten Sie sich leicht rechts auf dem Radweg ⤳ vor der Straße rechts auf den **Banvallsleden**, der hier als Radweg rechts der Straße verläuft ⤳ nach der Abfahrt links durch die

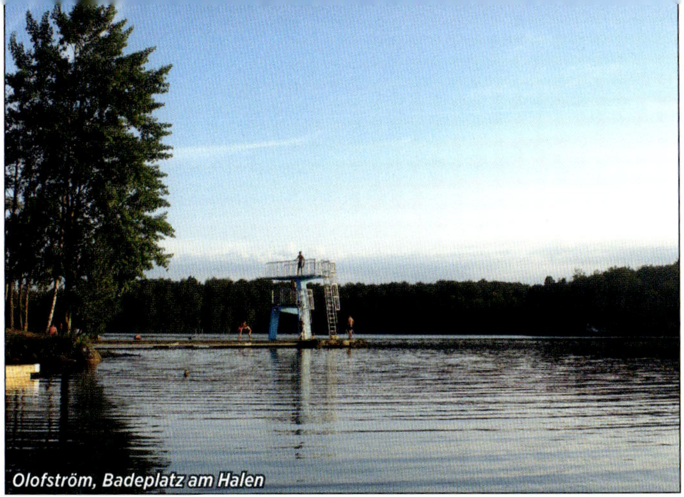

Olofström, Badeplatz am Halen

Unterführung entlang des Holjeån am Ende des Radwegs rechts auf die Straße an der Eishockeyhalle vorbei und weiter am Fluss entlang links auf den Radweg in die Einbahnstraße entgegen der Fahrtrichtung links auf den Radweg entlang der **Östra Storgatan** und ins Stadtzentrum mit Apotheke, Supermarkt und Restaurants hinein.

## Olofström

Vorwahl: 0454

**Servicecenter/turistbyrå, Medborgarcenter**, Östra Storgatan 5, ✆ 93100, @ omc854

**Kamera- och Galgmuseum (Olofströms Museum)**, Pukaviksvägen 187, ✆ 070/5627639, Mitte Juli-Mitte Aug., Di-So 12-16 Uhr u. n. V. In dem roten Holzhaus sind neben dem Heimatmuseum ein Kameramuseum mit über 1.500 Exponaten und ein Kleiderbügelmuseum untergebracht, das Kleiderbügel aus lokaler Produktion zeigt. @ axv232

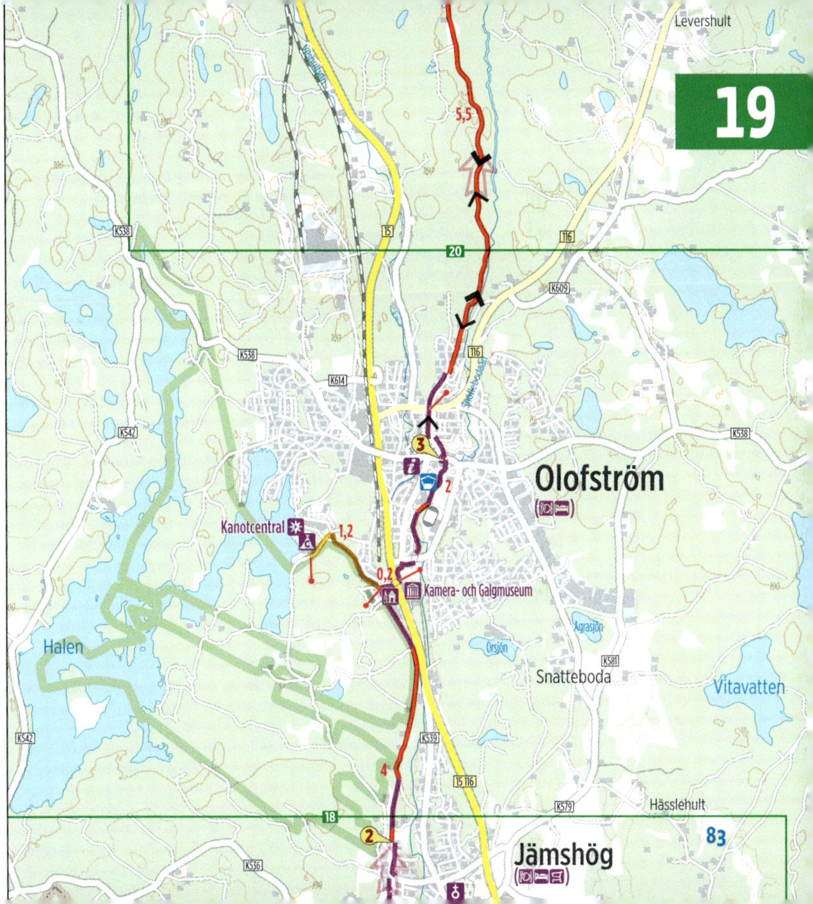

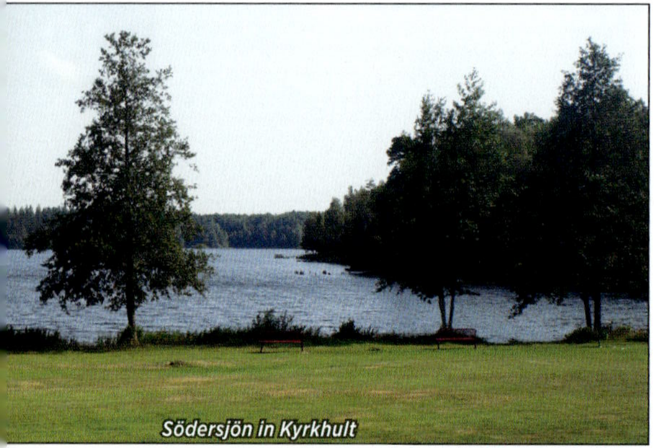

Södersjön in Kyrkhult

**Kanotcentralen Olofström**, Strandvägen 14, ✆ 40280, Mai-Aug., tägl. 9-17 Uhr, Sept., tägl. 9-16 Uhr u. n. V. Kanuverleih mit Transportservice. @ src172

**Holjebadet**, Olsgatan 1, ✆ 93700, Juni-Aug., Di-Sa, Sept.-Mai, tägl. Erlebnisbad mit Wasserrutschen und Sauna. @ ftg513

*Olofström (7.800 Einwohner) war schon immer ein Industriestandort. 1735 wurde hier eine Eisenhütte gegründet, um die Jahrhundertwende wurden Gefäße aus Emaille gefertigt. Seit den 1950er Jahren ist der Ort durch die Autoindustrie geprägt. In den Volvo-Werken werden auch heute noch Karosserieteile hergestellt. Olofström ist von Seen und dichten Wäldern umgeben und eignet sich als Ausgangspunkt für Paddeltouren ins Seensystem Halen-Immeln-Raslången.*

**3** Nach dem Supermarkt fahren Sie rechts über die Ampel auf den Fuß- und Radweg rechts der **Nedre Brogatan** ~ der Radweg wechselt die Seite ~ auf dem Zebrastreifen über die Straße 116 ~ an der Weggabelung von Straße und Radweg auf die Fahrbahn wechseln und rechts halten ~ am Ortsausgang rechts halten und dem Banvallsleden für 4,5 km durch einen Mischwald der sehr ruhigen Straße folgen ~ **4** zwischen den Höfen rechts auf den Schotterweg in die Ortschaft **Snöfleboda** hinein und den Banvallsleden verlassen ~ nach einem starken Anstieg fahren Sie für 3,5 km auf dem hügeligen Schotterweg ~ am Ende des Weges rechts auf die Asphaltstraße Richtung Kyrkhult und zurück auf den Banvallsleden ~ die Straße 116 überqueren und in den Ort hinein.

## Kyrkhult

**Kyrkhults Hembygdsmuseum**, Hemsjövägen 12, ✆ 070/3263377, Juli-Mitte Aug., So 13-16 Uhr. Das kleine Heimatmuseum befindet sich in der ehemaligen Arztvilla, einem Nebengebäude des alten Kurhotels. Es informiert u. a. über Kyrkhults Zeit als Kurort. Mit Café. @ pkg356

**Fornebodastugan**, Hovmansbygdsvägen 73. Das großzügige Holzhaus wurde 1888 im altnordischen Stil für ein Industriellenehepaar aus Stockholm errichtet. Heute wird es vom Heimatverein für Veranstaltungen genutzt und u. a. als Ferienwohnung vermietet. @ aeh365

**Tulseboda Brunn**, Hemsjövägen 8, ✆ 0707/238950. Ehemaliges Badehaus und Kurhotel (1877), das seine Blütezeit Anfang des 20. Jhs. hatte. Heute sind in dem Gebäude u. a. Konferenzräume und eine Zirkusschule untergebracht, auch ein Mittagstisch wird angeboten. @ wau825

*Die Ortschaft Kyrkhult (950 Einwohner) liegt am Södersjön im Nordwesten der Provinz Blekinge. Sie bestand noch bis Mitte des 18. Jahrhunderts aus nur wenigen Höfen. Seine beste Zeit hatte Kyrkhult zwischen 1900 bis 1915, als jeden Sommer bis zu 800 Kurgäste in den Ort kamen.*

Biegen Sie vor der Kirche rechts und gleich wieder links ab und folgen Sie dem Banvallsleden ~ vorbei am alten Kurhotel Tulseboda Brunn und am Rastplatz am Södersjön mit Badestelle ~ **5** nach dem See der Beschilderung des Banvallsledens nach links Richtung Hovmansbygd folgen ~ vorbei an der an einem weiteren See gelegenen Fornebodastugan ~ hinter Kyrkhult führt die schnurgerade Straße mit stetigem Auf und Ab durch einen schönen Pinienwald ~ am Ende der Straße links auf die mäßig befahrene **Straße 126** und gleich wieder rechts auf die Nebenstraße Richtung Hovmansbygd ~ die starke Abfahrt hinunter zur alten Eisengießerei.

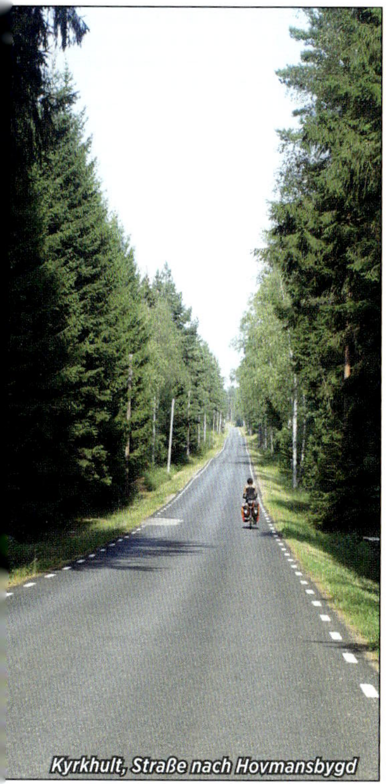

Kyrkhult, Straße nach Hovmansbygd

## Hovmansbygd (Kyrkhult)

**Laxaleden.** Etwa 30 km langer Wanderweg, der dem Flusslauf des Mörrumsån zwischen Elleholm im Süden und Hovmansbygd im Norden folgt, mit ca. 100 Informationstafeln zu Geschichte und Kultur der Region. @ vve728

*Ende des 19. Jahrhunderts gab es im ehemaligen Stationsort Hovmansbygd eine Eisengießerei, ein Sägewerk, eine Stärke- und eine Holzwollefabrik. Am alten Bahnhof stehen heute noch einige alte Waggons, Lastkräne und eine Wasserbefüllungsanlage für Dampflokomotiven.*

### Von Hovmansbygd nach Norraryd 13,5 km

An der alten Eisengießerei fahren Sie rechts auf die Brücke über den Mörrumsån 6 nach der Brücke links auf den unbefestigten Banvallsleden/Sydostleden Richtung Ryd.

VARIANTE Wollen Sie nicht weiter in die Provinz Blekinge und an den Åsnen-See fahren, können Sie die Gesamtstrecke hier um fast 100 km verkürzen. Fahren Sie dazu den Banvallsleden

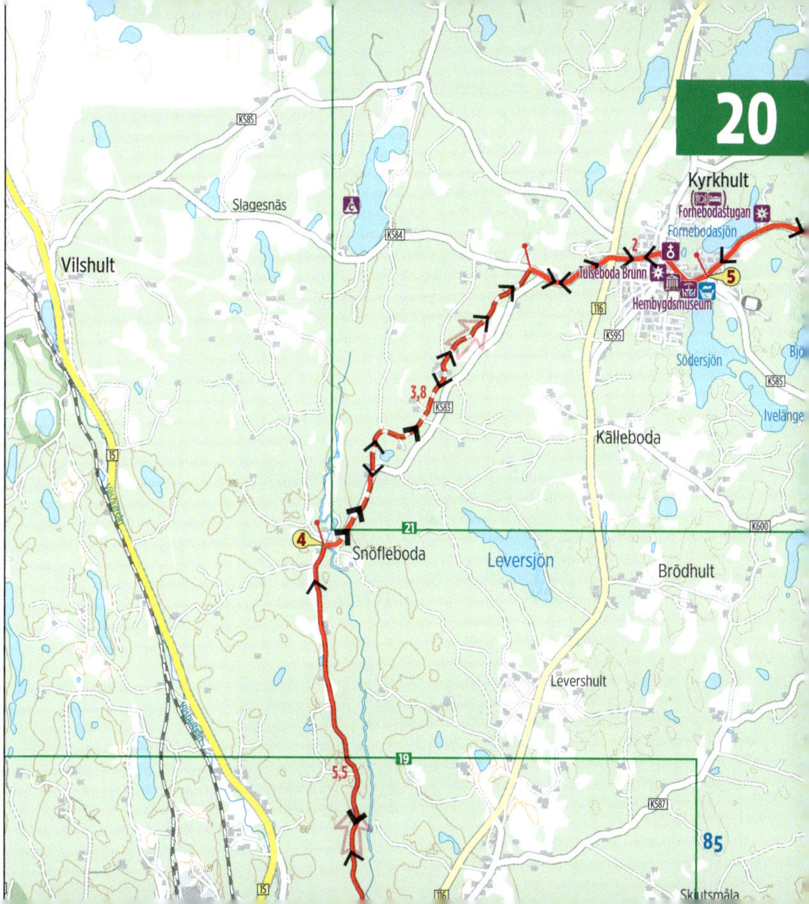

nicht nach Norden, sondern in südliche Richtung nach Svängsta und Karlshamn (s. S. 109 „Von Hovmansbygd nach Svängsta", Karte 32).
Wegpunkt 6 ist auch ein möglicher Startpunkt für die Tagestour Åsnen-Mien (s. S. 10).

## Der Banvallsleden zwischen Halmstad und Karlshamn

*Der Banvallsleden ist mit einer Gesamtlänge von ca. 250 Kilometern Schwedens längster Fahrrad- und Wanderweg auf einem alten Bahndamm. Er führt auf den Bahntrassen zweier stillgelegter Schmalspurbahnstrecken von Halmstad im Westen quer durch Småland an den großen Seen Bolmen und Åsnen entlang bis nach Karlshamn an der Ostsee. Zudem gibt es mehrere kleine Verbindungsstrecken, ähnlich der schon gefahrenen nach Hovmansbygd. Auf der 1874 eröffneten Eisenbahnstrecke wurden Personen befördert und Industriegüter aus Vislanda und Hulevik zur Küste verfrachtet. 1970 wurde die Strecke wegen mangelnder Nachfrage stillgelegt, die Schienen entfernt.*

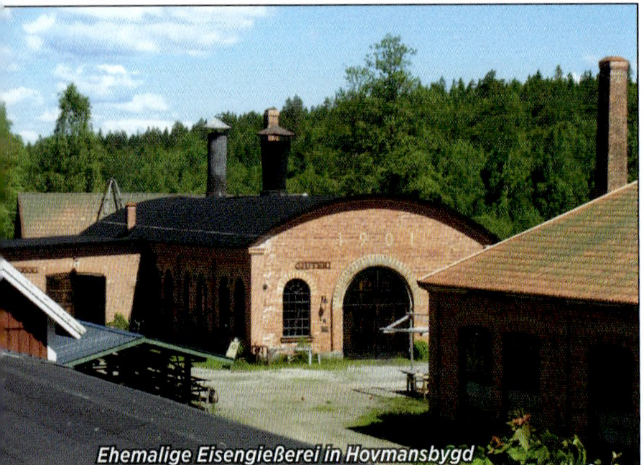

Ehemalige Eisengießerei in Hovmansbygd

*Die Route hier im Buch deckt den Streckenabschnitt Karlshamn-Fridafors-Torne ab, der durchgängig als Fahrradweg ausgebaut ist. Zunächst radeln Sie in nördlicher Richtung auf der Bahntrasse von Hovmansbygd bis Torne am Åsnen und später von Hovmansbygd bis Karlshamn in südlicher Richtung. Gekennzeichnet ist der Banvallsleden durch Schilder mit einem weißen Fahrrad auf rotem Grund. Obwohl er am Åsnen zumeist nicht asphaltiert ist und über Schotter- und Waldwege führt, lässt es sich auf dem ehemaligen Bahndamm gut fahren. In nahezu allen Ortschaften entlang der Strecke sind noch die alten Bahnhofsgebäude erhalten, leicht erkennbar durch die großen Schilder mit dem jeweiligen Ortsnamen. Zur Bahnhofsatmosphäre auf dem Banvallsleden tragen auch alte Bahnsteige oder Signalanlagen bei.*
*www.banvallsleden.se*

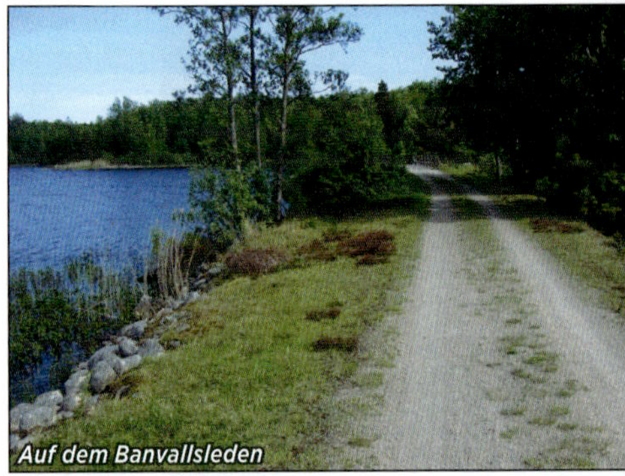
Auf dem Banvallsleden

Folgen Sie dem Banvallsleden, der anfangs direkt neben dem Mörrumsån verläuft – Sie erreichen die Provinz Kronoberg – vorbei am alten Wasserkraftwerk von Fridafors.

### Fridafors (Ryd)

*Südlich von Fridafors verläuft die Grenze zwischen den Provinzen Kronoberg und Blekinge, die bis 1658 Reichsgrenze zwischen Dänemark und Schweden war. Der Ort Fridafors wurde erst Ende des 19. Jahrhunderts als Industriegebiet gegründet. Am unteren Wasserfall am Mörrumsån steht ein altes Wasserkraft-*

*werk (1907), am oberen Wasserfall wurde 1892 eine Papierfabrik gegründet, die bis 1999 in Betrieb war. Heute gibt es rund um Fridafors (170 Einwohner) viele Ferienhäuser, die im Sommer v. a. von Deutschen und Dänen bewohnt werden.*

Fahren Sie weiter geradeaus auf dem Banvallsleden/Sydostleden ~ über eine Holzbrücke und an den Ruinen einer Papierfabrik vorbei ~ nach dem ehemaligen Bahnhof von Fridafors links auf die Nebenstraße, dann nach der kleinen Brücke rechts ~ nach 100 m links auf den unbefestigten Radweg entlang der Straße wechseln ~ **7** kurz vor dem Ortsausgang hinter dem Überweg rechts in den **Ringvägen** und gleich wieder links auf den unbefestigten Banvallsleden ~ vorbei am alten Bahnhof Slattesmåla.

TIPP In der Nähe von Ryd gibt es am Hönshyltefjorden einen schönen Naturlagerplatz. Biegen Sie dafür 1,3 km nach dem alten Bahnhof Slattesmåla rechts ab. 350 m nach dem kleinen Sperrwerk biegen Sie links ab über die Aaltreppe und direkt danach links auf den Waldweg zur Übernachtungsstelle mit Schutzhütte, Grillplatz und Komposttoilette.

4 km nach Slattesmåla erreichen Sie den alten Bahnhof von Ryd ~ in der Ortschaft auf den asphaltierten Radweg links von der Straße wechseln.

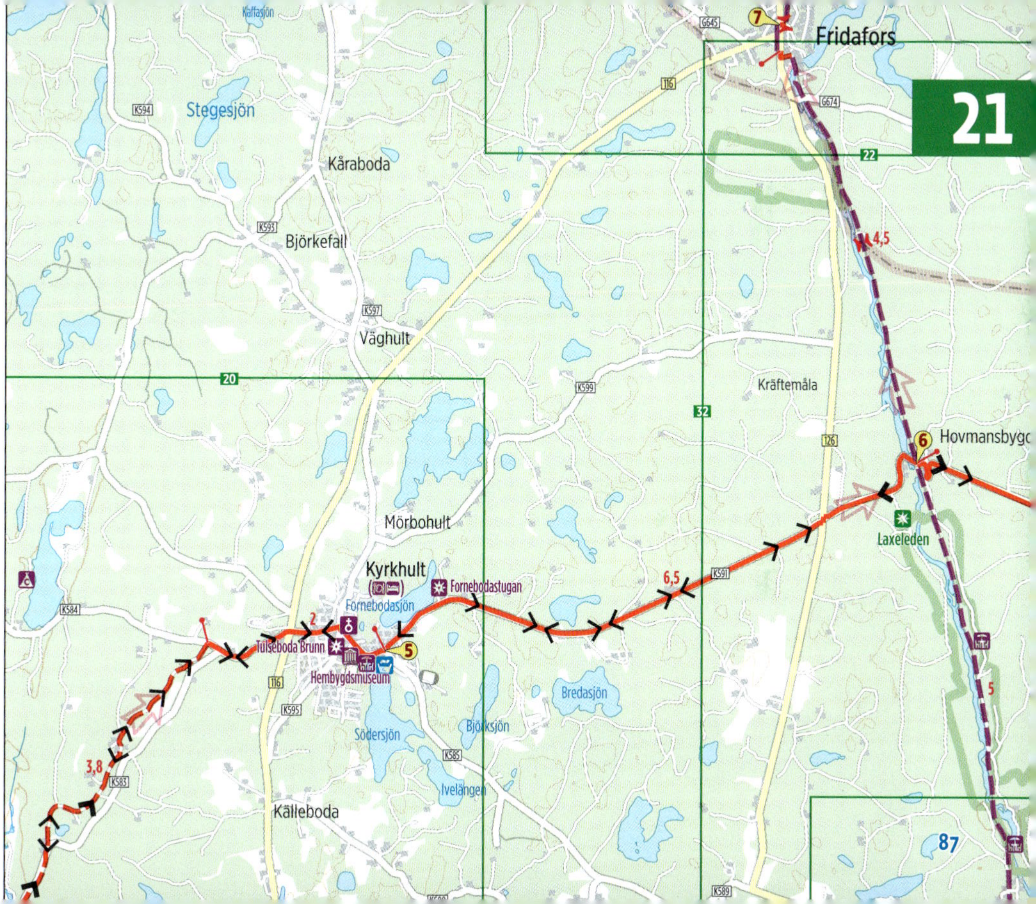

### Ryd

**Hembygdsgården**, Hälsovägen, ✆ 073/8113120 Das zweigeschossige Bauernhaus (1838) stand ursprünglich in Stensjömåla und wurde 1936 nach Ryd geschafft. Im Inneren kann man u. a. eine alte Wohnstube mit Alkovenbett besichtigen.

**Ryds Brunn**, Strandvägen 1. Das zwischen 1892 und 1940 gebaute Badehaus mit für die Jahrhundertwende typischen Holzausschmückungen wurde errichtet, nachdem auf dem Gelände eine Quelle mit besonders eisenhaltigem Wasser entdeckt wurde. Heute befindet sich in dem Gebäude ein Suchtbehandlungszentrum.

*Ryd (1.400 Einwohner), das 1874 einen Bahnhof erhielt, war früher ein Eisenbahnknotenpunkt. An diese Zeit erinnern neben dem Bahnhofsgebäude mehrere Lagerhäuser und Geschäftsgebäude entlang der Storgatan. Viele Einwohner wohnen in Villen, die in dieser Zeit entstanden sind.*

**8** Fahren Sie am Supermarkt weiter geradeaus.

TIPP Ggf. sollten Sie im Supermarkt in Ryd ihre Lebensmittelvorräte auffüllen. Den nächsten direkt an der Hauptroute gelegenen Supermarkt gibt es erst wieder im ca. 50 km entfernten Urshult. In der Hauptsaison finden Sie jedoch einige kleinere Hofläden und Kioske auf Zeltplätzen entlang der Route, in denen Sie Verpflegung für den Tag bekommen.

AUSFLUG Bevor Sie weiter in Richtung des Åsnen-Sees radeln, lohnt sich ein Abstecher zu einer recht kuriosen Sehenswürdigkeit, dem Autofriedhof Kyrkö Mosse.

## Ausflug nach Kyrkö Mosse 5 km

**8** Biegen Sie in Ryd am Supermarkt links ab auf die Straße weiter geradeaus auf die mäßig befahrene Bundesstraße 119 nach 2,5 km erreichen Sie auf der rechten Seite den Parkplatz des Autofriedhofs.

### Kyrkö Mosse (Tingsryd)

**Bilkyrkogården Kyrkö Mosse**, Värendsgatan (24) Mitten im sumpfigen Wald schlummern auf diesem Autofriedhof über 150 alte Rostlauben vor sich hin, darunter z. B. ein alter Scania-LKW aus dem Jahr 1933. Die ausgeschlachteten Autowracks wurden von dem Torfstecher Åke Danielsson hinterlassen, der ab den 1950er Jahren auch als Schrotthändler arbeitete. Der Autofriedhof ist jederzeit zugänglich und sollte am besten mit festen Schuhen betreten werden. @ sdx245

## Åke Danielsson: Vom Torfstecher zum Schrottsammler

*Åke Danielsson wurde 1914 in Tröjåmala bei Ryd geboren. Nachdem er ein paar Jahre als Knecht in Skåne und Småland gearbeitet hatte, zog es ihn zurück in seine Heimat. 1935 kaufte er in der Nähe von Ryd ein Stück Sumpfland. Auf einem etwas höher gelegenen Teil des Grundstücks baute er sich ein Jahr später ein kleines Wohnhaus mit nur einem zwölf Quadratmeter großen Zimmer.*

*Sein Plan war, aus dem moorastigen Boden Torf zu gewinnen und diesen als Düngemittel zu verkaufen. Dazu brach er den Torf mit einem Spaten aus, ließ ihn in der Sonne trocknen und stapelte ihn in seiner kleinen Scheune. Im Herbst verkaufte und lieferte er die Ware an seine Kunden. Der ausgetrocknete Torf ließ sich jedoch nur sehr schwer zerkleinern. Um mit*

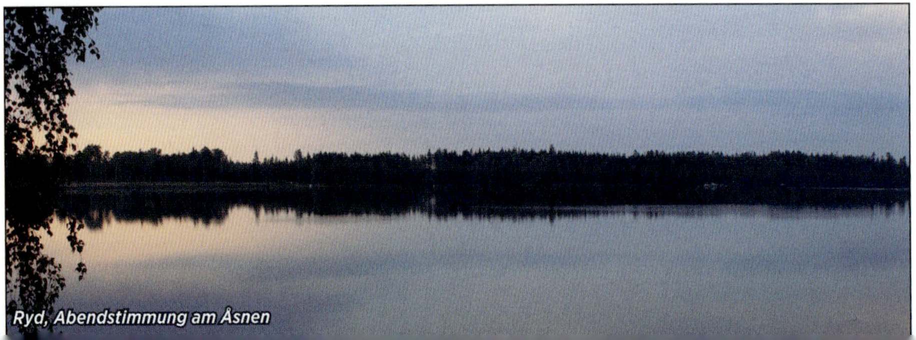

*Ryd, Abendstimmung am Åsnen*

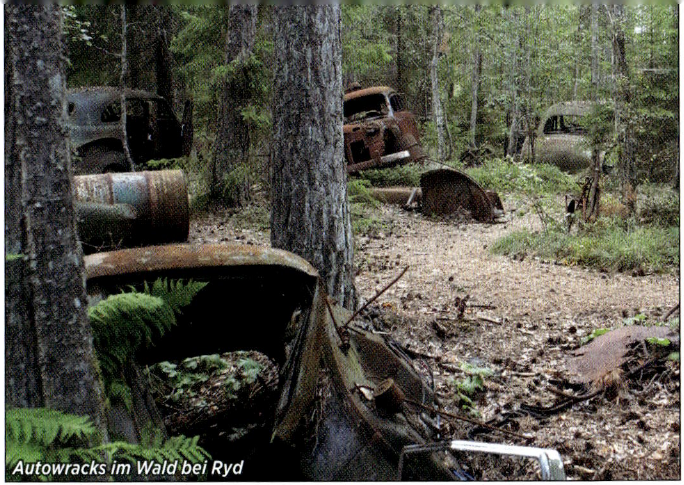

Autowracks im Wald bei Ryd

der Konkurrenz mitzuhalten, baute sich Danielsson deswegen aus gebrauchten Maschinenteilen seine eigene kleine Torffabrik. Die Reste davon sind heute noch auf dem Gelände in einem etwas höheren Gebäude zu sehen. Im Erdgeschoss befand sich eine Ballenpresse, im 1. Stock eine Zerkleinerungsmaschine und im Dachgeschoss eine Art Transportband, auf dem der Torf zum Lagerungsplatz transportiert wurde.

Für den Antrieb der Maschinen nutzte der Torfstecher alte Automotoren. Außerdem verlegte er Schienen, auf denen er seine Rohware zwischen Sumpf und Fabrik mit Hilfe einer kleinen Karre entlang zog.

Nach etwa zwanzig Jahren hatte die schwere körperliche Arbeit bei Åke Danielsson trotz der technischen Hilfsmittel ihre Spuren hinterlassen. Bei den Bauern in der Region

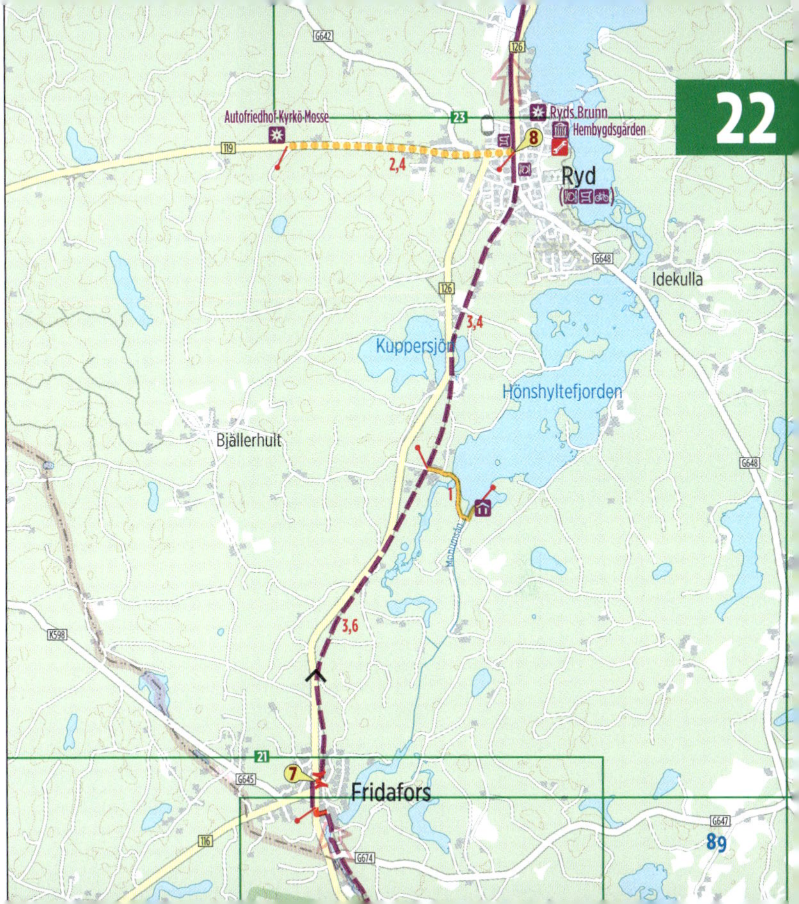

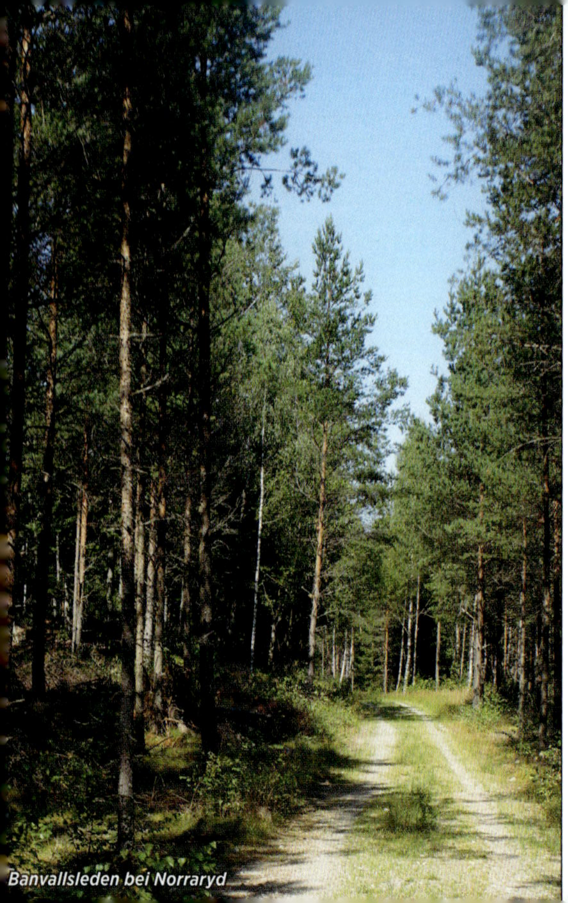
Banvallsleden bei Norraryd

*hatte sich inzwischen sein technisches Geschick herumgesprochen. So machte Åke in den 1950er Jahren das Schrottsammeln zum Haupterwerb: er kaufte alte Schrottautos, nahm sie auseinander und reparierte Autoteile in seiner Werkstatt. Bis Mitte der 1990er Jahre lebte er allein in seinem kleinen Haus. Als er danach ins Altersheim nach Ryd zog, fragten ihn immer noch Kunden nach Ersatzteilen, da er bis in die 1970er Jahre alte Autos aufgekauft hatte.*

*Da Danielsson die ausgeschlachteten Autos und auch einige Fahrräder einfach rechts und links der Wege auf dem Grundstück abgestellt hatte, hatten sich über die Jahrzehnte etwa 150 Schrottlauben angesammelt. Schon vor seinem Tod im Jahre 2000 wurde in der Gemeinde darüber diskutiert, das Gelände räumen zu lassen oder es als kulturelles Erbe zu bewahren. 2001 beschloss die Kommune, die Schrottautos bis 2050 auf ihrem Platz zu lassen – nicht zuletzt, weil der Autofriedhof zu einer touristischen Sehenswürdigkeit geworden ist, auf der sich im Sommer hunderte Besucher tummeln.*

Auf der Hauptroute fahren Sie in Ryd weiter geradeaus auf dem asphaltierten Radweg bis ins 1,5 km entfernte Norraryd.

## Norraryd (Ryd)

**Sydsvenska Äventyr**, Norraryd 20, ✆ 070/54050849. Geführte „Abenteuertouren“ (Felsklettern, Höhlenforschen, Wildwasserpaddeln, Hochseekajak etc.) regelmäßig im Sommer und n. V., auf dem Zeltplatz außerdem Badestelle, Saunafloß, Fahrrad-, Kanu- und Bootsverleih. Mit Café. @ gtp754

*Bereits im Mittelalter führte ein Weg an Norraryd vorbei. Der sogenannte „Holländareväg“ bekam seinen Namen durch die holländischen Brüder de Rees, die zu dieser Zeit die Eisenhütte Huseby Bruk betrieben. Den 1642 angelegten Weg nutzten sie, um das Eisen zur Ostseeküste zu bringen. Auch die 1874 eröffnete Eisenbahnstrecke Vislanda-Karlshamn führte über die schmale Landzunge bei Norraryd. Die Lokomotivschuppen im Ort werden heute als Industriegebäude genutzt.*

## Von Norraryd nach Torne — 25 km

In Norraryd passieren Sie den alten Bahnhof am Sackgassenschild rechts auf die Nebenstraße und nun nur noch der Beschilderung des Banvallsledens folgen.

VARIANTE Falls Sie entweder auf einer Tagestour zwischen den Seen Mien und Åsnen (s. S. 9) unterwegs sind oder die Hauptroute um 40 km abkürzen möchten, fahren Sie hier weiter geradeaus und folgen dem Sydostleden nach Urshult und ab Wegpunkt **1** (Karte 29, s. S. 103) wieder der Hauptroute. Für die Tagestouren um den Åsnen folgen Sie der Hauptroute.

## Abkürzung nach Urshult 8 km

Biegen Sie auf den Radweg rechts von der Nebenstraße ab und folgen nun nur noch den Schildern des Sydostledens ~ die Bundesstraße 126 an der Zufahrt zum Zeltplatz überqueren und direkt links auf den Radweg rechts von der Straße ~ dem Radweg auf einem alten Bahndamm folgen ~ über Smålands längste Steinbrücke (70 m, 19. Jh.) ~ **1** nach knapp 8 km durch den Wald in Urshult vor dem roten Gemeindehaus (Sockenstugan) den Sydostleden verlassen und rechts abbiegen auf die Straße Richtung Bäckaskog und Mien.

TIPP **Für den Anschluss an die Hauptroute nutzen Sie bitte die Etappe „Von Urshult nach Hovmansbygd" auf S. 103 bzw. Karte 29.**

**9** Fahren Sie auf der Hauptroute gleich wieder links Richtung Wasserwerk (Vattenverk) auf den Waldweg ~ nach 800 m die größere Straße überqueren und weiter auf dem Waldweg ~ durch das Gatter über die Kuhweide ~ der Banvallsleden führt für knapp 4 km zumeist durch den Wald, rechts sind seit Norraryd die ersten Ausläufer des Åsnen zu sehen.

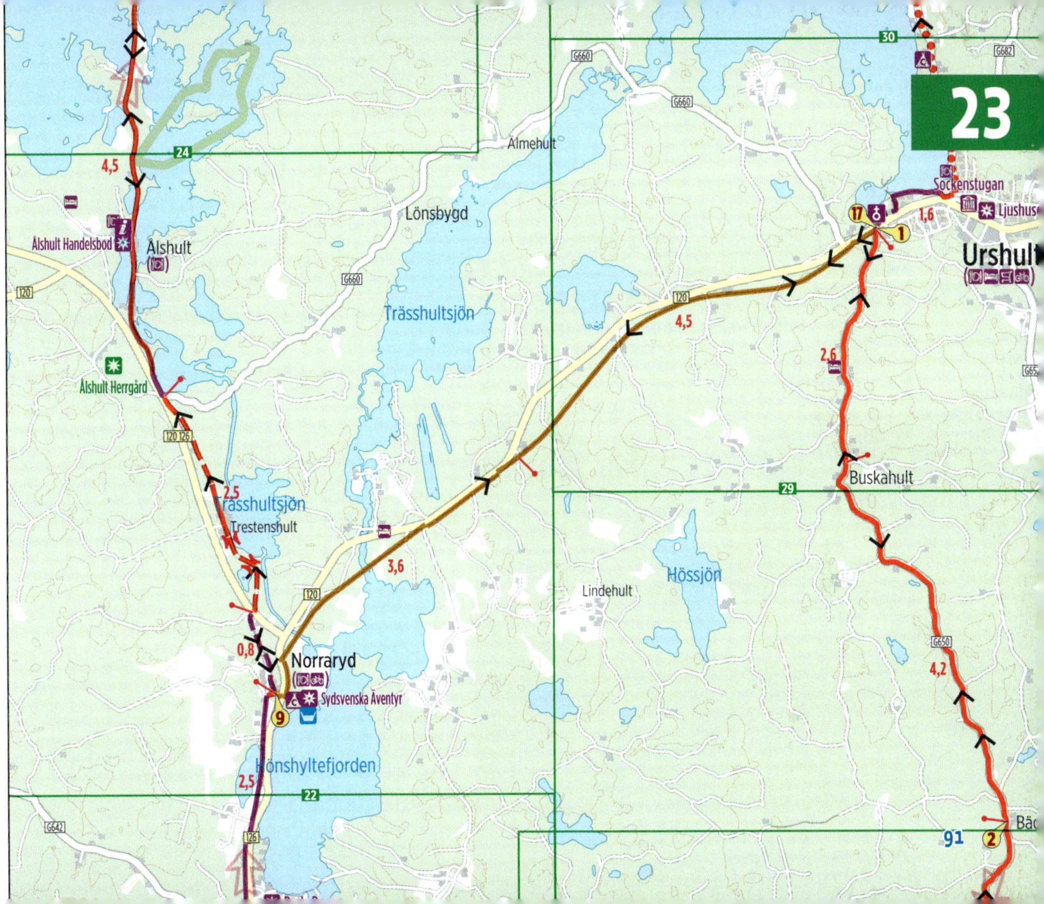

## Åsnen

*Der Åsnen ist mit ca. 150 Quadratkilometern Fläche der zweitgrößte See Smålands und liegt südlich der Städte Alvesta und Växjö und nordwestlich von Tingsryd. Er ist überwiegend flach und hat sehr viele Buchten und Inseln, sodass sich insgesamt eine Küstenlinie von ca. 700 Kilometern ergibt. Seit 2018 bildet ein Teil des Seengebiets den 30. Nationalpark Schwedens. Unter besonderem Schutz stehen nicht nur die Schärenlandschaft aus Hunderten von Inseln, sondern auch einige alte Buchen- und Kiefernwälder.*

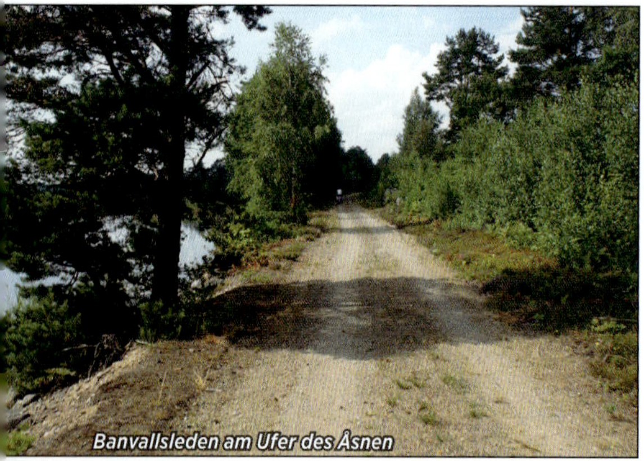
Banvallsleden am Ufer des Åsnen

*Die größten Inseln im Åsnen sind Sirkön und Vemboö, über die auch die hier beschriebene Fahrradroute führt. Die kleineren Inseln sind meist unbewohnt und nahezu unberührt. Auf Sirkön und südlich des Sees um Urshult gibt es zahlreiche Obstplantagen, auf denen v. a. Äpfel und Erdbeeren geerntet werden. Im Südwesten fließt der Fluss Mörrumsån aus dem See. Das Westufer des Sees ist sehr seicht und geht in größere Feuchtgebiete mit reichem Vogelleben über. Enten, Gänse, Schwäne und viele seltene Vögel wie z. B. Fischadler haben hier ihre Rast- und Brutstätten. Wegen seines Fischreichtums ist der Åsnen ein beliebtes Angelgewässer. Wenn Sie auf einem der Zeltplätze oder einer der Kanuverleihstationen einen Angelschein kaufen, können Sie hier z. B. Hechte, Barsche, Aale oder Zander fangen.*

*Der See ist außerdem ein Paradies für Paddler mit einem 120 Kilometer langen Kanuwanderweg und Verbindungen zum Helgasjön und dem Mörrumsån. Während im Norden freie, weite Wasserflächen dominieren, findet sich im Süden rund um die Insel Getnö eine flache Eiszeitlandschaft mit vielen Inseln und Schären. Am Ufer gibt es in regelmäßigen Abständen Rast- und Kanuübernachtungsplätze, die z. T. auch von Radfahrern genutzt werden können. Im Gebiet des Nationalparks ist das Übernachten im*

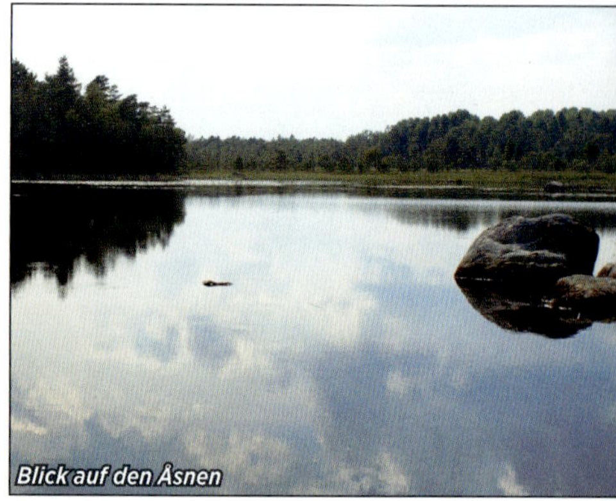
Blick auf den Åsnen

*Zelt oder Unterstand allerdings nur noch am Übernachtungsplatz „Utsikten" (südlich von Hulevik am Trollberget) für eine Nacht gestattet. Unter www.sverigesnationalparker.se/park/asnens-nationalpark können Sie eine aktuelle Karte herunterladen, auf der u. a. Radwege sowie Rast- und Übernachtungsplätze eingezeichnet sind.*

Sie kommen wenig später am alten Bahnhof von Ålshult vorbei.

### Ålshult (Ryd)

Vorwahl: 0459

**Ålshult Handelsbod & Tågvagn**, Ålshult 12, ✆ 795599, @ fos256

**Ålshults Handelsbod**, Ålshult 12, ✆ 795599 @ Ålshult Handelsbod wurde 1867 als erster Kaufmannsladen des Ortes eröffnet und ist heute ein liebevoll gestaltetes Café mit Tourist-Information und kleinem Spielplatz direkt am Ufer des Åsnen. Es werden handgemachte Möbel und regionales Kunsthandwerk (Keramik, Malerei, Eisenkunst) verkauft. Außerdem kann man Fahrräder ausleihen und in einem renovierten Nachtzug aus den 1950er Jahren übernachten. @ lok188

**Ålshults Herrgård.** Der Herrenhof (17. Jh.), der einst zu einem Eisenhüttenwerk gehörte, und der 1,5 ha große Landschaftspark im englischen Stil befinden sich in Privatbesitz und sind derzeit nicht öffentlich zugänglich.

*Bei Ålshult lag früher der Verschiffungshafen Grövik, an dem u. a. die Produkte aus der Eisengießerei Huseby Bruk angeliefert wurden. Diese wurden dann mit Pferdewagen und Ochsengespannen weiter auf dem sogenannten „Holländareväg" bis nach Bodekull, dem heutigen Karlshamn, transportiert.*

Am Café in Ålshult halten Sie sich rechts und folgen der Asphaltstraße nach Toftåsa.

### Toftåsa

**10** Biegen Sie im Ort nach dem roten Holzhaus links ab auf den Schotterweg.

AUSFLUG Wollen Sie einen Abstecher auf die Insel Getnö machen, können Sie hier der Asphaltstraße weiter folgen und den Banvallsleden verlassen.

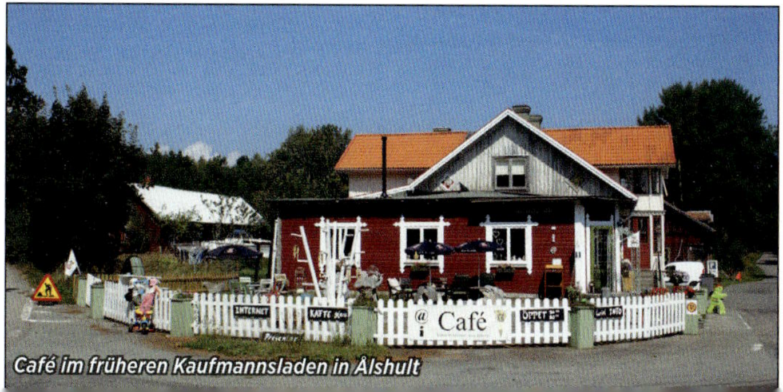

Café im früheren Kaufmannsladen in Ålshult

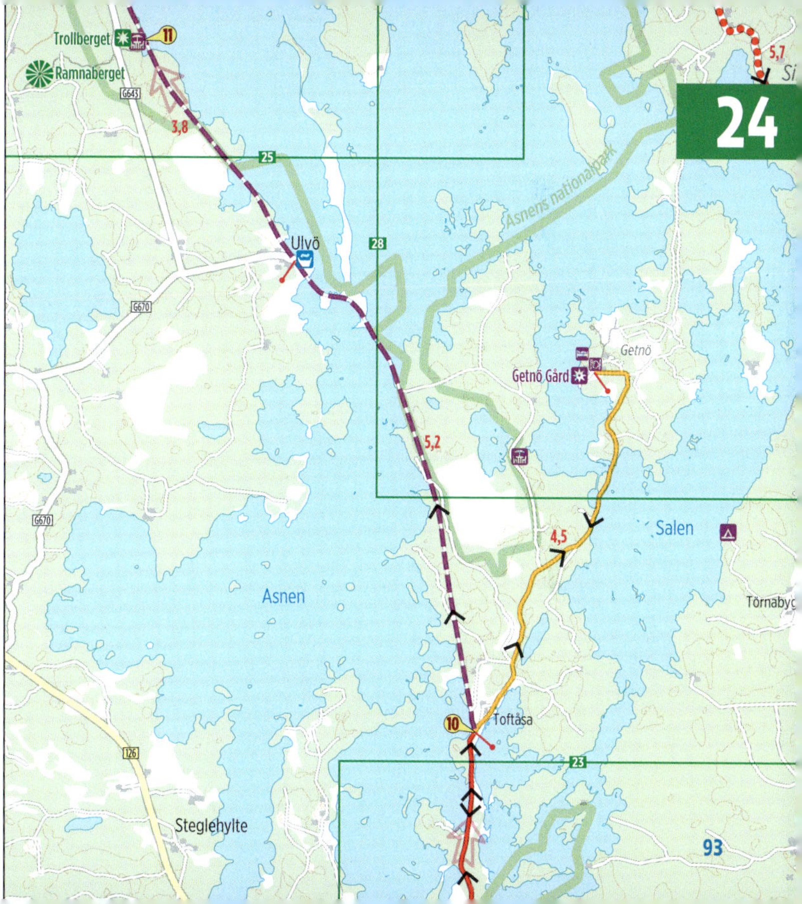

# 25

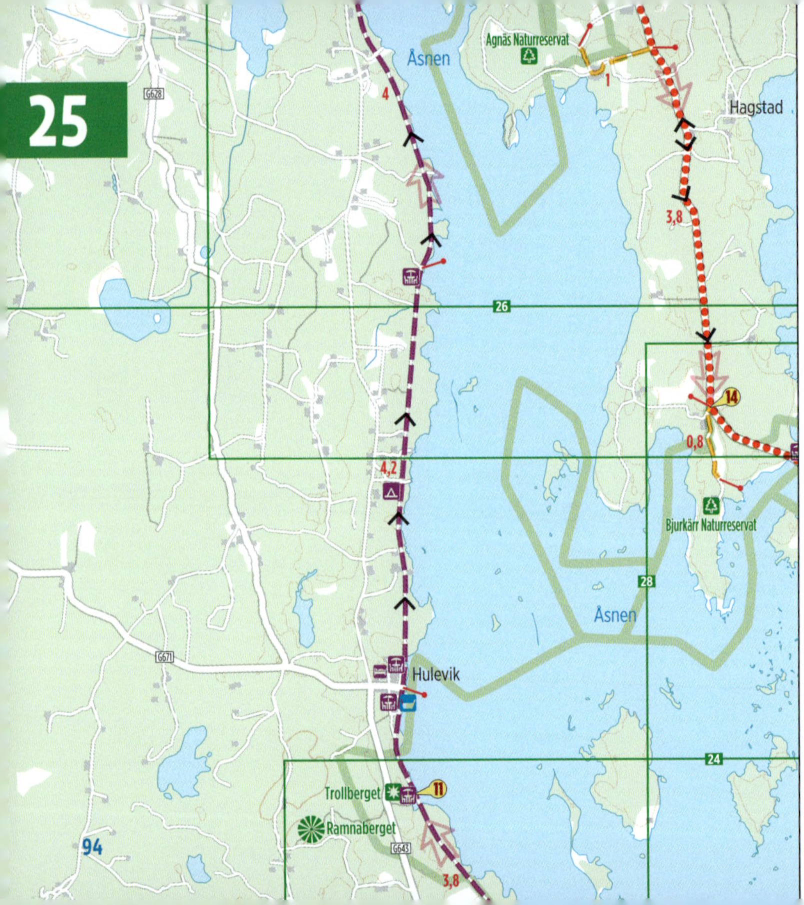


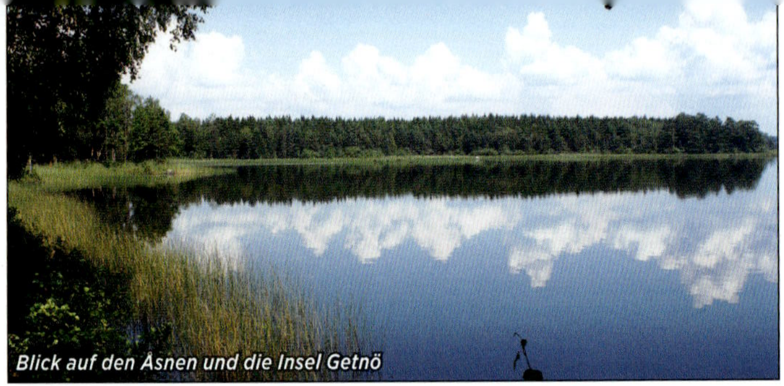
Blick auf den Åsnen und die Insel Getnö

## Ausflug Getnö Gård 9 km

Folgen Sie der Asphaltstraße nach Getnö Gård ~ eine kleine Brücke führt direkt auf die Insel.

### Getnö (Ryd)

Vorwahl: 0477

**Getnö Gård**, Lake Åsnen Resort, ✆ 24011 In der Hochsaison werden in der Ferienanlage Freizeitaktivitäten wie Sportfischen, Kanufahren, Ausritte auf Islandpferden, Wikingerspiele etc. angeboten. Außerdem gibt es ein Café, einen Info-Point sowie einen Verleih von Fahrrädern, Kanus und Booten. @ ocq614

*Die Insel Getnö inmitten eines Inselarchipels im Åsnen wurde erstmals 1320 erwähnt, war aber vermutlich schon in der Steinzeit vor etwa 6.000 Jahren bewohnt. Sie umfasst ein Gebiet von etwa zehn Quadratkilometern und ist heute ein privates Naturschutz- und Freizeitgebiet, das vor allem von Kanufahrern und Anglern besucht wird.*

Auf der Hauptroute in Toftåsa folgen Sie dem Banvallsleden, rechts von Ihnen liegt der südliche Ausläufer des Nationalparks Åsnen ~ hinter dem Ort weiter geradeaus auf dem Banvallsleden, der bis nach Ulvö als Waldweg durch ein altes Hochmoor und dann über eine Bucht des Åsnen führt ~ über eine Brücke und an einem alten Brunnenstein vorbei ~ über die alte Eisenbahndrehbrücke von 1873, die früher für Dampfschiffe geöffnet wurde am alten Bahnhof von Ulvö vorbei.

**Ulvö (Grimslöv)**

In Ulvö fahren Sie über die kleine Brücke und kommen an der Badestelle des Ortes vorbei **11** nach 2,5 km liegen links vom Banvallsleden am Trollberget ein Rastplatz sowie die Übernachtungsstelle „Utsikten" (mit Unterstand, Trockentoilette und Grillplatz), auf der Radfahrer und Kanuwanderer für eine Nacht zelten dürfen.

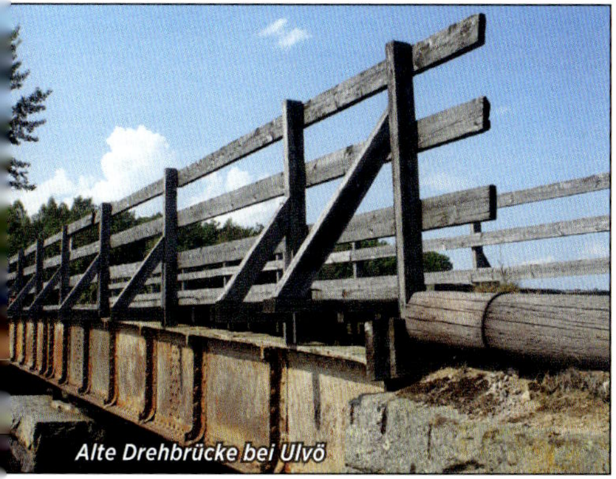

Alte Drehbrücke bei Ulvö

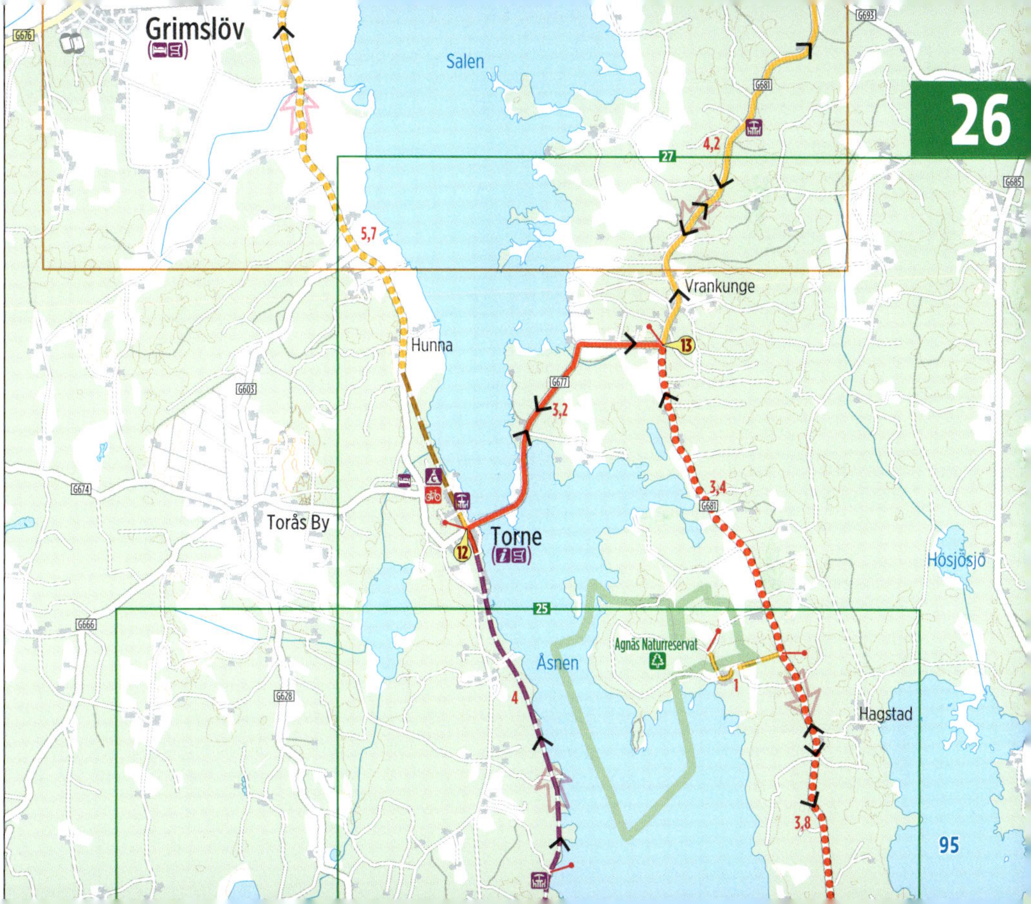

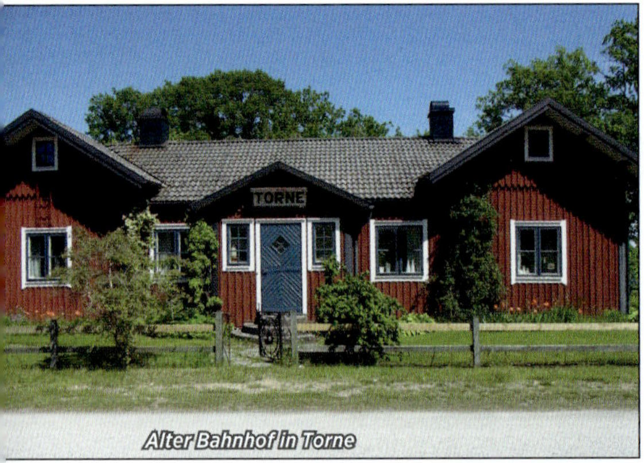

Alter Bahnhof in Torne

## Trollberget (Grimslöv)

**Trollberget**. Der „Trollberg" liegt ca. 1 km südlich von Hulevik in einem Buchenwald in Strandnähe und ist der westliche Eingang zum Gebiet des 2018 eröffneten Nationalparks Åsnen. Hier kann man durch begehbare Felsspalten und in Höhlen kriechen. Der Sage nach lebten im Berg Trolle und Drachen. Hinter einer Eisentür sollen sogar Gold und Silber versteckt sein. Gerade mit Kindern sehr zu empfehlen für eine ausgedehnte Fahrpause.

TIPP Vom Rastplatz „Trollberget" führt ein ausgeschilderter Wanderweg zum Aussichtsturm Ramnaberget (210 m NN), der eine fantastische Aussicht auf den Åsnen bietet.

Fahren Sie nach dem Rastplatz weiter geradeaus bis nach Hulevik.

## Hulevik (Grimslöv)

*Hulevik war von ca. 1880 bis Mitte der 1960er Jahre ein blühender Industrieort. Es gab ein Säge- und ein Hobelwerk, außerdem wurden Möbel und zuletzt Windeln hergestellt. Die Waren wurden vom eigenen Hafen oder per Schiene in die ganze Welt exportiert. Heute ist Hulevik ein kleiner Ferienort. Das alte Bahnhofsgebäude (Ende 1880er Jahre) ist gut erhalten und in Privatbesitz.*

In Hulevik fahren Sie am Hafen und der Badestelle vorbei weiter geradeaus auf dem Banvallsleden bis ins knapp 8 km entfernte Torne vorbei an einem weiteren Rastplatz für Radfahrer und Kanuwanderer.

## Torne (Grimslöv)

Vorwahl: 0470

**Torne Lanthandel/Info-Point Alvesta**, Brovägen 8, ✆ 556667. Kleines Lebensmittelgeschäft, das auch als Tourist-Information dient und Kaffee und Eis anbietet. @ tam538

*Torne (130 Einwohner) liegt am Westufer des Åsnen. Im 17. und 18. Jahrhundert gab es hier eine Eisenhütte. 1874 wurde Torne an die Eisenbahnstrecke Vislanda-Karlshamn angeschlossen. Die Brücke über den Åsnen wurde 1884 eröffnet.*

**12** An der Kreuzung in der Ortsmitte biegen Sie rechts ab auf den **Brovägen**.

TIPP Ggf. sollten Sie in Torne übernachten, da die Hauptroute nun über lange Zeit durch Naturschutzgebiete und über mehrere durch Brücken verbundene Inseln führt. Die Gegend ist sehr dünn besiedelt, nur einzelne Höfe und einige Campingplätze finden sich entlang der Strecke. Der nächste Zeltplatz ist Mjölknabbens Camping auf der Insel Sirkön, etwa 15 km von Torne.

AUSFLUG Haben Sie Lust auf einen Ausflug zum ehemaligen Eisenhüttenwerk Huseby Bruk oder sind auf einer der Tagestouren „Nord-Åsnen" oder „Åsnen komplett" unterwegs, können Sie weiter auf dem

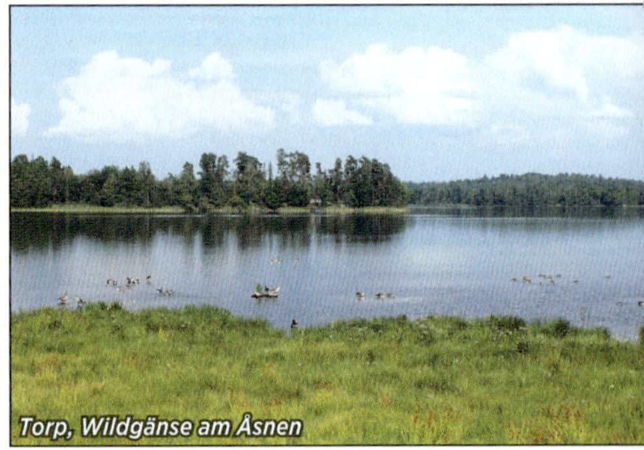
Torp, Wildgänse am Åsnen

Banvallsleden bis zur Nordspitze des Åsnen fahren. Die Route verlängert sich dabei um 22 km.

## Ausflug nach Huseby Bruk 25 km

Fahren Sie in Torne am alten Bahnhof und am Zeltplatz vorbei und weiter auf dem Banvallsleden durch einen Buchenwald.

### Hunna

In Hunna fahren Sie schräg rechts auf die mäßig befahrene Nebenstraße und folgen weiterhin den Schildern des Banvallsleden ⤳ nach 4 km erreichen Sie die Ortschaft Torp.

### Torp

Durchqueren Sie den Ort ⤳ vorbei an mehreren Grabhügeln und einem Vogelschutzgebiet am Åsnen ⤳ die Route entfernt sich in einer Linkskurve vom See ⤳ **A** am Stopp-Schild verlassen Sie den Banvallsleden und biegen rechts ab auf die mäßig befahrene **G 676** ⤳ im Beginn der weiten Linkskurve rechts abzweigen auf den Schotterweg, die Einbahnstraße ist für Fahrräder freigegeben ⤳ bis zum Museumsgelände von Huseby Bruk.

### Huseby Bruk (Grimslöv)

Vorwahl: 0470

- **Huseby Turistbyrå**, ✆ 752097, @ eiv521
- **Huseby Bruk**, ✆ 752097, ◷ Juni-Aug., tägl. 11-17 Uhr, April/Mai, Sept./Okt., Sa, So/Fei 11-17 Uhr, Führungen auf Engl. n. V. Auf dem Gelände der ehemaligen Eisenhütte Huseby Bruk (1629) mit angrenzendem Herrenhof (1844) sind heute verschiedene Museen untergebracht, die in wechselnden Ausstellungen über die Handwerks- und Industriegeschichte der Region informieren. Dazu gibt es einen alten Kaufmannsladen, eine Wassermühle und einen großzügigen Garten, eine Experimentierwerkstatt für Kinder, ferner ein Café und Restaurant. Auf dem gesamten Gelände kann nur bargeldlos bezahlt werden, @ ahv468
- **Naturreservat Husebymaden**, ✆ 752097. Durchs Naturreservat Husebymaden führt ein 2,8 km langer Wanderweg mit Rastplätzen und Vogelbeobachtungsturm, der auf dem Museumsgelände startet. @ ivd822

*Huseby Bruk liegt in der Provinz Småland, etwa 20 Kilometer südwestlich*

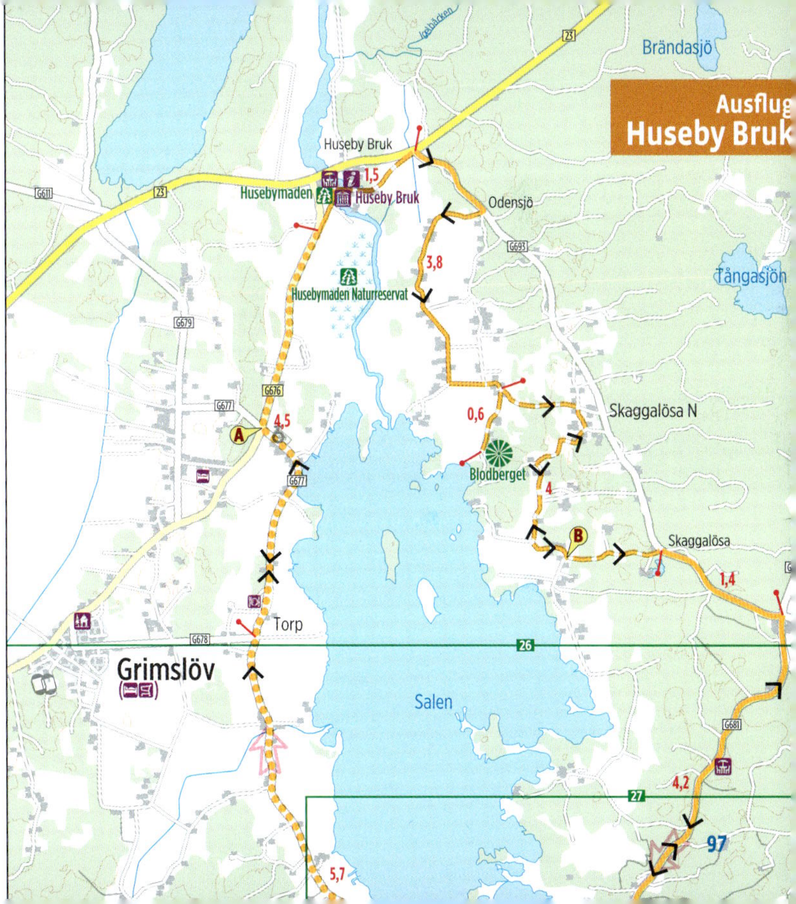

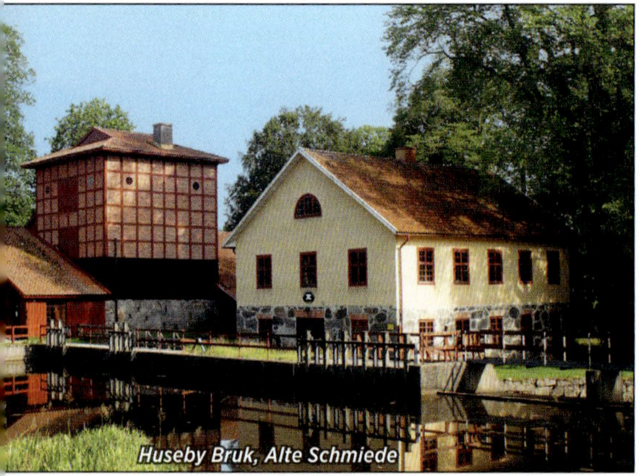
Huseby Bruk, Alte Schmiede

*von Växjö. Das Eisenhüttenwerk wurde 1629 von Reichsadmiral Gyllenhielm angelegt. Es liegt direkt an einem größeren Bach, dem Helige Å, der in Smålands zweitgrößten See, den Åsnen, mündet. Aus dem Åsnen und aus dem Halen wurde das sogenannte See-Erz gewonnen, das in Huseby Bruk verarbeitet wurde. Das Holz für die Kohleherstellung wurde in den umliegenden Wäldern geschlagen.*

*Huseby Bruk war sowohl Hüttengelände als auch Gutshof, im Schwedischen wird so etwas „bruksmiljö“ genannt. In der Eisengießerei wurden über 300 Jahre lang Kanonen, Kamine oder Öfen hergestellt. Die Produkte wurden auf einem kombinierten Wasser- und Landweg nach Süden transportiert und in Karlshamn auf Schiffe umgeladen. Von dort aus wurden sie u. a. in die Hansestädte Stralsund, Lübeck und Hamburg gebracht. Der Schmelzofen von Huseby war bis 1930 in Betrieb, die Eisengießerei sogar bis in die 1950er Jahre. Heute gehört das Gelände dem schwedischen Staat und umfasst eine Fläche von über 2.000 Hektar, drei Viertel davon sind Wald.*

TIPP

**In Huseby Bruk gibt es direkt am Helige Å eine Kanuübernachtungsstelle, auf der auch Radfahrer für eine Nacht zelten dürfen. Biegen Sie dafür am Kaufmannsladen links ab und fahren nach 50 m wieder rechts bis zum Flussufer.**

Biegen Sie am Kaufmannsladen von Huseby Bruk rechts ab auf den Schotterweg und fahren Sie an der Tourist-Information und den Museumsgebäuden vorbei (das Museumsgelände ist kostenfrei zugänglich) ~ am Ende des Schotterwegs kurz vor der Bundesstraße 23 rechts auf eine ruhige Straße.

## Odensjö

Nach 1 km biegen Sie wieder rechts ab auf eine schmale Nebenstraße und folgen den weißen Schildern der Fjordrundan ~ am Ende des Weges an der T-Kreuzung links halten und der Beschilderung weiter folgen ~ der Weg wird zum Schotterweg.

AUSFLUG

**Wenn Sie kurz nach dem Belagswechsel der Straße, gut 500 m nach der T-Kreuzung, rechts abbiegen, gelangen Sie zum „Blutberg“ und einem Rastplatz mit wunderschönem Blick auf den Åsnen.**

## Skäggalösa N

**Blodberget.** Um den „Blutberg“ rankt sich eine der ältesten småländischen Sagen, die Bländasage: Nachdem die Adlige Blända und ihre Gefährtinnen mit List und Mut die dänischen Eindringlinge besiegt hatten, sollen sie sich hier in einer Bucht des Åsnen das Blut vom Körper gewa-

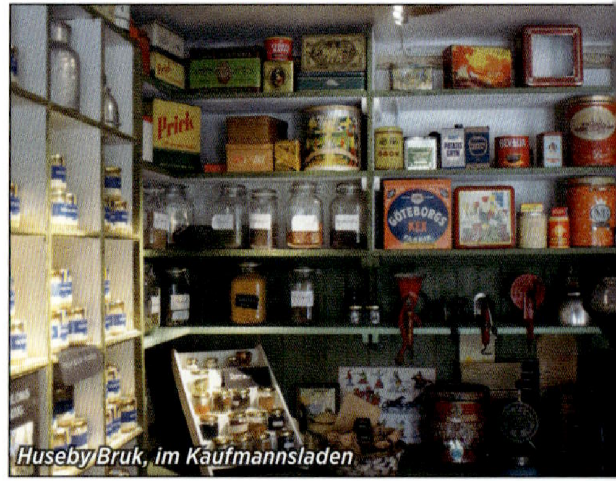

Huseby Bruk, im Kaufmannsladen

schen haben. Die Bucht wird deswegen Blodviken, der Berg Blodberget genannt.

An der Kreuzung im Ort biegen Sie rechts ab und halten sich kurz danach an der Weggabelung wieder rechts ~ die kurvenreiche kleine Straße führt durch eine alte Kulturlandschaft ~ **B** an der Dreierkreuzung links und der Beschilderung der Fjordrundan weiter folgen.

**Skäggalösa**

Am Ende der Straße biegen Sie rechts ab auf die wenig befahrene **G 693** durch den Wald ~ der Beschilderung der Fjordrundan folgen, dabei aber geradeaus fahren und nicht die Variante über den kleinen Waldweg wählen.

**Väghult**

Biegen Sie kurz hinter dem Ortseingang an der Kreuzung rechts ab auf die **G 681**, folgen Sie dieser bis nach Vrankunge ~ vorbei an einem Rastplatz.

**Vrankunge**

An der Kreuzung südlich von Vrankunge fahren Sie geradeaus, hier treffen Sie wieder auf die Hauptroute.

**TIPP** Falls Sie auf einer Tagestour um die Nordspitze des Åsnen (s. S. 9) unterwegs sind, biegen Sie hier rechts ab Richtung Torne. Sie erreichen den Ortseingang nach gut 3 km und biegen vor dem Supermarkt rechts ab. Für die weitere Route nutzen Sie bitte den „Ausflug nach Huseby Bruk“ auf S. 97.

## *Von Torne nach Urshult* 30 km

Von Torne fahren Sie auf dem **Brovägen** auf der Brücke über den an dieser Stelle schmalen Åsnen ~ auf der Straße durch den lichten Wald ~ **13** an der T-Kreuzung rechts auf die **G 681** ~ aus den Wäldern heraus fahren Sie nun weiter über offene Weiden ~ Sie erreichen den Abzweig zum Agnäs Naturreservat.

**AUSFLUG** Wenn Sie dem alten Wald von Agnäs einen Besuch abstatten möchten, biegen Sie an dieser Stelle rechts ab.

**Agnäs Naturreservat**

**Agnäs Naturreservat.** Der Wald bei Agnäs ist der Rest

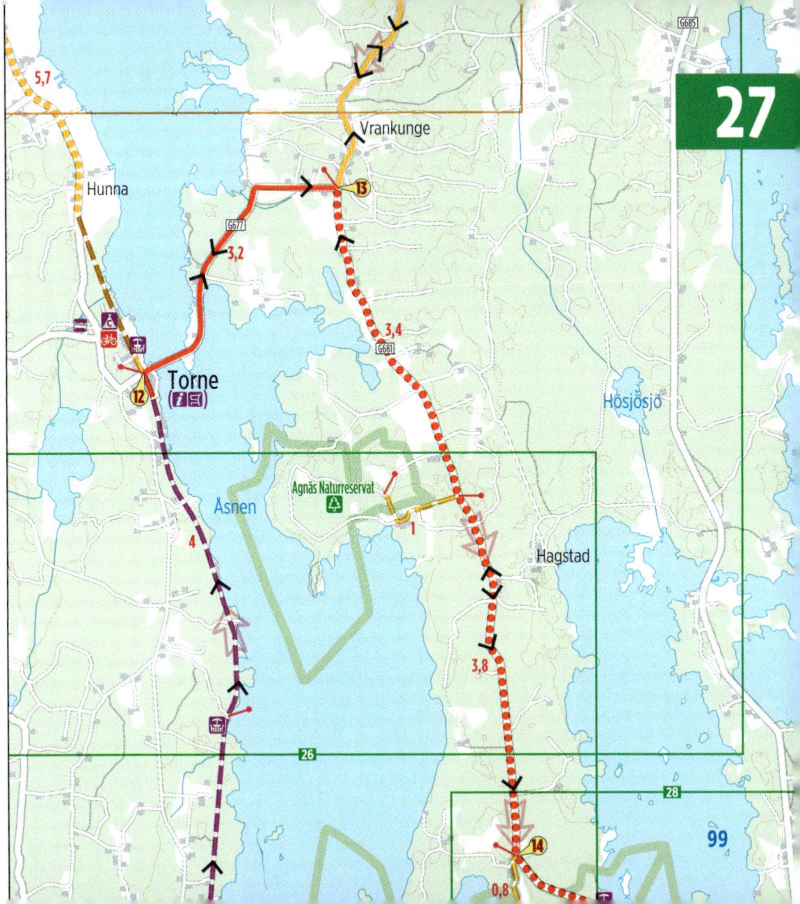

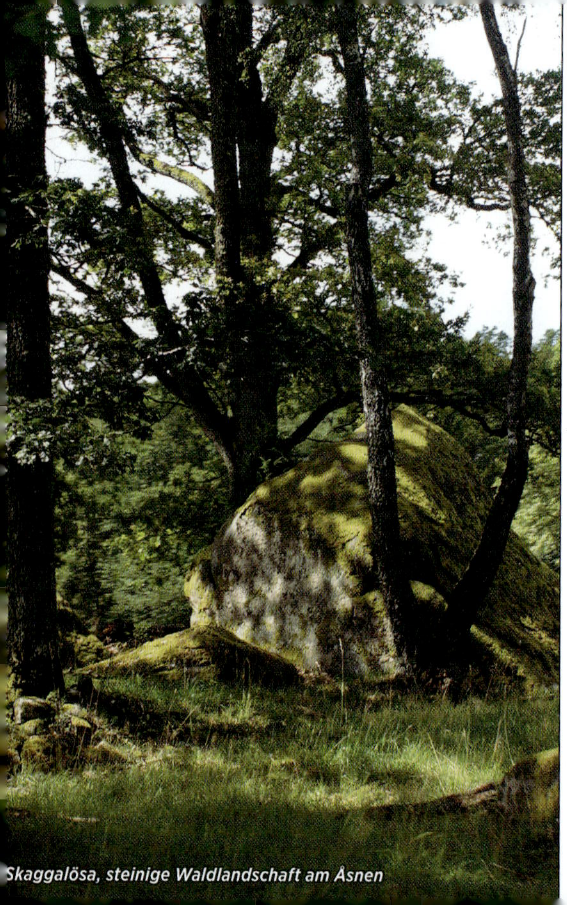

Skaggalösa, steinige Waldlandschaft am Åsnen

eines großen Laubwaldes, der früher den ganzen Åsnen umschloss. Der Wald ist Brutplatz für Wespenbussarde, Waldkäuze und Spechte. Wegen der alten Bäume und des vielen abgestorbenen Holzes finden Sie hier viele ungewöhnliche Pilze sowie seltene Insekten.

Folgen Sie der kurvigen Straße weiter durch ein lichtes Waldgebiet ⤳ Sie erreichen Hagstad.

## Hagstad

Durch den Ort, dann für knapp 3 km weiter durch den Wald ⤳ **14** links halten und der Straße weiter folgen.

TIPP **Wollen Sie gern im Bjurkärr Naturreservat wandern gehen, fahren Sie hier rechts auf den Schotterweg.**

## Bjurkärr

**Bjurkärr.** Das zum Nationalpark Åsnen zugehörige Naturschutzgebiet Bjurkärr liegt auf einer Halbinsel mit altem Buchenwald. Darin wachsen auch ca. 100 hochstämmige „Karolineeichen", die um 1700 von heimkehrenden Soldaten der Karolinerarmee aus Polen gepflanzt worden sein sollen. Im Winter kann man am Åsnen Seeadler und Gänsesäger beobachten. Neben einem Grillplatz mit Schutzhütte und Toilette gibt es zwei markierte Wanderwege, von denen einer barrierefrei ist.

Die Route führt weiter durch wechselnden Baumbestand ⤳ vorbei am Park- und Rastplatz Sunnabron mit schönem Aussichtssteg, dem nordöstlichen Eingang des Nationalparks Åsnen und über die Brücke, die parallel zur alten Steinbogenbrücke auf die Insel Sirkön führt.

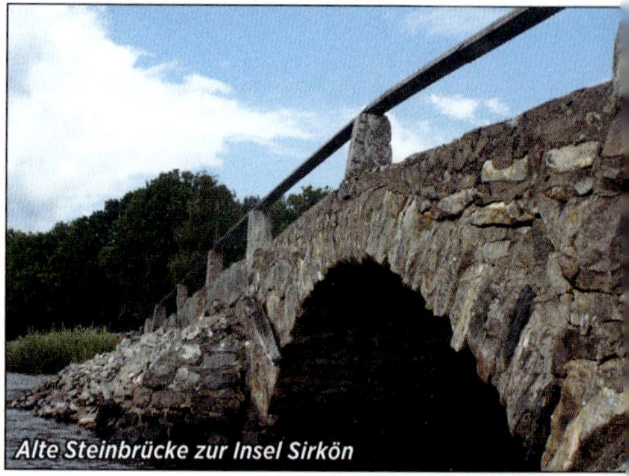

Alte Steinbrücke zur Insel Sirkön

## Sirkön

Nach der alten Steinbogenbrücke kommen Sie am Naturreservat Hunshult vorbei und folgen der Straße für weitere 3,5 km bis zum Zeltplatz Mjölknabbens Camping, an dem es auch eine schöne Badestelle gibt.

## Mjölkenabben (Urshult)

**Amy's Kafé**, Mjölkenabben 1, ✆ 070/5428455, ⌚ Juni-Mitte Sept., tägl. 8-20 Uhr, Mitte April-Mai und Mitte Sept.-Nov., So/Fei 10-20 Uhr. Das Café mit Blick auf den Åsnen bietet hausgemachten Kuchen an. An Wochenenden und Feiertagen gibt es ein Kuchenbuffet. @ lwv585

*Sirkön ist die größte Insel im Åsnen. Hier gibt es viele kleinere Bauernhöfe, die sich auf Obst- und Gemü-*

*seanbau spezialisiert haben. Angebaut werden v. a. Erdbeeren und Äpfel. Wenn im Mai die Obstbäume blühen, verwandelt sich die Landschaft in ein weißes Blütenmeer.*

Nach dem Zeltplatz fahren Sie weiter auf einer kurvigen Strecke durch den alten Wald vorbei an kleinen Apfelplantagen und der Zufahrt zu Rotahults Naturcamping 3,5 km nach dem Zeltplatz über die Brücke auf die Halbinsel Vemboö.

## Vemboö

Nach der Brücke vorbei an einem Rastplatz **15** nach 350 m rechts ab Richtung Västerbotorp

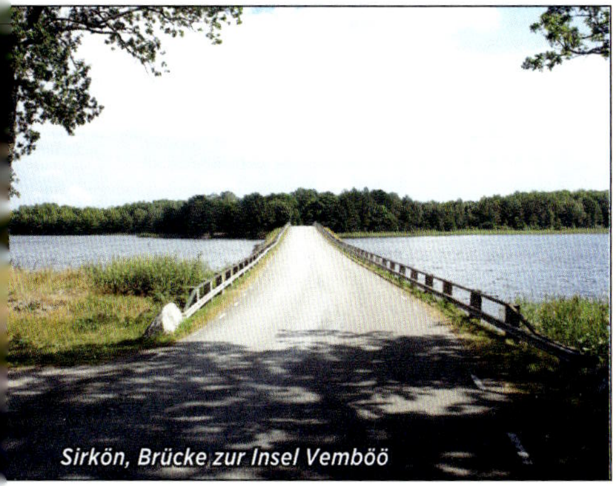

*Sirkön, Brücke zur Insel Vemböö*

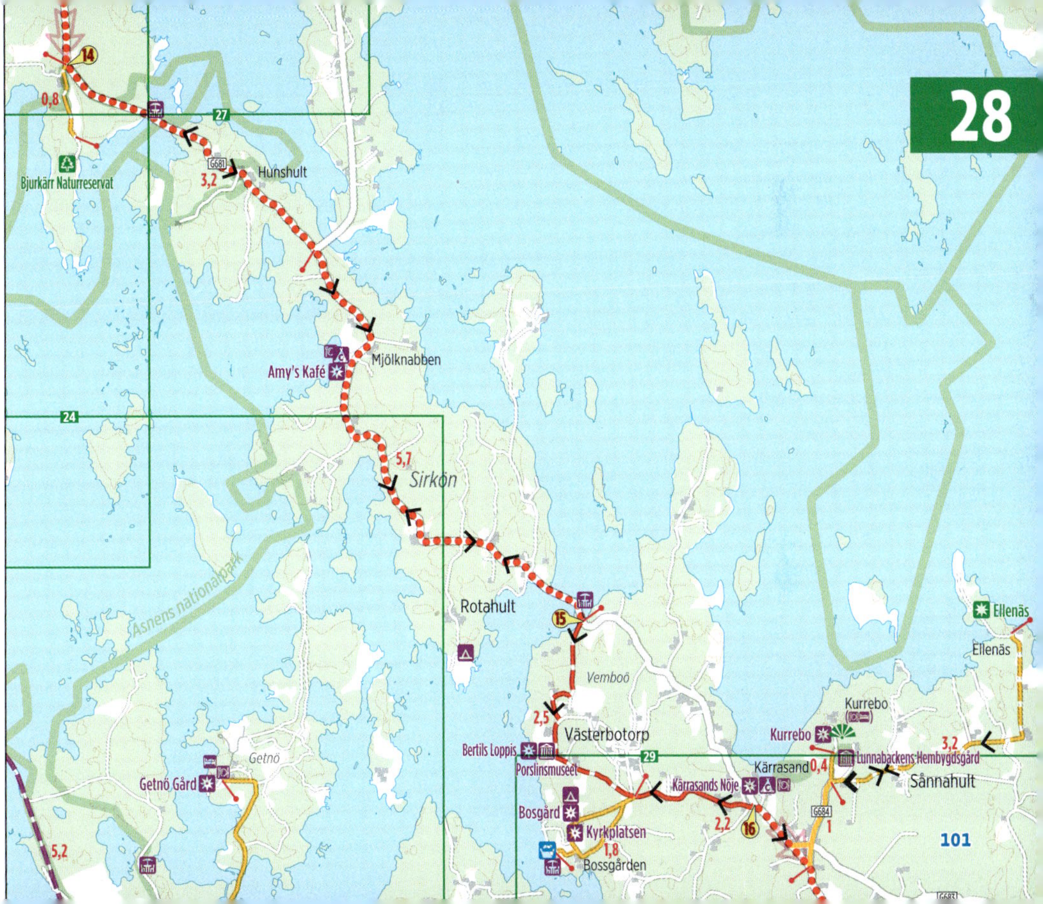

auf den Schotterweg am Ende des Wegs rechts und bis zum Porzellanmuseum.

### Västerbotorp (Urshult)

**Porslinsmuseet & Loppis**, Storegård 18, 0477/21132, Mai-Anf. Sept., Di-So 13-18 Uhr u. n. V. Privates Porzellanmuseum mit über 4.000 Exponaten und Trödelmarkt.

**Bertils Loppis**, Mai-Sept., tägl. 9-19 Uhr. Selbstbedienungsflohmarkt in einer Scheune.

Nach dem Museum und den Trödelmärkten folgen Sie der Route durch eine Linkskurve bis zu einer T-Kreuzung, hier fahren Sie schräg links auf die asphaltierte Straße.

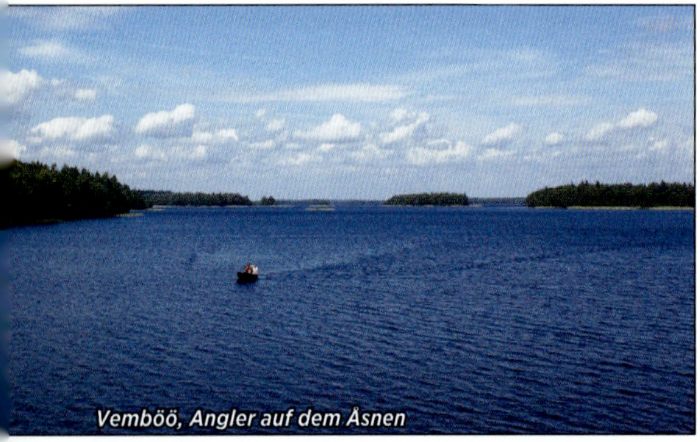

*Vemböö, Angler auf dem Åsnen*

AUSFLUG Wenn Sie hier ganz rechts abbiegen und sich an der folgenden Weggabelung links halten, kommen Sie nach Bossgården mit Badestelle, Zeltplatz und einer nahe gelegenen Freiluftkirche. Der Weg beschreibt eine 2 km lange Runde und führt zur Kreuzung zurück.

### Bosgård (Urshult)

**Bosgård**, 070/6025979, 070/5283145. Auf dem Gelände des alten mittelalterlichen Hofes Bosgård befinden sich heute Ferienhäuser und eine Zeltwiese, ferner können Kanus, Boote oder Fahrräder ausgeliehen sowie Apfelsaft gekauft werden. Das älteste Gebäude auf dem Hof ist von 1823. @ bxo361

**Kyrkplatsen**. Der Gedenkplatz (1959) mit Gewölbebogen, Altar, Kreuz und Glockenturm wird heute als Freiluftkirche genutzt. Er erinnert an die alte mittelalterliche Kirche, den Friedhof und eine alte Bischofsburg. Diese wurde im 13. Jh. von Bischof Bo aus Växjo gebaut, um den Wasserweg von der Ostsee im Süden bis zur Bischofskirche in Växjö kontrollieren zu können.

**16** Nach 1,5 km an der Zufahrt zum Zeltplatz rechts und zurück auf die Hauptstraße.

### Kärrasand (Urshult)

**Kärrasands Camping Urshult**, 072/2216703. Auf dem Zeltplatz gibt es einen Kanu- und Bootsverleih und eine große überdachte Tanzfläche. Im Sommer spielen hier an den Wochenenden berühmte schwedische Bands für hunderte Leute Paartanzmusik. Außerdem gibt es regelmäßig Oldtimer-Treffen. @ fed346

AUSFLUG Der Ausflug nach Lunnabacken und Ellenäs lohnt sich vor allem wegen der fantastischen Aussicht auf den Åsnen. Außerdem können Sie einen großzügigen Schaugarten und alte Apfelhaine durchwandern, wenn Sie 450 m nach der Rückkehr auf die Hauptstraße links abbiegen in Richtung Lunnabacken Kurrebo.

## Ausflug nach Lunnabacken und Ellenäs 8 km

Verlassen Sie die G 681 an der ersten Möglichkeit nach links und folgen Sie der kleinen Straße nach 650 m zweigt links die Straße nach Lunnabacken Kurrebo ab.

### Kurrebo (Urshult)

**Lunnabackens hembygdsgård**, 070/6366456, (Sommerprogramm): Ende Juni-Mitte Sept., So 12.30-16.30 Uhr. Mit fantastischer Aussicht auf den östlichen Åsnen liegt das Naturreservat Lunnabacken, einst eine heidnische Kultstätte. Heute gibt es hier ein Heimatmuseum, für das Wohnhaus, Speicher, Schmiede und Scheune eines alten Gutshofes (17. Jh.) nach Lunnabacken gebracht wurden. @ jvn327

**Kurrebo**, Sånnahult Kurrebo 4, 076/2477160, (Café): Juni-September, tägl. 9-20 Uhr. Anfang des 19. Jhs. legte ein Kapitän mit dem Spitznamen „Kurre“ hier einen riesigen Obst- und Blumengarten an, der bis vor einigen Jahren als Schaugarten weitergeführt wurde. Heute befindet sich auf dem Gelände eine Baumschule, die Apfel-, Pflaumen-, Kirsch- und

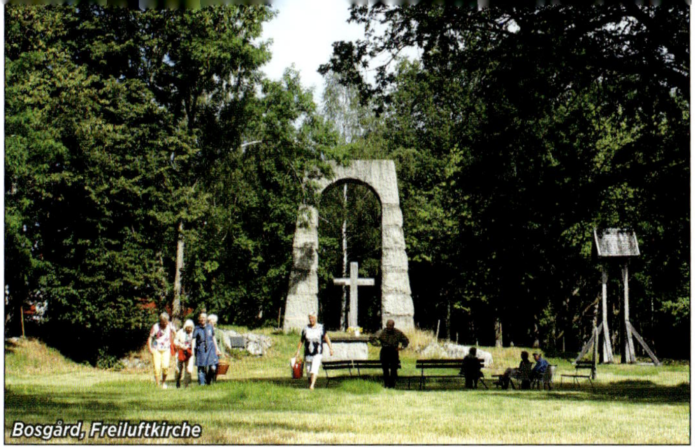

Bosgård, Freiluftkirche

Birnbäume verkauft. Im ehemaligen Wohnhaus des Kapitäns gibt es ein Bed & Breakfast, einen Hofladen sowie ein Café und vegetarisches Restaurant, das u. a. selbst gebackenen Kuchen sowie Gebäck mit Beeren und Früchten aus der Umgebung verkauft. Vom Garten hat man eine sehr schöne Aussicht auf den Åsnen. Außerdem gibt es einen Spielplatz und es können Fahrräder und Kanus ausgeliehen werden. @ fck541

Zu den alten Apfelhainen auf Ellenäs gelangen Sie, wenn Sie sich an der Weggabelung vor Lunnabacken rechts halten auf den Schotterweg Richtung Sånnahult ~ dem kurvenreichen Weg für gut 3 km bis nach Ellenäs folgen.

### Ellenäs (Urshult)

**Ellenäs.** Auf der Landzunge befinden sich zahlreiche, teils jahrhunderte alte Obstwiesen. Angeblich haben Soldaten die Apfelkerne vom Dreißigjährigen Krieg mitgebracht. Die Holzapfelbäume wurden seit Mitte des 19. Jhs. mit verschiedenen Apfelsorten veredelt. Heute wird im Juli noch immer das frisch gemähte Gras unter den Bäumen ausgebreitet.

Fahren Sie auf demselben Weg zurück zur Hauptstraße ~ wenn Sie zurück

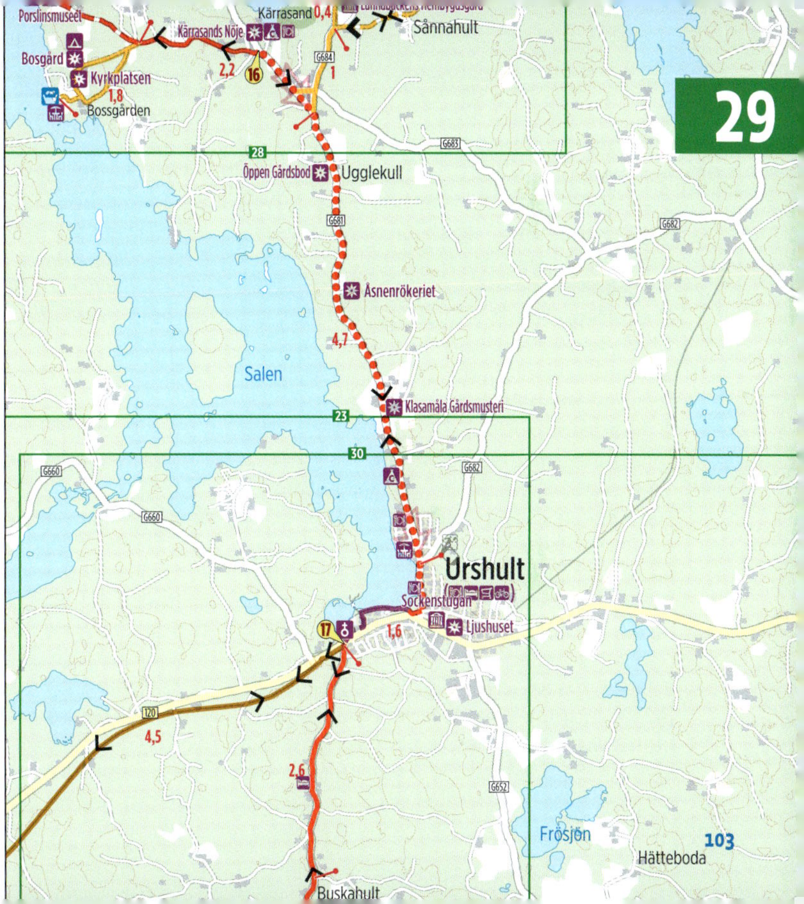

an die Kreuzung kurz vor der Hauptroute kommen, fahren Sie dort geradeaus und biegen nach 200 m links ab auf die G 681.

Auf der Hauptroute schlängelt sich die Straße durch alte Apfelplantagen, die rechts und links vom Wald eingeschlossen sind ~ vorbei an einem Obst- und Gemüsestand direkt an der Straße.

## Ugglekull (Urshult)

- **Åsnenrökeriet**, Klasamåla 23, ✆ 070/5600746, Mai-Sept., Di-So 9-18 Uhr. Fischräucherei. @ hra845
- **Klasamåla Gårdsmusteri**, Klasamåla Västergård 8, ✆ 073/8085654. Selbstbedienungsstand mit Saisongemüse und Apfelmost, @ vog187
- **Öppen Gårdsbod**, Ugglekull 6, ✆ 0477/21125, ✆ 070/5701952. Selbstbedienungshofladen mit frischen Beeren und Saisongemüse. @ trf453

Vor Urshult kommen Sie am Zeltplatz mit Badestelle und Kanu-und Bootsverleih vorbei und erreichen kurz darauf die Ortschaft ~ kurz vor der Kreuzung in der Ortsmitte folgen Sie den Schildern des Banvallsledens und biegen rechts ab auf den Radweg, der Sie am kleinen Hafen von Urshult vorbeiführt ~ an der Spitze des Friedhofs links hoch, dann rechts auf die Kirche zu ~ **17** bis zum Parkplatz der Kirche.

VARIANTE Falls Sie auf einer Tagestour um den Åsnen (s. S. 9) unterwegs sind, biegen Sie direkt am roten Haus rechts ab auf den Radweg des alten Bahndamms und folgen der Beschilderung des Sydostleden für 8 km durch den Wald. Biegen Sie an der Zufahrt zum Zeltplatz in Norraryd rechts ab und überqueren Sie die Bundesstraße 126. Biegen Sie links ab auf die Nebenstraße und verlassen Sie bei Wegpunkt **7** den Sydostleden, in dem Sie gleich wieder rechts abbiegen auf den Banvallsleden Richtung Ålshult. Für die weitere Route nutzen Sie bitte die Etappe „Von Norraryd nach Torne" auf S. 90.

## Urshult

Vorwahl: 0477

- **Sockenstugan**, Södra Vägen 2, ✆ 070/6366456 Im kleinen Heimatmuseum am westlichen Rand von Urshult werden u. a. ein alter Dorfladen, Kirchenmalereien und alte Schulmöbel gezeigt. Das Gebäude gehörte ursprünglich zur Kirche und wurde später als Schule genutzt. @ ein824
- **Urshults Kyrka**, Kyrkvägen, ✆ 779000. Die um 1810 gebaute Kirche ersetzte die alte Holzkirche aus dem 14. Jh. und bietet Platz für 800 Personen. Sie ist bekannt für die großen Gemälde des småländischen Kirchenmalers Ludvig Frid, die das Leben von Jesus zeigen.
- **Ljushuset**, Stationsvägen 12, ✆ 20140, Mai-Aug., Di-Fr 10-17 Uhr, Sa, So 10-13 Uhr. Kerzenfabrik mit dazugehörigem Geschäft, in dem man selber Kerzen gießen kann. @ edb852

*Urshult (970 Einwohner) gehört zur Gemeinde Tingsryd und liegt an einem der südlichen Ausläufer des Åsnen. Wegen des milden Klimas wachsen in der hügeligen Gegend um Urshult seit der Wikingerzeit Kulturäpfel, seit dem 17. Jahrhundert werden Obstplantagen betrieben. Nach der Ortschaft wurde die traditionelle Apfelsorte „Urshults kungsäpple" benannt. Diese Sorte ist dunkelrot und wird im Dezember geerntet.*

# Von Urshult nach Sölvesborg

77,7 km

**HM/km:** ↗ 1,5 (114m) ↘ 3,3 (260m) **Radweg:** 63 % **Unbefestigt:** 10 % **Verkehr:** 0 %

Der fünfte Tourenabschnitt bringt Sie von Urshult zur Hafenstadt Sölvesborg. Zunächst folgen Sie einer wenig befahrenen, hügeligen Landstraße bis zum Mien-See, der mit seinem klaren, kalten Wasser zu einer Abkühlung einlädt. Ab Hovmansbygd fahren Sie über den Sydostleden entlang des Mörrumsån bis in die alte Industriestadt Svängsta. Der alte Bahndamm lässt sich gut befahren und bietet immer wieder einzigartige Ausblicke, ohne dass Steigungen zu bewältigen sind. Anschließend erreichen Sie das ehemals dänische Karlshamn, dessen Altstadt und kleine vorgelagerte Strände einen Abstecher wert sind. Über den vom Lachsfang geprägten Ort Mörrum radeln Sie weiter auf dem Sydostleden und erreichen über eine spektakuläre Fußgänger- und Fahrradbrücke das mittelalterliche Sölvesborg mit einigen Sehenswürdigkeiten und ausgezeichneten Restaurants.

Die Route führt hauptsächlich auf dem Sydostleden über Radwege und ruhige Nebenstraßen, ist um den Mien-See noch hügelig, ab Hovmansbygd aber überwiegend flach und insgesamt sehr gut befahrbar.

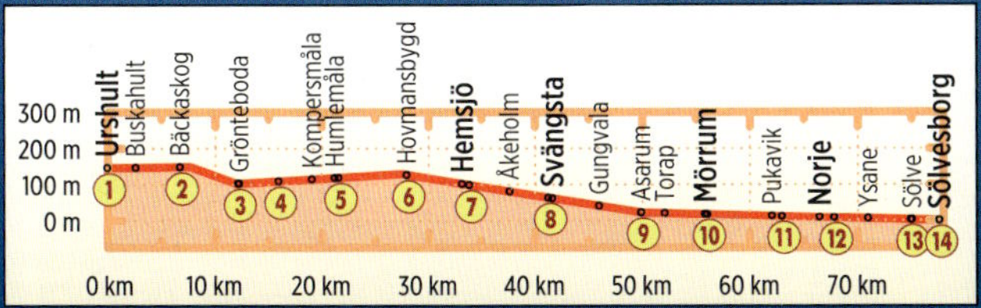


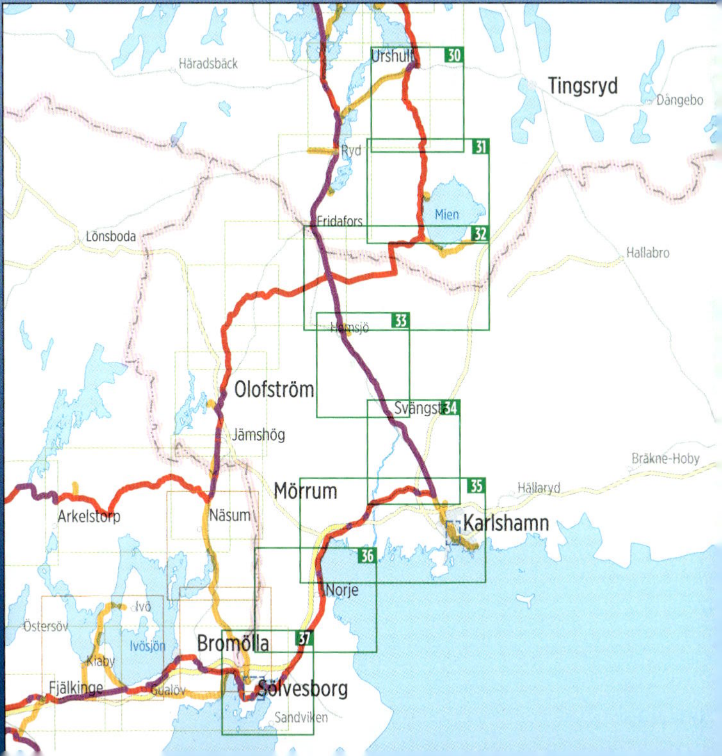

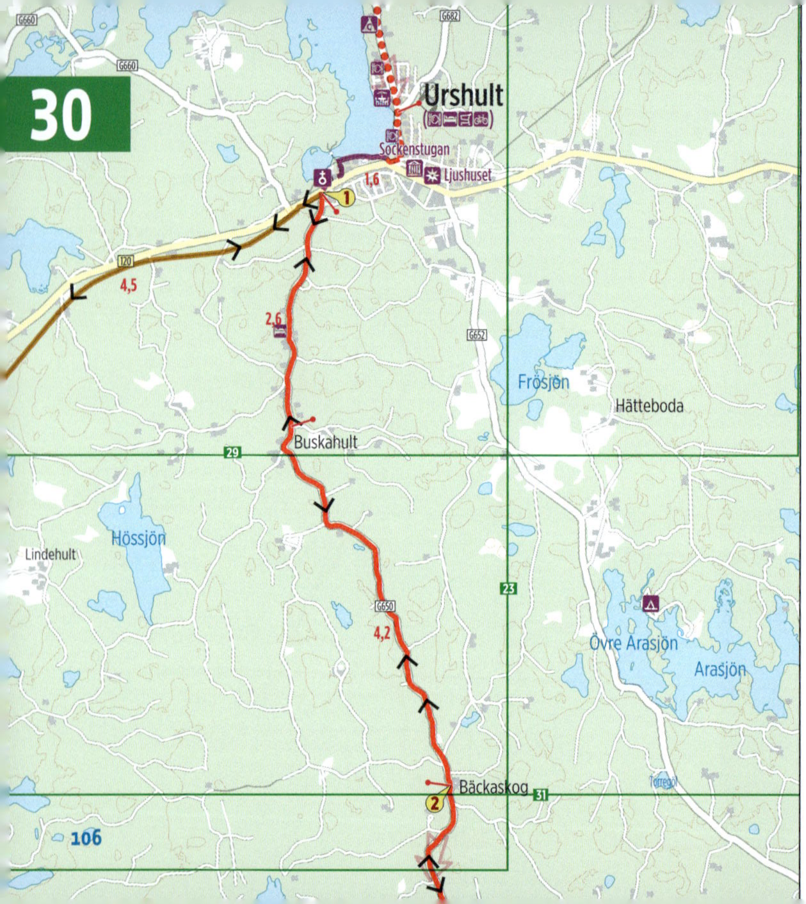


## Von Urshult nach Hovmansbygd 28 km

**1** Von Urshult aus fahren Sie gegenüber der Kirche in den **Bäckaskogvägen** durch alten Nadelwald auf einer kurvigen, leicht bergigen Strecke bis nach **Buskahult** **2** durch **Bäckaskog** und weiter nach Grönteboda.

### Grönteboda

**Laxastrand.** Badestrand mit großer Liegewiese und schöner Aussicht auf den Mien.

TIPP Biegen Sie am Ortseingang von Grönteboda links ab, um zum Badestrand Laxasand zu gelangen. Die Badestelle befindet sich mitten in einem Naturreservat und bietet einen schönen Blick auf den See Mien.

### Mien

*Der Mien ist ein 5,5 Kilometer breiter, runder Kratersee und einer der ältesten Seen in ganz Schweden. Er entstand in der letzten Eiszeit vor etwa 121 Millionen Jahren durch einen Meteoriteneinschlag. Vermutlich war der ursprüngliche Einschlagkrater sogar noch ein paar Kilometer größer. Nach dem See wurde 2000 der Asteroid (7706) Mien benannt.*

*Wegen seines klaren Wassers hat man am Mien eine Sichttiefe von bis zu 10 Metern. Die tiefste Stelle ist 43 Meter und liegt nördlich der Insel Ramsö, die ein Naturschutzgebiet ist. Auf der*

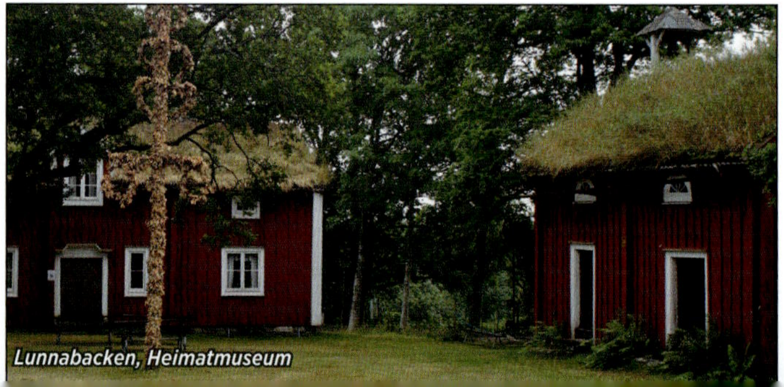

*Lunnabacken, Heimatmuseum*

*Insel wurde an mehreren Stellen das vulkanische Gestein Ryolith gefunden, weswegen man bis in die 1970er Jahre glaubte, dass der See vulkanischen Ursprungs sei.*

**3** Von Grönteboda folgen Sie der Straße für insgesamt 4 km entlang alter Steinmauern und durch das jetzt offenere Gelände ⇝ **4** am Ende der Straße in Midingsbråte rechts.

AUSFLUG Wenn Sie auf ihrer bisherigen Reise noch keinen Elch in freier Wildbahn gesehen haben oder mit Kindern unterwegs sind, können Sie einen Abstecher zum Elchpark am Ostufer des Mien-Sees machen.

## Ausflug zum Älgriket 12 km

Biegen Sie am Ende der Straße links ab auf die **G 649** und fahren Sie geradeaus durch den Ort **Midingsbråte** ⇝ vorbei an der Badestelle mit Kiosk ⇝ an der Dreierkreuzung links auf die **G 651** Richtung Hunnemåla und nach Gäddeviksås.

### Gäddeviksås

Biegen Sie am Ende der Straße links ab und folgen Sie der Straße für weitere 3,5 km ⇝ biegen Sie am Rande von Källehult links ab auf einen kleinen Schotterweg und folgen Sie den Schildern zum Älgriket.

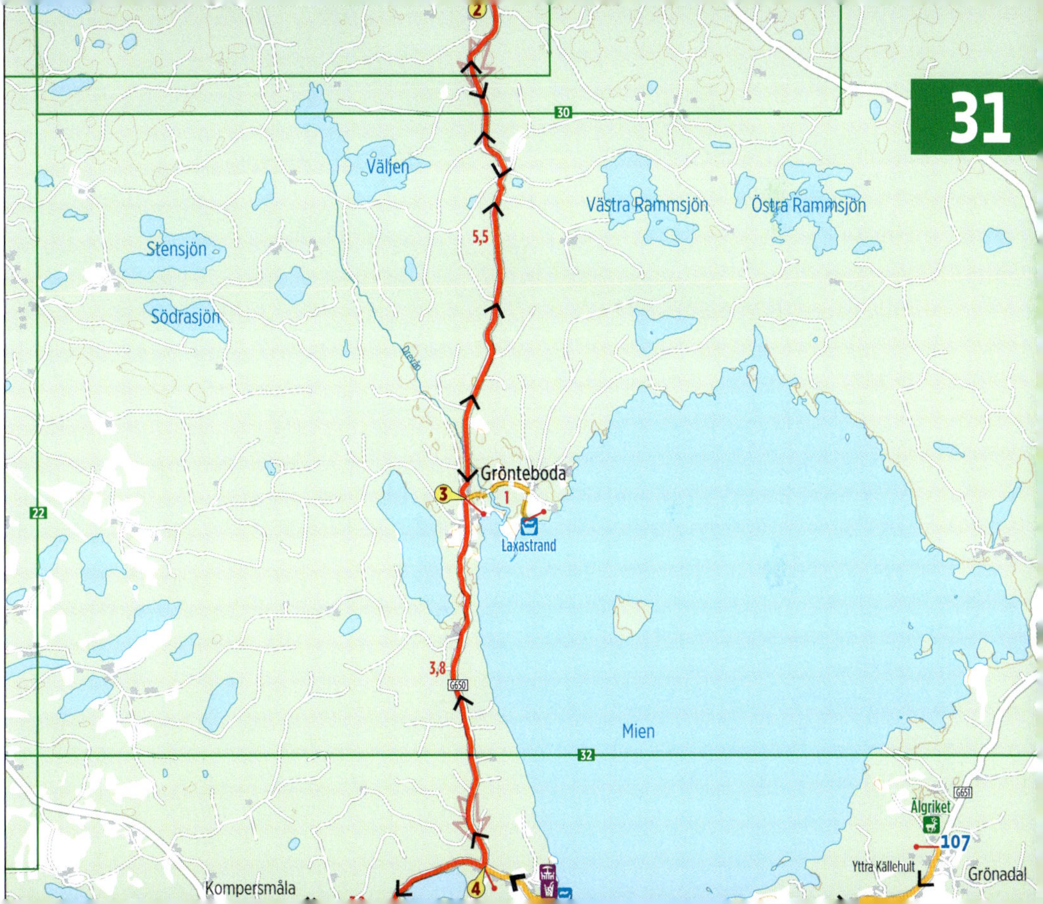

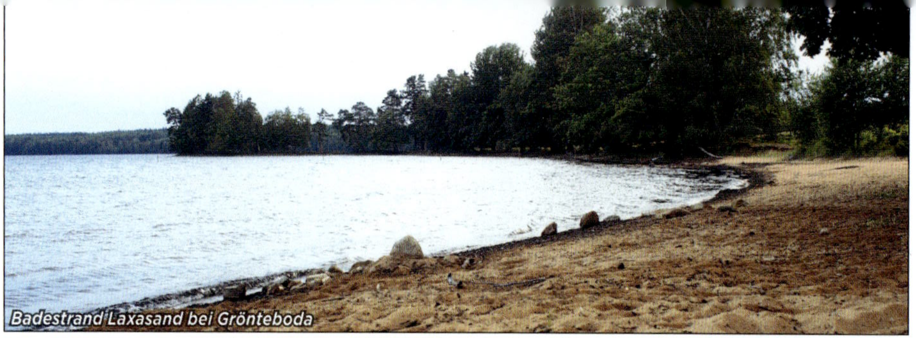

Badestrand Laxasand bei Grönteboda

### Yttra Källehult (Tingsryd)

**Älgriket**, Skyltat från väg 29, 070/7577300, Mitte Juni-Aug., tägl. 13-17 Uhr, Sept.-Mai, Sa 14-17 Uhr u. n. V. Der Elchpark ist ein moderner Tierpark, in dem man Elche, Rothirsche, Damhirsche und Rehe in ihrer natürlichen Umgebung beobachten kann. Im Sommer kann man um 17.15 Uhr an der Fütterung der Elche teilnehmen. Außerdem gibt es einen kleinen Kiosk und einen Naturpfad, der zu Picknickplätzen am Mien-See führt. @ xig435

Auf demselben Weg gelangen Sie zurück zur Hauptroute.

Auf der Hauptroute bei Midingsbråte folgen Sie der **G 649** durch dichten Wald.

### Kompersmåla

Fahren Sie geradeaus durch den langgezogenen Ort ~ am Ende der Straße links und auf der fast schnurgeraden **G 648** zurück in die Provinz Blekinge.

### Humlemåla

**5** In Humlemåla biegen Sie am Abzweig auf dem Sverigeleden rechts ab Richtung Kyrkhult ~ der dichte Nadelwald wird immer wieder unterbrochen durch Lichtungen und Rodungen ~ auf der K 591 nach Hovmansbygd.

### Hovmansbygd (Kyrkhult) s. S. 85

## Von Hovmansbygd nach Svängsta 14 km

**6** In Hovmansbygd biegen Sie vor dem Mörrumsån links ab auf den **Banvallsleden** und **Sydostleden** Richtung Karlshamn ~ dem alten Bahnwall entlang des Flusslaufs bis nach Hemsjö folgen.

### Hemsjö

*Hemsjö war zu Ende des 19. Jahrhunderts ein kleiner Industrieort mit eigenem Bahnhof. Früher gab es hier eine Mühle sowie ein Säge- und Hobelwerk. Am unteren Hemsjöfall wurde 1917 von König Gustav V. ein Wasserkraftwerk eingeweiht, das noch heute in Benutzung ist.*

## Der Sydostleden zwischen Växjö und Simrishamn

*Der Sydostleden ist ein 270 Kilometer langer Radwanderweg, der im Juni 2016 offiziell eröffnet wurde. Er verläuft zwischen Växjö und Simrishamn und führt ebenso wie das vorliegende Radtourenbuch durch die drei südschwedischen Provinzen Småland, Blekinge und Skåne. Auf der Route fahren Sie im Norden durch weite Wälder, wechseln dann in eine offene Kulturlandschaft und folgen dem Ufer des Flusses Mörrumsån entlang bis zur Ostseeküste. Einige Abschnitte des Sydostledens gibt es schon länger, andere wurden neu gebaut und so zu einem durchgehenden Radwanderweg verbunden. Die Route verläuft nahezu autofrei und auf separaten, zumeist asphaltierten Radwegen, weswegen der Sydostleden in Schweden als Nationaler Touristenradweg ausgezeichnet wurde. Die Karten hier im Buch decken etwa drei Viertel der Strecke des Sydostledens ab. Wenn Sie möchten, können Sie ab Hemsjö/Svängsta (siehe die Etappe „Von Hovmansbygd nach Svängsta“ auf S. 109) durchgehend auf dem sehr gut ausgeschilderten Radwanderweg radeln. Gekennzeichnet ist er durch*

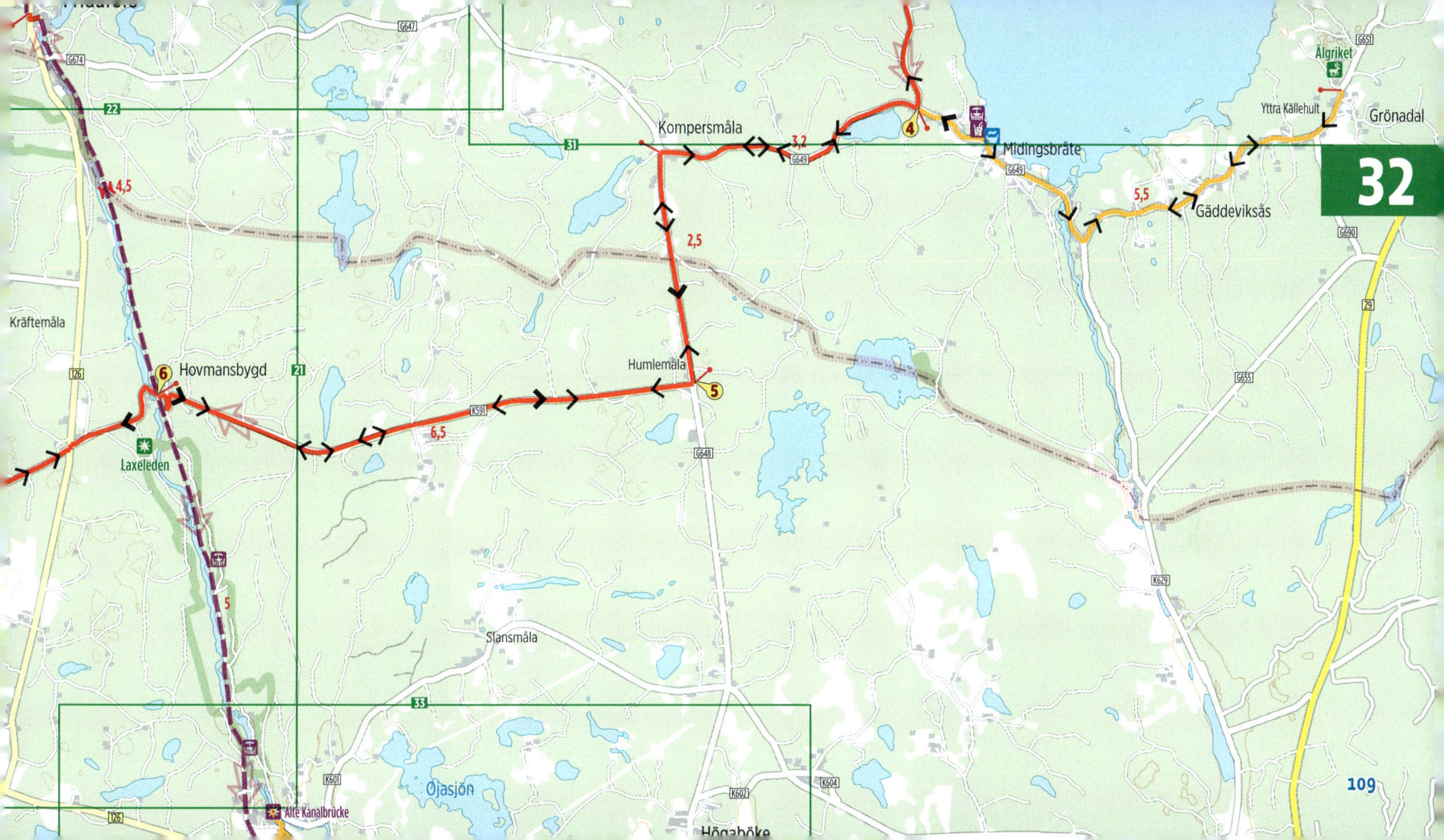
32
Grönadal
Älgriket
Yttra Källehult
Gäddeviksås
5,5
Midingsbråte
4
Kompersmåla
3,2
2,5
Humlemåla
5
6,5
Hovmansbygd
6
Laxeleden
4,5
Kräftemåla
5
Slansmåla
Ojasjön
Alte Kanalbrücke
Högaböke
G651
G690
29
G655
K629
G649
G648
K591
G647
G674
126
K601
K602
K604
22
31
21
33

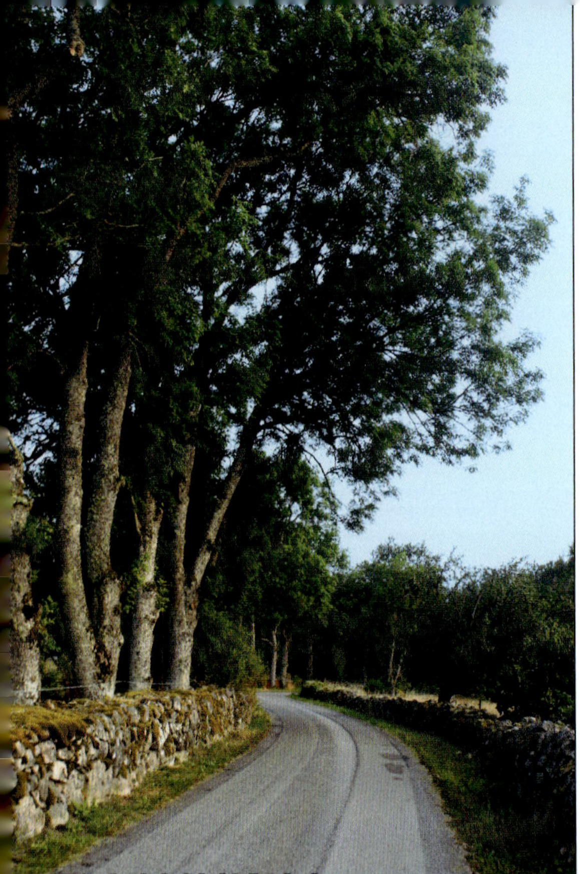

Alte Kulturlandschaft bei Grönteboda

*Schilder mit einem weißen Fahrrad auf rotem Grund. Der Sydostleden wird von der Region Skåne stark beworben, sodass in der Hauptsaison von Juni bis August sehr viele Radler unterwegs sind. Wenn Sie nicht auf Zeltplätzen übernachten, sollten Sie dann Ihre Unterkünfte vorab buchen.*

*Eine separate Broschüre zum Sydostleden gibt es für 100 SEK in allen Tourist-Informationen sowie online zu bestellen unter www.sydostleden.se/de.*

Im Ort biegen Sie links ab auf die Nebenstraße und folgen den Schildern nach Åkeholm ~ am Ende der Straße wieder links in den **Härsnäsvägen** und direkt hinter dem alten Bahnhofsgebäude von Hemsjö rechts zurück auf den alten Bahndamm.

TIPP Wenn Sie sich die Industrieruinen von Hemsjö (Ende 19. Jh.), eine noch intakte Steinbogenbrücke (ca. 1850) und das Wasserkraftwerk ansehen möchten, fahren Sie auf dem Härsnäsvägen geradeaus und folgen der Straße über eine flache Kanalbrücke bis zur alten Brücke. Wenn Sie vor dem Kanal rechts auf den Schotterweg abbiegen, gelangen Sie nach 600 m zum Wasserkraftwerk.

Verlassen Sie Hemsjö auf dem Banvallsleden/Sydostleden ~ **7** die größere Straße überqueren ~ nach gut 3 km die Straße ein weiteres Mal queren ~ vorbei am alten Bahnhofsgebäude von **Åkeholm** und einer Industrieanlage aus dem 19. Jh. bis ins 3 km entfernte Svängsta.

## Svängsta

Vorwahl: 0454

**Möllegårdens Skolmuseum**, Holländarevägen 35, ✆ 322250, ✆ 0768/796333, Juli/Aug., Sa 12-15 Uhr u. n. V. Kleines Schulmuseum im gut erhaltenen, alten Schulgebäude (1850). @ vby264

*Svängsta (2.000 Einwohner) ist ein industriell geprägter Ort am Mörrumsån, der sich erst mit der Eröffnung der Schmalspurbahnstrecke 1874 zwischen Karlshamn und Vislanda entwickelte. Benannt ist er nach der Stelle im Fluss (Svänge-stan), an der früher Reisende ihre Pferde zu Wasser ließen, damit diese*

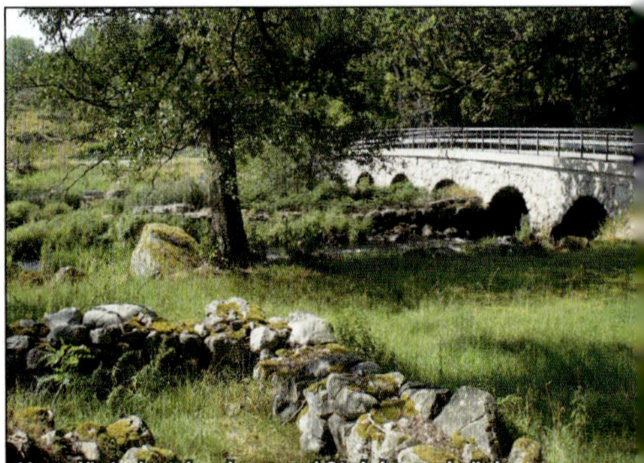

Hemsjö, Industrieruinen und Steinbogenbrücke

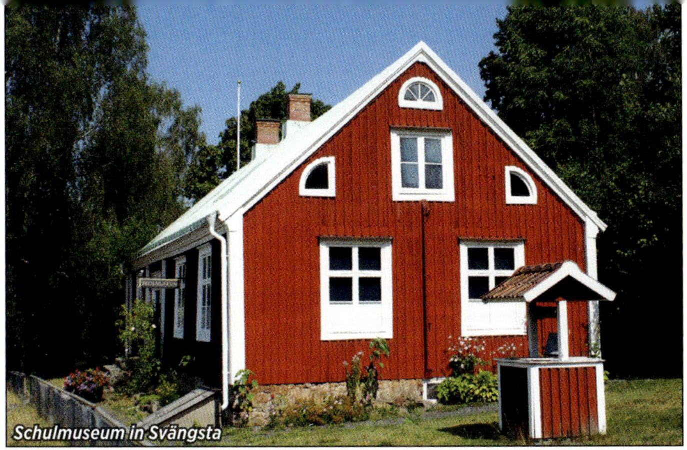
Schulmuseum in Svängsta

*sich abkühlen konnten. Das erste große Industrieunternehmen war das 1876 gegründete „Svängsta Manufakturverk“, das Scharniere und Werkzeuge herstellte. Der größte Arbeitgeber heute ist der Angelausrüster „ABU Garcia“, der 1897 vom Erfinder Henning Hammarlund als „AB Urfabriken“ gegründet wurde und zunächst Taschenuhren herstellte.*

### Von Svängsta nach Mörrum 14 km

**8** Fahren Sie in Svängsta geradeaus auf der alten Eisenbahnbrücke über den Mörrumsån ~ entlang der Route gibt es immer wieder Bänke zum Rasten ~ der Radweg verläuft kurz parallel zur Straße ~ durch die Felsenschlucht ~ vorbei am Bahnhof von Gungvala ~ die größere Straße überqueren ~ durch die Unterführung der E 29 ~ am Abzweig zum Zeltplatz und zur Badestelle Långasjönäs vorbei und weiter bis nach Asarum.

### Asarum

Vorwahl: 0454

**Hembygdsmuseum**, Stenbackavägen 3, ✆ 321709, ✆ 321252, ⏲ Juni-Aug., So 14-17 Uhr u. n. V. Heimat-

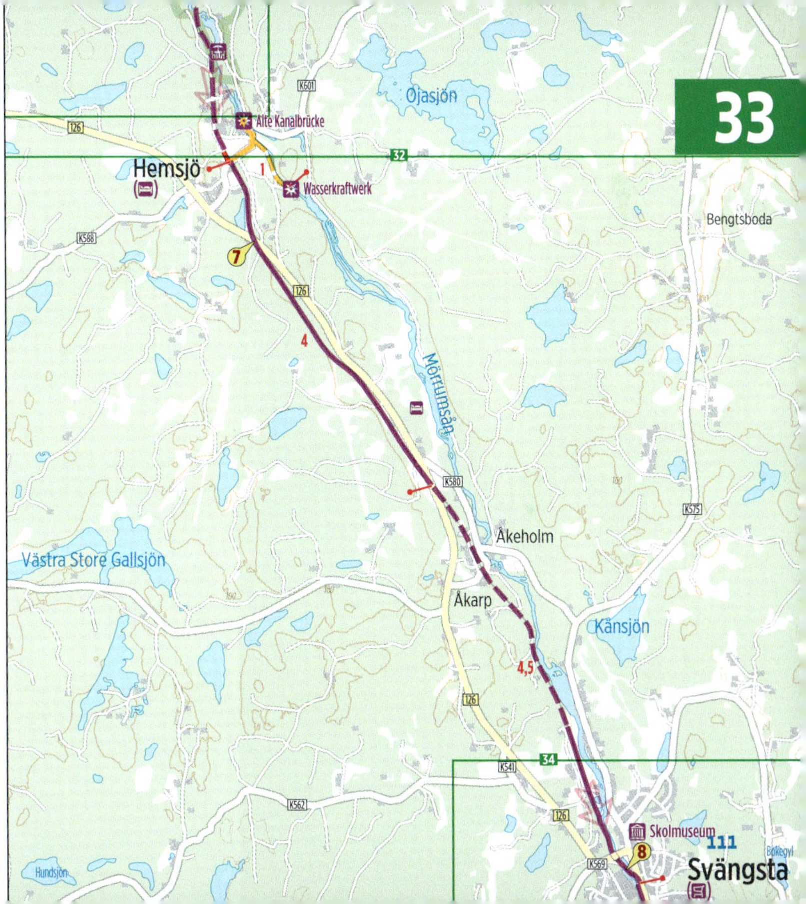

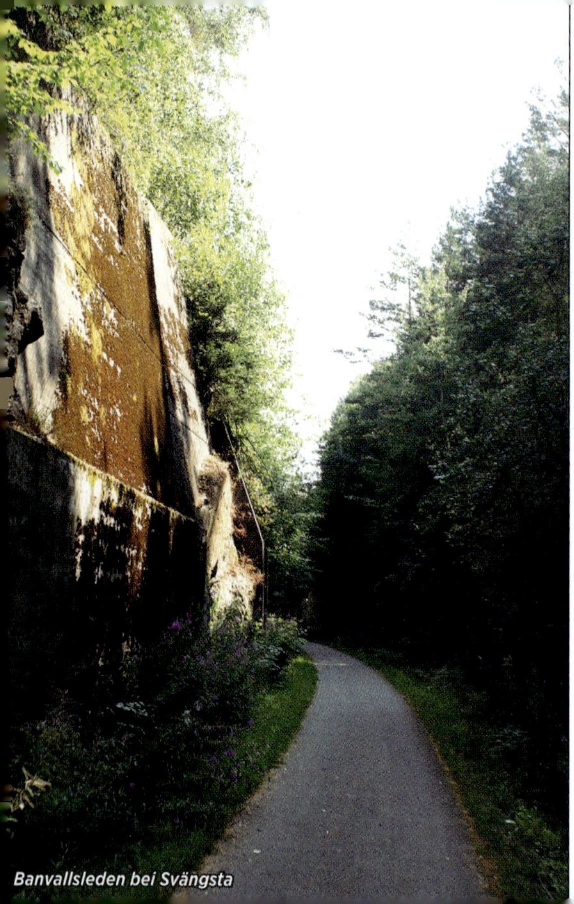

Banvallsleden bei Svängsta

museum im aus Feldsteinen gemauerten, ehemaligen Kuhstall des Hofes Stenbacka (um 1850). Gezeigt wird u. a. eine Wohnstätte aus dem 19. Jh. @ bab762

**Asarums Kyrka**, Prästgårdsallén, ✆ 328600. Die ältesten Bereiche der Kreuzkirche stammen vermutlich aus dem späten 11. Jh. Die Zahl 1799 über dem Haupteingang gibt an, wann die Kirche das letzte Mal baulich verändert wurde.

**Asarums Bangolfklubb**, Stenbackavägen 6, ✆ 329296, Mo 13-21 Uhr, Fr 13-20 Uhr, Sa 10-15 Uhr, So 12-20 Uhr. Schwedens erste Minigolfhalle, mit mehreren Bahnen. Im Sommer kann auch auf einer Anlage draußen gespielt werden. @ ebw727

Wechseln Sie im Ort auf den Parkplatz des Friedhofs und fahren Sie an der Kirche vorbei ~ am Zebrastreifen die Straßenseite wechseln und wieder auf den asphaltierten Fuß- und Radweg ~ **9** über den Zebrastreifen und rechts auf den Radweg Richtung Mörrum.

AUSFLUG Wollen Sie die Hafenstadt Karlshamn besichtigen, können Sie hier geradeaus fahren und weiter dem Banvallsleden/Sydostleden folgen.

## Ausflug nach Karlshamn 14 km

Folgen Sie dem **Banvallsleden/Sydostleden** Richtung Zentrum ~ unter der Brücke der E 22 hindurch ~ durch ein Gewerbegebiet am Stadtrand von Karlshamn.

TIPP Für Familien mit Kindern bietet sich nicht nur an Regentagen ein Besuch im „Kreativum Science Center“ an (s. S. 113). Biegen Sie dazu hinter der Brücke der E 22 links ab, überqueren Sie die Straße und fahren Sie dann direkt wieder links über den Autobahnzubringer. Nach zwei weiteren Unterführungen biegen Sie rechts ab und folgen der Straße bis zum Kreativum.

Durch Weideland fahren Sie weiter Richtung Zentrum ~ unter der Eisenbahnbrücke hindurch und vorbei an einem alten Lokschuppen durch einen kleinen Park ~ am Ende der Straße über den Zebrastreifen ~ hier rechts auf den Radweg entlang

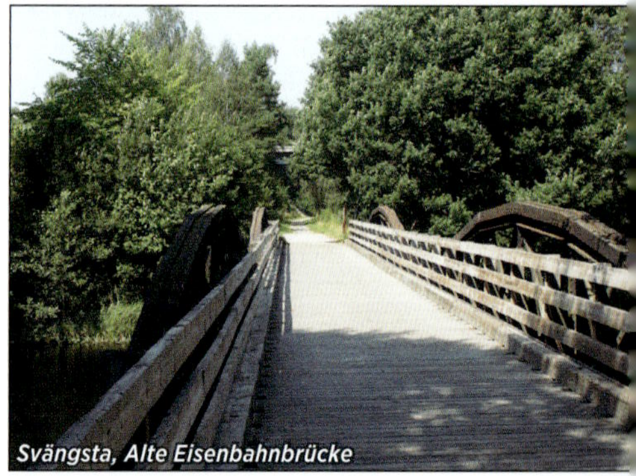

Svängsta, Alte Eisenbahnbrücke

der **Prinsgatan** und Richtung Zentrum fahren ⁓ nach 350 m links über die kleine Fußgänger- und Radfahrerbrücke über den Kanal und direkt wieder rechts auf den Radweg rechts der kleinen Straße ⁓ dem Radweg und der Straße erneut über den Kanal folgen ⁓ direkt danach links über die Fahrradampel und über die kleine Holzbrücke den Schildern nach Kollevik folgen ⁓ entlang der Hafenpromenade mit Fähranleger und Eiscreme-Kutter bis zum Touristenbüro.

## Karlshamn

Vorwahl: 0454

- **Info-Punkte in Karlshamns Museum und im Kreativum Science Center**, Pirgatan 2, ✆ 81203, @ lxc774
- **Karlshamn-Kastelet (Frisholmen)**, Hamngatan, Skärgårdsterminal, ✆ 0455/56900, ⏲ Mitte Mai-Aug., Dauer: ca. 5 Mi., Mitte Juni-Mitte Aug. zw. 9.45 und 16.40 Uhr ca. 7 Abfahrten, Mitte Mai-Mitte Juni u. Mitte Aug.-Mitte Sept., zw. 13.50 und 16.10 Uhr ca. 8-9 Abfahrten. Mit der M/F Anemon können Sie die im Hafen gelegene Insel Frisholmen erreichen, auf der man ein gut erhaltenes Kastell aus dem Jahre 1675 besichtigen kann. Es dient im Sommer als Kulisse für schwedischsprachige Theateraufführungen. Die Nutzung der Fähre ist nur zwischen Mitte Juni und Mitte August kostenpflichtig. @ etu757
- **Karlshamn-Tjärö**, Hamngatan, Skärgårdsterminal, ✆ 0455/56900, ⏲ Juni-Mitte Aug., tägl. 9.45 Uhr, 13 Uhr, 15.50 Uhr, Anfang-Mitte Juni, tägl. 9.45 Uhr, 13.30 Uhr, Dauer bis Tjaro: ca. 1-1,5 h. Das Schärenboot M/F Vindskär fährt über Tarnö, Joggesö bis zur von Ende April bis Ende Sept. zugänglichen Schäreninsel Tjärö (u. a. mit Café, Restaurant, Jugendherberge, mehreren Badebuchten, Kanuverleih) und zurück. @ psk725
- **Karlshamn-Travemünde (TT-Line)**, Öresundsvägen 49-0, ✆ 0900/1112031 (SEK 1,50/Min.). Ganzjähriger Fährbetrieb, einmal tägl., Dauer: ca. 16 Std. @ uhw314
- **Blekinge Sjöfartsmuseum**, Drottninggatan 7, ✆ 16360, ⏲ Mo-Fr 10-13 Uhr, Mitte Juni-Mitte Aug. zusätzlich Sa, So 13-17 Uhr. Das kostenlose Schifffahrtsmuseum in einem alten Tabaklager von 1875 informiert über die Geschichte der Seeschifffahrt von der Wikingerzeit bis in die Gegenwart. @ rin713
- **Karlshamns Museum**, Vinkelgatan 8, ✆ 14868, ⏲ Juni-Aug., Di-So 13-17 Uhr, Sept.-Mai, Mo-Fr, 13-16 Uhr. Das Museum im historischen Viertel Kulturk-

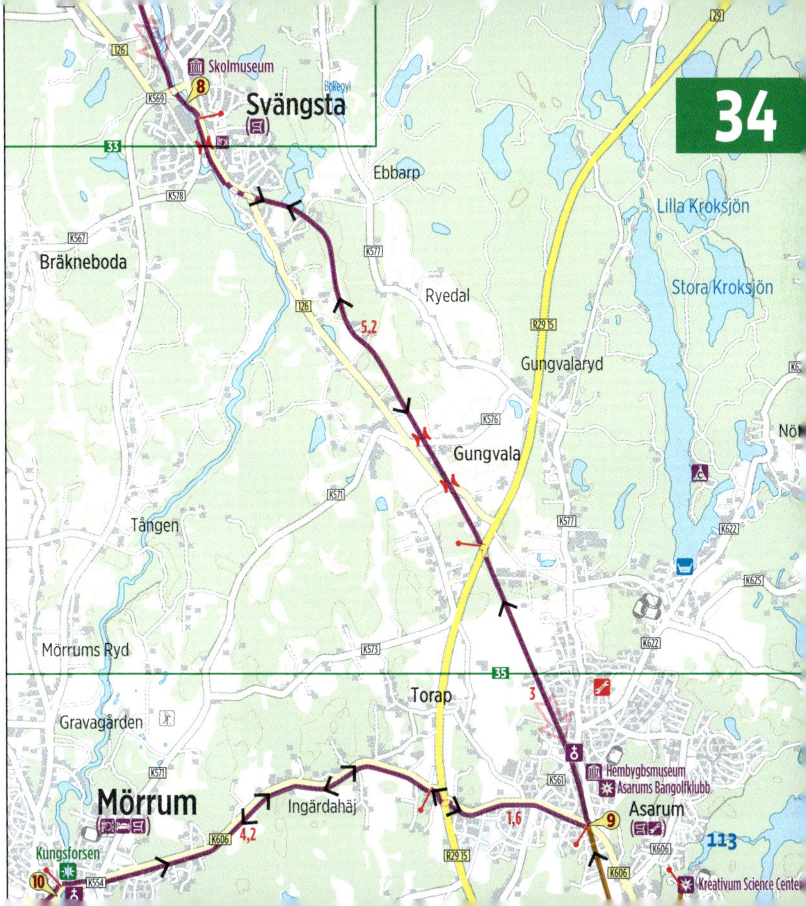

varter besteht aus mehreren zusammenhängenden Gebäuden und informiert u. a. in einer ehemaligen Punschfabrik über Karlshamns wilde Zeit als Schnapsbrennermetropole. @ kce313

**Konstmuseum Martinssonska Gården**, Lotsgatan 8, ☎ 10990, ⏲ Ende Juni-Anf. Sept., Mi-So, 13-16 Uhr. Kleines, relativ junges Kunstmuseum in einem alten Bauernhaus, in dem Skulpturen und grafische Werke vier lokaler Künstler gezeigt werden. @ tet253

**Carl-Gustafs-Kyrka**, Kungsgatan 58. Nach Plänen von Festungsbaumeister Erik Dahlberg um 1700 erbaute Kirche mit freistehendem achteckigen Glockenturm.

**Utvandrar-Monumentet**, Hamnparken. Das Auswandererdenkmal im Hafenpark erinnert an die schwedischen Auswanderer, die im 19. Jh. via Karlshamn nach Amerika aufbrachen. Dargestellt sind zwei Figuren aus Vilhelm Mobergs Roman „Utvandrarna“: Karl-Oskar, der in die Zukunft blickt, und Kristina, die einen letzten Blick auf ihre Heimat wirft.

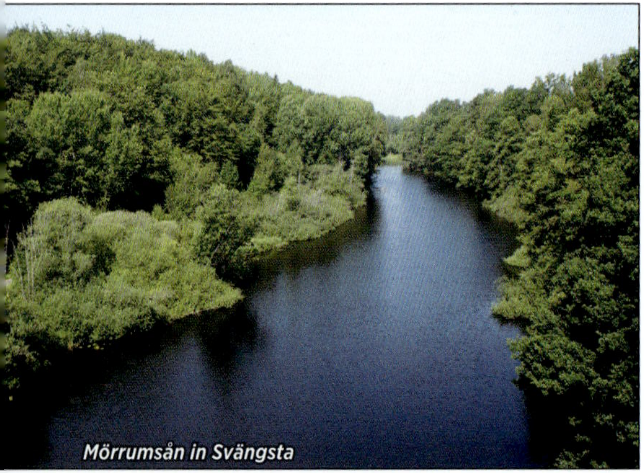
Mörrumsån in Svängsta

**Kreativum Science Center**, Strömmavägen 28, ☎ 56395, ⏲ Ende Juni-Mitte Aug. u. Schulferien, tägl. 10-16 Uhr, Ende Mai-Mitte Juni, Fr 13-16 Uhr, Sa 10-16 Uhr, Mitte-Ende Aug., Do-Sa 10-16 Uhr. Das Kreativum ist ein interaktives Entdeckerzentrum mit über 100 Stationen zu naturwiss. und tech. Themen, untergebracht in einer alten Baumwollspinnerei. Außerdem gibt es ein Mega-Dome-Kino und im Sommer einen Außenbereich am Fluss Mieån. @ gwi421

**Kulturkvarter**, Vinkelgatan/Drottninggatan. Das „Kulturkvarter“ ist Karlshamns ältestes Stadtviertel mit vielen alten Holzhäusern aus dem 18. und 19. Jh. In einigen Gebäuden befinden sich heute Ausstellungen und Museen (z. B. Karlshamns Museum). Besonders sehenswert sind der alte Kaufmannshof „Skottsberga Gården“ von 1766 und das „Holländarehuset“ aus dem 17. Jh., das vermutlich älteste Haus der Stadt.

**Östersjöfestivalen**, ☎ 81500, ⏲ jeweils in der 29. Kalenderwoche von Mi-Sa. Zum kostenlosen Ostseefestival strömen jedes Jahr 250.000 Menschen nach Karlshamn, um auf den Straßen Bands, einen Musikwettebewerb und die Karnevalsparade zu erleben.

**Stortorget**. Zentraler Platz mit dem alten Fachwerk-Rathaus „Asschierska Huset“ aus dem Jahre 1682.

**Rosengården**, Rosenvägen/Väggavägen. In den 1920ern angelegter Park mit großem Rosengarten. @ nix454

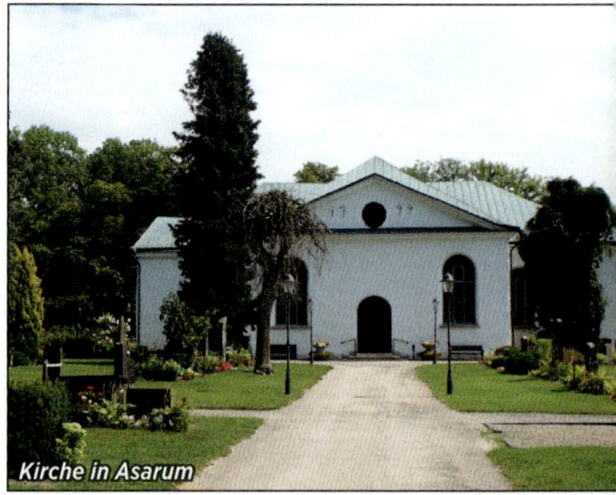
Kirche in Asarum

**Väggaparken**. Südöstlich des Zentrums gelegenes Freizeitgebiet mit Spazierwegen, Yachthafen, Minigolf etc.

**Karlshamns Kallbadhus**, Strandpromenaden, ☎ 0705/984266 2015 eröffnetes Kaltbadehaus mit moderner Architektur, mit getrennten Bereichen für Männer und Frauen sowie Sauna. Tagestickets erhältlich im Supermarkt Ingo Österport (Idrottsvägen ☎ 301870). @ bum142

**Väggabadet**, Saltsjöbadsvägen 6, ☎ 81226, @ hlc634

*Karlshamn (20.000 Einwohner) ist eine Hafenstadt an der Ostsee mit vielen alten Holzhäusern. Ihren Namen und ihre Stadtrechte erhielt sie 1664 zu Ehren von Karl X. Gustav, der um das alte Dorf Bodekull herum einen Hafen und eine Werft bauen ließ.*

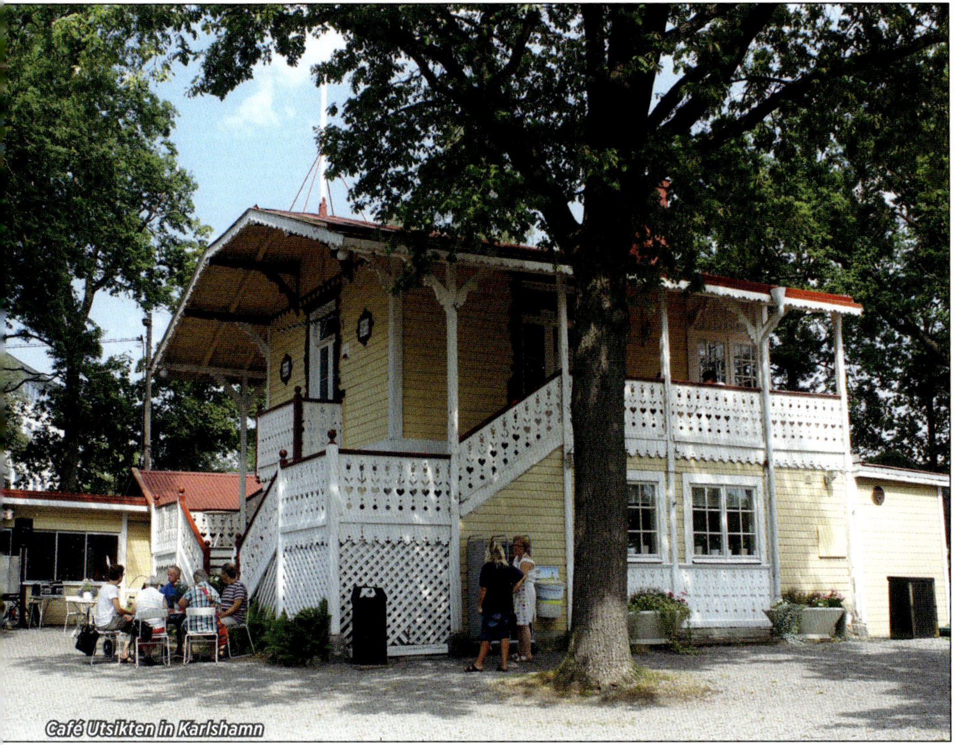

Café Utsikten in Karlshamn

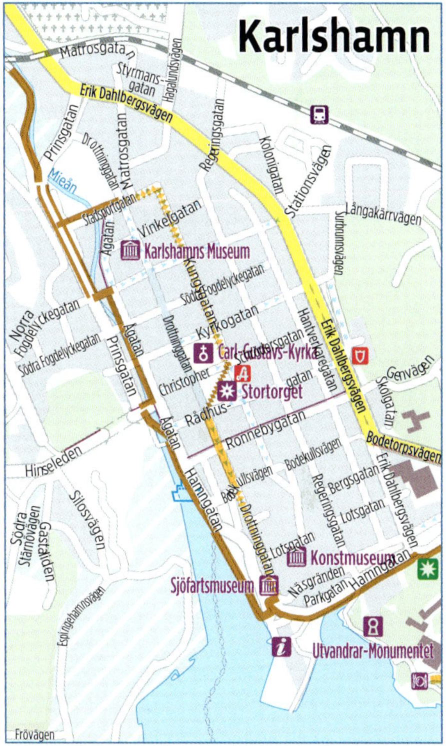

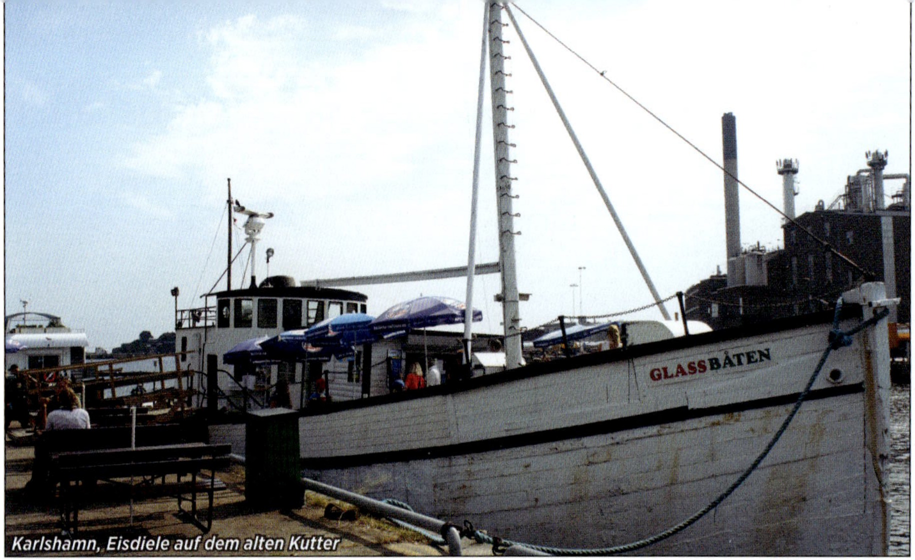


**Karlshamn, Eisdiele auf dem alten Kutter**

*Da der militärische Hafen schon 1666 nach Karlskrona verlegt wurde, entwickelte sich Karlshamn zu einer lebhaften Handelsstadt. Der Wohlstand dieser Zeit ist heute noch an einigen großen Holzvillen im Stadtgebiet, wie z. B. dem alten Kaufmannshof „Skottsberga Gården" im Kulturkvarter, zu erkennen. Ab Mitte des 18. Jahrhunderts war Karlshamn für viele schwedische Auswanderer die letzte Station, bevor sie nach Amerika aufbrachen. Wegen seiner Fährverbindungen nach Litauen und Lettland gilt Karlshamn heute als Brücke ins Baltikum. Hier findet zudem Mitte Juli mit dem Ostersjöfestivalen eines der buntesten Volksfeste Südschwedens statt.*

TIPP Um zum Strand von Kollevik im Osten der Stadt oder zum Café „Aussicht" (Utsikten) mit Blick über die Bucht vor Karlshamn zu kommen, fahren Sie schräg links und weiter die Hafenpromenade entlang. Nach dem Rosengarten auf der rechten Seite biegen Sie rechts ab und folgen den Schildern zur „Villa Utsikten" und nach Kollevik.

Biegen Sie vor den neuen Wohn- und Bürogebäuden an der Hafenspitze scharf links ab und fahren Sie über den Zebrastreifen, dann gleich wieder schräg links in die **Drottningsgatan** ~ geradeaus bis zum **Stortorget** (Marktplatz), den Platz diagonal überqueren und schräg links in die **Kungsgatan** ~ rechts vorbei an der Kirche ~ am Ende der Straße der Linkskurve folgen ~ an der T-Kreuzung mit der **Prinsgatan** rechts auf den Radweg ~ nach 150 m links über den Zebrastreifen auf den Radweg Richtung Mörrum und zurück nach Asarum.

Auf der Hauptroute in Asarum folgen Sie dem Radweg links der **K 606** Richtung Mörrum ~ durch die Unterführung der Reichsstraße 29 ~ vorbei an **Ingärdahäj** und weiter nach Mörrum ~ vorbei an der Kirche, dahinter über die Brücke und links abbiegen auf den **Sölvesborgsvägen**, der Radweg ist rechts der Straße ~ vorbei am Abzweig zum Laxens Hus (Haus des Lachses), der hinunter an den Mörrumsån führt.

## Mörrum

Vorwahl: 0454

**Mörrums Kyrka**, Karlshamnsvägen. Die 1847 eröffnete Kirche befindet sich auf dem Gelände zweier mittelalterlicher Kirchen. 2007 wurde während

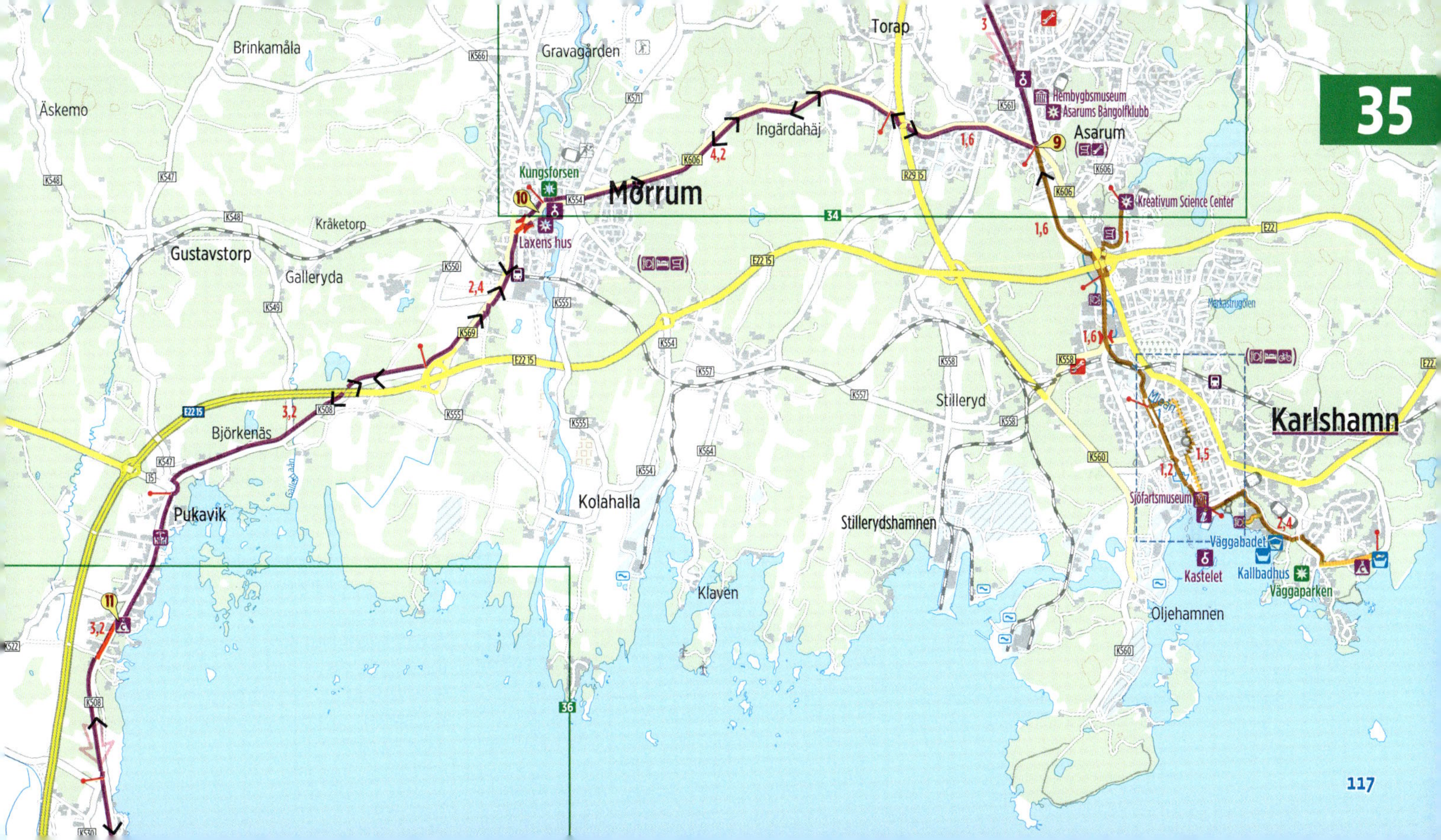
35
Karlshamn
Mörrum
Asarum
Hembygdsmuseum
Asarums Bangolfklubb
Kreativum Science Center
Torap
Ingärdahäj
Gravagården
Kungsforsen
Laxens hus
Brinkamåla
Äskemo
Gustavstorp
Kråketorp
Galleryda
Björkenäs
Pukavik
Kolahalla
Klaven
Stilleryd
Stillerydshamnen
Oljehamnen
Sjöfartsmuseum
Kastelet
Väggabadet
Kallbadhus
Väggaparken
Mieån
Långasjön

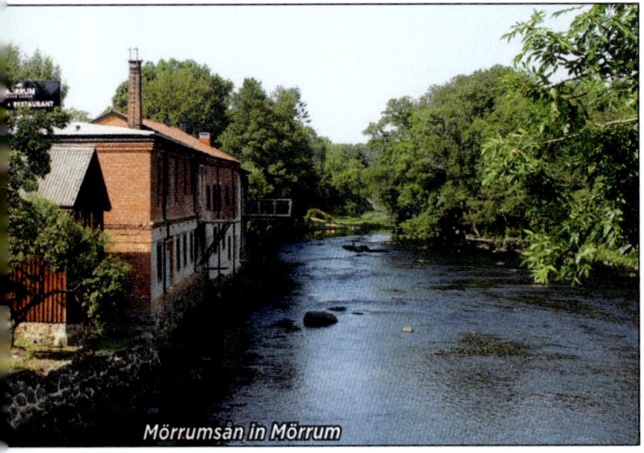

Mörrumsån in Mörrum

Renovierungsarbeiten das Kruzifix gestohlen und in den Mörrumsån geworfen, wo es am nächsten Tag der Pfarrer im Schilf wiederfand.

**Laxens Hus, Mörrums Kronolaxfiske**, Kvarnvägen 1, ✆ 50123 Im „Haus des Lachses" gibt es ein Lachsaquarium sowie zwei Unterwasserfenster, durch die man die Fische beim Hinaufspringen auf der Lachstreppe beobachten kann. In einer Ausstellung werden das Leben des Lachses und die Geschichte der Lachsfischerei am Mörrumsån gezeigt. Außerdem gibt es einen Angelshop und die Möglichkeit, am Fluss zu zelten oder in der Herberge zu übernachten. @ oxa481

**Kungsforsen („Königswasserfall")**. Natürlicher Wasserfall im Mörrumsån. Im Sept./Okt. kann man hier den Lachsen beim Flussaufwärtsspringen über die Stromschnellen zusehen.

**Laxaleden**. Etwa 30 km langer Wanderweg, der dem Flusslauf des Mörrumsån zwischen Elleholm im Süden und Hovmansbygd im Norden folgt, mit ca. 100 Informationstafeln zu Geschichte und Kultur der Region. @ gmh254

*Mörrum (4.700 Einwohner) ist eine Ortschaft in der Provinz Blekinge und seit Jahrhunderten Zentrum für die Lachsfischerei. Es liegt direkt am Mörrumsån, der vier Kilometer südlich des Ortes in die Ostsee mündet. Im Ortskern stehen die Kirche und alte Schul- und Verwaltungsgebäude aus dem 19. Jahrhundert. Die Steinbogenbrücke über den Mörrumsån wurde 1937 fertiggestellt.*

## Lachsfischerei im Mörrumsån

*Der Mörrumsån ist ein 185 Kilometer langer Fluss in Südschweden und das südlichste Lachsgewässer Nordeuropas. Aus Dokumenten geht hervor, dass die Lachsfischerei schon 1231 unter königlicher Aufsicht stand. Früher wurden Speere zum Lachsfang verwendet, später Fallen, Netze und Kescher. Heute gibt es keine kommerzielle Lachsfischerei mehr im Mörrumsån. Die alten Fangeinrichtungen etwa am Kungsforsen („Königswasserfall") sind jedoch noch zu erkennen.*

*Das Angelrevier „Mörrums Kronolaxfiske" ist seit 1941 ein Ziel für Sportangler. Bis in die 1990er Jahre versuchten jedes Jahr über 10.000 Angler aus aller Welt ihr Glück rund um Mörrum. Immer wieder wurden dabei Lachse mit Rekordgewicht gefangen. Inzwischen werden aber weniger Angellizenzen ausgegeben, da der Bestand zurückgegangen ist. Die Chancen auf Meerforellen sind derzeit größer, allerdings muss man sich für die Angellizenzen in der Regel schon Monate im Voraus bewerben.*

## Von Mörrum nach Sölvesborg 21,5 km

**10** Fahren Sie nach dem Abzweig zu Mörrums Kronolaxfiske weiter geradeaus durch die Ortsmitte ~ an der T-Kreuzung hinter den Supermärkten über den Zebrastreifen auf den Radweg links von der Straße wechseln ~ durch die Engstelle geradeaus auf die kleine Nebenstraße ~ am Ende der Straße links abbiegen auf den Radweg links von der Straße ~ auf einer Brücke über die Bahngleise ~ durch ein kleines Wäldchen radeln und danach mit dem Radweg die Straßenseite wechseln ~ an der Auffahrt zur E 22 dem Radweg nach rechts folgen ~ durch die Unterführung und weiter auf dem Radweg rechts von der Straße ~ nach etwa 2 km direkt vor dem Kreisverkehr auf den Radweg links von der Straße wechseln und vorbei am Gut Stensnäs Herrgård bis nach Björkenäs radeln.

### Björkenäs

Fahren Sie geradeaus durch den Ort bis nach Pukavik.

### Pukavik (Sölvesborg)

*Vor Pukavik (200 Einwohner) liegt ein kleiner Schärengarten, den man vom Sydostleden und der Badestelle beim Zeltplatz in Alholmen gut sehen kann. Die Schäreninsel Vadholmen ist heute ein Vogelschutzgebiet, auf der Insel Mageholme stand lange Zeit eine Fischerkate.*

**11** Bei der Zufahrt zum Campingplatz wechseln Sie mit dem Radweg auf die rechte Straßenseite und fahren geradeaus auf die kleine Nebenstraße ~ weiter geradeaus auf den Radweg ~ die kleine Zufahrtsstraße überqueren und schräg geradeaus dem Radweg bis nach Norje folgen.

### Norje (Sölvesborg)

Vorwahl: 0456

**Gummagårdens Gårdsbutik**, Norjevägen 25, ✆ 31965, Mo-Fr 10-18 Uhr, Sa, So 10-15 Uhr. Hofladen mit frischem Gemüse und Beeren sowie Blumen und Geschenkartikeln. @ qjj873

*Musikfans ist der zu Sölvesborg gehörige Ort Norje (880 Einwohner) wegen des „Sweden Rock Festivals" bekannt, das seit 1998 auf einem Gelände südlich des Yachthafens stattfindet. Zu dem viertägigen Musikfestival kommen jedes Jahr Anfang Juni etwa 30.000 Gäste in die Region. Viele Anwohner vermie-*

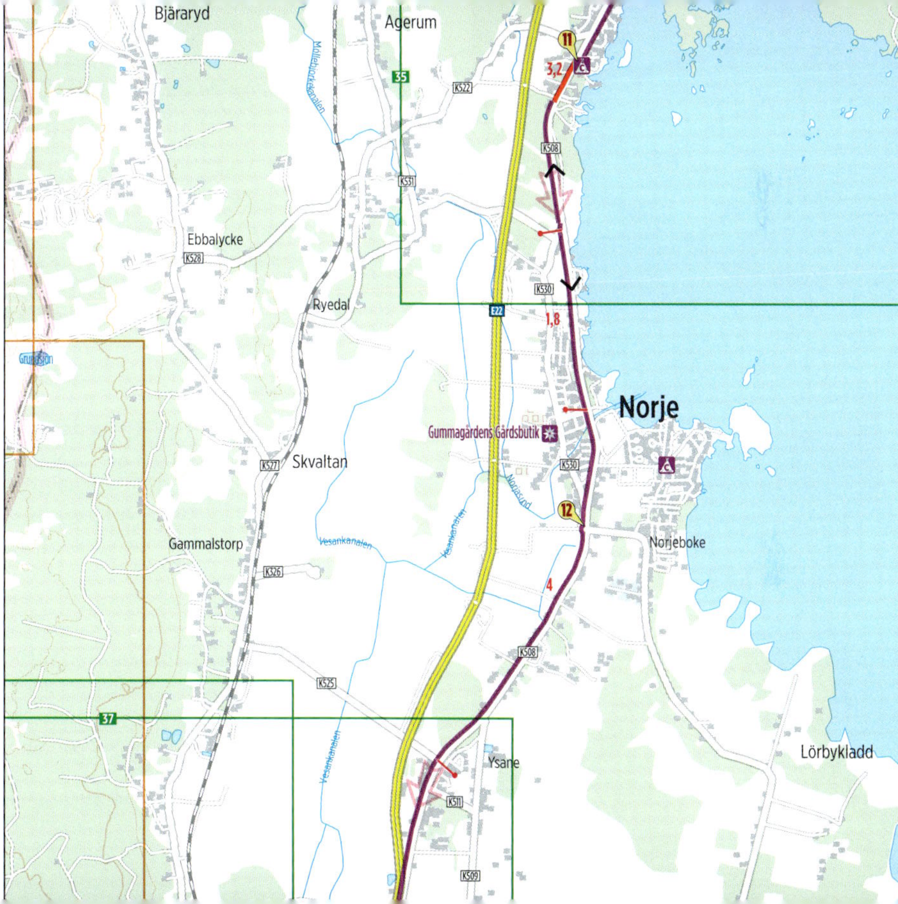

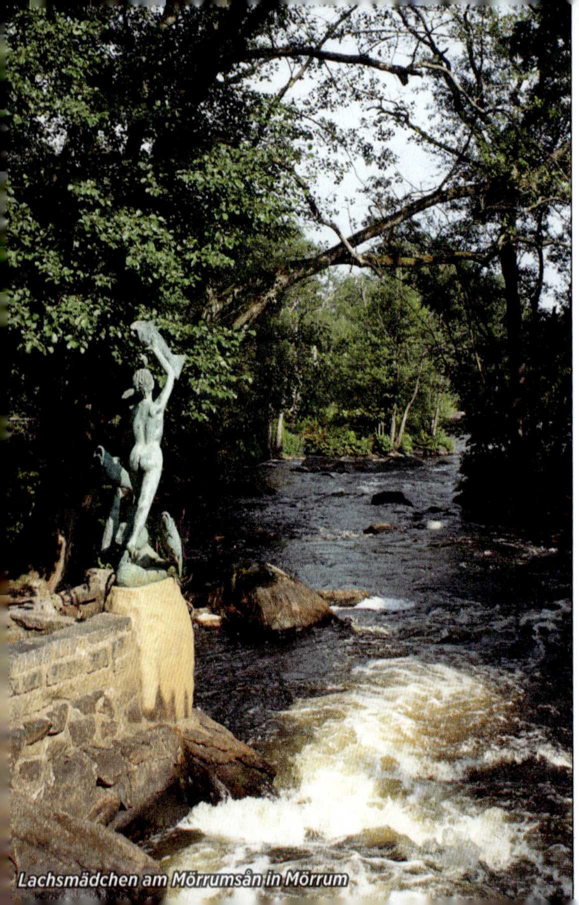

Lachsmädchen am Mörrumsån in Mörrum

*ten in dieser Zeit Zimmer, zusätzlich werden für die Festivalbesucher rund um Norje temporäre Zeltplätze eingerichtet. Trotzdem ist es in dieser Zeit nahezu unmöglich rund um Sölvesborg eine Unterkunft zu finden und die Preise sind entsprechend höher.*

Fahren Sie weiter geradeaus über die Brücke am Yachthafen ~ vorbei am Gelände des „Sweden Rock Festivals" und einem Schild, das die Mitte des Sydostledens anzeigt (mit Fahrradpumpe und Zugang zum Strand) ~ **12** die Straße am Kreisverkehr überqueren und für 2,5 km weiter geradeaus auf dem Radweg rechts von der Straße bis nach Ysane.

## Ysane

Fahren Sie nach dem Ort für 3 km geradeaus auf dem Radweg ~ die größere Straße überqueren und weiter auf dem Radweg ~ am nächsten Kreisverkehr vom Radweg auf die links einmündende Straße wechseln ~ kurz danach an der Weggabelung rechts halten ~ **13** direkt danach an der Engstelle rechts auf den Radweg abbiegen ~ an der T-Kreuzung der Radwege gleich wieder links abbiegen (und nicht den Schildern des Radweges Listerleden folgen) ~ an der T-Kreuzung hinter der Bushaltestelle rechts abbiegen und auf dem rechtsseitigen Radweg weiterfahren ~ schräg rechts zwischen den großen Pollern auf den unbefestigten Radweg über

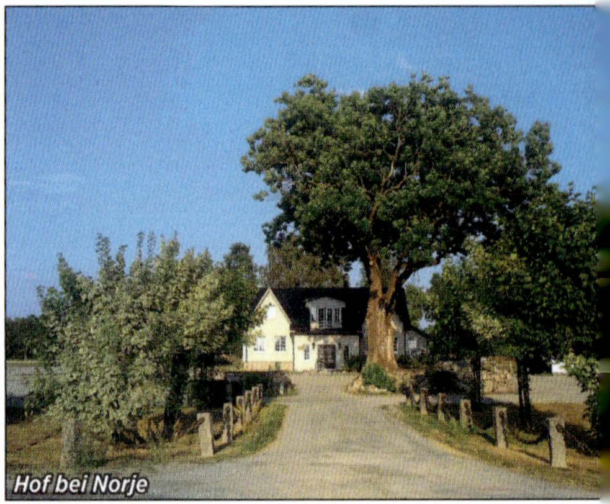

Hof bei Norje

die 760 m lange Fußgänger- und Fahrradbrücke ~ **14** am Ende der Brücke erreichen Sie die Innenstadt von Sölvesborg.

## Sölvesborg

Vorwahl: 0456

**Sölvesborgs Turistbyrå**, Reslagargatan 1, ✆ 816181, @ ytc678

**Sölvesborgs Konsthall**, Skeppsbrogatan 6, ✆ 816181 Kleine Kunstgalerie mit wechselnden Ausstellungen. @ mmm474

**Sölvesborgs Museum**, Skeppsbrogatan 3, ✆ 816181, Mitte Juni-Mitte Aug., Di-Sa 10-17 Uhr. Das Stadtmuseum befindet sich in einem alten Branntwein- und Getreidespeicher und zeigt u. a. archäologische Funde aus der Steinzeit und dem frühen Mittelalter. @ jyg214

**St. Nicolai**, Västra Storgatan. Die im gotischen Stil erbaute Nikolaikirche (14. Jh.) ist das einzige erhalten gebliebene mittelalterliche Gebäude Sölvesborgs. Sehenswert im Inneren sind die Kalkmalereien aus dem 15. Jh. mit Szenen aus dem Leben von Jesus und Maria.

**Sölvesborgs slott**, Slottsallén. Im Schlosspark liegen das 1802 fertiggestellte Stadtpalais, in dem sich heute ein Restaurant befindet, und eine alte Burgruine aus dem 13. Jh. Die von den Dänen erbaute Burg wurde bereits im 16. Jh. zerstört und danach als Steinbruch genutzt. @ uje183

**Lister Härads Tingshus**, Tingshusgatan 4, ✆ 816181, Mitte Juli-Mitte Aug., Di-Fr 11-16 Uhr. Das ehemalige Gerichtsgebäude (1919-21) entstand nach Zeichnungen des bekannten schwedischen Architekten Gunnar Asplund (1885-1940). Typisch für Asplund ist der große Giebel zur Straße, der dem klassizistischen Gebäude einen monumentalen Charakter verleiht. Heute wird das Gebäude von der örtlichen Musikschule genutzt.

**Sölvesborgsbron**. Das Bauwerk aus dem Jahre 2013 ist mit 760 m die längste Fußgänger- und Fahrradbrücke in Europa. Sie führt über die Bucht von Sölvesborg und verbindet die Altstadt mit dem neuen Stadtteil Ljungaviken auf der Halbinsel Listerlandet. Die drei 17 Meter hohen Bögen werden bei Dunkelheit bunt beleuchtet, in der Mitte der Brücke gibt es einen kleinen Rastplatz.

**Stortorget**. Marktplatz mit mehreren Gebäuden aus der ersten Hälfte des 19. Jhs. und der Brunnenstatue „Ask och Embla" (1948) des schwedischen Bildhauers Stig Blomberg (1901-1970).

**Fyra Årstiders Park (Vier-Jahreszeiten-Park)**, Hamngatan 10. Vom niederländischen Gartendesigner Piet Oudolf angelegte blühende Strandpromenade an der Sölvesborgsbron. @ pin857

*Sölvesborg (9.000 Einwohner) ist die kleinste Stadt in der Provinz Blekinge. Sie grenzt im Osten an die Halbinsel Listerland und wurde im 12. Jahrhundert als dänische Stadt gegründet. Ein großer Teil der Innenstadt mit ihren schmalen Gassen spiegelt noch heute den Straßenverlauf aus dem Mittelalter wider, obwohl die Stadt 1801 von einem großen Feuer stark zerstört wurde. Das einzige aus der Gründungszeit erhaltene Gebäude ist die Nikolaikirche. Mitte des 19. Jahrhunderts erlebte Sölvesborg einen Aufschwung durch die Herstellung von Branntwein. Später*

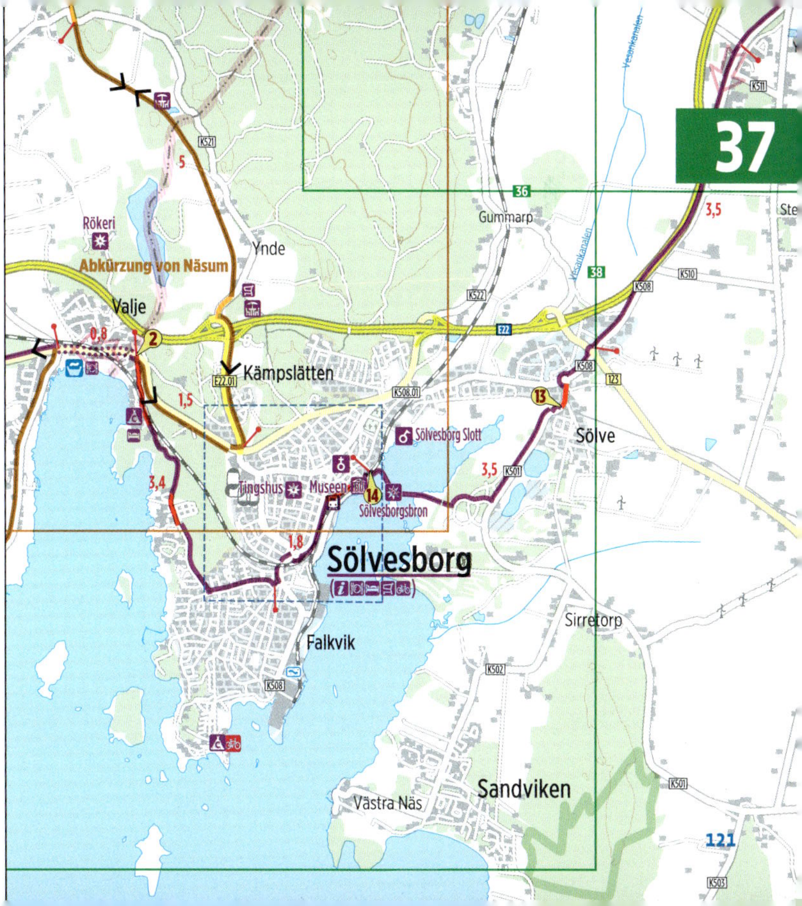

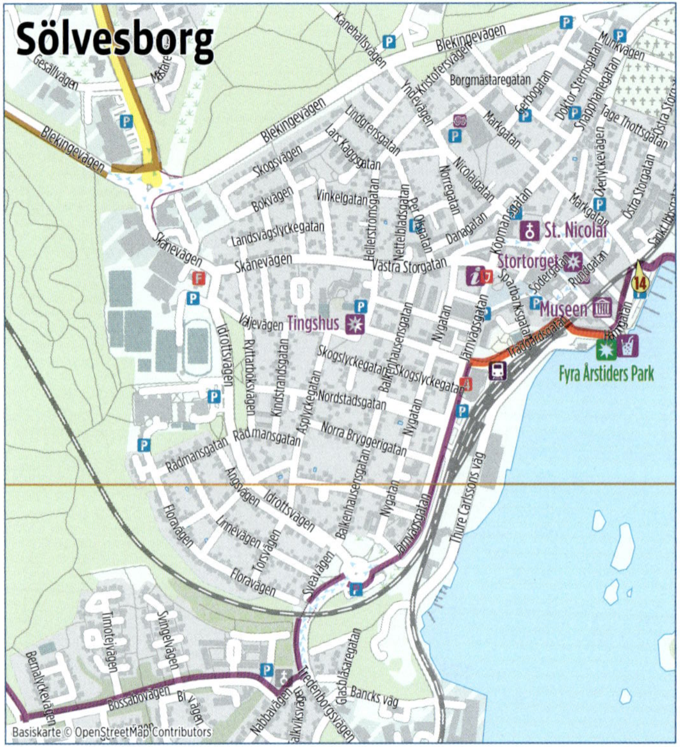


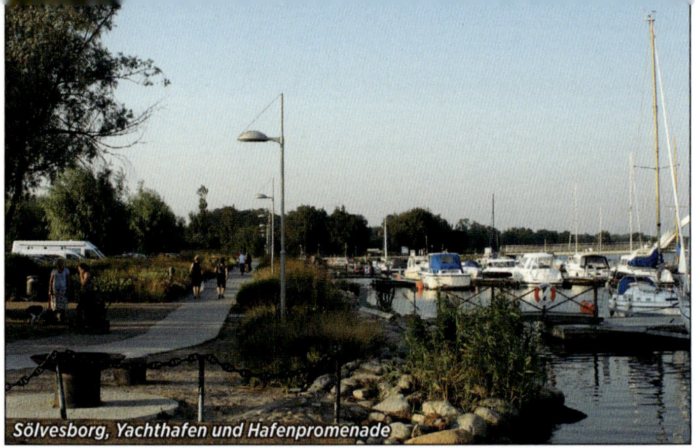
Sölvesborg, Yachthafen und Hafenpromenade

*kamen eine Werft und eine Glasfabrik dazu, die beide 1982 geschlossen wurden. Heute lebt die Stadt vor allem vom Tourismus in den Sommermonaten.*

**TIPP** In der Nähe des Bahnhofs (Järnvägsparken) und an der Schule Falkviksskolan (Nabbavägen) gibt es eine Aufpumpstation für Fahrräder und eine E-Bike-Ladestation.

**TIPP** Auf der flachen Halbinsel Listerlandet östlich von Sölvesborg gibt es eine 45 km lange Radroute (Listerleden), die durch kleine Fischerdörfer und entlang schöner Sandstrände führt. Die passende Broschüre „Cykla på Listerlandet i Sölvesborg“ erhalten Sie in der Tourist-Information, fragen Sie dort auch nach der digital aufbereiteten Variante.

# Von Sölvesborg nach Simrishamn

115,9 km

HM/km: ⬀ 2,3 (265m) ⬂ 2,3 (263m) Radweg: 56 % Unbefestigt: 16 % Verkehr: 1 %

Die Route führt Sie nach kurzer Fahrt nach Bromölla und am südlichen Ufer des Ivösjön entlang, dessen Insel Ivö einen Abstecher wert ist. Danach radeln Sie durch eine Gegend mit vielen mittelalterlichen Steinkirchen bis nach Kristianstad, das im 17. Jahrhundert von König Christian IV. im Renaissance-Stil errichtet wurde. Sehenswert sind der noch gut erhaltene Stadtkern und die Dreifaltigkeitskirche. Von Kristianstad gelangen Sie zunächst ins Hafenstädtchen Åhus und folgen nun der Aalküste, die durch kilometerlange Sandstrände geprägt ist. Bei Haväng verlässt die Route die Küste und macht einen Abstecher ins Binnenland, wobei sich als Abwechslung auch eine Fahrt mit der dampfbetriebenen Museumsbahn in Brösarp einschieben lässt. Danach erreichen Sie Kivik, das von weiten Apfelbaumplantagen umgeben ist. Die Route führt Sie nun durch die Fischerdörfer der Region Österlen, in denen heute zahlreiche Künstler leben und arbeiten. Schließlich erreichen Sie das charmante Hafenstädtchen Simirishamn mit seinem großen Yacht- und Fischereihafen.

Die Strecke führt hauptsächlich auf dem Sydostleden über Radwege und ruhige Nebenstraßen. Während es um den Ivösjön noch etwas hügelig ist, wird die Landschaft hinter Kristianstad und an der Küste wieder flacher. Um Kivik herum sind einige anspruchsvolle Anstiege zu bewältigen.

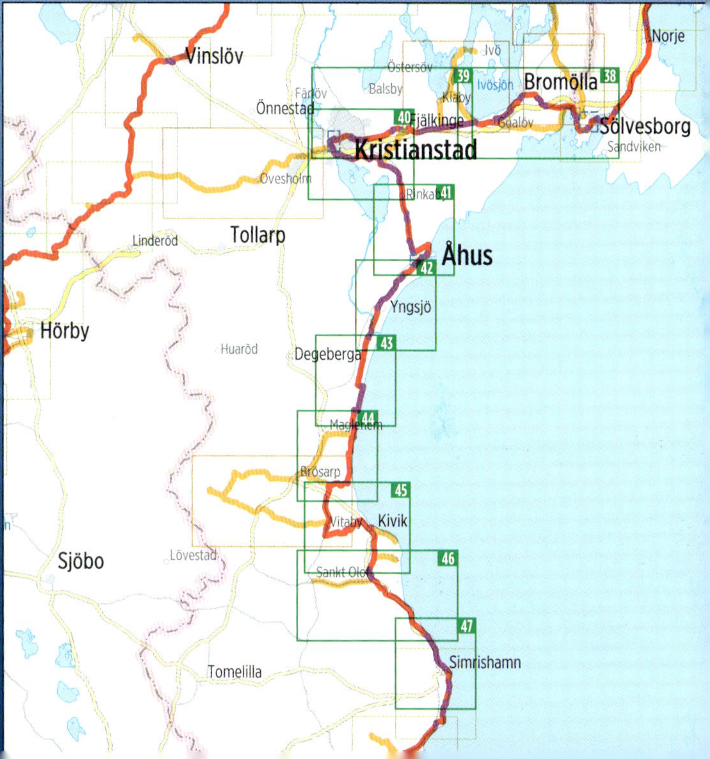

### Von Sölvesborg nach Bromölla 10,5 km

**1** Vor den Gleisen am Hafen links abbiegen ~ auf Höhe des Bahnübergangs wieder links und in die verkehrsberuhigte Zone am Hafen entlang ~ hinter dem nächsten Bahnübergang links auf die Nebenstraße Richtung Bahnhof ~ an der Kreuzung links auf den Radweg, links von der Järnvägsgatan und den Schildern des Sydostleden weiter folgen ~ vor dem Kreisverkehr rechts über den Zebrastreifen und jetzt auf dem Radweg rechts von der Järnvägsgatan am Kreisverkehr geradeaus ~ an der nächsten T-Kreuzung mit dem Radweg rechts abbiegen ~ direkt an der nächsten Kreuzung wieder rechts und dem Fuß- und Radweg für 700 m folgen ~ rechts auf den Radweg zum Naturreservat Valje ~ vom Radweg auf die Straße wechseln und weiter geradeaus ~ am Ende der Straße durch die Engstelle und geradeaus auf den Fuß- und Radweg durch den Wald ~ am Ende des Naturreservats geradeaus auf die Nebenstraße ~ **2** am Ende der kleinen Straße links auf den rechtsseitigen Radstreifen der Straße und bis nach Valje.

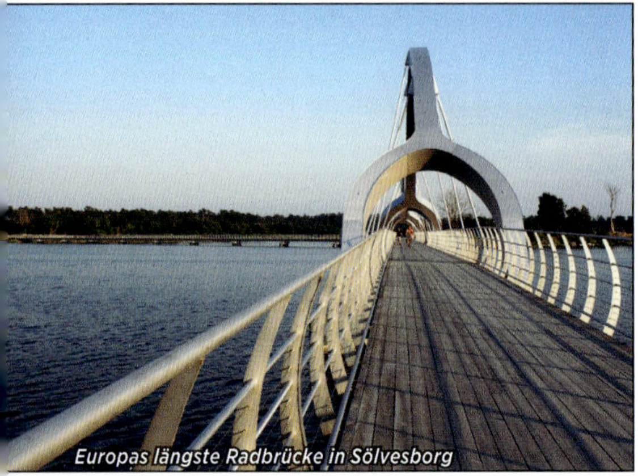


### Valje (Sölvesborg)

Vorwahl: 0456

**Valje Rökeri**, Sissebäcksvägen 71, ☎ 21948, Mo-Fr 10-17 Uhr, Sa, So 10-14 Uhr. Fischräucherei im Wald mit Freisitz. @ ikn247

*Valje (1.100 Einwohner) liegt an der Grenze zu Blekinge und Skåne. Die Küste und die Schäreninseln vor Valje waren einst ein beliebter Platz für Schmuggler, die im 19. Jahrhundert feine Stoffe aus dem Ausland und später Alkohol an Land brachten. Die Radroute „Smugglar Rundan" erinnert heute noch an diese Zeit. Der Gutshof Valje herrgård (Mitte 18. Jahrhundert) südlich des Zeltplatzes ist in Privatbesitz, die angrenzende Halbinsel mit Wanderwegen und Rastplätzen ist jedoch öffentlich zugänglich.*

Kurz nach dem Ortseingang fahren Sie am Abzweig zum Camping- und Badeplatz vorbei ~ die Bahngleise überqueren ~ vorbei an einem großen Parkplatz am Strand ~ der Beschilderung der Smugglar Rundan (Schmugglerrunde) nach Bromölla folgen und den Sydostleden vorerst verlassen.

**VARIANTE** **Falls Sie dem Sydostleden weiter folgen wollen, dann biegen Sie an der Kreuzung nach links ab. Sie gelangen bei Gualöv wieder auf die Hauptroute.**

Der Radweg rechts von der Straße verläuft jetzt separat ~ am Ende des Radwegs rechts, durch die

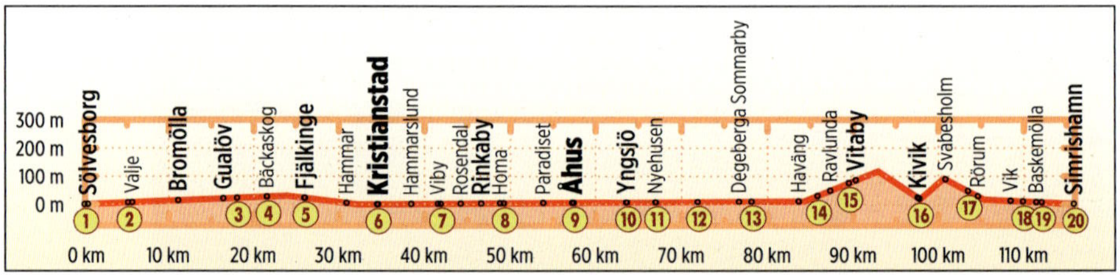

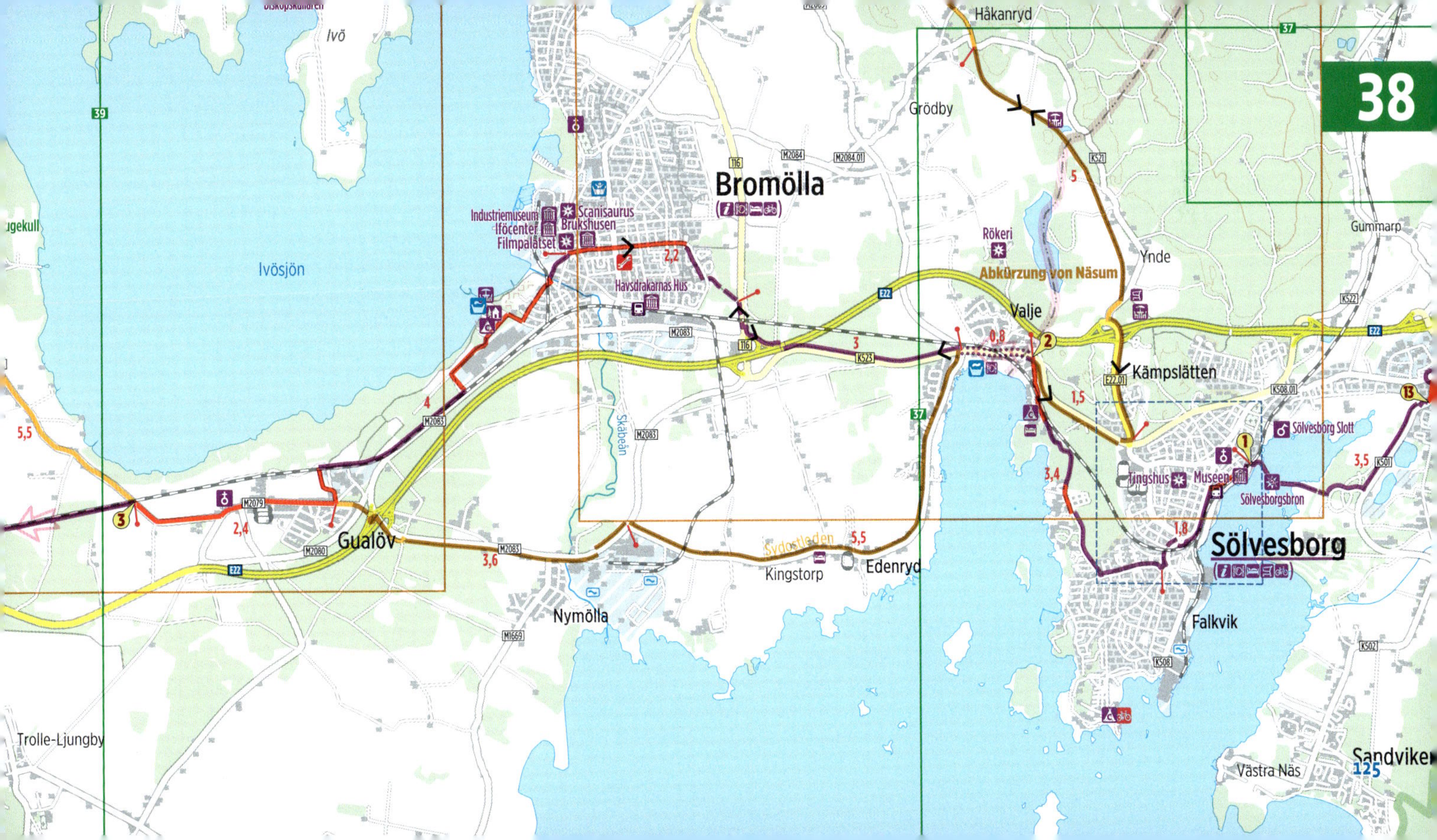
38
Håkanryd
Grödby
Bromölla
Rökeri
Ynde
Gummarp
Abkürzung von Näsum
Valje
Kämpslätten
Industriemuseum
Ifőcenter
Filmpalatset
Scanisaurus
Brukshusen
Havsdrakarnas Hus
Ivösjön
Ivö
Skäbeån
Gualöv
Nymölla
Kingstorp
Edenryd
Sydostleden
Sölvesborg Slott
Tingshus
Museer
Sölvesborgsbron
Sölvesborg
Falkvik
Västra Näs
Sandviken
Trolle-Ljungby
125

Unterführung der Autobahn und gleich wieder links ~ den Autobahnzubringer überqueren, danach der Beschilderung der Smugglar Rundan nach rechts folgen und unter der Bahn hindurch ~ auf einem Kiesweg durch ein Wäldchen nach Bromölla hinein ~ an der ersten Straße rechts ~ der Linkskurve folgen und auf der **Nygatan** hinab zur Ortsmitte.

## Bromölla

Vorwahl: 0456

**Bromölla Turistbyrå**, Hermansens gata 22, ✆ 822222, @ sjw136

**Brukshusen**, Bruksgatan 17 und 19, ✆ 28772, Mitte Juli-Mitte Aug., Sa 11-14 Uhr. In den alten Fabrikhäusern aus den Jahren 1905 bis 1907 werden eine Arbeiterwohnung und ein Dorfladen der Jahrhundertwende gezeigt. @ trh664

**Havsdrakarnas Hus**, Resvägen 1, ✆ 0708/843164 Das „Haus der Meeresdrachen" ist eine kleine Fossilien-Ausstellung im Warteraum des Bahnhofs. Sie wurde vom Hobby-Paläontologen Filip Lindgren zusammengestellt, der n. V. auch Fossilienwanderungen in der Umgebung anbietet. @ xxa334

**Iföcenter**, Fågel Fenix Väg 12, ✆ 0708/740562 Selbstorganisiertes Kulturzentrum auf dem Gelände der Iföwerke mit einer Street Art-Freiluftgalerie, das im Rahmen von geführten Touren oder Kunstworkshops besucht werden kann. Auf dem Fabrikgelände sind Kinder unter 15 Jahren aus Sicherheitsgründen nicht erlaubt. Frei zugänglich sind die Street Art-Ausstellungen in der an die Ifö-Werke grenzenden Sparbankshallen (Stig Sunnes väg 2, ÖZ: Mo-Do, 8-20 Uhr, Fr-So 10-16 Uhr). @ rvb115

**Iföwerkens Industrimuseum**, Storgatan 47, ✆ 405570, Mai-Aug., Mi und Sa, So 13-16 Uhr, April, Sept.-Mitte Dez., Mi 13-16 Uhr. Das kleine Industriemuseum der Iföwerke informiert über die Herstellung von Sanitärporzellan und zeigt z. B. Kloschüsseln aus dem frühen 20. Jh. Mit Keramikwerkstatt, wechselnden Kunstausstellungen und Garten. @ tcv317

**Ivetofta Kyrka**, Kyrkvägen 30. Von der mittelalterlichen Steinkirche aus dem 12. Jh. sind heute noch der Kirchturm und einige Grundsteine der südlichen Mauer erhalten.

**Böckmans Konditori & Bowling**, Storgatan 33, ✆ 28156 (Konditorei), ✆ 25333 (Bowling) Konditorei mit Bowling-Bahn. @ kdy764

**Filmpalatset**, Folkets Husgatan 2, ✆ 25857. Das kleine, moderne Kino wurde 2001 als „bestes Kino Schwedens" ausgezeichnet und zeigt viele Filme in Original-Version. @ nco615

**Scanisaurus**, Ifötorget. Der Keramikbrunnen mit den beiden großen Saurier-Skulpturen auf dem Marktplatz wurde 1971 von Gunnar Nylund (1904-1997) geschaffen. Die Skulpturen bestehen aus 3.000 handgefertigten Keramikplatten aus den Iföwerken und erinnern an die auf der Insel Ivö gefundenen Fossilien von Meeresechsen.

**Bromöllasimhall**, Sjöstjärnegatan 1, ✆ 822129, Di-So. Kleines Erlebnisbad mit großem Kinderbereich und Sauna. @ crx333

*Bromölla (8.100 Einwohner) grenzt im Westen an den Ivösjön und ist Sitz der gleichnamigen Gemeinde in Skåne. Der Ortsname lässt sich mit „Brücke an der Mühle" übersetzen, da es früher mehrere Mühlen an einem kleinen Fluss gab. Bromölla entwickelte sich erst Ende des 19. Jahrhunderts von einem Dorf zu einem größeren Industriestandort, als es an die Eisenbahnlinie Kristianstad-Sölvesborg angeschlossen wurde und die 1887 gegründeten Ifö-Werke mit dem Abbau von Kaolin und Kalk auf der Insel Ivö begannen. Seit den 1930er Jahren stellt die Firma Sanitärkeramik her und ist den meisten Schweden wegen des Logos „Ifö Sanitär" auf Kloschüsseln und Waschbecken bekannt.*

## Von Bromölla nach Kristianstad — 24 km

Biegen Sie am Ende der Nygatan links ab auf die Vorfahrtsstraße und zweigen Sie gleich wieder rechts ab auf den Radweg, weiter den Schildern der Smugglar Rundan folgend ~ vorbei an einem Rast- und Grillplatz ~ nach dem Parkplatz direkt wieder auf den Fuß- und Radweg über die kleine Brücke, danach links und gleich wieder rechts in den **Skogsvägen** ~ am Ende der Straße rechts und dann links ab Richtung Bromölla Camping und Vandrarhem.

TIPP: Wenn Sie die Straße geradeaus bis zum Ende fahren, kommen Sie zum flachen Strand von Bromölla mit mehreren Grillplätzen.

Vorbei am Campingplatz ~ links liegt hinter dem Zaun ein Gewerbegebiet ~ am Ende des Zauns links ~ vorbei am Parkplatz und danach rechts, nun entlang der Gleise nach 2 km links über den Bahnübergang nach Gualöv.

### Gualöv

**Gualövs Kyrka**, Byvägen. Die ursprünglich mittelalterliche Kirche wurde im 12. Jh. aus Granitsteinen gebaut. Trotz mehrerer Erweiterungen blieb der romanische Charakter erhalten. Im Inneren sind noch Kalkmalereien aus dem 12. Jh. zu sehen.

Im Ort verlassen Sie die Smugglar Rundan und biegen am Ende des Weges rechts ab auf den Byvägen, ab hier folgt die Route wieder der Beschilderung des Sydostleden am Ortsende vorbei an der alten Kirche und kurz dahinter rechts auf die Straße nach Kjuge **3** vor dem Bahnübergang links auf den Radweg entlang der Gleise.

AUSFLUG Falls Sie einen Ausflug auf die Insel Ivö unternehmen wollen, fahren Sie hinter Gualöv geradeaus über den Bahnübergang.

## Humleslingan – die Hopfenstraße

*Die 50 Kilometer lange „Humleslingan“ (Hopfenstraße) führt rund um den Ivosjön, einer Region, die einst das Zentrum des schwedischen Hopfenanbaus war. Heute dominieren allerdings Obstplantagen die Landschaft. Die Route ist durch braune Schilder mit einer weißen Blüte gekennzeichnet und führt zu über 40 Sehenswürdigkeiten wie z. B. einer alten Hopfendarre zum Trocknen des Hopfens, dem Gräberfeld Gudahagen oder dem Schloss Bäckaskog. Eine Broschüre zur Hopfenstraße erhalten Sie z. B. in der Tourist-Information in Bromölla oder unter www.humleslingan.com. Leider ist die Route in der Hauptsaison stärker befahren, da viele Touristen rund um den Ivösjön mit dem Auto unterwegs sind.*

## Ausflug zur Insel Ivö 20 km

Folgen Sie der Straße bis nach Kjuge.

### Kjuge (Fjälkinge)

**Café Kjugekull**, Kjugevägen 51, ✆ 0722/181820, Mitte Juni-Mitte Aug., tägl. 11-17 Uhr, April-Mitte Juni und Mitte Aug.-Okt., Sa, So/Fei 11-16 Uhr. Café auf dem Gelände des Heimatmuseums.

**Kjugekull**. Im Naturschutzgebiet Kjugekull gibt es ein Freilichtmuseum sowie mehrere Wanderwege, die an vorgeschichtlichen Stätten entlangführen und eine fantastische Aussicht auf den Ivösjön bieten. In den letzten Jahren hat sich das Gebiet zu einer beliebten Gegend für Kletterer entwickelt, die an den vielen Felsblöcken bouldern, das heißt in Absprunghöhe klettern.

Fahren Sie am Ortseingang geradeaus und vorbei an einem kleinen Gräberfeld auf der rechten Seite der Hauptstraße nach links folgen und vorbei am Abzweig nach Kjugekull und zum Heimatmuseum (Hembygdspark) am Ende der Straße rechts Richtung Vånga folgen Sie der mäßig befahrenen Straße Richtung Vånga, auf der Sie nach 1,5 km das Schloss Bäckaskog erreichen.

### Bäckaskog Slott (Fjälkinge)

**Bäckaskog Slott**, Barumsvägen 255, ✆ 044/53020. Auf dem schmalen Landstreifen zwischen den Seen Ivösjön und Oppmannsjön liegt Schloss Bäckaskog, einst Kloster (13. Jh.) und ab 1584 königliche Residenz. Heute befindet sich dort ein Hotel mit Restaurant. Der Schlosspark und die Schlosskapelle sind öffentlich zugänglich. @ kdp651

Nach knapp 3 km erreichen Sie Barum.

### Barum

Im Ort biegen Sie rechts ab Richtung Fähre und Campingplatz und folgen der Straße bis zum Fähranleger. Die Insel Ivö ist mit einer kostenlosen Personen- und Autofähre zu erreichen.

### Ivö (Fjälkinge)

Vorwahl: 044

**Ivöleden**, ✆ 656565. Fährzeiten: tägl. 4-23 Uhr ca. alle 20 Min., 0-3 Uhr stdl., Überfahrtsdauer: ca. 7 Min. @ tnc176

**Ivö Kyrka**, Ärkebiskopens väg, Mitte Mai-Ende Aug., tägl. 10-18 Uhr. Die Backsteinkirche (13. Jh.) im romanischen Stil wurde vermutlich vom Erzbischof von Lund, Andreas Sunesen, erbaut. Bis zur Reformation war die Kirche der Heiligen Ursula geweiht, nach der auch die Quelle an der Uferböschung unterhalb der Kirche benannt ist.

**Ugnsmunnarna**. Die Strandhöhlen nördlich des Fähranlegers sind durch Sprünge im Kalksteingebirge und durch die Ausspülung des Meeres entstanden. Die längste Grotte ist 18 m lang.

- **Biskopskällaren**, Hovgården. Der Bischofskeller, über dessen Eingang noch die Zahl 1222 sichtbar ist, gehörte vermutlich zur Burg Ivöhus, auf der Erzbischof Andreas Sunesen seine letzten Lebensjahre verbrachte.
- **Ivö Klack**. Auf der Nordseite der Insel gelegener Berg (133 m). Bis Mitte des 20. Jhs. wurden hier Kalkstein und Kaolin abgebaut und mit Schleppkähnen zu den Ifö-Werken in Bromölla transportiert. Entlang des ehemaligen Abbaufeldes, das für seine vielen Funde von Fossilien bekannt ist, führt heute ein Wanderweg (geführte Wanderungen mit Fossiliensuche und -bestimmung n. V. ✆ 0708/843164).

*Ivö (90 Einwohner) ist mit 12 Quadratkilometern die größte Insel im Ivosjön, dem größten und tiefsten See in Skåne. Der Hauptort der Insel heißt ebenfalls Ivö. Er liegt im Süden an der tief in die Insel hereinragenden Bucht Kyrkeviken, welche diese in zwei Halbinseln teilt.*

*Im Mittelalter war die Insel Bischofssitz. Der Erzbischof von Lund, Andreas Sunesen (1161-1228), verbrachte seine letzten Lebensjahre auf der Burg Ivöhus, von der heute noch die Ruine des Erdgeschosses erhalten ist. 1887 begann am Ivö Klack auf der Nordseite der Insel der Abbau von Kalkstein und Kaolin. Dieser wurde 1960 eingestellt, weil er nicht mehr rentabel war.*

*Noch bis ins späte 19. Jahrhundert gab es keine regelmäßige Fährverbindung nach Ivö. Ab 1918 war ein Motorboot im Einsatz, ab 1944 eine Fähre. Die heutige Fähre „Karna" fährt auf der Strecke seit 1987. Der Name des Schiffs erinnert an Karna Bengtsdotter (1857-1935), eine Bewohnerin aus Barum, die abends und nachts Menschen über den Ivosjön ruderte.*

*Ivö lebt heute vom Tourismus und ist landwirtschaftlich geprägt. Neben Roggen und Kartoffeln wird vor allem Obst angebaut.*

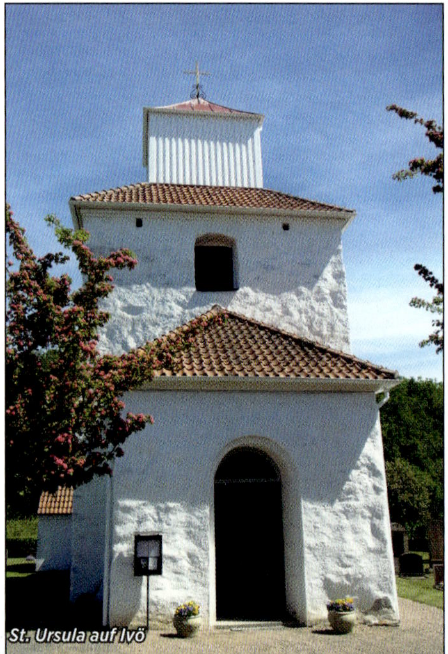
St. Ursula auf Ivö

Fahren Sie von Barum denselben Weg zurück weiter geradeaus bis nach Kiaby.

## Kiaby (Fjälkinge)

- **Kiaby Kyrka**, Barumsvägen 8. Die mittelalterliche Kirche (13. Jh.) wurde um 1500 um einen Kirchturm erweitert. Von der ursprünglichen Einrichtung sind ein Kruzifix mit einem Jesus mit silbernen Schuhen und eine Madonnen-Skulptur aus Eichenholz erhalten.

Hinter der Kirche biegen Sie links ab Richtung Bäckaskog in Bäckaskog am Ende der Straße rechts und zurück auf die Hauptroute.

Fahren Sie für 2 km entlang der Gleise bis nach Bäckaskog.

## Bäckaskog (Fjälkinge)

4 Biegen Sie im Ort am Ende des Radwegs links auf die Nebenstraße ab und an der T-Kreuzung direkt wieder rechts.

TIPP Wenn Sie an der T-Kreuzung in Bäckaskog links abbiegen und dem Maglestensvägen für etwa 600 m folgen, gelangen Sie auf der linken Straßenseite zum Maglesten. Um den riesigen Findling direkt vor einem alten Hof ranken sich mehrere Trollsagen.

Aus Bäckaskog heraus fahren Sie geradeaus auf dem Radweg rechts von der E 22 vorbei an einem riesigen Supermarkt auf der linken Straßenseite am Ende des Fuß- und Radwegs fahren Sie auf dem Seitenstreifen der ruhigen Straße nach Fjälkinge hinein und durch den Ort ~ rechts von Ihnen liegt der Berg Fjälkinge Backe.

## Fjälkinge

**Fjälkinge Kyrka**, Riddaregatan 25, Mitte Juni-Mitte Aug., tägl. 8-18 Uhr. Die mittelalterliche Kirche (Ende 12. Jh.) im romanischen Stil beherbergt im Turm ein kleines Kirchenmuseum. Audioführung auf Deutsch möglich.

**Fjälkinge Backe**. Vom Aussichtsturm auf dem 100 m hohen Fjälkinge Backe im gleichnamigen Naturschutzgebiet hat man eine gute Aussicht auf Kristianstad und das umgebende Flachland.

*In Fjälkinge (1.900 Einwohner) kreuzen sich mehrere Landstraßen, das Stadtzentrum liegt rund um den 1874 errichteten Bahnhof. Früher gab es im Ort ein Wirtshaus, ein Gericht und sogar ein Gefängnis. Heute werden die Gebäude aber anderweitig genutzt.*

An der ersten Kreuzung im Ort folgen Sie den Schildern des Sydostleden nach links ~ dann den Sydostleden kurz verlassen und insgesamt 400 m geradeaus ~ rechts auf den **Bonde Svenssons väg** ~ **5** nach knapp 300 m geradeaus auf den Fuß- und Radweg und damit zurück auf den Sydostleden.

VARIANTE Wollen Sie Kristianstad nicht besuchen, können Sie von hier aus direkt Richtung Åhus fahren und kürzen dadurch 10 km ab. Die Fortsetzung in Viby finden Sie auf S. 133.

Auf der Hauptroute fahren Sie bis nach Hammar.

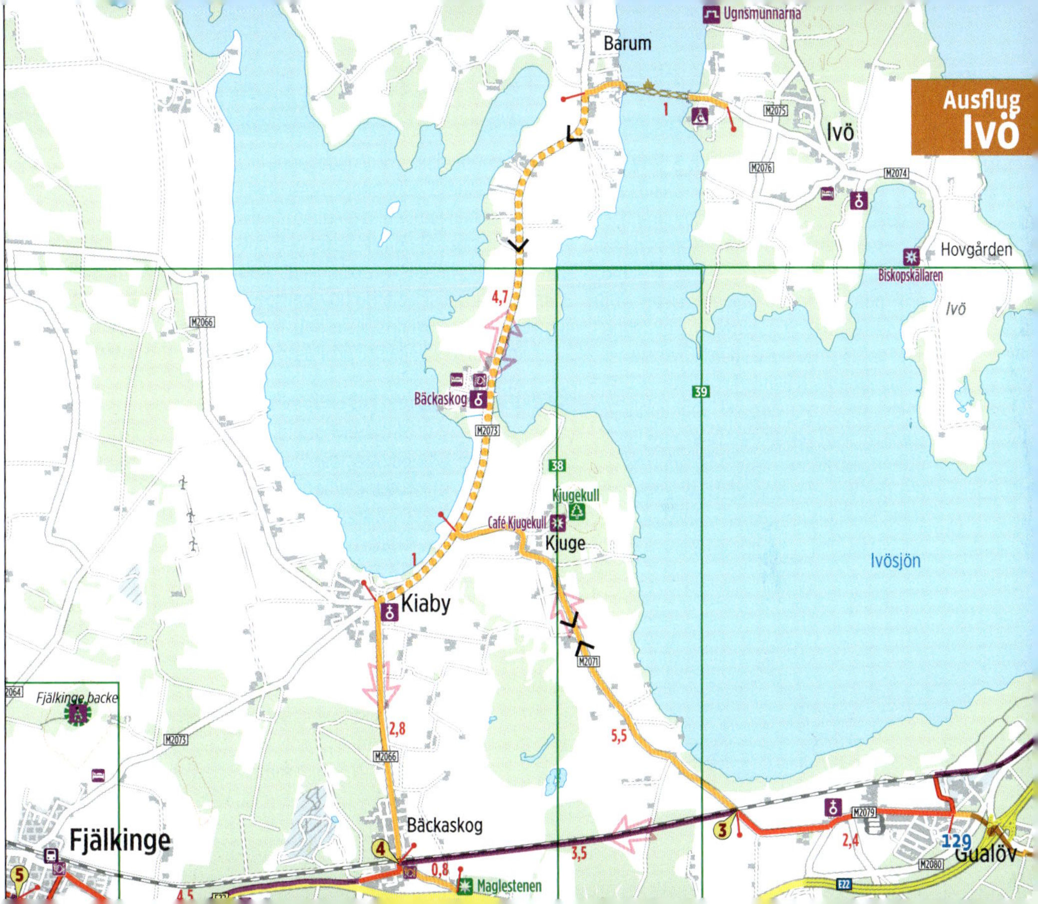

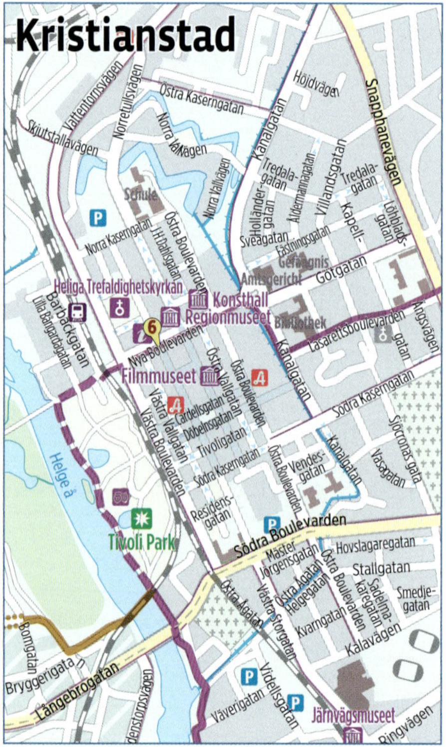


## Hammar

Kurz nach den ersten Häusern gelangen Sie an den Stadtrand von Kristianstad ~ am Zebrastreifen auf die linke Straßenseite wechseln ~ vorbei an einer Schule ~ hinter der Schule links und auf dem Radweg bleiben, jetzt kurz entlang der Bundesstraße 118 ~ nach ein paar Metern wieder rechts durch die Unterführung Richtung Zentrum ~ rechts und direkt wieder links auf den Radweg durch einen Park und den Schildern des Sydostleden weiter folgen ~ geradeaus auf die Straße wechseln ~ die Straße Äängavägen überqueren und auf dem Radweg durchs Wohngebiet ~ nach dem Wohngebiet im Park schräg links und weiter Richtung Zentrum ~ nach der kleinen Holzbrücke rechts ~ nach 200 m gleich wieder links über die Straße ~ geradeaus auf den Radweg entlang der Straße **Lasarettsboulevarden** ~ am Ende der Straße über die Kreuzung und rechts ~ an der nächsten Ecke links über die Brücke bis zum Marktplatz und Rathaus von Kristianstad.

## Kristianstad

Vorwahl: 044

**Kristianstad Tourist Center**, Västra Storgatan 12, Rådhus Skåne, ✆ 135000, @ xci337

**Filmmuseet**, Östra Storgatan 53, ✆ 6201902, Ende Juni-Mitte Aug., Di-Sa 11-16 Uhr, Sept.-Mai, Sa 12-17 Uhr. Filmmuseum mit alten Kulissen

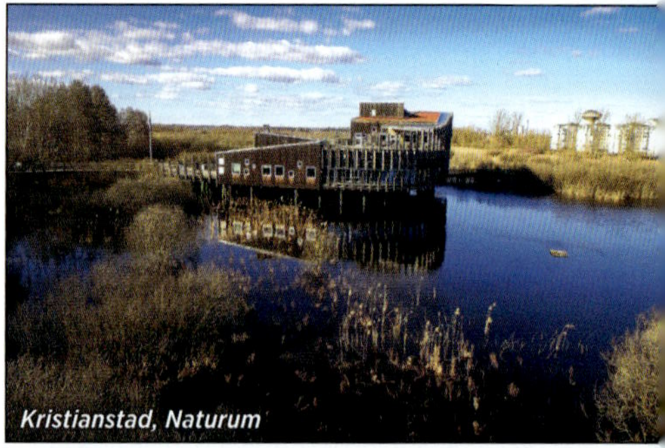

*Kristianstad, Naturum*

und Stummfilm-Atmosphäre in den Räumen des ersten schwedischen Filmstudios. Auf Wunsch werden alte Filme vorgeführt, allerdings nur auf Schwedisch. @ kph212

**Järnvägsmuseet (Eisenbahnmuseum)**, Västra Storgatan 74, ✆ 62019013, Mitte Juni-Ende Aug., tägl. 11-16 Uhr. Im Eisenbahnmuseum im ehemaligen Südbahnhof gibt es u. a. eine Dampflokomotive und alte Waggons zu sehen. Das Außengelände ist das ganze Jahr über frei zugänglich. @ fmp877

**Regionmuseet och Kristianstads Konsthall**, Östra Storgatan 27b, ✆ 6201900 Im Stora Kronohuset waren einst die Pferde Christians IV. untergebracht. Heute beherbergt das Gebäude das Bezirksmuseum, das über die Geschichte von Kristianstad und der Provinz Skåne informiert. Direkt angeschlossen ist die Kunsthalle, die internationale zeitgenössische Kunst zeigt. Der Eintritt ist frei. @ kfp575

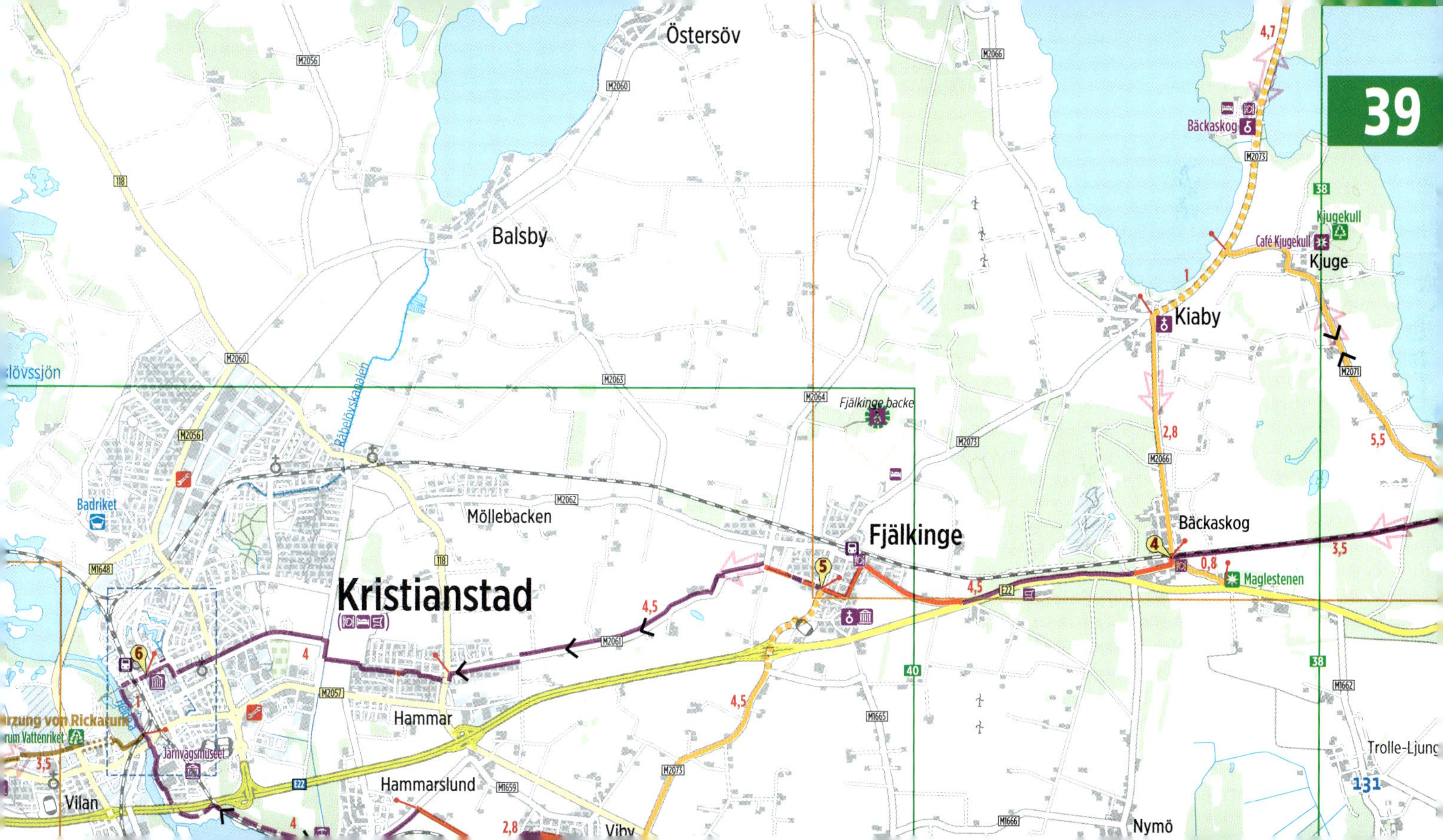
39
Östersöv
Balsby
Bäckaskog
Kjugekull
Café Kjugekull
Kjuge
Kiaby
lövssjön
Råbelövskanalen
Fjälkinge backe
Möllebacken
Fjälkinge
Bäckaskog
Maglestenen
Badriket
Kristianstad
Hammar
Järnvägsmuseet
Hammarslund
Vilan
Vihy
Nymö
Trolle-Ljung
Nymö
M2056
M2060
M2066
M2073
M2063
M2064
M2062
M2061
M2057
M1648
M2071
M1662
M1665
M1666
M1659
118
E22
38
40
131
4,7
1
2,8
5,5
3,5
0,8
4,5
4
2,8

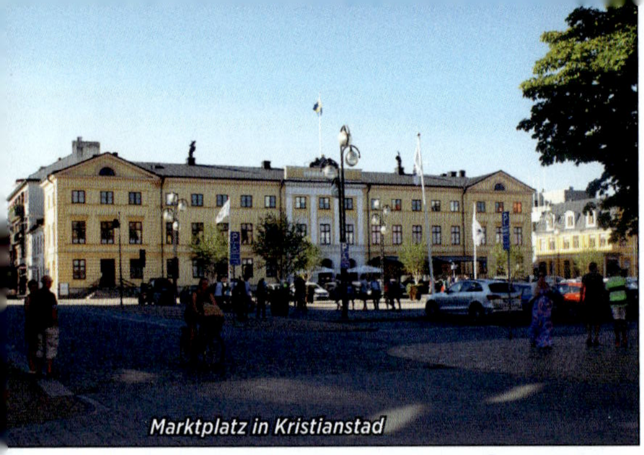

Marktplatz in Kristianstad

- **Heliga Trefaldighetskyrkan**, Västra Storgatan 6, tägl. 10-16.30 Uhr. Die in den Jahren 1617 bis 1628 aus Backstein gebaute Heilige Dreifaltigkeitskirche gilt als eine der schönsten Renaissancekirchen Skandinaviens. Sie hat auffallend hohe Fenster und Giebel. Im Inneren finden sich geschnitzte Eichenbänke und eine reichlich verzierte Orgelfront aus Zeiten Kristian IV. Altar und Kanzel sind aus Marmor und Alabaster.
- **Stora Torg**. An den ehemaligen Paradeplatz grenzen die bedeutendsten Gebäude Kristianstads: Rathaus (1891), Bürgermeisterhaus (1640/1800), Freimaurerhaus und das Stora Kronohuset (1840/41), welches heute als Museumsgebäude genutzt wird.
- **Naturum Vattenriket**, Naturumsvägen 2, 132330 Das kostenlos zu besuchende Informationszentrum zum Biosphärenreservat Kristianstad ist durch eine Fußgänger- und Fahrradbrücke von der Innenstadt aus zu erreichen. Es informiert in einer interaktiven Ausstellung über Flora und Fauna des Feuchtgebietes. Die Dachterrasse des Restaurants bietet eine herrliche Aussicht auf die Stadt und den Fluss Helge å. @ wdo637
- **Tivoli Park**. Im am Ufer des Helge å gelegenen Stadtparks vom Anfang des 19. Jhs. gibt es ein Jugendstil-Theater (1906), exotische Bäume, einen großen Spielplatz und im Sommer Musikveranstaltungen.
- **Badriket**, Stridvagnsvägen 16, 135320 Erlebnis-Bad mit Rutschen und Sauna. @ tqd768

*Kristianstad (41.000 Einwohner) liegt im Nordwesten der Provinz Skåne am Fluss Helge å. Die Stadt wurde 1614 vom Dänenkönig Christian IV. gegründet. Zuvor hatte die schwedische Armee unter Gustav II. die alte Stadt Vä niedergebrannt. Christian IV. ließ die neue Stadt als Befestigungsanlage und nach Idealen der Renaissance mit geraden Straßen und gezackt laufenden Festungswällen anlegen. Das rechtwinklige Straßennetz mit einigen Prachtbauten, darunter die Heilige Dreifaltigkeitskirche, prägt auch noch heute das Stadtbild.*

*In den ersten Jahren diente Kristianstad vor allem als dänische Grenzbefestigung gegen Schweden, wobei die umgebenden Feuchtgebiete einen natürlichen Schutz boten. Diese strategische Bedeutung verlor die Stadt jedoch mit dem Frieden von Roskilde im Jahre 1658, als die Provinzen Skåne, Blekinge und Halland an Schweden abgetreten werden mussten. Unter schwedischer Herrschaft entwickelte sich Kristianstad zu einer geschäftigen Handelsstadt, die zeitweise die gleiche Größe wie Malmö hatte. Damit das Stadtgebiet weiter ausgedehnt werden konnte, wurden mit der Zeit die alte Stadtmauer und die Verteidigungsanlagen abgebaut.*

## Kristianstads Vattenrike

*Kristianstads Vattenrike grenzt direkt an die Innenstadt. Das „Wasserreich“ ist ein geschütztes Feuchtgebiet, das seit 2005 Biosphärenreservat der UNESCO ist. Es beginnt am Unterlauf des Flusses Helge å beim Hammarsjön und reicht bis zur Hanöbucht bei Åhus. Insgesamt umfasst es eine Fläche von über 1.000 Quadratkilometern. Im Biosphärenreservat leben derzeit 22 Spezies, die auf der roten Liste der gefährdeten Arten stehen, darunter z. B. Seeadler, Wachtelkönig, Flussperlmuschel und Teichfledermaus.*

*Im Frühjahr lassen sich in den Feuchtgebieten mehrere tausend Kraniche beobachten, und im Winter wird Kristianstad zur „Adlerstadt“, da hier über 50 Seeadler und Tausende von Gänsen den Winter verbringen. Im gesamten Biosphärenreservat gibt es etwa 20 Besucherplätze mit Vogelbeobachtungstürmen, Bohlenwegen und Infotafeln. Kartenmaterial dafür erhalten Sie im Besucherzentrum Naturum.*

## Von Kristianstad nach Åhus 22,5 km

**6** Am Marktplatz fahren Sie weiter geradeaus und überqueren den Västra Boulevarden und die Gleise ~ weiter auf dem Fuß- und Radweg am Rande des **Tivoliparken** ~ vor dem Fluss links und am Wasser entlang ~ an der Brücke über den Zebrastreifen und weiter auf dem Radweg über den Deich ~ über die kleine Brücke, rechts und weiter den Schildern des Sydostledens folgen ~ weiter geradeaus auf dem nun unbefestigten, aber gut befahrbaren Weg auf dem Deich ~ durch die Unterführung und wieder hoch auf den Deich ~ links abbiegen, um die Bahnschienen zu überqueren und schräg geradeaus, um dem Sydostleden nun links vom Bahndamm weiter zu folgen ~ der Weg wird zum Schotterweg ~ vorbei am Abzweig zum Grill- und Naturlagerplatz Ekenabben am Hammersjön ~ weiter geradeaus auf den Radweg rechts von der Straße ~ am Ende des Radwegs rechts auf den **Fägelandsvägen** und den Schildern Richtung Åhus folgen ~ kurz nach den ersten Häusern von Viby an einer kleinen Kreuzung links auf den Fuß- und Radweg Richtung Åhus.

### Viby (Kristianstad)

**Gårdsbutiken Viby Potatis**, Viby kyrkväg 22, 0709/128009, Hofladen mit Kartoffeln, frischem Gemüse und Beeren sowie mehreren Storchennestern. @ ora732

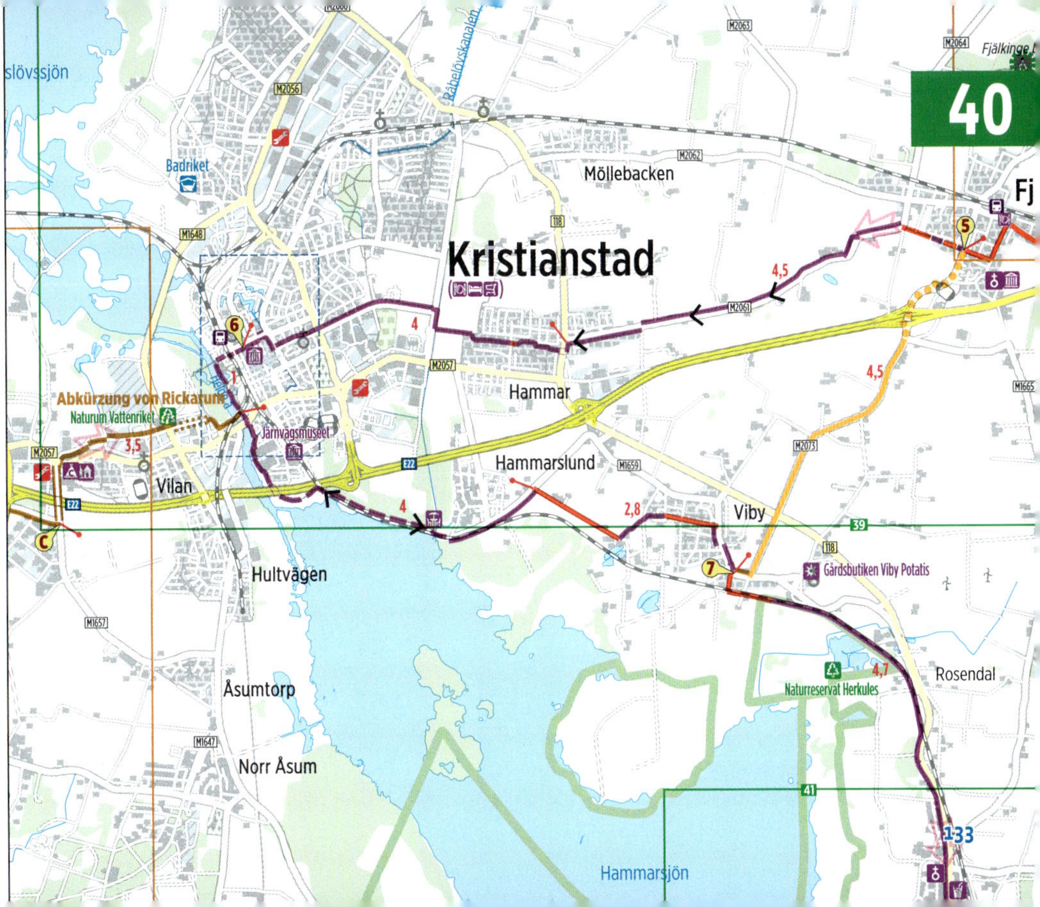

*In Viby (1.000 Einwohner) können Sie im Frühjahr und Sommer Ausschau nach Störchen halten. Ab April nisten auf mehreren Gebäuden rund um den Hofladen freilebende Störche, die hier seit Anfang der 1990er Jahre gezielt wieder angesiedelt wurden. In den Naturschutzgebieten Håslövs ängar und Hercules bei Viby können Sie auf neu gebauten Vogeltürmen weitere Vogelarten beobachten.*

Überqueren Sie die wenig befahrene Straße und biegen Sie kurz danach rechts ab ~ weiter auf dem Radweg ~ auf die Straße **Brötavägen** wechseln und durch die Siedlung ~ an der T-Kreuzung rechts abbiegen auf den **Byholmsvägen** ~ der Radweg wechselt die Seite ~ um einige Gebäude herum ~ **7** an der Bushaltestelle rechts und gleich wieder links in den **Brushanevägen** Richtung Naturreservat ~ über den Bahnübergang und dahinter links ~ die Häuser rechts liegen lassen und am Parkplatz vom Naturreservat Hercules (mit Vogelbeobachtungsturm und Wanderweg) weiter geradeaus auf dem Fuß- und Radweg parallel zu den Schienen.

## Rinkaby

**Rinkaby Kyrka**, Kyrkvägen 6. Die mittelalterliche Backsteinkirche mit separatem Glockenturm stammt aus dem 13. Jh. Sehenswert im Inneren sind die Gewölbemalereien (14. Jh.), die u. a. die Vertreibung von Adam und Eva aus dem Garten Eden zeigen.

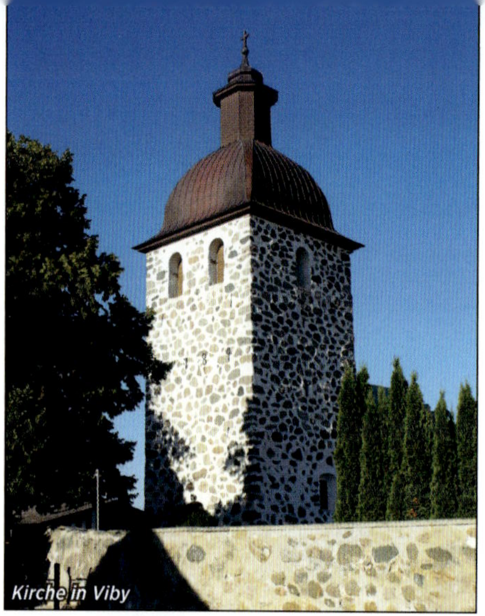

Kirche in Viby

*Das landwirtschaftlich geprägte Rinkaby (750 Einwohner) gehört zu den ältesten Dörfern Skånes. Schon in der Stein- und Bronzezeit ließen sich hier Menschen nieder. Dauerhaft besiedelt ist der Ort seit dem 9. Jahrhundert. Von der mittelalterlichen Bebauung ist nur noch die Kirche erhalten, da das Dorf 1651 durch einen Brand zerstört wurde. Zwischen 1800 und 1960 war Rinkaby eines der Zentren des schwedischen Tabakanbaus. Die vierzehn noch erhaltenen Tabakdarren, Vorrichtungen zum Trocknen des Tabaks, stehen unter Denkmalschutz. Rund um Rinkaby werden außerdem Kartoffeln, Roggen sowie der Weizen für den bekannten Absolut-Vodka angebaut, der in Åhus hergestellt wird. Östlich von Rinkaby gibt es einen großen Truppenübungsplatz, auf dem gelegentlich auch große Pfadfindertreffen mit mehreren Tausend Teilnehmern stattfinden.*

Fahren Sie an der Kirche von Rinkaby vorbei ~ der Radweg verläuft immer noch rechts der Straße ~ **8** die größere Zufahrtsstraße zur parallel führenden Bundesstraße 118 überqueren ~ vorbei am Abzweig zum Zelt- und Badeplatz Östra Täppet ~ links durch die Unterführung und weiterhin der Beschilderung Richtung Åhus Zentrum folgen ~ nach der Unterführung rechts und auf dem **Tallvägen** durch die Siedlung ~ am Ende der Straße schräg rechts auf den **Träskovägen** und danach auf den Radweg links der Straße ~ geradeaus über die Fahrradampel und weiter auf der wenig befahrenen Straße ~ am Ende der Straße links auf den linksseitigen Radweg und die Bahngleise überqueren ~ am Ende des schnurgeraden Weges in Strandnähe rechts (die Route verläuft parallel zum Hauptstrand von Åhus) ~ am Ende der Strandpromenade auf den Radweg rechts von der Straße ··· nach 50 m links abbiegen und den Schildern des Sydostledens in den kleinen Wald hinein folgen ··· am Ende des Waldes rechts abbiegen auf den rechtsseitigen Radweg in Richtung der Fabrik ··· links abbiegen, die Straßenseite wechseln und danach gleich wieder links und an den Silos der Fabrik vorbei ··· dem Radweg Richtung Hafenpromenade folgen, dabei aber auf dem Radweg rechts der Straße bleiben ··· an der Wodka-Fabrik vorbeifahren ··· auf den Fuß- und Radweg wechseln und am Yachthafen entlang.

## Åhus

Vorwahl: 044

**Åhus Museum**, Torget, ✆ 6201903, Ende Juni-Mitte Aug., tägl. 11-16 Uhr. Das stadtgeschichtliche Museum zeigt in seiner Dauerausstellung, wie sich Åhus durch seine Lage am Fluss Helge å zu einer mittelalterlichen Handelsstadt entwickelt hat. Zusätzlich wechselnde Ausstellungen. @ ydm124

**Sankta Maria Kyrka**, Torget, tägl. 9-15 Uhr. Die Kirche (12. Jh.) mit mittelalterlicher Sakristei wurde unter dem Einfluss des Bistums Lund erbaut. Ältestes Ausstellungsstück ist ein romanischer Taufstein (12. Jh.), über dem ein hölzerner Baldachin (17. Jh.) hängt.

**Aosehus**, Hamnen. Überreste einer mittelalterlichen Festung (12. Jh.), die strategisch günstig an der früheren Hauptmündung des Helge å lag. Die Burg wurde bereits im 16. Jh. zerstört. @ yss188

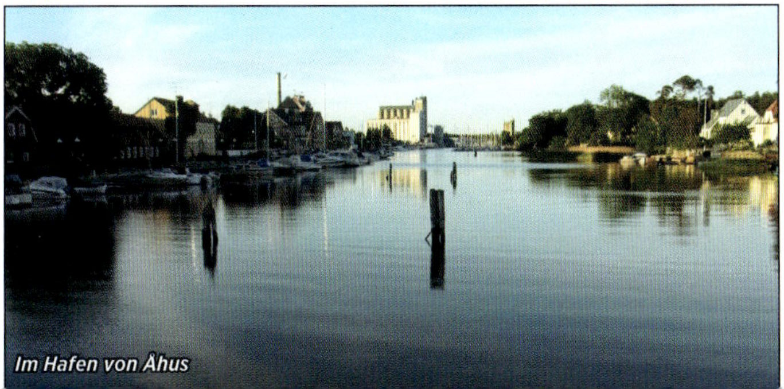
Im Hafen von Åhus

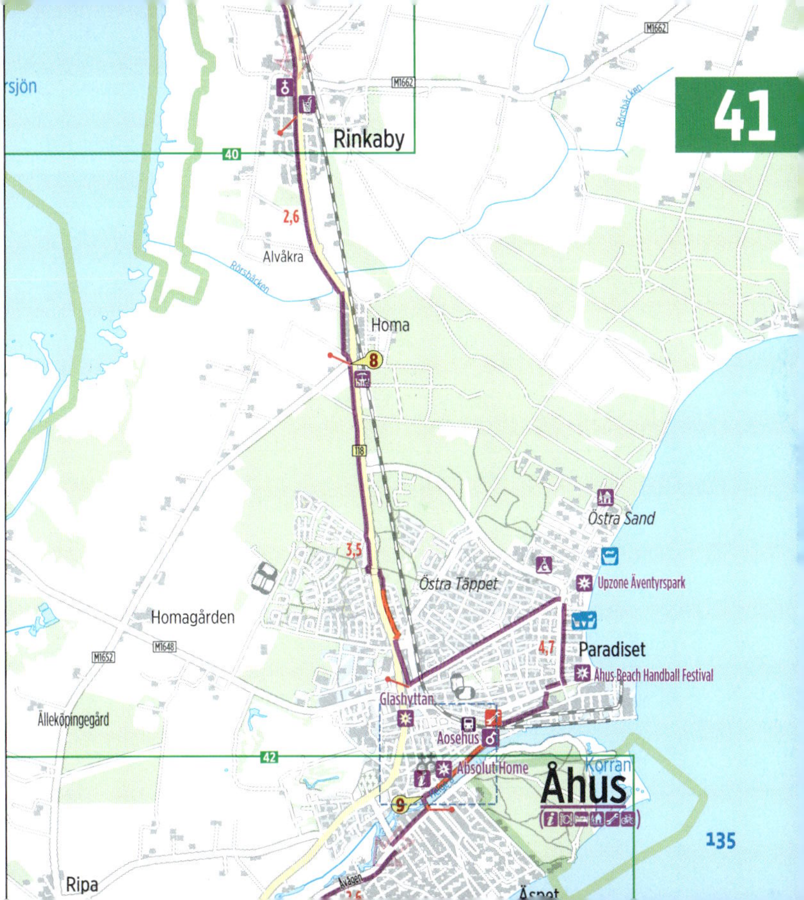

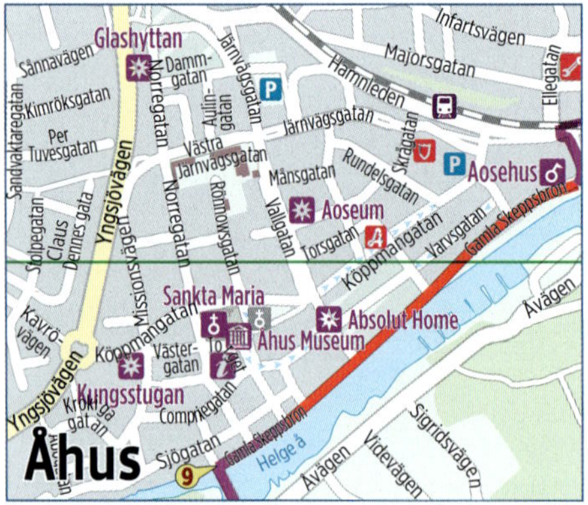


**Absolut Home (Absolut Vodka)**, Vallgatan 5, 5905959, (Restaurant/Shop): Do 12-22 Uhr, Fr, Sa 12-24 Uhr, So 12-21 Uhr, Führungen mit Online-Anmeldung (Schwed./Engl.): Juni-Aug., tägl. 12 und 15 Uhr, Sept.-Mai, Do-So, 12 u./o. 15 Uhr, Dauer: 1,5 h. In der Destillerie wird seit 1879 Wodka aus Wasser und Winterweizen hergestellt. @ vso836

**Åhus Beach**. Jährliches Beach-Soccer und Beach-Handball-Turnier im Juli (27. und 29. KW) mit mehr als 1.000 Teams und über 100.000 Besuchern. @ bri112

**Aoseum**, Vallgatan 16, 070/9450399. Kulturhaus mit vielen Veranstaltungen und Angeboten. @ lxb122

**Kungsstugan**, Torget. Die „Königshütte" ist ein denkmalgeschütztes Fachwerkhaus (1610), in dem sich in den 1670er Jahren der schwedische König Karl XI. vor den Dänen versteckt haben soll. Im Inneren sind noch Deckenmalereien aus der Zeit der Renaissance erhalten.

**Studio Glashyttan**, Norregatan 59, 247700 Moderne Glashütte, in der man den Glasbläsern bei der Arbeit zusehen kann.

**Upzone Äventyrspark**, Fädriften 1, 010/1102323, Juni-Aug., tägl. 10-16 Uhr, April, Mai, Sept., Okt., Sa, So 10-16 Uhr u. n. V. Hochseilgarten (ab 8 J.) mit Meeresblick. @ vef728

**Kantarellbadet**, Badvägen 9, 0734/698923, Juni-Aug., 11-19 Uhr, @ xet711

*Das Hafenstädtchen Åhus (10.500 Einwohner) liegt an einem Nebenfluss des Helge å. Der Name Åhus geht auf den Begriff „aos" (Flussmündung) zurück, da hier früher die Hauptmündung des Helge å lag. Nach einer Flut und einem missglückten Entwässerungsversuch im Jahr 1775 suchte sich der Fluss jedoch ein neues Bett. Die Hauptmündung liegt heute einige Kilometer weiter südlich bei Yngsjö.*

*Im Mittelalter war Åhus ein bedeutender Handelsplatz in Dänemark. Im 12. Jahrhundert wurde vor den Toren der Stadt die Burg Aosehus gebaut, die Erzbischof Eskil aus Lund als Zufluchtsort nutzte. Unter Leitung des Erzbistums Lund wurden in den folgenden Jahrhunderten eine Stadtmauer, ein Dominikanerkloster und mehrere Kirchen gebaut.*

*Die Stadt verlor jedoch in Zeiten der Reformation und während der Feldzüge von Gustav Adolf II. an Bedeutung und wurde mehrfach geplündert. 1617 musste Åhus nach dem Kalmarkrieg seine Stadtrechte zugunsten von Kristianstad abgeben. Im Frieden von Roskilde von 1658 fiel Åhus an Schweden und erhielt erst im 20. Jahrhundert wieder seine Stadtrechte zurück.*

*Heute ist Åhus wegen seiner beschaulichen Innenstadt mit den gepflasterten Straßen, der Hafenpromenade und den Badestränden ein beliebtes Ziel für Touristen.*

## Die Aalküste

*Der 40 Kilometer lange Küstenabschnitt zwischen Åhus und Kivik ist für seine kilometerlangen Sandstrände, Sanddünen, Kiefernwälder und die zahlrei-*

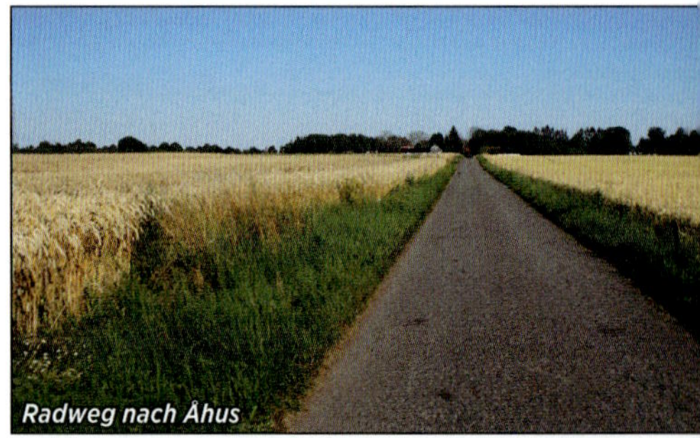

Radweg nach Åhus

*chen Aalhütten bekannt. Diese sind zumeist strohgedeckt und umgeben von traditionellen Fischereigeräten und großen Trockengestellen.*

*Wenn sich die ausgewachsenen Aale im Spätsommer und Herbst zum Laichen ins Meer aufmachen, beginnt für die Fischer in der Hanöbucht die Aalsaison. Dann werden in Strandnähe Reusen und Netze gespannt. Die meisten Fische gehen bei Dunkelheit in die Falle.*

*Im August wird entlang der Küste in vielen Aalhütten das so genannte „Ålagille" gefeiert, ein traditionelles Aalfest, das mit mindestens vier verschiedenen Aalgerichten (Suppe, geräuchert, gebraten oder überbacken) und viel Schnaps begangen wird. Ursprünglich waren diese Aalabende Männern vorbehalten, inzwischen dürfen natürlich auch Frauen und Touristen teilnehmen.*

## Von Åhus nach Haväng 26,5 km

**9** Biegen Sie links ab auf die Fußgänger- und Fahrradbrücke auf der alten Schwungradbrücke **Gamla Äspetbron** über den Helge å und rechts auf den Radweg entlang des **Åvägen** Richtung Yngsjö am Ende des Radwegs auf die wenig befahrene Straße wechseln der kleinen Straße durch den Küstenwald folgen vorbei am Åhus Missionsgård und an mehreren Abzweigen zu Badestränden an der Küste biegen Sie kurz vor der Bundesstraße 118 links ab auf den Schotterweg die Ortschaft Yngsjö haben Sie erreicht, sobald links im Wald durchgehend Ferienhäuser zu sehen sind.

### Yngsjö

*Yngsjö (650 Einwohner) ist eine kleine Ortschaft südlich von Åhus, die an einem kilometerlangen Sandstrand entlang der Hanöbucht liegt. In der näheren Umgebung gibt es ca. 1.700 Ferienhäuser, die zumeist nur im Sommer bewohnt sind. Neben dem Tourismus ist die Fischerei für Yngsjö von Bedeutung. Um den Ort herum gibt es mehrere Aalräuchereien, in denen*

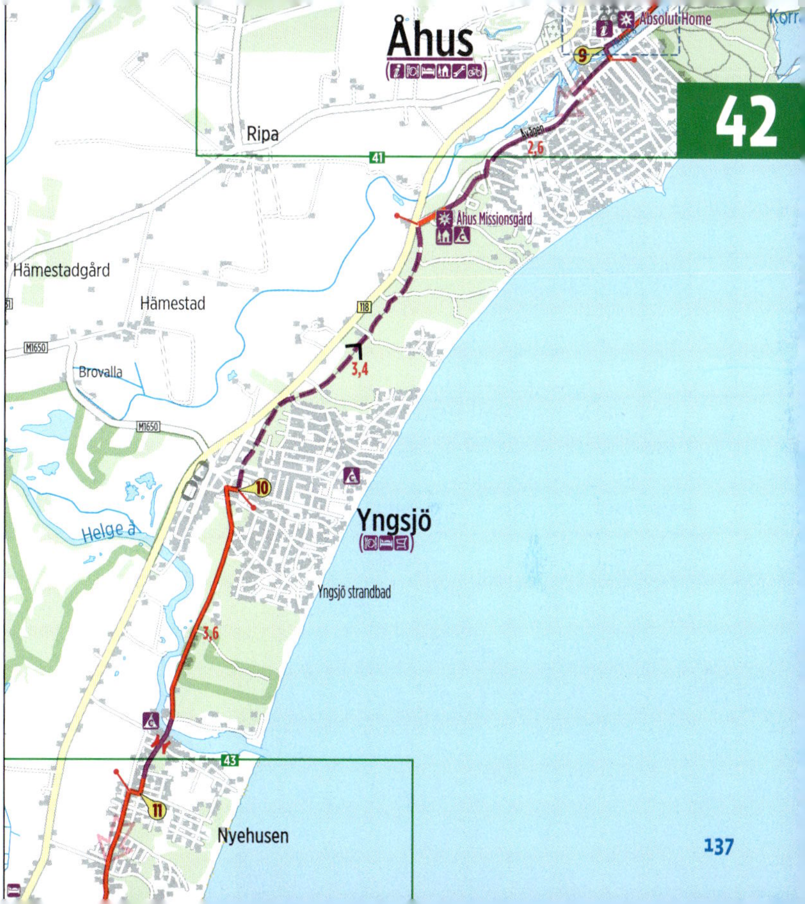

*die in Fluss und Meer gefangenen Aale direkt an Ort und Stelle verarbeitet werden.*

*Der Helge å fließt durch den Süden des Ortes und mündet dann in die Ostsee. Bis 1775 lag die Hauptmündung des Flusses in Åhus. Nach einer Schmelzwasserflut versuchten die Bewohner von Yngsjö jedoch, das Flutwasser durch einen Graben abzuleiten. Infolgedessen suchte sich der Fluss einen neuen Lauf und Yngsjö liegt seitdem auf einer Art Insel.*

**10** Biegen Sie am Ende des Schotterwegs rechts ab auf die kleine Straße **Saltsjöbadvägen** und an der T-Kreuzung links in den **Lillesjö Väg** ~ den Schildern Richtung Furuboda folgen ~ die Nebenstraße führt Sie durch eine Ferienhaussiedlung und fast alle

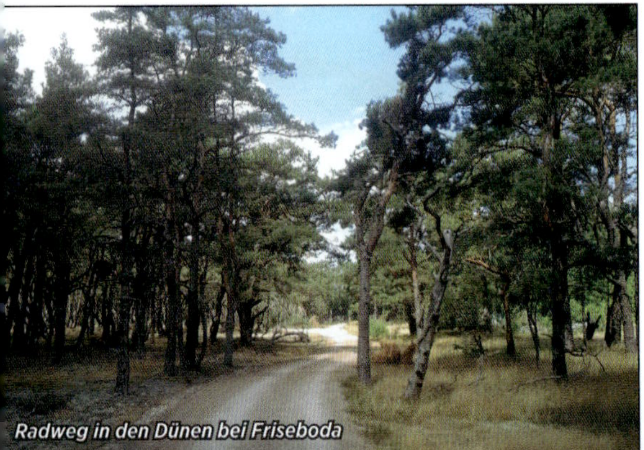

Radweg in den Dünen bei Friseboda

Straßen nach links führen zum Strand ~ vorbei am Naturschutzgebiet Lillesjö ~ auf der Brücke über den Helge å, der hier in die Ostsee mündet.

### Nyehusen (Yngsjö)

Vorwahl: 044

Simhall Furoboda Folkhögskola, Furubodavägen 247, ✆ 7814646, Do 14-17.45 Uhr, Fr 14-18.45 Uhr u. n. V. Kleines Schwimm- und Reha-Bad mit Sauna. @ jcs325

Fahren Sie nach der Brücke geradeaus auf den Radweg und kurz darauf wieder auf einer Nebenstraße durch die Ferienhaussiedlung ~ **11** nach 300 m rechts und gleich wieder links auf den **Furubodavägen** ~ **12** links abbiegen in Richtung Friseboda Strand und Parkplatz ~ links am Parkplatz vorbei auf den unbefestigten Rad- und Fußweg ~ am Ende des Weges rechts und parallel zum Strand weiter auf dem Radweg ~ vorbei am Rastplatz Kongaboden und durchgehend vorbei am wunderschönen Badestrand ~ dem Sydostleden nach rechts folgen ~ am Ende des Weges links auf den **Frisebodavägen** ~ an der T-Kreuzung mit der Straße direkt wieder links und gleich wieder rechts auf den **Sommarbyvägen** ~ vorbei an der Siedlung **Deberga Sommarby** ~ der Linkskurve der Straße folgen und danach gleich wieder rechts ~ **13** nach knapp 1 km am Abzweig zum Sydostleden geradeaus weiterfahren.

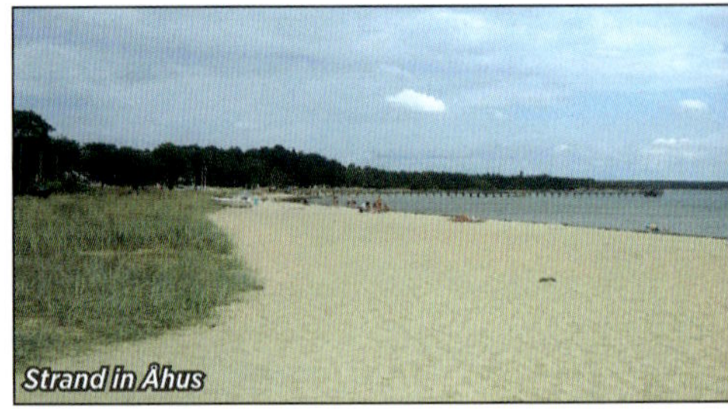

Strand in Åhus

AUSFLUG Wenn Sie den Museumsbahnhof Brösarp oder das Schloss Christinehof besuchen möchten, können Sie von hier aus dem Sydostleden weiter folgen. Den aktuellen Fahrplan der an ausgewählten Tagen verkehrenden Museumseisenbahn finden Sie unter www.skanskajarnvagar.se.

## Ausflug zum alten Bahnhof von Brösarp und zum Schloss Christinehof 35 km

Folgen Sie dem Sydostleden nach rechts auf der wenig befahrenen Nebenstraße ~ am Ende der Straße rechts abbiegen ~ **A** am Ortseingang von Maglehem wieder links auf den Radweg.

### Maglehem (Degeberga)

Der Weg folgt einem alten Bahndamm durch den Wald am Ende des Bahndamms schräg links, um auf dem Sydostleden zu bleiben.

**TIPP** Hier können Sie sich entscheiden, am alten Bahnhof von Brösarp vorbei zur Hauptroute zurückzukehren oder dem Sydostleden bis zum Schloss Christinehof zu folgen.

## Zum alten Bahnhof Brösarp

**B** Nach dem Überqueren der Schienen biegen Sie links ab und verlassen den Sydostleden, um zum alten Bahnhof zu gelangen.

### Museumseisenbahn (Brösarp)

Vorwahl: 0414

**Brösarp Station (Museumsbahnhof)**, Brösarps stationsväg 3, ✆ 73015 Der 1900 erbaute Bahnhof befindet sich nördlich des Ortes. Heute gibt es im Bahnhofsgebäude ein kleines Eisenbahnmuseum und einen Kiosk. Gegenüber finden Sie ein Café in einem alten Eisenbahnwaggon. @ lhn843

**Skånska Järnvägar**, Brösarps stationsväg 3, ✆ 73015. Museumseisenbahn, Abfahrten nach St. Olof: Juli, Mi, Sa, So, 10 Uhr, 12.15 Uhr und 14.40 Uhr, Mitte-Ende Juni, Aug., So 10 Uhr, 12.15 Uhr und 14.40 Uhr, Fahrtzeit: ca. 35 Min. Zu- und Aussteigen ist auch auf den Stationen in Ravlundabro und Vitaby möglich. Keine Fahrradmitnahme. @ nmv131

*Die Eisenbahnlinie zwischen Brösarp und St. Olof wurde 1901 als private*

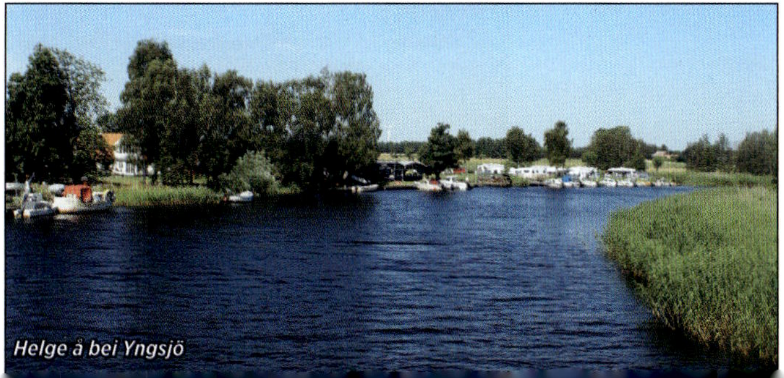
Helge å bei Yngsjö

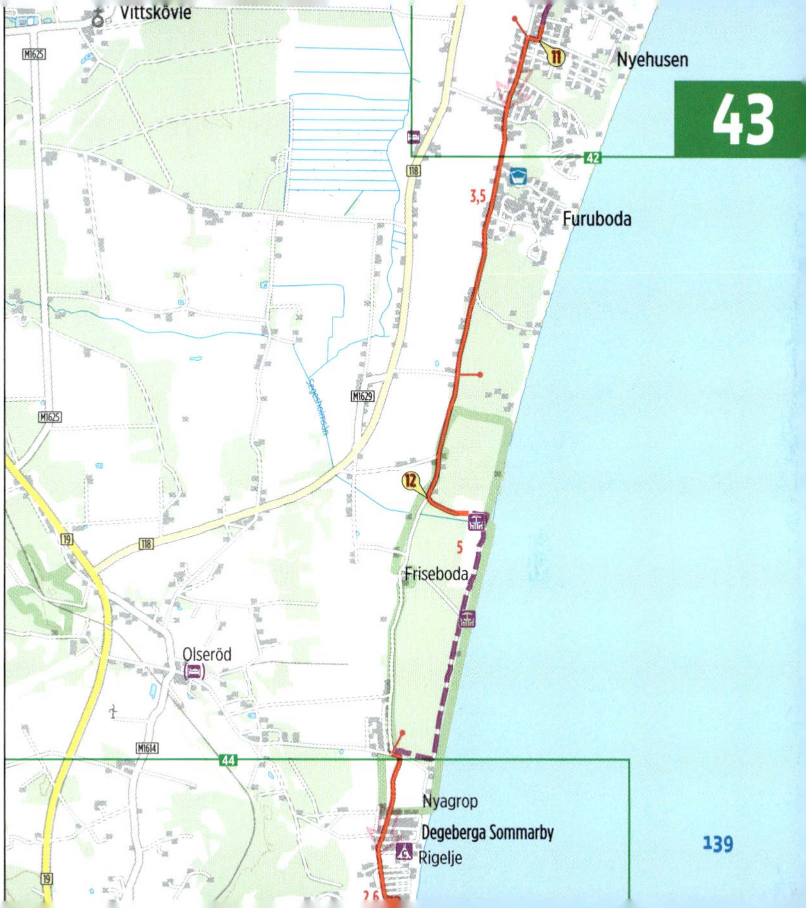

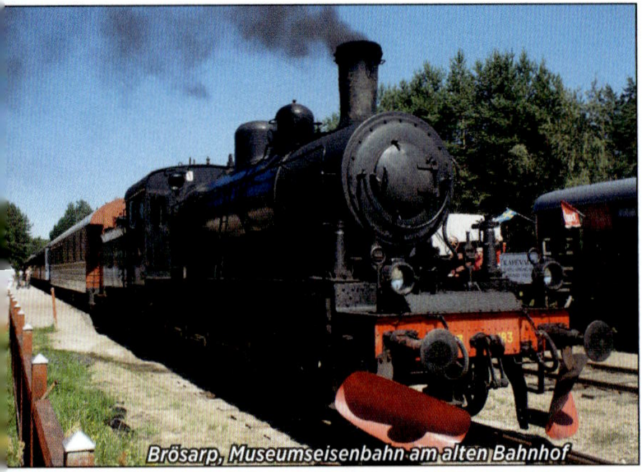
Brösarp, Museumseisenbahn am alten Bahnhof

*Linie eröffnet und 1941 verstaatlicht. Der reguläre Personenverkehr wurde Ende 1971 eingestellt, während der Güterverkehr noch einige Jahre weiterlief. Hauptsächlich wurden Panzer auf offenen Eisenbahnwagen zum Truppenübungsplatz „Ravlunda skjutfält" transportiert.*
*Noch im Jahr der Stilllegung des Personenverkehrs nahm die Museumsvereinigung „Skånska Järnvägar" den Eisenbahnbetrieb mit Dampfzügen aus den 1930er und 1940er Jahren auf der Strecke auf. Es war die erste normalspurige Museumseisenbahn in Schweden. Die Eisenbahnline hat eine Länge von etwa 13 Kilometern. Bahnhöfe gibt es in Brösarp, Ravlundabro, Vitaby und St. Olof. In Brösarp befindet sich der Betriebsbahnhof mit Lokschuppen, Wagenhalle und Werkstätten.*

Am Bahnhof fahren Sie geradeaus auf den Schotterweg ~ links halten und 700 m nach dem Bahnhof an der T-Kreuzung links ~ durch eine kleine Siedlung ~ hinter den Häusern weiter geradeaus ~ der Weg ist für 250 m Meter schlecht befahrbar, ggf. schieben ~ schräg links und den unbeschrankten Bahnübergang überqueren ~ dem sandigen Weg bis zu den Häusern folgen ~ geradeaus auf dem Schotterweg bis hinab zur Kreuzung und rechts auf die geteerte Nebenstraße **14**.

## Zum Schloss Christinehof

**B** Wenn Sie Schloss Christinehof besuchen wollen, folgen Sie hier dem Sydostleden weiter geradeaus auf dem unbefestigten Radweg ~ an der Straße nach links auf den straßenbegleitenden Radweg abbiegen ~ hinter der Brücke links und dem Radweg entlang der Nebenstraße nach Brösarp hinein folgen.

### Brösarp

Vorwahl: 0414

**Brösarps konsthall**, Höjerensväg 4, ✆ 73680, ⌚ Mitte Juni-Anf. Aug., Sa, So 12-16 Uhr, @ seg273

**Brösarps Gästgifveri & Spa**, Albovägen 21, ✆ 73680, ⌚ Mo-Fr 12-19 Uhr, Sa 9-18 Uhr (Fr und Sa ab 16 J.). Kleines Wellnessbad mit Sauna, Kinder unter 12 Jahren nur von 12-14 Uhr erlaubt. @ qxt273

Im Ort biegen Sie rechts ab auf die stärker befahrene Hauptstraße von Brösarp ~ ⚠ die E 19 überqueren und 6 km weiter geradeaus auf der Nebenstraße bis nach Bertilstorp.

### Bertilstorp (Brösarp)

**C** An der Weggabelung im Ort links abbiegen und dem Sydostleden in Richtung Andrarum weiter folgen ~ nach 2,5 km den Sydostleden verlassen und der Nebenstraße nach Andrarum folgen ~ an

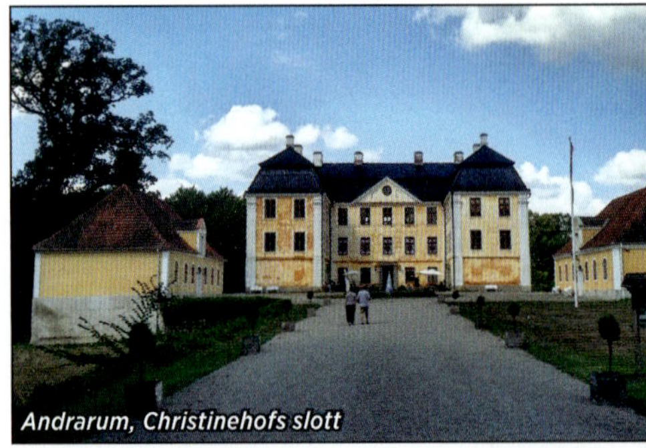
Andrarum, Christinehofs slott

der nächsten Kreuzung geradeaus und den Schildern zu Christinehofs Slott folgen.

**TIPP** Wenn Sie vor dem Besuch des Schlosses eine typisch schwedische Kaffeepause einlegen möchten, können Sie an der nächsten Kreuzung rechts abbiegen und dann den Schildern zur „Kaffeestugan Alunbruket“ folgen, in der es auch ein Bed & Breakfast gibt.

## Andrarum (Brösarp)

Vorwahl: 0414

**Christinehofs slott och Ekopark**, Kristinehov Kronhjorten 101, ✆ 0709/166626, ⏲ (Schloss): Ende Juni-Mitte Aug., tägl. 11-16 Uhr, Mitte-Ende Aug., Di-So 11-16 Uhr, Mitte Mai-Ende Juni und Mitte Aug.-Sept., Sa, So 11-16 Uhr, Park frei zugänglich. Im gut erhaltenen Barockschloss Christinehof (1740) kann man mehrere möblierte Säle besichtigen und sich in einer Ausstellung über das ländliche Leben von Arm und Reich im 18. und 19. Jh. informieren. Außerdem gibt es ein Café und einen Museumsladen. Rund um das Schloss liegt ein Ökopark mit mehreren Wanderwegen, die durch die Kulturlandschaft der Umgebung mit einem alten Alaunschieferbruch führen. @ iht666

**Kaffeestugan Alunbruket**, Alunbruket 101, ✆ 26115, ⏲ Mai-Sept., tägl. Gilt als Skånes älteste „Kaffeehütte“ (18. Jh.) und wird seit vier Generationen von derselben Familie betrieben. @ gye455

*Das 1740 erbaute Barockschloss Christinehof ist heute Mittelpunkt des gleichnamigen Ökoparks. Benannt ist das „goldene Schloss“ nach der Gräfin und Unternehmerin Christina Piper, die mit Mitte 30 als Witwe hierher kam und das Landgut „Andrarums gård“ kaufte. Aus dem dort bereits vorhandenen Alaunschieferbruch machte sie innerhalb von wenigen Jahren eines der größten Industrieunternehmen Skånes. Der Schiefer wurde vor Ort abgebaut und verhüttet, um daraus die Chemikalie Alaunsalz zu gewinnen. Diese wurde damals für das Färben von Kleidung und für die Veredelung von Papier benötigt. Die Produktion war so erfolgreich, dass um 1760 rund 900 Menschen auf dem Gutsgelände arbeiteten und wohnten, ungefähr halb so viele wie in Malmö zur damaligen Zeit. Mehrere Schieferhalden, die Ruine*

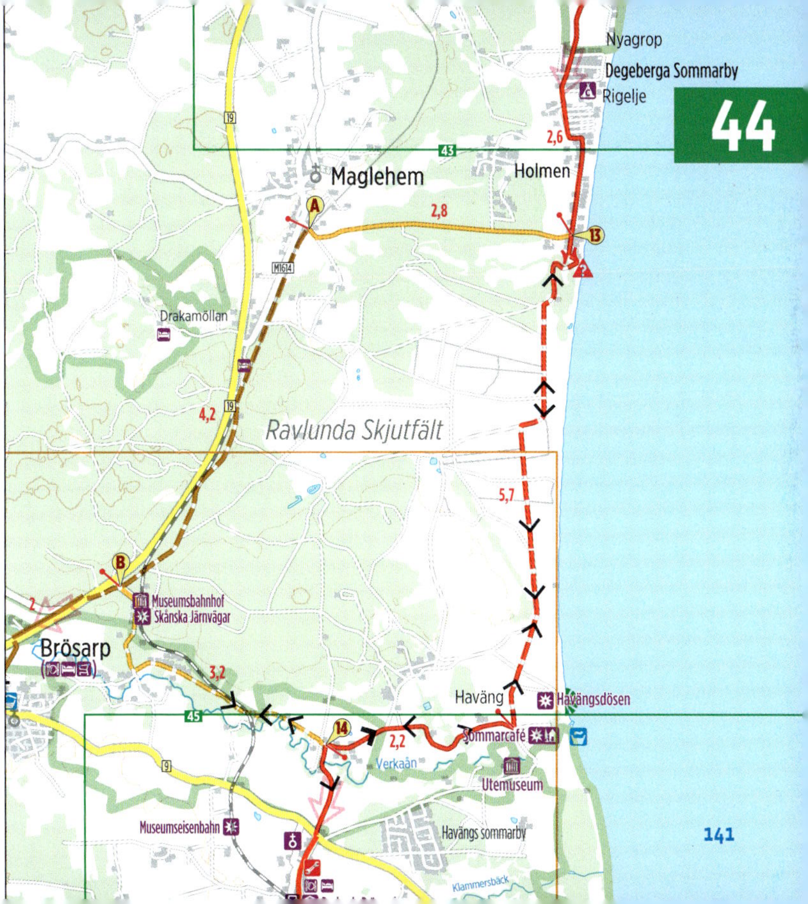

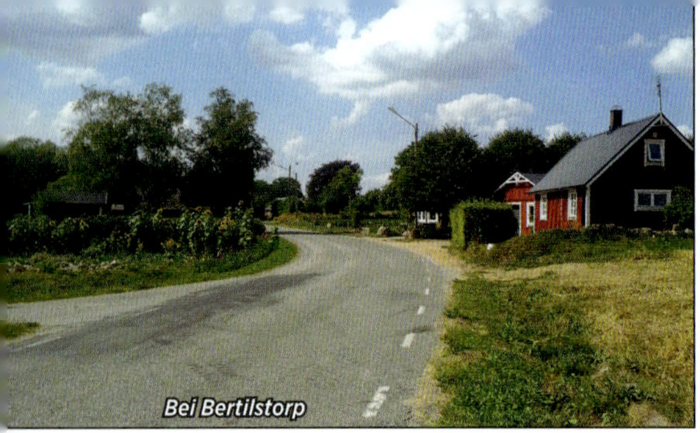

Bei Bertilstorp

*eines Kesselhauses und einige noch erhaltene Werksgebäude im Ökopark erinnern heute an diese Zeit, die allerdings auch eine erhebliche Umweltzerstörung mit sich brachte. Viele Sümpfe, Wälder und Wiesen rund um das Schloss wurden in den vergangenen Jahren wiederhergestellt und es wurden Wanderwege angelegt.*

Vom Schloss kommend fahren Sie geradeaus in Richtung Ludaröd.

## Ludaröd (Brösarp)

**Hallamölla vattenfall.** Mit einer Höhe von 23 Metern der höchste Wasserfall in Skåne. Während der Laichzeit kann man hier Meerforellen beim Stromaufwärts-Schwimmen beobachten, manchmal sind auch Eisvögel oder Wasseramseln zu sehen. Die am naturgeschützten Fluss Verkeån liegende, noch funktionstüchtige Wassermühle mit Ursprüngen im 15. Jh. gab dem Wasserfall ihren Namen. @ sgl784

Fahren Sie auf dem Sydostleden weiter geradeaus bis nach Eljaröd.

## Eljaröd (Brösarp)

Vorwahl: 0414

**Eljarödbadet**, ✆ 91088, Mitte Juni-Mitte Aug., Mo-Fr 10-18 Uhr, Sa, So 11-16 Uhr, @ xol534

Auf Höhe der Kirche folgen Sie den Schildern des Sydostledens nach links auf die Nebenstraße ⇝ ⚠ am Ende der Straße für ein kurzes Stück links auf die E 19 ⇝ **D** an der nächsten T-Kreuzung direkt wieder rechts auf die wenig befahrene Nebenstraße und den Schildern des Sydostledens für knapp 8 km weiter folgen ⇝ rechts abbiegen zurück auf die Hauptroute und nach Vitaby (s. S. 144) hinein.

Auf der Hauptroute fahren Sie weiter geradeaus und folgen nicht der Beschilderung der Cykelspåret nach rechts ⇝ vor dem Parkplatz links auf den Schotterweg Richtung Küste ⇝ direkt am Wasser durch das Tor ins Militärgebiet, dessen Betreten außerhalb der Schießübungszeiten erlaubt ist.

VARIANTE ⚠ Falls das Militärgebiet wegen Schießübungen geschlossen ist, können Sie ein Stück zurückradeln und auf der Radroute der Cykelspåret das Sperrgebiet umfahren. Folgen Sie dem Radweg und den Straßenschildern in Richtung Brösarp. Für die weitere Routenbeschreibung fahren Sie den „Ausflug zum Schloss Christinehof und zum alten Bahnhof von Brösarp" (s. S. 138). Die Umfahrung am alten Bahnhof vorbei ist nur 2 km länger.

## Der Panzerschießplatz Ravlunda

*Der Schießplatz Ravlunda (Ravlunda Skjutfält) liegt etwa 20 Kilometer nördlich von Simrishamn direkt an der Ostseeküste. Er umfasst rund 1.600 Hektar Land und hat eine Gefahrenzone, die über 20 Kilometer weit in die Hanöbucht hineinreicht. An bis zu 190 Tagen im Jahr übt das schwedische Militär hier das scharfe Schießen mit Panzern und gepanzerten Fahrzeugen. Dann sind die Schüsse kilometerweit zu hören, was in den letzten Jahren für viel Kritik sorgte.*

*Der Schießplatz besteht zu großen Teilen aus Heidelandschaft und gleicht einer Sandsteppe. Als das Gelände 1943 vom schwedischen Militär gekauft wurde, war es nur halb so groß. Mitten im Gelände lag früher das Dorf Knäbäck, das in den 1950er Jahren 15 Kilometer nach Süden verlegt wurde und in Knäbäckshusen umbenannt wurde.*

*In den Sommermonaten ist das Militärgebiet zumeist offen und wird von vielen Schweden zum Baden, Radfahren und Paragliden genutzt. Das Betreten des Geländes ist nur während der Schießübungszeiten verboten, die jeweils auf Schildern an den Eingän-*

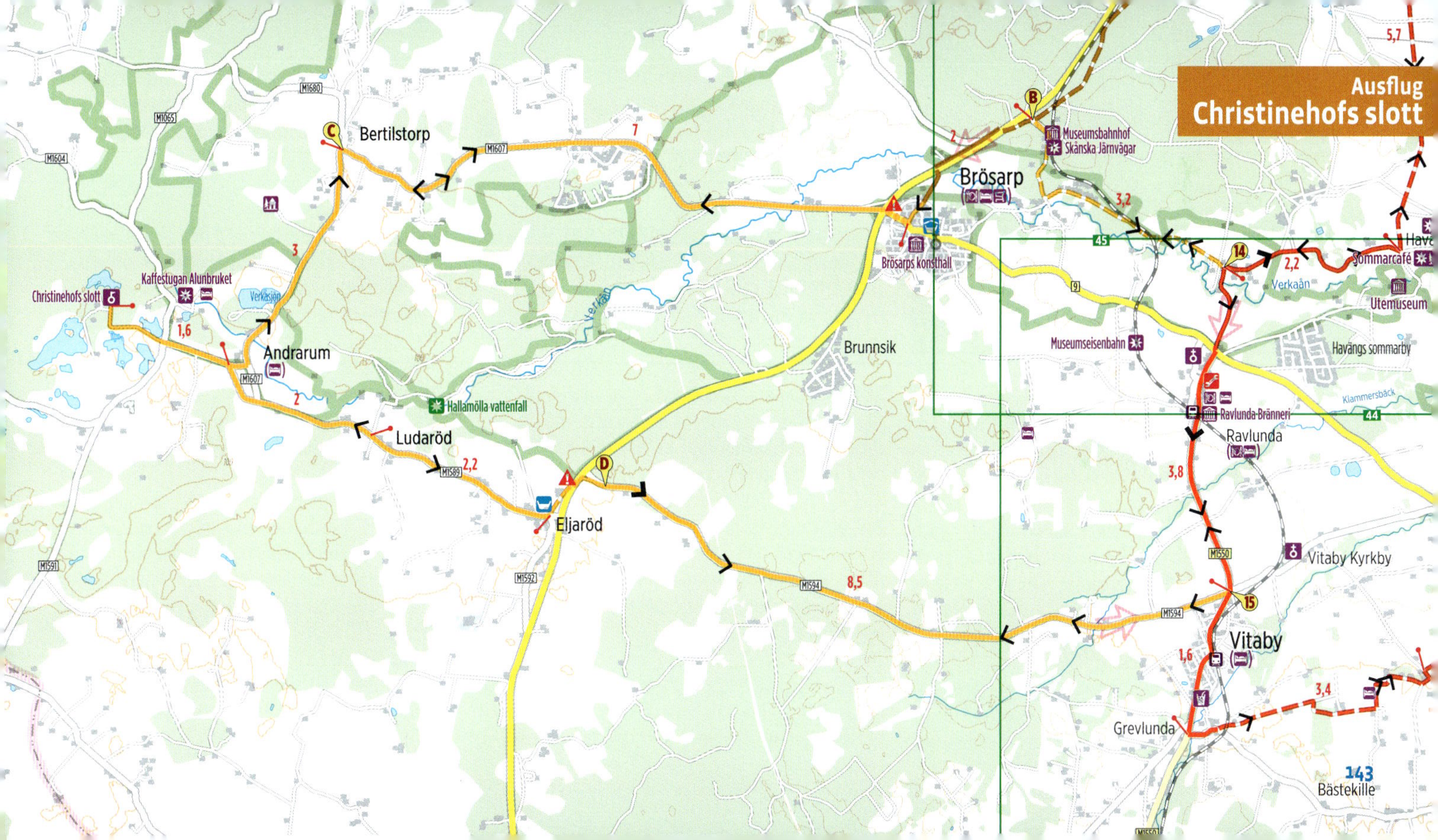

Ausflug
Christinehofs slott
Christinehofs slott
Kaffestugan Alunbruket
Verkasjön
Andrarum
Bertilstorp
Ludaröd
Hallamölla vattenfall
Eljaröd
Brösarp
Brösarps konsthall
Museumsbahnhof
Skånska Järnvägar
Brunnsik
Museumseisenbahn
Verkaån
Sommarcafé
Utemuseum
Havängs sommarby
Klammersbäck
Ravlunda-Bränneri
Ravlunda
Vitaby Kyrkby
Vitaby
Grevlunda
Bästekille
M1680
M1065
M1604
M1607
M1589
M1592
M1591
M1594
M1550
9
45
44
B
C
D
14
15
7
3
1,6
2
2,2
8,5
3,2
3,8
3,4
5,7
143

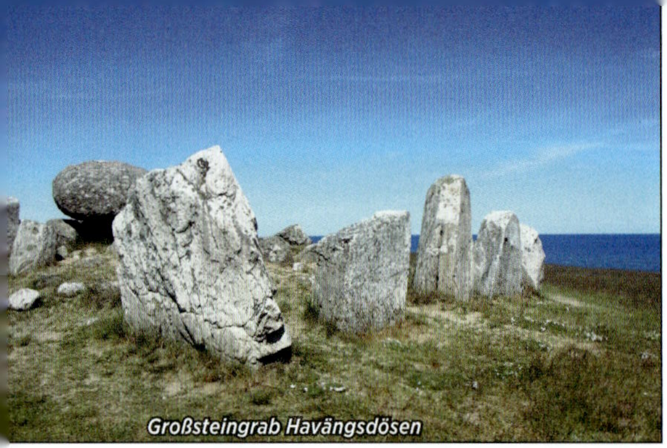
Großsteingrab Havängsdösen

*gen angegeben sind. Bei Schießübungen sind die Zufahrtswege mit Schlagbäumen abgesperrt. Der Strand südlich des Schießplatzes ist für Besucher allerdings jederzeit zugänglich.*

Auf der Hauptroute halten Sie sich im Militärgebiet nach dem leichten Anstieg links auf den **Norre Strandvägen** und fahren in die Ebene hinein ~ nach der Rechtskurve am Abzweig mit dem Grasdreieck links und wieder parallel zur Küste fahren ~ geradeaus auf den **Södra Strandsvägen** ~ nach insgesamt 5 km verlassen Sie das Militärgebiet und fahren in die kleine Ortschaft Haväng hinein.

## Haväng (Kivik)

**Haväng Utemuseum**, Lindgrens Länga. Das kleine, rund um die Uhr zugängliche Freilichtmuseum auf dem alten Fachwerkhof Lindgrens Länga, der aus dem 18. Jh. stammt, informiert über Flora, Fauna und Geschichte der Region rund um das Flusstal des Verkeåns. @ yyb277

**Havängsdösen**. Der ca. 5.000 Jahre alte Havängdolmen liegt oberhalb des Strandes und wurde erst 1843 durch einen Sturm freigelegt. Die Grabkammer wird von 16 weit auseinander stehenden Steinen umgeben, die bis zu 2 m hoch sind.

**Sommarcafé Haväng**, Örakarsgården, ✆ 0706/957931, ⏲ Ende Juni-Mitte Aug., tägl. 12-17 Uhr. Café und Hofladen (Eis, Honig, Schaffelle, Lammfleisch). @ qbj462

*Haväng mit seinem feinen Sandstrand, den lichten Buchenwäldern und der heide- bzw. steppenähnlichen Landschaft ist ein beliebtes Ausflugsziel an Skånes Ostküste. Das 5000 Jahre alte Großsteingrab Havängsdösen zeugt davon, dass die Gegend rund um die Mündung des Flüsschens Verkeån, einst eine Lagune, schon sehr früh besiedelt war. Auf dem Meeresboden haben Archäologen der Universität Lund Spuren einer untergegangenen Steinzeitsiedlung entdeckt, darunter eine aus einem Elchgeweih gefertigte Axt und rund 9000 Jahre alte Fischreusen – die bisher ältesten in ganz Nordeuropa.*

## Von Haväng nach Kivik 14 km

Biegen Sie an der Kreuzung rechts ab auf die Asphaltstraße und fahren Sie auf die Bauernhöfe zu ~ **14** vor dem Sackgassenschild links und der asphaltierten Straße weiter folgen ~ die verkehrsreiche Reichsstraße 9 überqueren und schräg geradeaus bis nach Ravlunda fahren.

## Ravlunda (Kivik)

Vorwahl: 0414

**Ravlunda Bränneri**, Vitabyvägen 25, ✆ 74100, ⏲ Museum: Aug.-Sept., So 12-17 Uhr. In der ehemaligen Schnapsbrennerei (um 1910) von Ravlunda befinden sich heute ein Restaurant und ein Bed & Breakfast. @ uod632

**Ravlunda Kyrka**, Kyrkobacken. Teile der Kirche gehen auf den Anfang des 12. Jhs. zurück, der Kirchturm kam im 14. Jh. dazu. Auf dem Friedhof liegt das Grab des schwedischen Autors Fritiof Nilsson Piraten (1985-1972) mit der Inschrift: „Hier unten ruht die Asche eines Mannes, der die Gewohnheit hatte, alles auf den nächsten Tag aufzuschieben. Er besserte sich jedoch in seinen letzten Zügen und ist tatsächlich am 31. Januar 1972 gestorben."

TIPP: Im Sommer gibt es in Ravlunda und Umgebung mehrere (Selbstbedienungs-) Obststände mit frischen Beeren, Äpfeln und Apfelmus.

**15** Überqueren Sie nach gut 2 km die Straße Richtung Kivik und fahren Sie nach Vitaby hinein.

## Vitaby

**Vitaby Kyrka**. Die weiß getünchte Kirche von Vitaby aus dem 12. Jh. ist eine so genannte Kirchenburg, da sie früher von den Dorfbewohnern auch als Verteidigungsanlage genutzt wurde. Sehenswert im Inneren ist ein Triumph-Kruzifix aus dem 12. Jh. Der Turm auf der Westseite wurde im 13. Jh. errichtet. Vitabys Kirche mit ihren Stufengiebeln gilt als eine der schönsten ländlichen Kirchen in Skåne.

Folgen Sie dem **S:t Olofsvägen** durch den Ort ⤳ am Ortsausgang, 400 m nach dem Imbiss, links auf die Nebenstraße Richtung Kivik ⤳ an der Weggabelung links halten auf die unbefestigte Straße Richtung Silvhögen ⤳ über die Bahngleise geradeaus ⤳ nach dem Weinbistro an der Kreuzung links und den Schildern des Sydostledens weiter folgen ⤳ an der Weggabelung links halten und an der T-Kreuzung links ⤳ an der nächsten T-Kreuzung direkt wieder rechts ⤳ dem Straßenverlauf in Kurven folgen ⤳ an der Querstraße rechts und an der darauffolgenden Vorfahrtsstraße rechts auf den straßenbegleitenden Radweg ⤳ auf Höhe der Tankstelle links über die E 9 auf den Radweg rechts von der Nebenstraße .

## Kivik

Vorwahl: 0414

**Kiviks Museum**, Bredarörsvägen 1, ✆ 070/5120830. Tourist-Information in den Sommermonaten. @ oyt253

**Äpplets Hus (Kiviks Musteri)**, Karakåsvägen 45, ✆ 71953 In der Apfelkelterei Kiviks Musteri und der Ausstellung im dortigen „Haus des Apfels" erfährt man, welche Apfelsorten rund um Kivik angebaut werden und wie Cidre hergestellt wird. Mit Apfelgarten, Hofladen, Café und Restaurant. @ ppj554

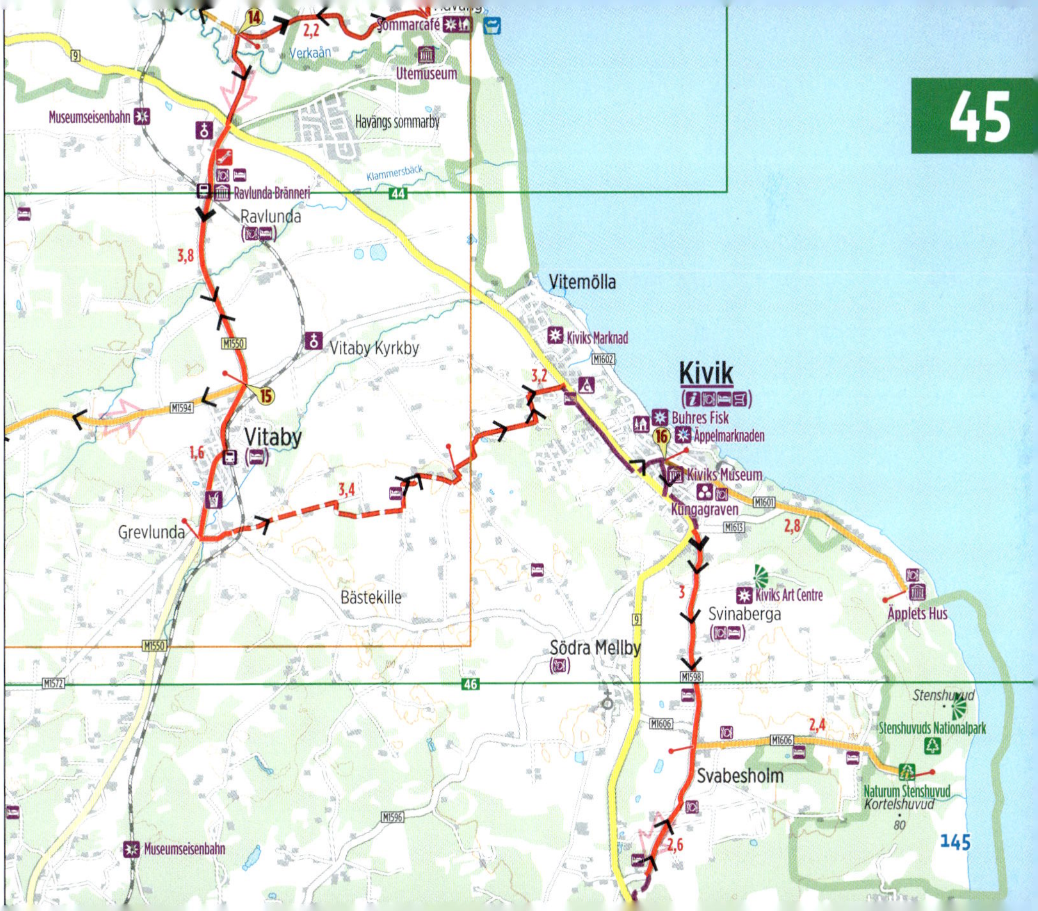

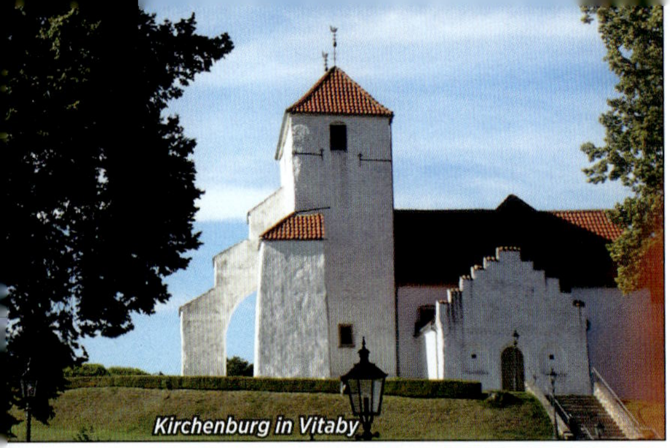

Kirchenburg in Vitaby

**Kiviks Museum**, Bredarörsvägen 1, ✆ 072/3166115, ✆ 070/5120830, Ende Juni-Mitte Aug., tägl. 13-17 Uhr u. n. V. Heimatmusem im Untergeschoss einer Schule, das in den Sommermonaten auch Touristenbüro für Kivik und Umgebung ist. Der Ausstellungsbereich informiert über das Leben in Österlen von der Steinzeit bis heute, mit Schwerpunkten auf den Bereichen Schifffahrt, Fischerei, Landwirtschaft, Handwerk und Schule. Audioguides auf Englisch vorhanden, außerdem viele Angebote für Kinder und Jugendliche in den Sommermonaten. @ uav352

**Kiviksgraven/Kungagraven**, Bredarörsvägen 18, ✆ 070/6328829, Ende Juni-Mitte Aug., tägl. 11-17 Uhr, Mai, Do-So 11-16 Uhr, Anf.-Mitte Juni und Mitte-Ende Aug., Do-So 11-17 Uhr, Sept., Do-So 12-16 Uhr; Okt., Sa, So 12-16 Uhr, Führungen auf Engl., n. V. Das etwa 3.000 Jahre alte, begehbare Königsgrab liegt mitten im Ort. Es wurde 1931 entdeckt und hat einen Durchmesser von 75 m. Im Inneren finden sich zwei Grabkammern und Felsritzungen von Menschen und Schiffen, die der Bronzezeit zugeordnet werden. Mit Infozentrum und Café auf dem Gelände. @ rvx262

**Äppelmarknaden**, Hamnen. Am letzten Wochenende im September wird die Apfelernte mit einem großen Apfelmarkt am Hafen gefeiert. Zur Eröffnung des Festivals wird ein großes aus ca. 30.000 Äpfeln hergestelltes Apfelbild enthüllt, das man bis Mitte Oktober besichtigen kann. @ nsb556

**Buhres Fisk**, Brogatan 7, ✆ 70212 Südschwedens meist besuchtes Fischgeschäft mit eigener Räucherkammer und Restaurant. @ evr482

**Kiviks Art Centre**, Mellby 573, ✆ 073/1840200, Ende Juni-Anf. Sept., tägl. 11-17 Uhr. Das Kunstzentrum liegt am Rande des Nationalparks Stenshuvud auf dem Gelände eines alten Bauernhofs, wo es auch ein kleines Café gibt. Die zeitgenössischen Kunst- und Architekturobjekte stehen mitten in der Landschaft in einer Art Skulpturenpark. Eine der Hauptattraktionen ist eine 18 m hohe Beton-Installation von Antony Gormley und David Chipperfield, die einen wunderbaren Ausblick auf die Ostsee bietet. @ nut474

**Kiviks Marknad**, Kiviks Stora väg. Jeweils am 3. Mittwoch im Juli findet zwischen Vitemölla und Kivik für drei Tage ein großer Jahrmarkt statt, der seine Ursprünge in der Hansezeit hat. Mit ca. 100.000 Besuchern gehört er zu den größten Märkten Schwedens. @ vgl486

*Kivik (900 Einwohner) war ursprünglich ein Fischerdorf und ist heute ein beliebter Ferienort mit schönen Sandstränden. Rund um den Ort befindet sich Nordeuropas größtes zusammenhängendes Obstanbaugebiet, in dem über siebzig verschiedene Apfelsorten angebaut und in Mostereien weiterverarbeitet werden. Etwa jeder zweite verkaufte schwedische Apfel kommt von einer der Apfelplantagen rund um Kivik. Der Ort ist auch bekannt für einen der größten Jahrmärkte Schwedens.*

## Die Region Österlen

*Österlen liegt im Südosten der Provinz Skåne und gilt als eine der schönsten Regionen Südschwedens. Das Gebiet erstreckt sich östlich des alten Landweges zwischen Kristianstad und Ystad. Die größte und einzige Stadt in der recht ländlichen Gegend ist Simrishamn. Die Landschaft ist gekennzeichnet durch lange Sandstrände, sanfte Hügel, weite Apfelbaumplantagen*

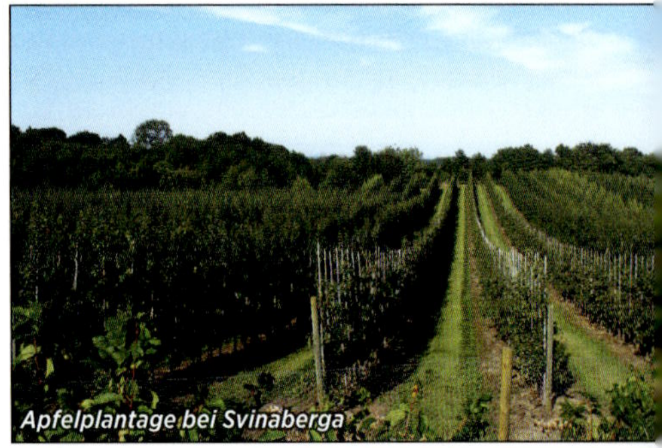

Apfelplantage bei Svinaberga

*und malerische Fischerdörfer. Besonders schön ist es im Frühjahr zur Obstblüte und wenn die zahlreichen Rapsfelder blühen. Viele schwedische Künstler haben sich von dieser farbenprächtigen Landschaft, der „Provence des Nordens", inspirieren lassen und sind nach Österlen gezogen, um dort zu leben und zu arbeiten.*

*Seit 1968 findet jedes Jahr in den Tagen vor und nach Ostern eine „Kunstrunde" (Konstrundan) statt, in der die Künstler ihre Arbeiten in den verschiedenen Dörfern präsentieren. Die teilnehmenden Ateliers und Galerien sind an einem gelbroten Windspiel am Straßenrand zu erkennen.*

## Von Kivik nach Simrishamn — 18 km

AUSFLUG Wollen Sie das Königsgrab und Kiviks Apfelmosterei besuchen, dann biegen Sie bei Wegpunkt **16** schräg links ab. Nach 400 m erreichen Sie das Café und den Eingang zum Kungsgraven. Nach weiteren 2 km gelangen Sie zur Mosterei. Wenn Sie hier weiter geradeaus fahren, erreichen Sie zudem den Nordeingang des Stenshuvud Nationalpark.

**16** Dem Radweg durch die langgezogene Rechtskurve folgen ~ auf dem Radweg neben dem **Eliselundsvägen** wieder hoch zur Hauptstraße ~ Sie biegen links ab auf den Radweg, der links der E 9 verläuft ~ in der Rechtskurve der Straße schräg geradeaus auf den kleinen Weg Esperödsliden ~ vorbei am Abzweig zu Kiviks Art Centre.

### Svinaberga (Kivik)

Durchqueren Sie den Ort ~ am Abzweig zum Nationalpark Stenshuvud fahren Sie geradeaus.

AUSFLUG An klaren, sonnigen Tagen lohnt ein Abstecher in den Stenshuvuds Nationalpark, in dem Sie einen 97 m hohen Granitfelsen besteigen oder am Strand spazieren können. Biegen Sie dafür links ab und folgen den Schildern zum Nationalpark bis zum Besucherzentrum. Dort müssen Sie Ihr Fahrrad abstellen, denn das Radfahren ist im Nationalpark nicht erlaubt.

### Stenshuvuds Nationalpark (Kivik)

Vorwahl: 0414

**Naturum Stenshuvud (Steinernes Haupt)**, ✆ 70882 Das Besucherzentrum befindet sich am Haupteingang des Nationalparks. Es informiert über Stenshuvuds Geologie, Flora und Fauna sowie über die zahlreichen archäologischen Funde. Im Sommer finden am Wochenende geführte Wanderungen statt, n. V. auch auf Englisch. @ kkc267

*Etwa sechs Kilometer südlich von Kivik an der Ostseeküste befindet sich der kleine Nationalpark Stenshuvud, der 1986 gegründet wurde. Stenshuvud, das „Steinerne Haupt", ist ein Granitfelsen, der sich fast hundert Meter über dem Meer erhebt und im*

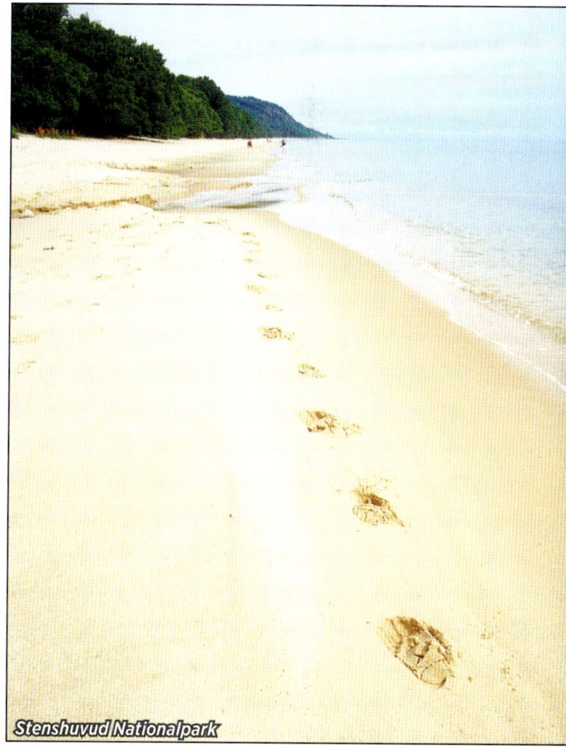

*Stenshuvud Nationalpark*

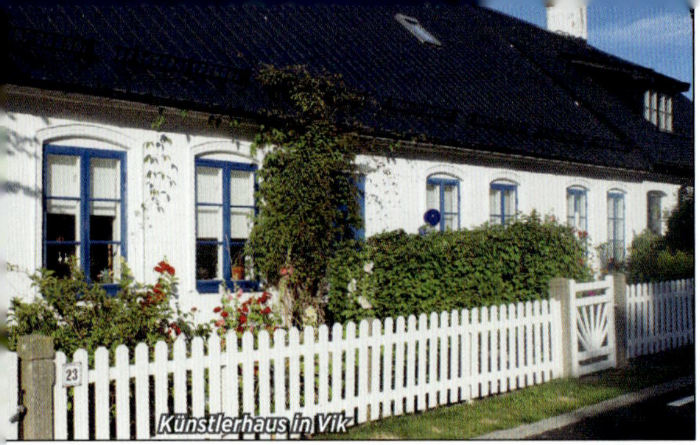
Künstlerhaus in Vik

*Wesentlichen den Nationalpark ausmacht. Der sagenumwobene Berg war seit Jahrhunderten ein Richtpunkt für Seefahrer. Einst soll hier in einer Höhle an der Nordwestflanke der Riese Sten gewohnt haben. Den Gipfel erreichen Sie vom Besucherzentrum aus über einen gekennzeichneten und barrierefreien Naturpfad. Oben haben Sie eine großartige Aussicht auf die Sanddünen, Trocken- und Heidewiesen, die Ruinen einer Burg, die Felsklippen und den Sandstrand. An klaren Tagen kann man im Süden sogar die dänische Insel Bornholm erkennen. Auch eine Route des orange markierten Fernwanderweges Skåneleden führt durch den Nationalpark.*

*Der nur 380 Hektar große Nationalpark zählt zu den artenreichsten in ganz Schweden. Er ist von Laubwald geprägt, insbesondere von Hain- und Rotbuchen. Wegen des milden Klimas gedeihen hier sogar Orchideen und Anemonen, im Frühjahr blühen die Buschwindröschen. Auch die Tierwelt ist vielfältig. In den Laubwäldern zwitschern Pirole und Nachtigallen, über dem Steinernen Haupt kreisen oft Bussarde und Rotmilane. Das Symboltier des Nationalparks ist die Haselmaus, die man aber nur sehr selten zu Gesicht bekommt, da sie nachtaktiv und sehr scheu ist.*

Auf der Hauptroute fahren Sie 1,5 km nach dem Abzweig zum Nationalpark links auf den ausgeschilderten Sydostleden geradeaus zwischen den Häusern hindurch, dann leicht rechts auf den schmalen Schotterweg am Ende des Weges rechts zur großen Straße, diese überqueren und links auf den straßenbegleitenden Radweg **17** geradeaus über die Straße nach St. Olof.

AUSFLUG Auch in St. Olof gibt es einen Bahnhof der Museumseisenbahn, die Fahrt bietet eine hübsche Abwechslung zu Ihrer Radtour. Den aktuellen Fahrplan der an ausgewählten Tagen verkehrenden Museumseisenbahn finden Sie unter www.skanskajarnvagar.se.

### Sankt Olof

**Skånska Järnvägar**, Brösarps stationsväg 3, Museumseisenbahn (Brösarp), ✆ 0414/73015. Museumseisenbahn, Abfahrten nach St. Olof: Juli, Mi, Sa, So 10 Uhr, 12.15 Uhr und 14.40 Uhr, Mitte-Ende Juni, Aug., So 10 Uhr, 12.15 Uhr und 14.40 Uhr, Fahrtzeit: ca. 35 Min. Zu- und Aussteigen ist auch auf den Stationen in Ravlundabro und Vitaby möglich. Keine Fahrradmitnahme. @ nmv131

Auf der Hauptroute folgen Sie dem Radweg in die Rechtskurve Richtung Rörum.

### Rörum (Simrishamn)

**Mandelmansgård**, Djupadal Rörum, Ende Juni-Mitte Aug., Mo-Fr 9-17 Uhr, Anf.-Mitte Juni, Ende Aug.-Sept., Fr-So 10-16 Uhr. Selbstversorger-Biobauernhof mit weitläufigem Garten (Besichtigung und Mittagessen für Radfahrer auch ohne Voranmeldung) und Hofladen. @ icm374

Folgen Sie dem Verlauf der Hauptstraße durch Rörum und fahren Sie an der Schule vorbei an der **Reichsstraße 9** auf den Radweg entlang der Straße Richtung Simrishamn wechseln.

### Vik (Simrishamn)

**Prästens badkar**. Südlich des Ortes befindet sich am Strand eine ungewöhnliche, kraterförmige Vertiefung aus ca. 500 Mio. altem Sandstein. Sie wird als „Badewanne des Priesters" bezeichnet, da hier einst ein Priester sein Bad genommen haben soll.

*Vik (350 Einwohner) ist ein altes Fischerdorf sechs Kilometer nördlich von Simrishamn, in dem sich heute einige Schriftsteller und Künstler niedergelassen haben. Da der Ort nie durch einen Brand oder dergleichen zerstört wurde, sind noch zahlreiche Gebäude aus dem 18. Jahrhundert erhalten. Bei klarem Wetter*

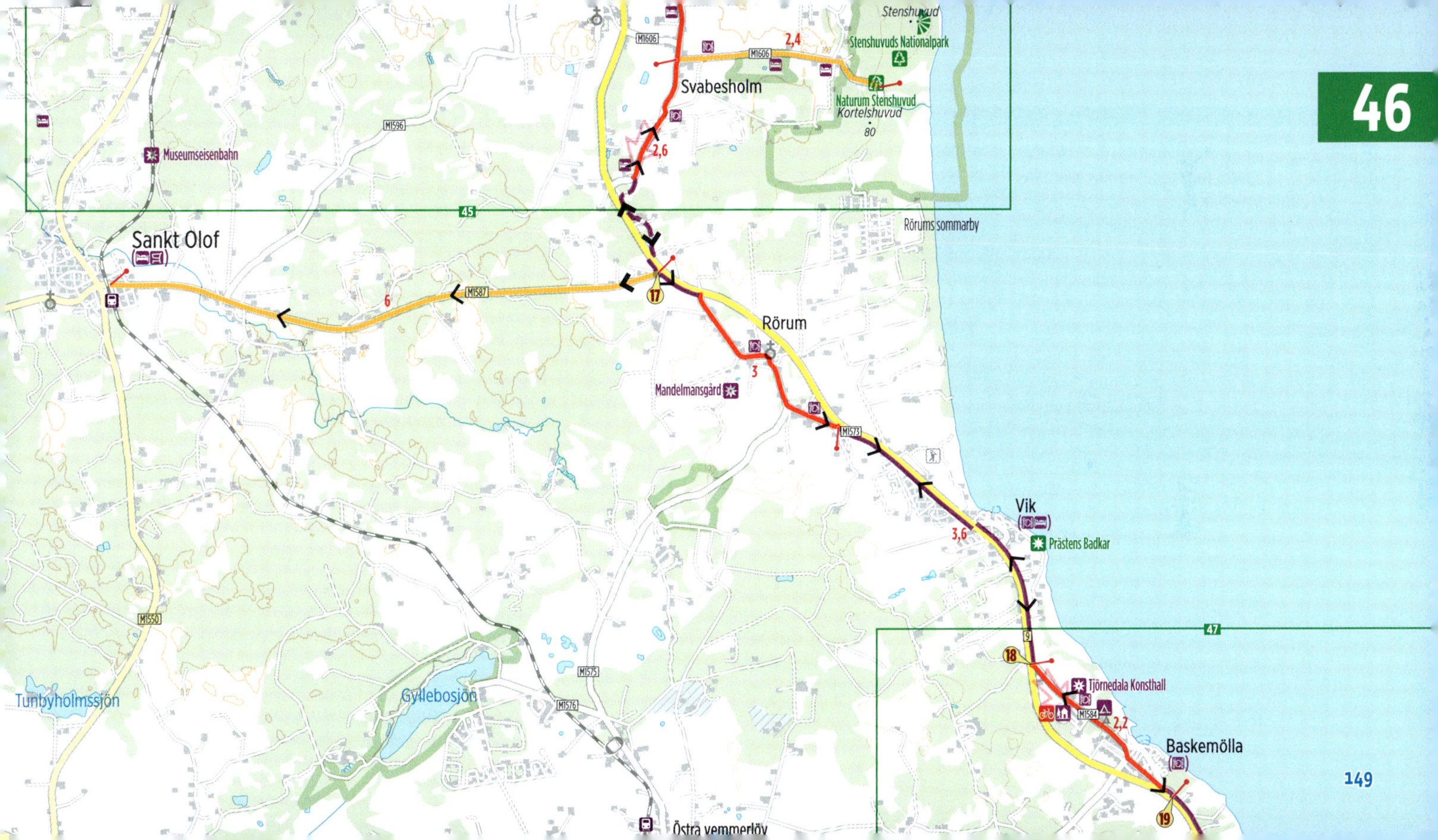
46
Stenshuvud
Stenshuvuds Nationalpark
Naturum Stenshuvud
Kortelshuvud
80
Svabesholm
M1606
2,4
2,6
Museumseisenbahn
M1596
45
Rörums sommarby
Sankt Olof
M1587
6
17
Rörum
3
Mandelmansgård
M1573
Vik
3,6
Prästens Badkar
47
9
18
Tjörnedala Konsthall
M1584
2,2
Baskemölla
19
M1550
M1575
M1576
Tunbyholmssjön
Gyllebosjön
Östra vemmerlöv

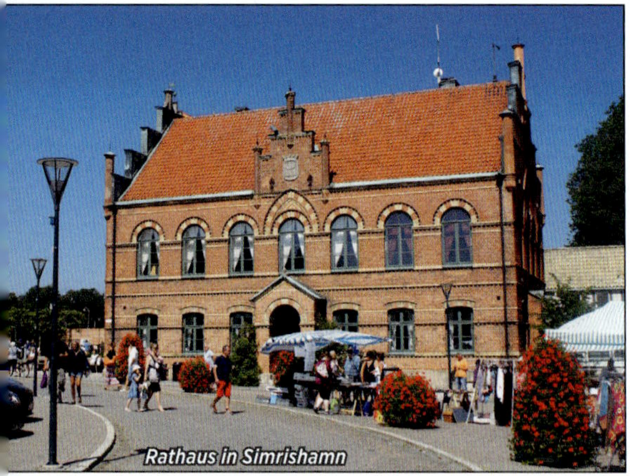

Rathaus in Simrishamn

*kann man von Vik aus den gesamten Küstenstreifen bis Åhus überblicken.*

Überqueren Sie die Straße an der Verkehrsinsel hinter dem Ortseingang und fahren Sie weiter auf dem Radweg links der Straße ~ **18** links abzweigen nach Baskemölla und kurz danach auf die ruhige Ortsstraße wechseln.

## Baskemölla (Simrishamn)

Vorwahl: 0414

**Tjörnedala konsthall**, Tjörnedalavägen, Tjörnedalagården, ✆ 26080, Juli-Aug., Di-So 12-17 Uhr, Mai, Juni, Sept.-Dez., Do-So 12-16 Uhr. Von Künstlern betriebene Galerie mit etwa zehn Ausstellungen pro Jahr und Café in einem alten Fachwerkhof. @ ewb741

*Baskemölla (320 Einwohner) ist ein altes Fischerdorf etwa fünf Kilometer nördlich von Simrishamn, in dem heute einige Schriftsteller und Künstler leben. Der Ortsname wurde erstmals im Jahre 1525 erwähnt. Um die vorletzte Jahrhundertwende gab es in Baskemölla drei große Brände, weswegen nur noch drei Gebäude aus dem 18. Jahrhundert erhalten sind. Heute sind über die Hälfte aller Häuser im Ort Ferienhäuser. Am Rande von Baskemölla gibt es seit einger Zeit ein Ökodorf, das mittlerweile aus einem Dutzend Häusern besteht, allesamt errichtet aus natürlichen Materialien.*

Fahren Sie auf der ruhigen Nebenstraße durch den Ort ~ vorbei an der Kapelle und dem Zeltplatz ~ **19** am Ortsausgang rechts auf den Fuß- und Radweg ~ Sie passieren den Rastplatz am Vandrarhem ~ vorbei am Zeltplatz ~ das Freibad links liegen lassen und auf dem Radweg ins Zentrum von Simrishamn ~ **20** Sie erreichen den Hafen, der zugleich der Endpunkt des Sydostledens ist.

## Simrishamn

Vorwahl: 0414

**Simrishamns Turistcenter**, Varvsgatan 2, Marint centrum, ✆ 819800, @ wxn565

**Autoseum**, Fabriksgatan 10, ✆ 13780, April-Sept., tägl. 10-17 Uhr. 2008 eröffnetes Fahrzeugmuseum mit ca. 200 historischen Autos und Motorrädern. Die ältesten Modelle stammen aus der Zeit der vorletzten Jahrhundertwende. Außerdem gibt es eine Spielzeugausstellung für Kinder sowie ein Café. @ pkp513

**Konstmuseet Gösta Werner och Havet**, Strandvägen 5, ✆ 070/3755945, Mitte Juni-Anf. Sept., Mo-Fr 13-17 Uhr, Sa, So 12-17 Uhr. Das Kunstmuseum zeigt Gemälde und Zeichnungen des Seemanns und Künstlers Gösta Werner (1909-1989), der sein Seemannsleben sowohl ernsthaft als auch mit Humor schilderte. @ ctt477

**Österlens Museum**, Storgatan 24, ✆ 819672, Mi-Fr 12-16 Uhr, Sa 10-14 Uhr. Das neu renovierte kulturhistorische Museum mit einer großen Textiliensammlung befindet sich in einem alten Getreidespeicher (Hafreborg), der zum Kaufmannshof Björkegrenska Gården mit einem Kräuter- und Rosengarten gehört. @ tnc825

**St. Nicolai**, Stortorget. Zunächst nur eine kleine Fischerkapelle aus dem 12. Jh., wurde die Kirche im Mittelalter weiter ausgebaut. Sie ist dem Heiligen Niklaus gewidmet, dem Schutzpatron der Seefahrer. 1953 wurde der Putz entfernt, sodass die ursprüngliche Fassade aus Quarz wieder sichtbar wurde.

**Kockska Gården**, Storgatan 25, ✆ 411755. Der älteste Kaufmannshof (Ende 17. Jh.) Simrishamns war zeitweise das Bürgermeisterhaus und ist heute ein Hotel.

**Nordic Sea Winery**, Vingatan 2, ✆ 18679, Juni-Aug., tägl., Führungen auf Schwedisch. Südwestlich der Innenstadt gelegenes Weingut mit Showroom, Weinbar und Restaurant, das einen der meistverkauften

Weine Schwedens produziert. @ hut714

- **St. Norregatan.** Von niedrigen pastellfarbenen Häusern gerahmte Straße mit z. T. kunstvollen Türen aus dem 18. Jh.
- **Rosentorget,** Allgatan/Ehrenflyktsgatan. Parkähnlich gestalteter Rosengarten mit Rosensorten aus ganz Österlen. @ pxm426
- **Tobisvikbadet,** Tobisvik, Tobisvägen 1, ✆ 412778, ⏲ Juni-August, tägl. 10-18 Uhr. 2023 wegen Umbau geschlossen.
- **Korsavads Simhall,** Backgatan 50, ✆ 412770, ⏲ Sept.-Mai, tägl. 2023 wegen Umbau geschlossen.

*Die Hafenstadt Simrishamn (6.800 Einwohner) ist das Zentrum der Region Österlen. Der Name geht auf die Bezeichnung „Svimraros“ zurück, was in etwa „Mündung am langsam fließenden Fluss“ bedeutet. Erstmals urkundlich erwähnt wurde das dänische Fischerdorf Simrishamn 1123. Zu dieser Zeit war die östlich gelegene Stadt Tumathorp von größerer Bedeutung, die heutige Ortschaft Östra Tommarp. Als die Stadt durch einen Brand stark zerstört wurde, begann die Blütezeit Simrishamns. Dank der reichen Heringsbestände entwickelte sich der Ort unter dem dänischen König Christian IV. zu einer reichen Hafenstadt. Diese Phase endete jedoch abrupt, als 1655 große Teile der Bevölkerung einer Pestepidemie zum Opfer fielen. Durch den Frieden von Roskilde kam Simrishamn 1658 unter schwedische Herrschaft. Bis in die 1980er Jahre besaß die Stadt die größte Fischereiflotte Schwedens. Wegen der hohen Fangauflagen und der zurückgehenden Bestände spielt heute jedoch der Tourismus eine größere Rolle als der Fischfang.*

*Zum Charme der Kleinstadt tragen die gepflasterten Gassen und die niedrigen Häuser bei, die zumeist in Pastellfarben gehalten sind. Typisch für Simrishamn sind auch die kunstvoll geschnitzten Türen und die gemütlichen Hinterhöfe mit ihren Gärten.*

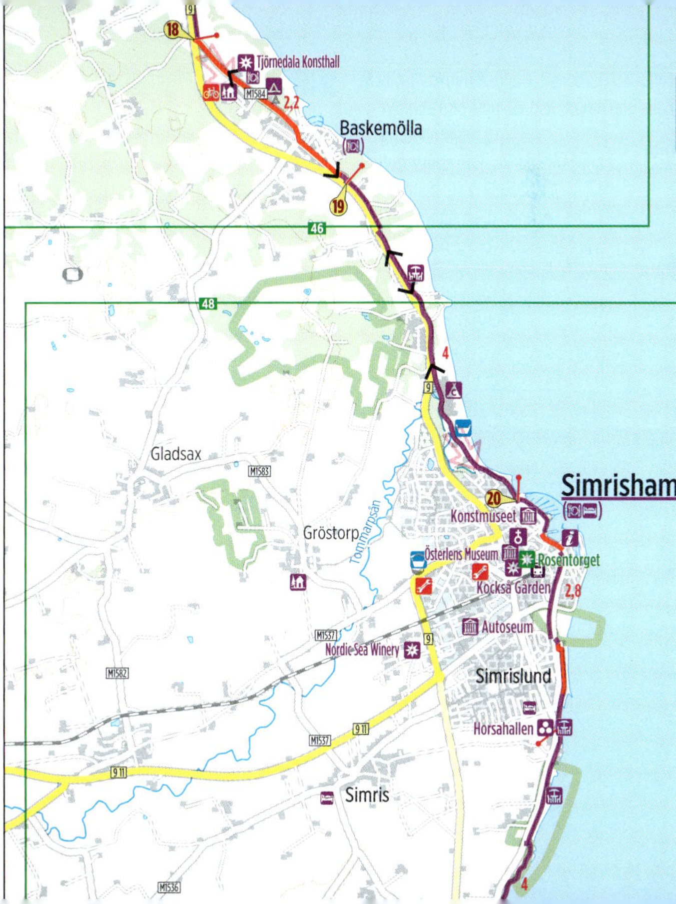

# Von Simrishamn nach Trelleborg

**99,9 km**

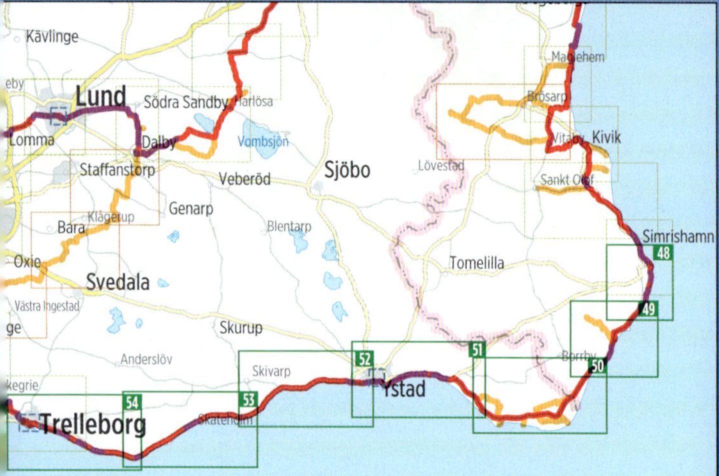


**HM/km:** ↗ 0,4 (38m) ↘ 0,4 (39m) **Radweg:** 66 % **Unbefestigt:** 6 % **Verkehr:** 21 %

Im letzten Tourenabschnitt radeln Sie nahezu ausschließlich auf dem Sydostleden und dem Ostseeküstenradweg. Von Österlens beschaulicher Hauptstadt Simrishamn fahren Sie nach Sandhammaren, mit einem der schönsten Strände Schwedens. Nur wenige Kilometer entfernt befindet sich das beeindruckende Steinmonument „Ales Stenar" auf einem Hügel über der Ostsee. Von dort ist es nicht mehr weit bis in die mittelalterliche Kleinstadt Ystad, die Krimifans vor allem aus den Wallander-Romanen von Bestsellerautor Henning Mankell kennen. Über Schwedens südlichste Spitze Smygehuk gelangen Sie schließlich zurück nach Trelleborg.

Der Sydostleden und der Ostseeküstenradweg führen Sie hauptsächlich über Radwege und kleinere Straßen, die in den Sommermonaten teilweise recht stark frequentiert sein können. Einige kurze Passagen auf der Hauptstraße lassen sich leider nicht vermeiden. Wo Auto- und Radfahrer sich die Küstenstraße teilen müssen, gilt allerdings eine begrenzte Höchstgeschwindigkeit, um die Radler zu schützen. Im Vergleich zu den vorangegangenen Tourenabschnitten müssen Sie kaum Höhenmeter bewältigen, dafür aber auch mal mit Gegenwind rechnen.

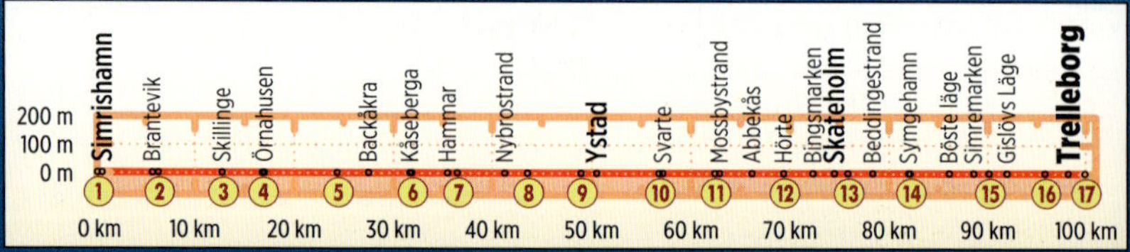

## Von Simrishamn nach Kåseberga 32 km

**1** Am Hafen folgen Sie dem Radweg links von der Straße weiter geradeaus ~ vom Radweg auf die Straße wechseln ~ vorbei an der Tourist-Information, die sich im neugebauten Marint Centrum befindet ~ weiter auf dem Radweg entlang der Straße ~ am Rande der Siedlung links halten und direkt an der Küste entlang ~ vorbei am Rastplatz Simrislund.

### Simrislund (Simrishamn)

**Horsahallen**, Branteviksvägen/Ehrenbergsvägen. Auf der Küstenstraße zwischen Simrishamn und Brantevik gibt es mehrere Stellen, an denen Felszeichnungen aus der Bronzezeit zu sehen sind. Die Simrislundzeichnung ist eine der bekanntesten und etwa 3.500 Jahre alt. Auf ihr sind u. a. Dutzende Äxte, Schiffe und Tiere zu sehen.

Nach der Felszeichnung passieren Sie einen weiteren Rastplatz ~ dem kurvigen Radweg nach links hinunter zum Wasser und weiter an der Küste entlang folgen ~ weiter geradeaus auf der **Östersjögatan** durch die beschauliche Ortschaft Brantevik mit kleinem Hafen.

### Brantevik

Vorwahl: 0414

**Branteviks Maritima Museum (Fischereimuseum)**, Pantaregatan 20, ✆ 22533, ⏲ Juli-Aug., Mi, Fr, Sa 14-17 Uhr u. n. V. Das Seefahrtsmuseum informiert über die Zeit, als Brantevik Schwedens größter Seefahrerort war. @ yno375

*Das südlich von Simrishamn gelegene Brantevik (350 Einwohner) ist das jüngste Fischerdorf an Österlens Küste, die erste Siedlung wurde 1755 gegründet. Heute kann man sich kaum noch vorstellen, dass der Ort um 1900 die größte Handelsflotte Schwedens besaß. 118 Segelschiffe waren damals im kleinen Hafen von Brantevik zu Hause. In fast allen Häusern des Ortes wohnten Fischer, Schiffseigner oder Bootsbauer. Viele Straßennamen verraten noch immer, dass sich in Brantevik einst alles um die Seefahrt drehte. Heute ist der Ort ein beliebtes Touristenziel. Im Hafen liegt die 1998 gebaute*

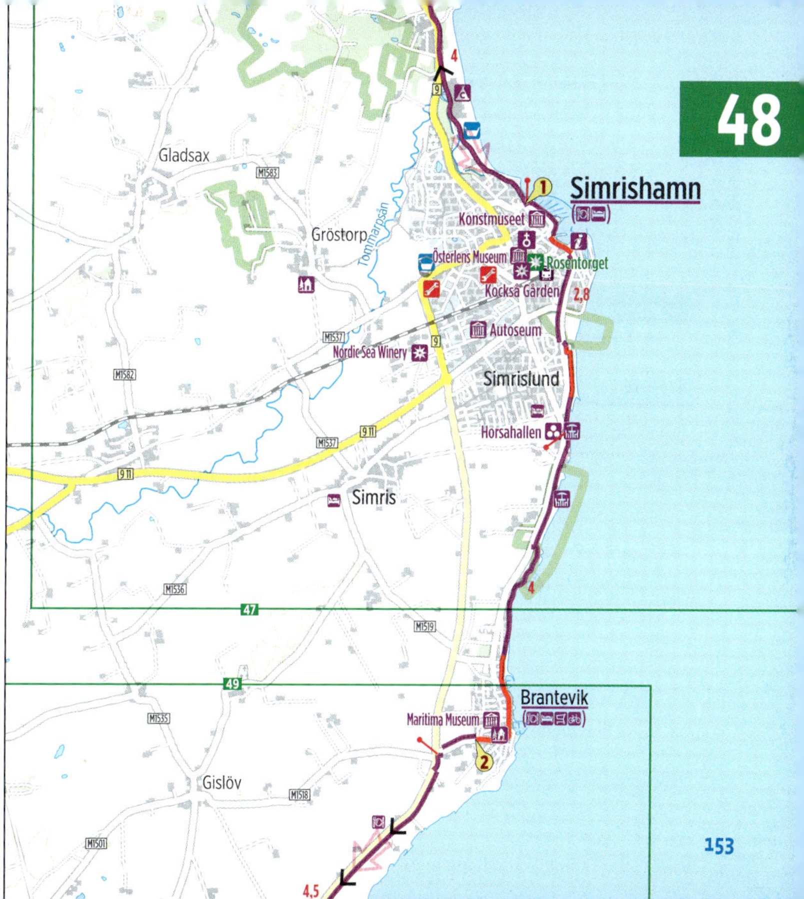

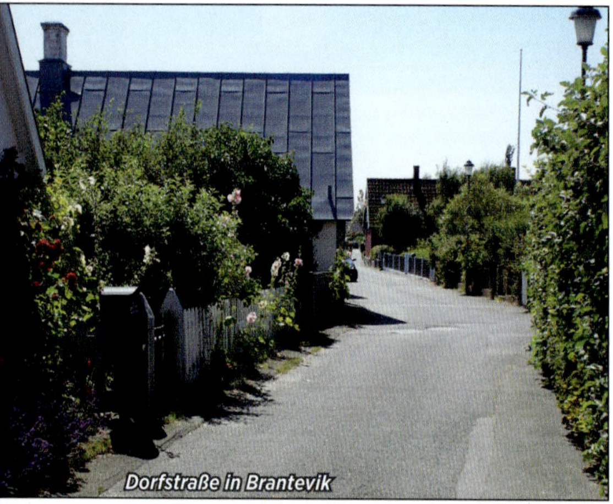
Dorfstraße in Brantevik

*Hoppet, der Nachbau eines dänischen Segelschiffes von 1867.*

Fahren Sie am Hafen von Brantevik weiter geradeaus auf die Nebenstraße ~ vorbei am **Maritima Museum** (Fischereimuseum) und Vandrarhem und der Ortsstraße nach rechts folgen ~ **2** auf den Radweg Richtung Skillinge rechts von der Straße wechseln ~ nach leichtem Anstieg auf den Radweg auf der anderen Straßenseite wechseln und der Linkskurve folgen ~ nach 3 km vorbei am Abzweig zu Gislövs historischem Hafen ~ 2 km danach auf dem Radweg links halten Richtung Skillinge ~ am Ortseingang links auf die **Östra Allégatan** zum Wasser hin ~ an der T-Kreuzung wieder links in die **Byggmästaregatan**, dann am Hafen rechts.

## Skillinge

Vorwahl: 0414

**Skillinge Sjöfartsmuseum**, Strandgatan 34, ✆ 0738/182500, Ende Juni-Mitte Aug., tägl. 14-17 Uhr. Das Seefahrtsmuseum in der ehemaligen Dorfschule erinnert mit Schiffsbildern, Modellen und Kuriositäten an Skillinges Segelschiffflotte. @ vax226

**Skillinge Theater**, Möllevångsgatan 9, ✆ 0761/640864. Bekanntes Theater auf einem alten Bauernhof mit Vorführungen auf Schwedisch, mit Café und Restaurant. @ fhs528

**Skillinge Rökeri**, Branteviksvägen 5, ✆ 30511, Mitte Juni-Mitte Aug., Mo-Fr 10-18 Uhr, Sa 10-17 Uhr, So 11.30-16 Uhr. Fischräucherei mit angeschlossenem Restaurant. @ ryt276

*Skillinge (970 Einwohner) ist ein Fischerdorf in Österlen und liegt etwa zehn Kilometer südlich von Simrishamn. Im Mittelalter stand der Ort unter der Verwaltung des Klosters Tommarp im Landesinneren. Der Segelschiffsverkehr hatte seine Glanzjahre von der Mitte des 19. Jahrhunderts bis in die 1950er Jahre. An die vergangenen Zeiten erinnern noch die alten Schiffsmeistervillen im Ort. Heute lebt Skillinge vom Tourismus in den Sommermonaten. Etwa drei Kilometer südlich von Skillinge beginnt ein traumhafter Sandstrand mit Dünen, der sich bis zur Südostspitze Schwedens erstreckt.*

Fahren Sie am Hafen entlang ~ **3** geradeaus auf die Vorfahrtsstraße.

AUSFLUG Wahlweise können Sie von Skillinge aus einen Ausflug ins Landesinnere zur Burg Glimmingehus einschieben, der am besten erhaltenen Mittelalterburg Skandinaviens.

## Ausflug nach Glimmingehus 10 km

Biegen Sie an der T-Kreuzung mit der Vorfahrtsstraße scharf rechts ab auf die **Hamngatan** ~ im Kreisverkehr geradeaus ~ an der T-Kreuzung rechts auf die **Straße 1501** ~ an der nächsten Möglichkeit wieder links ~ am Ende des Weges links und gleich wieder rechts ~ auf Höhe des zweiten Hofs links und 2 km bis nach Glimminge ~ am Ende des Weges nach dem Hof rechts und auf das Schloss zu.

## Glimminge (Simrishamn)

Vorwahl: 0414

**Glimmingehus**, Borgvägen 6, ✆ 18620, ✆ 072/7025990 Besterhaltene mittelalterliche Burg Skandinaviens, deren Grundstein 1499 vom dänischen Ritter Jens Holgersen Ulfstand gelegt wurde. Das Hauptgebäude ist 30 m lang, 12 m breit und 26 m hoch. Die Burg diente als repräsentative Wohnstätte und sollte die Bewohner vor Bauernaufständen schützen.

Neben Burgführungen und einem Mittelalterrestaurant gibt es auf Glimmingehus regelmäßig Turnierspiele, Mittelaltermärkte und Ausstellungen. @ ulc741

Fahren Sie auf demselben Weg zurück nach Skillinge.

Auf der Hauptroute fahren Sie ab dem Ortsausgang von Skillinge auf dem Radstreifen entlang der Straße kurz danach die Straßenseite wechseln und auf den schmalen, aber gut befahrbaren unbefestigten Radweg links von der Straße vorbei an einem Rastplatz mit Badestelle weiter geradeaus auf die unbefestigte Nebenstraße durch die Siedlung.

## Örnahusen (Borrby)

Biegen Sie kurz nach dem Ortseingang rechts ab, da der Weg zu schmal und sandig wird **4** kurz danach wieder links auf die stark befahrene Hauptstraße an der Küste entlang vorbei an einer Vielzahl von Abzweigen zur Küste mit durchgehendem Sandstrand.

VARIANTE Zeitweise ist die Landstraße sehr stark befahren. Falls Sie nicht in 2 km die reizvolle Variante über Sandhammaren nutzen möchten, gibt es zwischen Hagestadt und Backåkra eine ruhige, teils unbefestigte Alternativroute über die Felder, die nur geringfügig länger ist als die Hauptroute.

**5** Vorbei am Abzweig nach Sandhammaren, den Sie etwa 8 km nach Örnahusen erreichen.

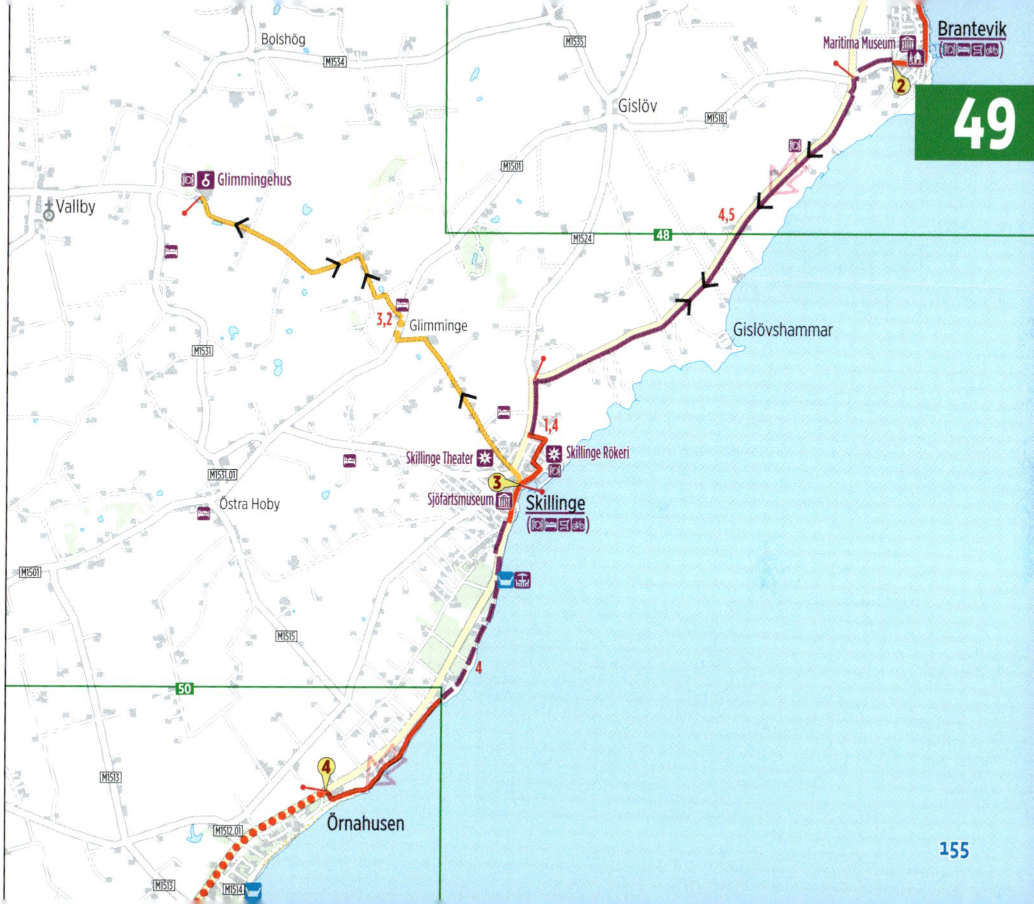

VARIANTE Bei gutem Wetter empfiehlt sich eine Rast in Sandhammaren, einem der beliebtesten und schönsten Strände Schwedens. Zudem haben Sie, wenn Sie hier links abbiegen, die Möglichkeit, ein paar Kilometer der stark befahrenen Hauptroute durch ein malerisches Naturschutzgebiet zu umfahren. Allerdings ist der Weg dieser Alternativroute nur mäßig gut befahrbar.

## Variante über Sandhammaren und Backåkra 4 km

Biegen Sie von der Landstraße links ab auf die mäßig befahrene Straße, die sich Auto- und Radfahrer mit

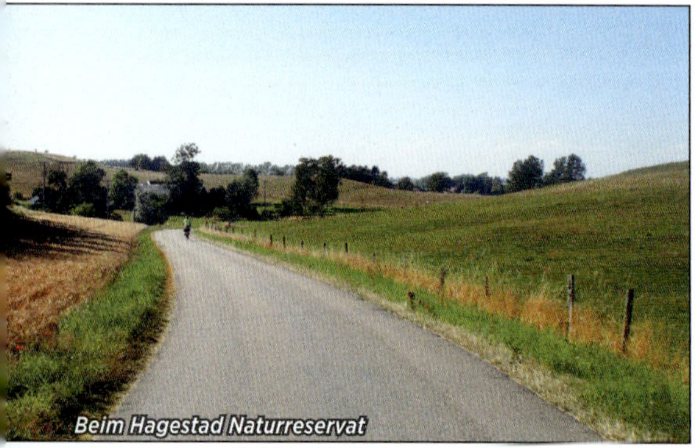
Beim Hagestad Naturreservat

den Fußgängern teilen ~ vorbei am Leuchtturm und kurz danach rechts auf den Parkplatz hinter den Dünen.

### Sandhammaren (Löderup)

Vorwahl: 0411

**Sandhammarens Räddningsstation**, Sandhammarvägen 27, ✆ 526130, ✆ 070/6694559, Mitte Juli-Mitte Aug., Fr 13-16 Uhr u. n. V. Mitte des 19. Jhs entstand in Sandhammaren die erste schwedische Seenotrettungsstation, die bis zu ihrem Umzug nach Kåseberga im Jahr 1945 in Betrieb war. Das alte Rettungsboot kann besichtigt werden. @ jyc445

**Sandhammarens Fyr**, Sandhammarvägen 27, ✆ 073/9230926, ✆ 070/6353543, Ende Juni-Mitte Aug., Di-So 14-17 Uhr. Der ca. 30 m hohe Leuchtturm (1861/62) wurde gebaut, um weitere Schiffsunglücke vor Sandhammaren zu verhindern. Bis 1891 gab es einen baugleichen zweiten Leuchtturm, um ein nicht zu verwechselndes Zwillingssignal aussenden zu können. Seit 1942 werden Leuchtfeuer und Nebelhorn elektrisch betrieben, der letzte Leuchtturmwärter verließ den Turm 1979. 2023 wegen Renovierung geschlossen. @ nor437

*Sandhammaren liegt an der südöstlichsten Spitze Schwedens. Der Küstenstreifen mit seinem feinen hellen Sand, den Sanddünen und den Kiefernwäldern gilt als einer der schönsten Strände Schwedens und steht unter Naturschutz. Wegen der starken Strömung und mehrerer gefährlicher Sandbänke ist die Ostsee vor Sandhammaren der größte Schiffsfriedhof Schwedens. Im 19. Jahrhundert gingen hier*

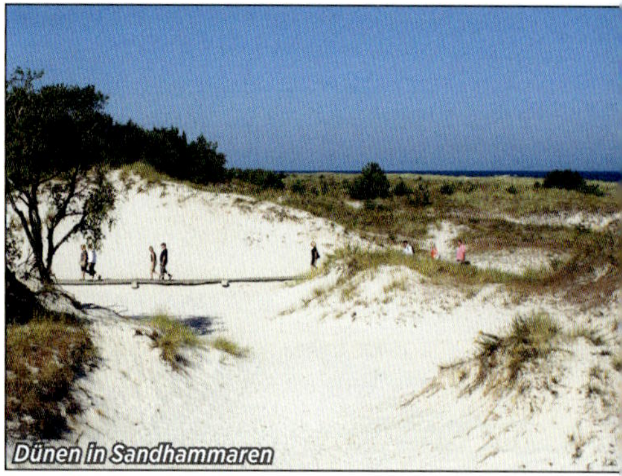
Dünen in Sandhammaren

*fast 300 Segelschiffe unter. Insgesamt sollen um die tausend Wracks vor der Küste liegen. Um weitere Unglücke zu verhindern, entstand in der Mitte des 19. Jahrhunderts in Sandhammaren die erste schwedische Seenotrettungsstation. Der noch heute bestehende Leuchtturm wurde 1861/62 gebaut.*

*Früher gab es in Sandhammaren einen dichten Eichenwald. Diesen ließ der schwedische König Karl XI. allerdings im 17. Jahrhundert abholzen, um den Strandräubern ihren Unterschlupf zu nehmen. Diese hatten angeblich immer wieder Segelschiffe durch falsche Lichtsignale auf die Sandbänke gelockt. Da es in der nun weitgehend baumfreien Landschaft immer wieder zu Verwehungen kam, wurden im 18. Jahrhundert Kiefern angepflanzt. Diese prägen noch heute die Landschaft hinter den Dünen. Im Naturschutzgebiet finden sich jedoch noch einige Reste des alten Eichenwalds.*

ACHTUNG Baden und Schwimmen in Sandhammaren kann bei bestimmten Wetterbedingungen auch heute noch wegen der Unterwasserströmungen gefährlich werden. Beachten Sie daher die Warn- und Informationsschilder an den Strandaufgängen.

Wollen Sie die Variante nutzen, biegen Sie ungefähr auf halber Strecke zwischen Hauptstraße und Strand rechts (bzw. vom Strand kommend links) ab auf den Waldweg und folgen diesem für gut 2,5 km durch das Naturreservat Hagestad ~ der Weg wird zeitweise zu einem schmalen Wanderpfad ~ rechts über eine kleine Holzbrücke und gleich wieder rechts auf die Nebenstraße ~ etwa 100 m nach dem Vandrarhem geht es links ab zum alten Hof Backåkra.

## Backåkra (Löderup)

**Dag Hammarskjöld's Backåkra**, Backåkravägen 73, 076/8352670, Juli-Aug., Mi-So 11-17 Uhr, Juni, Anf.-Mitte September Fr-So 11-17 Uhr. Der Hof aus dem 19. Jh. gehörte dem ehemaligen UN-Generalsekretär Dag Hammarsköld, der 1961 bei einem Flugzeugabsturz in Sambia ums Leben kam. Im Museum werden seine Kunstsammlung sowie Andenken und Geschenke von Hammarskjölds Reisen als Diplomat gezeigt. Zum

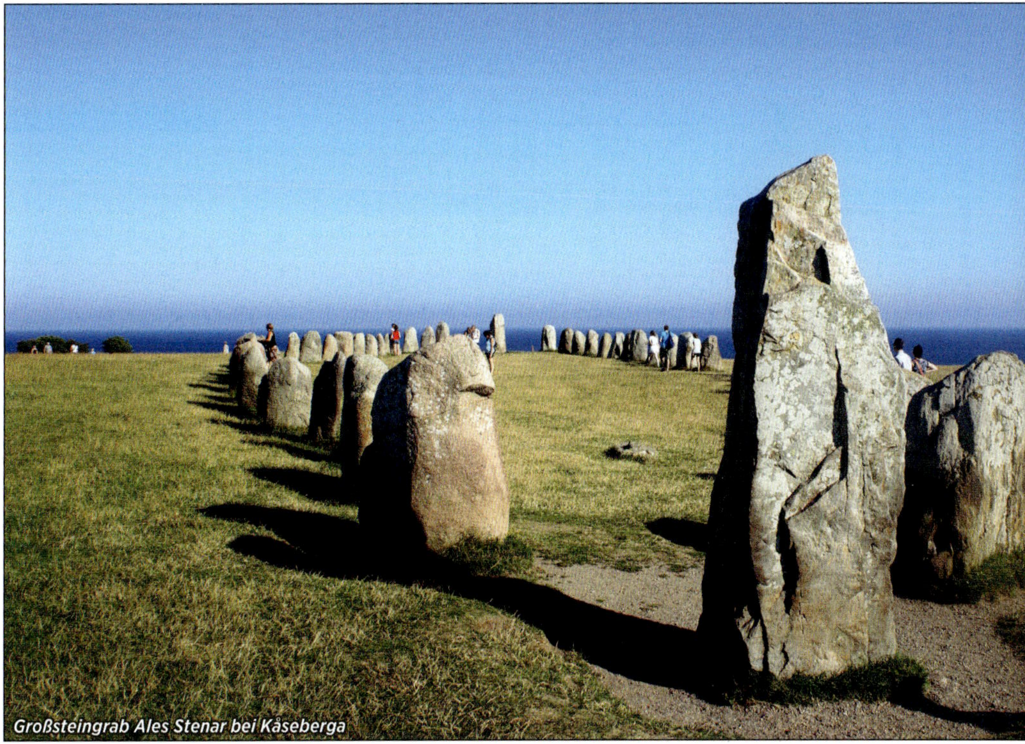

**Großsteingrab Ales Stenar bei Kåseberga**

Anwesen gehören auch ein Café, eine Gedenkstätte und ein etwa 30 ha großes Naturreservat mit Wanderwegen. @ bcq811

Etwa 300 m nach dem Abzweig zum Hof Backåkra geht es links zurück auf die Vorfahrtsstraße, nun wieder auf der Hauptroute.

Auf der Hauptroute fahren Sie nach dem Abzweig nach Sandhammaren durch eine offene Küstenlandschaft mit vielen Cafés, Zeltplätzen und Strandzugängen, z. B. nach **Löderups Strandbad** vorbei am Café Bäckagården **6** Sie erreichen den Abzweig nach Kåseberga, hier fahren Sie geradeaus.

AUSFLUG Um einen Blick auf das „skandinavische Stonehenge“ zu werfen oder geräucherten Fisch am kleinen Hafen von Kåseberga zu genießen, können Sie hier links abbiegen und vorbei am Parkplatz bis hinunter zum hübschen Hafen fahren. Wollen Sie nur das Steinmonument besichtigen, können Sie Ihr Rad auch auf dem Parkplatz oberhalb des Ortes abstellen und sich die steile Fahrt hinab nach Kåseberga sparen.

## Kåseberga (Löderup)

Vorwahl: 0411

- **Ales stenar**, ✆ 577681. Das Steinmonument aus 59 Steinen, die in Form eines Schiffes angeordnet sind, befindet sich nahe der Ostseeküste auf einem Hügel. Mit 67 m Länge und 19 m Breite ist es eine der größten erhaltenen Schiffssetzungen in Skandinavien.
- **Kåseberga Fisk**, Alesväg 34, ✆ 527180, Mitte März-Dez., tägl. Fischräucherei am Hafen. @ ysa427
- **Sky Adventures**, Alesväg 5, ✆ 527478, ✆ 0708/600221. Gleitfliegerschule und Tandemflüge. @ xkb371

*Das Fischerdorf Kåseberga (100 Einwohner) liegt etwa 18 Kilometer südöstlich von Ystad direkt an einer Landzunge. Diese ist von einer etwa 20 Meter hohen Steilküste umgeben, auf deren Plateau sich die Schiffssteinsetzung Ales Stenar befindet. Für den Bau des Hafens musste Ende des 19. Jahrhunderts die Steilküste an einer Stelle durchbrochen werden. Im Hochsommer wird der Ort von Touristen überlaufen.*

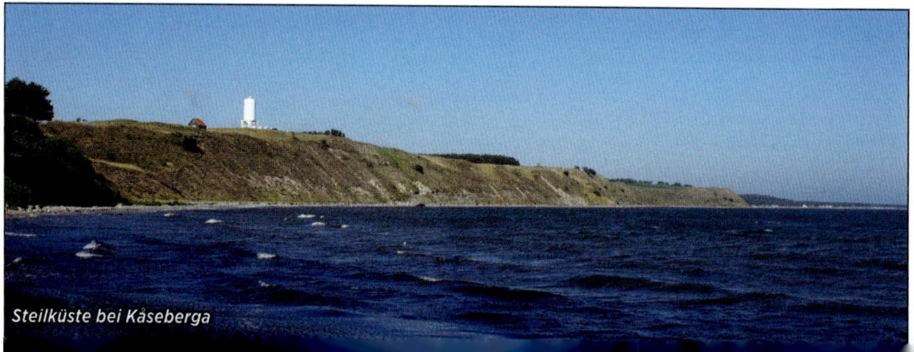

Steilküste bei Kåseberga

## Ales Stenar

*„Wo die Küste abrupt zwischen dem Meer und dem Himmel abfällt, hat Ale ein riesiges Schiff aus Steinen errichtet“ – so beginnt ein Gedicht des schwedischen Dichters Anders Österling (1884–1981) über das Steinmonument Ales Stenar („Die Steine von Ale“). Es ist eine der Hauptattraktionen Skånes und wird jährlich von rund 700.000 Touristen besucht.*

*Das Monument besteht aus 59 mannshohen Steinen, die in Form eines Schiffs angeordnet sind. Zwischen Bug und Heck liegen 67 Meter, an der breitesten Stelle misst es 19 Meter. Damit ist es die größte und am besten erhaltene Schiffssetzung Skandinaviens. Sie entstand vermutlich in der jüngeren Eisenzeit zwischen 500 bis 1000 unserer Zeit.*

*Bei Ausgrabungen in den 1990er Jahren wurden auf dem Gelände Feuersteine, Keramikscherben und eine Urne mit menschlichen Überresten gefunden. Diese Funde konnten auf etwa 600 n. Chr. datiert werden. Uneinigkeit herrscht jedoch über die Funktion des Schiffes. Einige Wissenschaftler vertreten die Ansicht,*

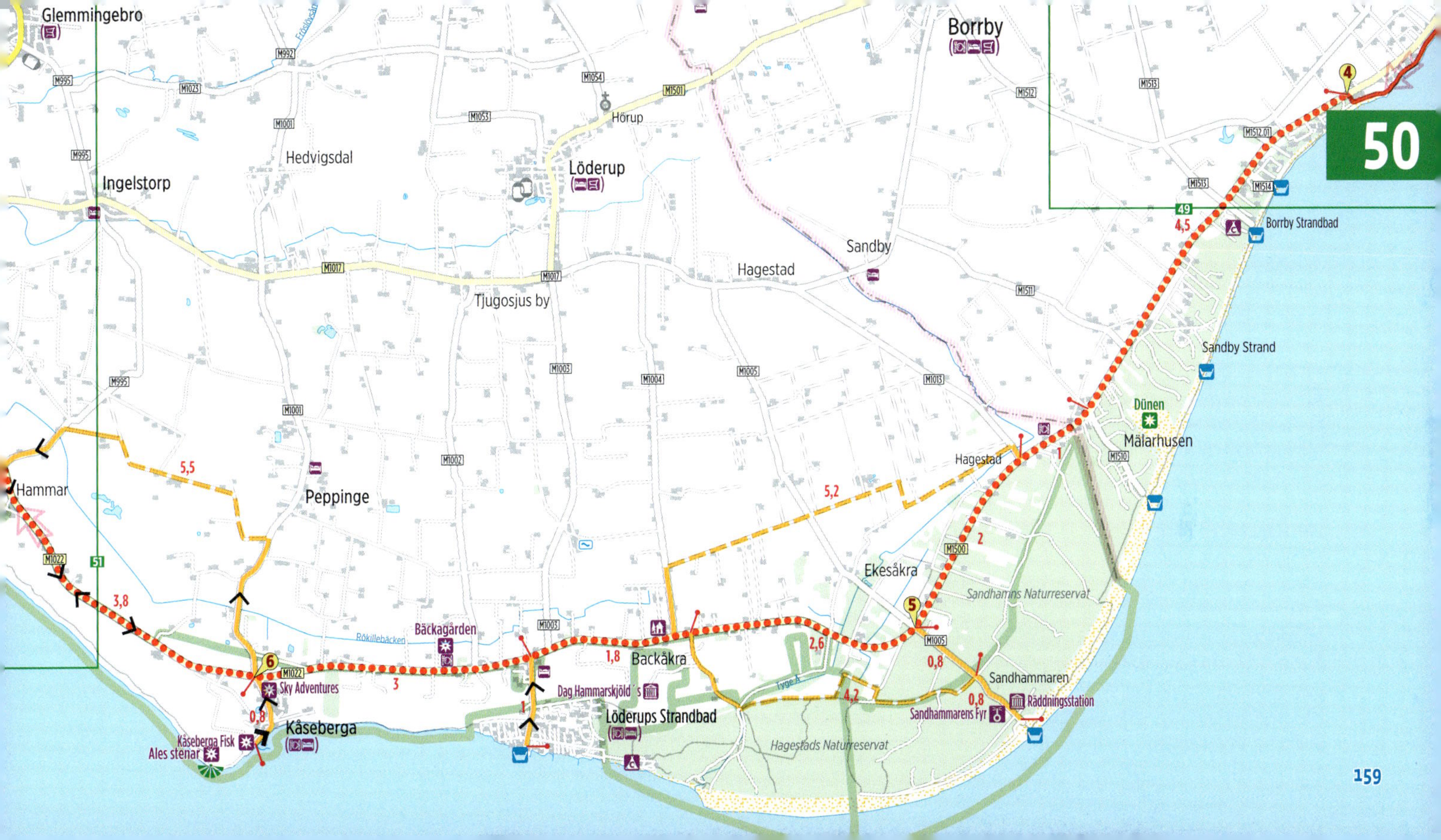
50
Borrby
Glemmingebro
Ingelstorp
Hedvigsdal
Löderup
Hörup
Sandby
Hagestad
Tjugosjus by
Peppinge
Hammar
Borrby Strandbad
Sandby Strand
Dünen
Mälarhusen
Ekesåkra
Sandhamns Naturreservat
Sandhammaren
Räddningsstation
Sandhammarens Fyr
Hagestads Naturreservat
Löderups Strandbad
Backåkra
Dag Hammarskjöld´s
Bäckagården
Rökillebäcken
Tyge Å
Sky Adventures
Kåseberga
Kåseberga Fisk
Ales stenar
4,5
5,2
5,5
3,8
2,6
1,8
4,2
0,8
0,8
0,8
3
2
1
1

*dass es sich bei Ales Stenar um ein Grabmonument handelt. Der Hobbyarchäologe Bob G. Lind, behauptet jedoch, dass die Steine als astronomische Uhr gedient haben, da sie so aufgestellt sind, dass die Sonne im Sommer am nordwestlichsten Stein untergeht und im Winter am südöstlichsten Stein aufgeht. Unklar ist auch, wie die zwischen einer halben und knapp zwei Tonnen schweren Steine nach Kåseberga gekommen sind. Eine These lautet, dass die Steine aus bronzezeitlichen Gräbern der weiteren Umgebung entwendet wurden, da die für Ales Stenar verwendeten Steine aus unterschiedlichen Gesteinsarten bestehen.*

VARIANTE Auch zwischen Kåseberga und Hamnar besteht die Möglichkeit, der zeitweise stark befahrenen Landstraße zu entfliehen. Die ruhige Variante über die Felder ist knapp 2 km länger.

### Von Kåseberga nach Ystad — 18 km

Von Kåseberga folgen Sie der Straße weiter Richtung Ystad ~ nach gut 5 km erreichen Sie den Ortseingang von Hammar.

### Hammar

**7** Wechseln Sie auf den Radweg auf der linken Straßenseite ~ über eine kleine Holzbrücke ~ links am Militärgebiet vorbei ~ ab Nybrostrand dem Radweg Richtung Ystad folgen.

### Nybrostrand (Ystad)

Vorwahl: 0411

**Nybrostrandsbadet**, Bassängvägen 9, ✆ 577341, Juni-Aug., tägl. @ ame453

Nach dem Tor fahren Sie weiter geradeaus auf der Straße durch die Siedlung ~ rechts durch die Unterführung und danach gleich wieder links auf die wenig befahrene Straße ~ dem Radweg erst leicht nach rechts und direkt wieder leicht nach links folgen ~ am Ende der Siedlung links und gleich wieder rechts ~ die Straße überqueren und weiter auf der ruhigen Nebenstraße ~ am Golfplatz links durch die Engstelle auf den Rad- und Fußweg rechts von der Straße ~ **8** am Parkplatz, auf dem im Sommer Erd- und Himbeeren verkauft werden, auf die linke Straßenseite wechseln (ausgeschildert als Infart 9) und in den **Badstigen** auf dem Sverigeleden parallel zum Strand ~ vom Badstigen auf den Rad- und Fußweg wechseln ~ über den Parkplatz geradeaus weiter auf dem Fuß- und Radweg ~ durch den Küstenwald Ystads Sandskog ~ fahren Sie links vorbei am Kiosk mit Minigolf und direkt danach links und gleich wieder rechts ~ weiter auf dem Sverigeleden auf der asphaltierten Nebenstraße direkt hinter den Dünen ~ an der Weggabelung den Sverigeleden verlassen und weiter auf dem Fuß- und Radweg

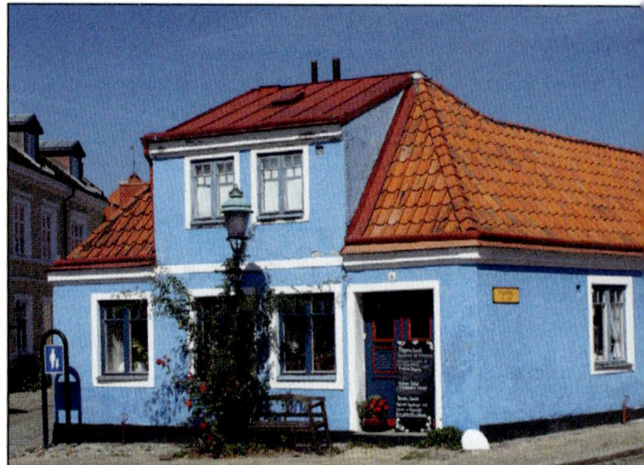
Café in Ystad

unterhalb des Deichs ~ vorbei an einem Spielplatz und einem Rast- und Grillplatz ~ geradeaus am Ystad Saltsjöbad vorbei ~ **9** am Kreisverkehr auf den Radweg auf der rechten Straßenseite wechseln und geradeaus ~ vorbei am Fährterminal nach Swinemünde und Rønne ~ über den Bahnübergang und leicht links auf den Radweg rechts vom Fährterminal direkt am Zaun entlang ~ vorbei am Bahnhof von Ystad.

### Ystad

Vorwahl: 0411

**Ystad Visitor Center**, S:t Knuts Torg, ✆ 577681, @ awd821

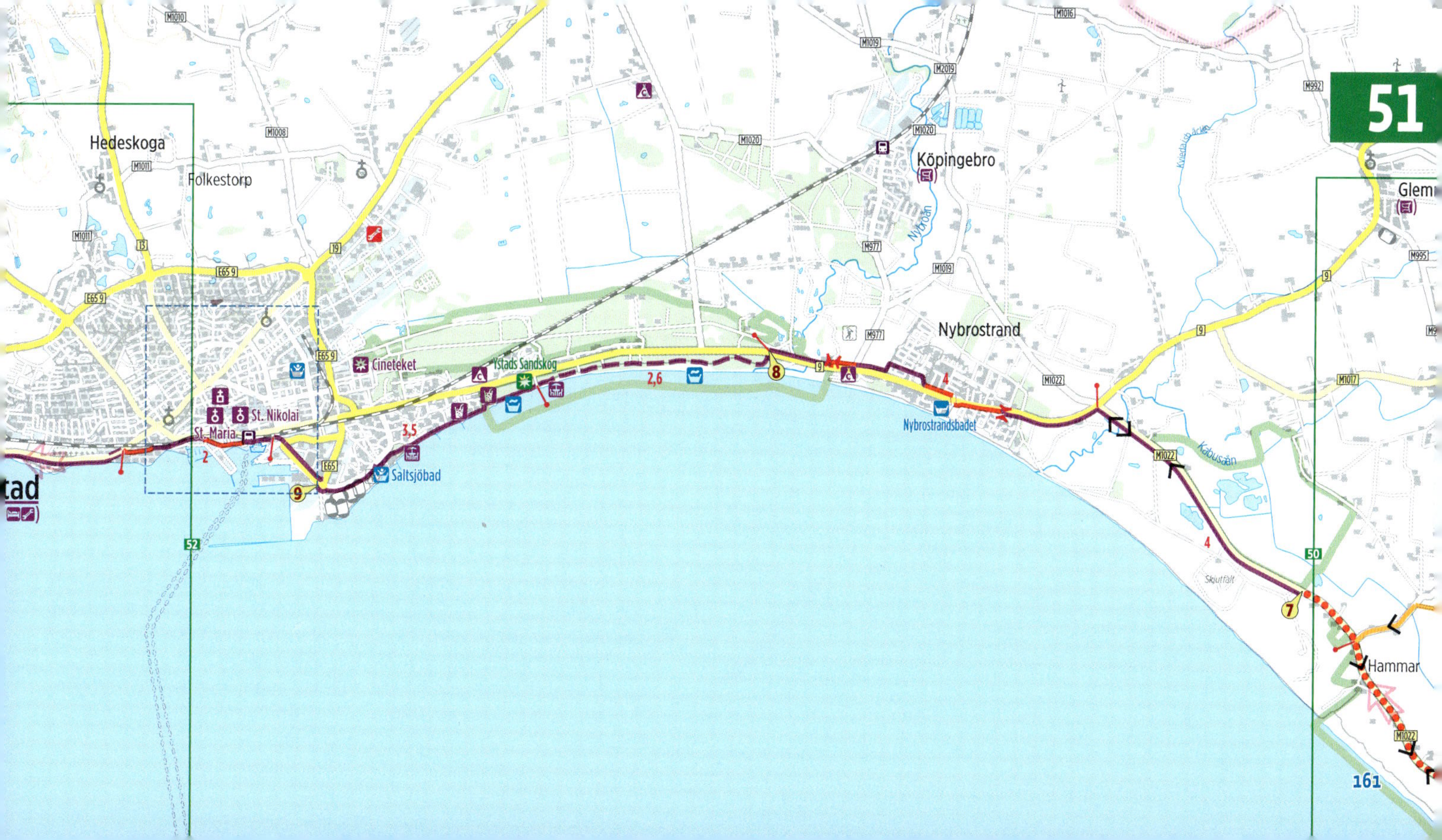
51
Hedeskoga
Folkestorp
Köpingebro
Nybrostrand
Glem
Hammar
Cineteket
Ystads Sandskog
St. Nikolai
St. Maria
Saltsjöbad
Nybrostrandsbadet
Nybroån
Kabusån
Skjutfält
tad
2,6
3,5
4
2
52
50

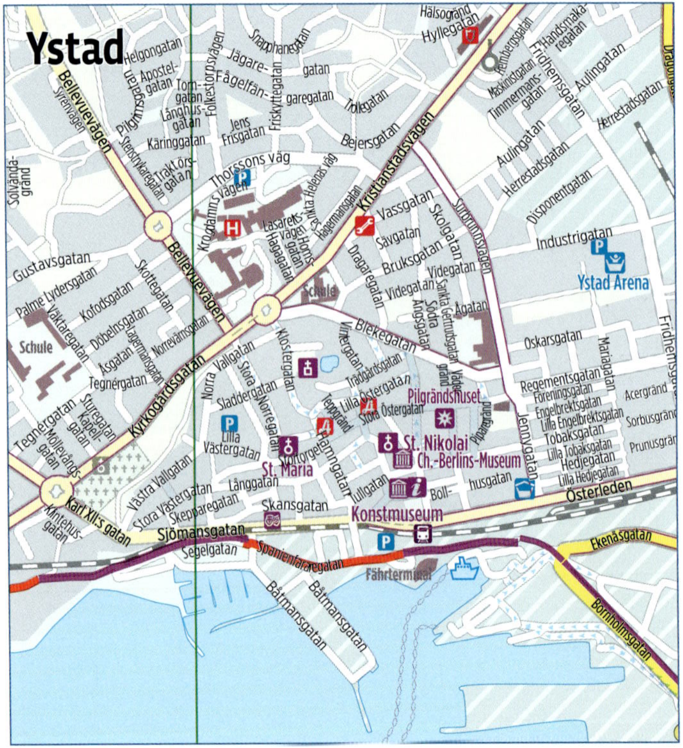


**Ystad-Rønne (Bornholm)**, Bornholmslinjen, Bornholmsgatan 1B, ✆ 0045(0)70/900100. Ganzjähriger Fährbetrieb, 3-8 mal tägl., Dauer: ca. 1 Std. und 20 Min. @ bnd887

**Ystad-Świnoujście (Polen)**, Polferries, Bornholmsgatan 8D, ✆ 040/121700. Ganzjähriger Fährbetrieb, 1-2mal tägl., Dauer: ca. 6 Std. @ ces661

**Ystad-Świnoujście (Unity Line)**, Bornholmsgatan 8c, ✆ 004891880290900. Ganzjähriger Fährbetrieb, tägl. 13.30 Uhr und 22.30 Uhr, Dauer: ca. 7,5 Std. @ kye425

**Charlotte Berlins Museum**, Damngatan 23, ✆ 18866, Mitte Juni-Aug., tägl. 11-17 Uhr. Bürgerhaus mit schöner Einrichtung aus dem 19. Jh., in dem einst die Geschäftsfrau Charlotte Berlin (1841-1916) lebte. @ awv872

**Ystad Studios Visitor Center (Cineteket)**, Elis Nilssons väg 14, ✆ 070/9477057, Mo-Do 10-16 Uhr, Sa 11-15 Uhr. Das interaktive Filmmuseum direkt neben den Ystad Studios informiert über Filmproduktion und schwedische Spielfilme. Mit Kurzfilmkino und Requisiten-Sammlung aus den Kurt-Wallander-Filmen. @ uaj256

**Ystads Konstmuseum (Kunstmuseum)**, S:t Knuts Torg, ✆ 577285 Das Kunstmuseum (1936) zeigt Kunst aus Skåne und Dänemark aus dem 19. und 20. Jh., aber auch internationale zeitgenössische Kunst. @ tdc715

**St. Maria**, Stortorget, ✆ 69200 Die St.-Marien-Kirche stammt aus dem 13. Jh. und wurde ursprünglich im romanischen Stil erbaut. Seit 1748 bläst nachts von 21.15-1 Uhr alle 15 Min. der Turmwächter in jede Himmelsrichtung in sein Horn, um zu verkünden, dass kein Feuer in der Stadt ausgebrochen und alles ruhig ist. @ epy883

**Gråbrödraklostret**, St. Petri Kyrkoplan, ✆ 577286, Mo-Fr, 10-17 Uhr, Sa, So 12-16 Uhr. Das 1276 eingeweihte „Graubruder-Kloster" ist ein ehemaliges Franziskanerkloster. Nachdem die Mönche zur Reformationszeit verjagt wurden, ist das Kloster als Hospital und Armenhaus genutzt worden. In den Gebäuden ist heute das Stadtmuseum untergebracht. @ xes731

**Pilgrändshuset**, Östergatan/Pilgrändgatan. Das wieder in Stand gesetzte Pilgrändshus stammt aus der Zeit um 1480 und ist das vermutlich älteste Fachwerkhaus Skandinaviens.

**Ystads Sandskog**, Österleden. Der „Sandwald" wurde im 19. Jh. angelegt, um Ystad vor Flugsand zu schützen, und erstreckt sich rund 4 km entlang der Küste östlich von Ystad. Am schönen Sandstrand finden sich zahlreiche Bunkeranlagen aus dem Zweiten Weltkrieg.

**Ystad Arena**, Fridhemsgatan 27, ✆ 577337, Mo, Do 12-17.30 Uhr, Fr 11-17.30 Uhr, Sa, So 10-16.30 Uhr, @ htl417

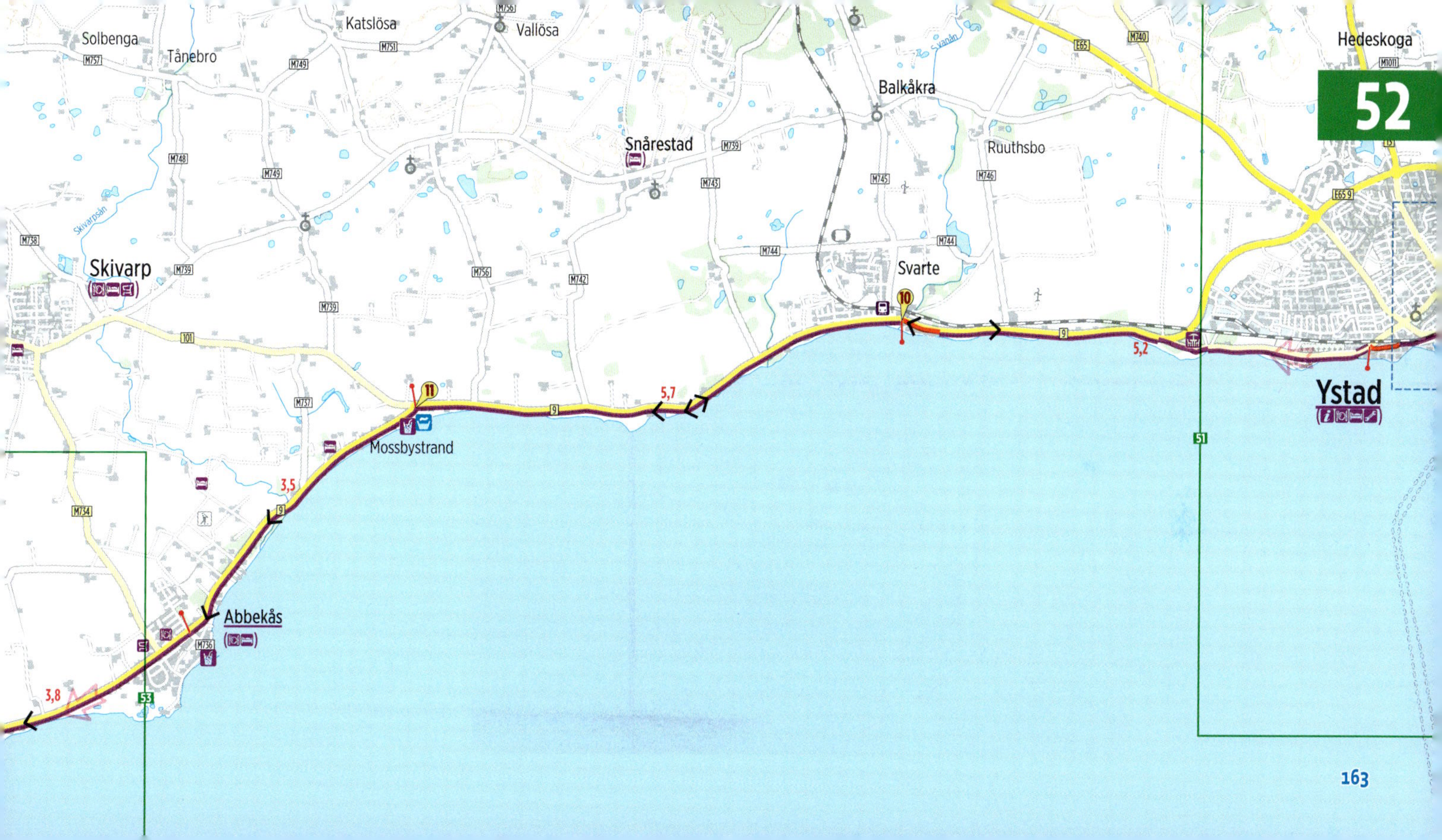
52
Hedeskoga
Solbenga
Tånebro
Katslösa
Vallösa
Balkåkra
Snårestad
Ruuthsbo
Skivarp
Svarte
Ystad
Mossbystrand
Abbekås
Skivarpsån
5,2
5,7
3,5
3,8
10
11
51
53

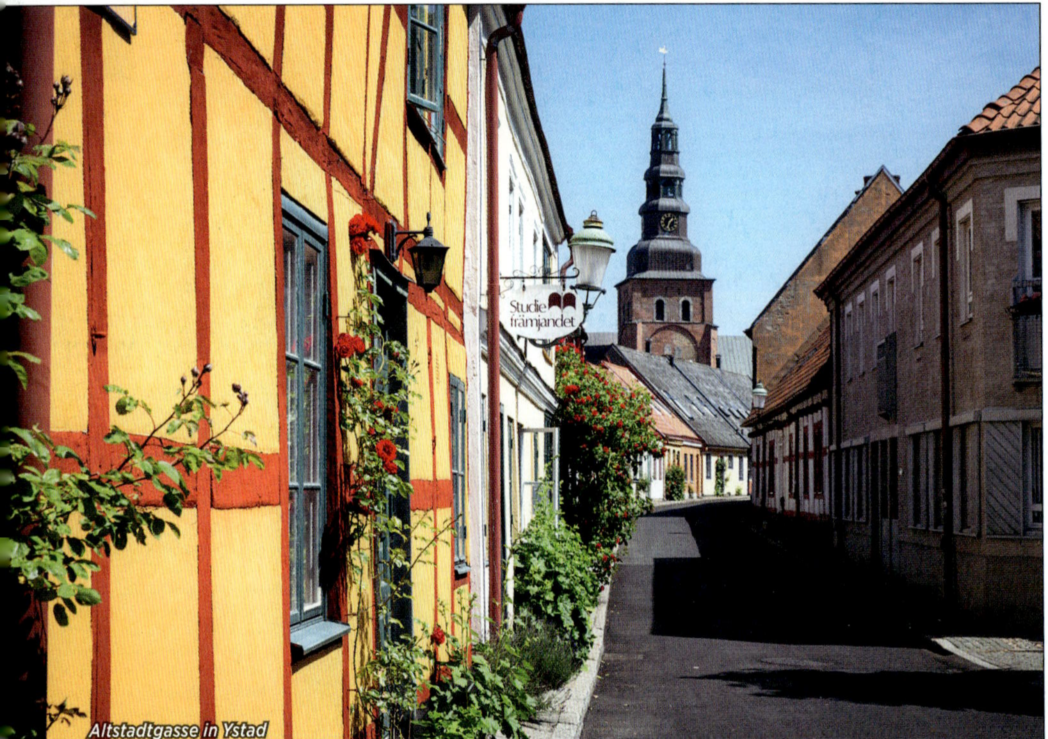


Altstadtgasse in Ystad

**Ystad Saltsjöbad**, Saltsjöbadsvägen 15, ✆ 13630, ⏲ tägl. 8-24 Uhr. Spa, ab 16 J. @ wrh164

*Die Hafenstadt Ystad (20.200 Einwohner) mit ihren etwa 300 Fachwerkhäusern und den gepflasterten Gassen zählt zu den besterhaltenen mittelalterlichen Städten Nordeuropas. Der dänische Name Ysted wurde erstmals 1244 erwähnt. Im 13. Jahrhundert wurden auch die Sankt-Marien-Kirche und das Franziskanerkloster St. Petri gebaut. Im Mittelalter lebte die Stadt hauptsächlich von der Fischerei und vom Handel mit Heringen, dessen Bestände allerdings schon im 16. Jahrhundert zurückgingen.*

*1658 kam Ystad unter schwedische Herrschaft. In der Zeit von Napoleons Kontinentalsperre (1806-1810) erlebte die Stadt einen Aufschwung, da viele Bürger mit Schmuggelware handelten.*

## Kurt Wallanders Ystad

*Krimifans ist Ystad vor allem durch die dort spielenden Romane von Bestsellerautor Henning Mankell (1948-2015) und deren Verfilmungen bekannt. Die Romanfigur Kurt Wallander ist Kriminalkommissar in Ystad. Wallander ist ein eigensinniger und etwas griesgrämiger, aber ehrlicher Polizist. Trotz seines mutigen Engagements wird er in den Romanen nicht*

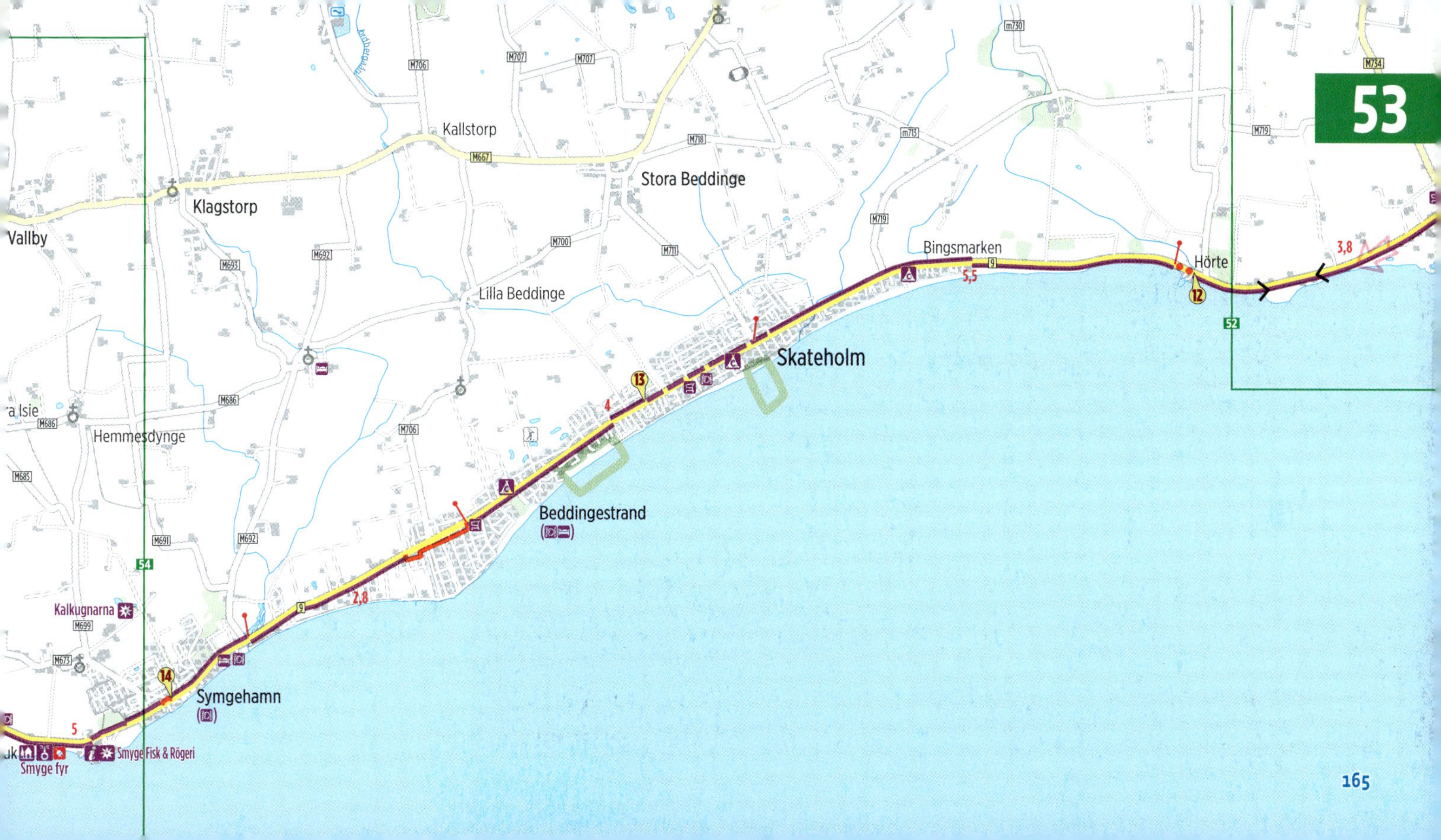
53
Vallby
Klagstorp
Kallstorp
Stora Beddinge
Lilla Beddinge
Hemmesdynge
Bingsmarken
Hörte
Skateholm
Beddingestrand
Symgehamn
Kalkugnarna
Smyge Fisk & Rögeri
Smyge fyr
3,8
5,5
4
2,8
5
12
13
14
52
54

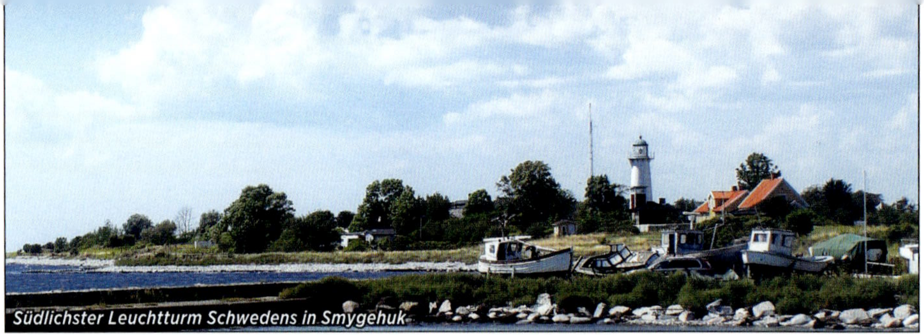
Südlichster Leuchtturm Schwedens in Smygehuk

*als Held, sondern als normaler Mensch mit alltäglichen Problemen beschrieben.*

*Mankells detailreiche Beschreibung von Plätzen, Straßen und Restaurants hat Ystad in den vergangenen Jahren zu einer Art Wallfahrtsort für Krimileser gemacht. Die Tourist-Information bietet Wallander-Führungen und Stadtpläne an, mit denen man sich auf die Spuren des beliebten Polizeikommissars begeben kann. Zu diesen Plätzen gehören neben Ystads Polizeistation z. B. Wallanders Wohnhaus aus rotem Backstein in der Mariagatan 10 und sein Lieblingscafé Fridolfs Konditorei – wo es natürlich Wallander-Torte gibt.*

## Von Ystad nach Abbekås 16 km

Wechseln Sie nach dem Bahnhof vom Radweg auf die Straße übers Hafengelände ~ hinter der Kreuzung beim Bahnübergang auf den Radweg rechts von der Straße wechseln ~ in der Siedlung auf die ruhige **Gjuterigatan** ~ am Ende der Straße links auf den asphaltierten Radweg links von der Straße bis ins gut 5 km entfernte Svarte.

### Svarte

10 Fahren Sie weiter auf dem Radweg Richtung Abbekås links von der großen Straße ~ 11 nach 5 km links halten auf dem Radweg Richtung Abbekås und vorbei am Kiosk von **Mossbystrand** ~ fahren Sie auf dem Radweg durch den Ort bis ins direkt angrenzende Abbekås, dessen Hafen sich gut für eine Pause eignet.

### Abbekås

*Abbekås (850 Einwohner) ist ein hübsches Fischerdorf an der Südküste von Skåne. Am 13. November 1872 zerstörte eine Sturmflut große Teile des Dorfes und den Hafen. Heute sind noch ein halbes Dutzend Fischerboote im Ort registriert, die im Innenhafen liegen.*

## Von Abbekås bis Trelleborg 33,5 km

Fahren Sie auf dem Radweg durch den Ort und bis ins gut 2 km entfernte Hörte.

### Hörte

12 In Hörte fahren Sie am Hafen vorbei und weiter auf dem Radweg entlang der Straße ~ der Radweg wechselt die Straßenseite ~ in **Bingsmarken** geradeaus durch den Ort ins direkt angrenzende Skateholm.

### Skateholm

In Skateholm fahren Sie vom Radweg geradeaus auf den Schotterweg durch die Ortschaft ~ am Zeltplatz und an mehreren Restaurants vorbei ~ 13 weiter geradeaus auf dem asphaltierten Radweg rechts von der Straße ~ nach 500 m auf den Radweg auf der anderen Straßenseite wechseln ~ nach knapp 2 km vorbei am Supermarkt, dahinter links auf den **Rödkörvelsvägen** und direkt wieder rechts ~ nach der Linkskurve rechts auf den **Backsippevägen** ~ am Ende des Weges rechts und gleich wieder links zurück auf den Radweg entlang der Hauptstraße ~ nach 2 km auf den Radweg auf der rechten Straßenseite wechseln.

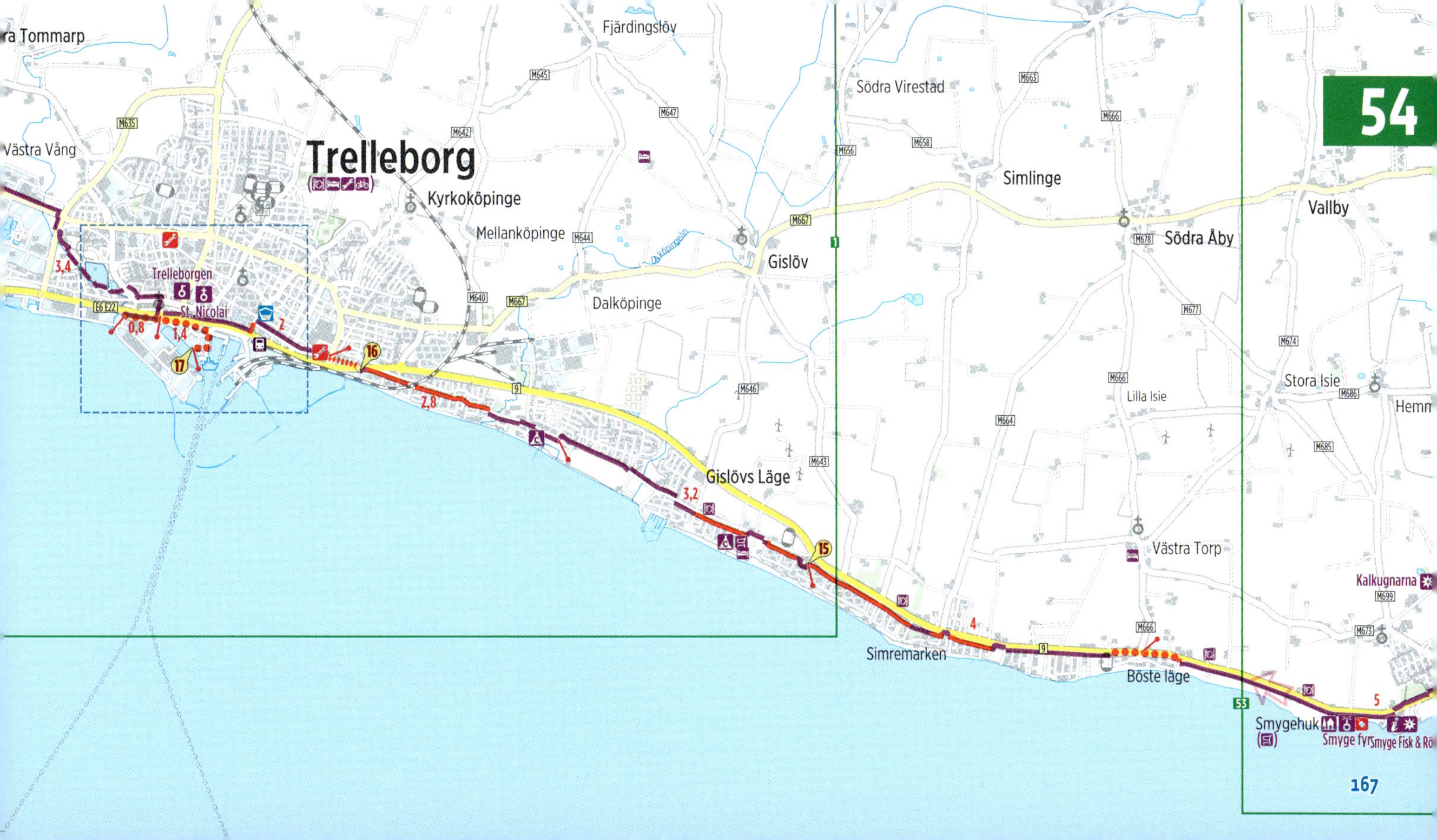
54
Trelleborg
Kyrkoköpinge
Mellanköpinge
Dalköpinge
Gislöv
Gislövs Läge
Fjärdingslöv
Södra Virestad
Simlinge
Södra Åby
Vallby
Stora Isie
Lilla Isie
Västra Torp
Kalkugnarna
Simremarken
Böste läge
Smygehuk
Smyge fyr
Smyge Fisk & Rö
Trelleborgen
St. Nicolai
Västra Vång
ra Tommarp
Hemn
Köpingeån
3,4
0,8
1,4
2
2,8
3,2
4
5
15
16
17
53
1
9
E6 E22
M635
M640
M642
M643
M644
M645
M646
M647
M656
M658
M663
M664
M666
M667
M673
M674
M677
M678
M685
M686
M699

### Smygehamn

**14** Folgen Sie im Ort der Ausschilderung nach Trelleborg um den Supermarkt herum und zurück auf den Radweg entlang der Straße ~ kurz nach dem Ortseingang von Smygehuk liegt links vom Weg die südlichste Spitze Schwedens.

### Smygehuk (Smygehamn)

Vorwahl: 0410

- **Smygehuk Turistinformation**, Smyge Strandväg 4C, ✆ 733320, @ pgd345
- **Smyge Fyr**, Smyge fyrväg. Der 17 m hohe Leuchtturm (1883) ist seit 2001 wieder in Betrieb. Die ehemalige Wohnstätte des Leuchtturmwärters dient heute als Jugendherberge.
- **Kalkugnarna (Kalköfen)**, Kalkbrottsvägen 33. Nördlich von Smygehuk sind noch 8 weißgetünchte, kuppelförmige Öfen erhalten, in denen von ca. 1860-1954 Kalkstein gebrannt wurde.
- **Smyge Fisk & Rökeri**, Smyge strandväg 4E, Hamnen, ✆ 24324, Mitte März-Okt., tägl. Fischräucherei am Hafen. @ anm838

*Smygehuk ist Schwedens südlichste Spitze. Sie liegt bei 55 Grad, 20 Minuten und 3 Sekunden und ist über einen Aussichtspunkt zu erreichen. Der Hafen war früher ein Kalkbruch. Im Sommer wird es in Smygehuk sehr voll, da viele (Wohnmobil-)Touristen den Ort als ersten Zwischenstopp nach der Fährüberfahrt ansteuern.*

Wechseln Sie auf Höhe der Bushaltestelle am Hafen auf die linke Straßenseite und fahren Sie an Smygehuks Leuchtturm vorbei ~ nach gut 2 km erreichen Sie Böste.

### Böste (Trelleborg)

Der Radweg endet im Ort und Sie müssen auf der stark befahrenen Straße weiter geradeaus fahren ~ am Ortsausgang links auf den Radweg.

### Simremarken

Folgen Sie im Ort der Links-Rechts-Kurve des Radwegs ~ auf die Straße wechseln ~ am Ende der Straße rechts auf den Radweg und durch die Linkskurve ~ direkt links und kurz danach wieder rechts auf die Nebenstraße ~ **15** am Ende der Straße links, der Beschilderung des Radwegs folgen und um die Schule herumfahren ~ 200 m nach der Schule rechts und gleich wieder links auf den Radweg links von der Straße ~ weiter geradeaus auf die Nebenstraße ~ nach 400 m rechts auf den Radweg links von der Straße ~ kurz danach auf den Radweg auf der rechten Straßenseite wechseln.

### Gislöv

Fahren Sie vorbei am Abzweig zum Campingplatz und Hafen ~ links und auf Höhe der Bushaltestelle gleich wieder rechts über die Straße auf den Radweg links der Straße ~ zu Beginn der Siedlung schräg rechts auf die Nebenstraße durch den Vorort von Trelleborg ~ durch die Tempo-30-Zone ~ **16** auf dem Radweg durch die Unterführung der E 9 und links wieder hoch ~ geradeaus aufs Kopfsteinpflaster ~ die Straße überqueren und geradeaus in die **Östergatan** auf den Radweg entlang der Straße ~ vorbei an einem Fahrradladen und einem Hostel ~ vor Beginn der Fußgängerzone links Richtung Fährterminal ~ nach der Tourist-Information rechts auf den Radweg links von der Straße ~ vorbei am Abzweig zur Trelleborgen bis zur Zufahrt des Fährterminals ~ **17** am Fähranleger erreichen Sie das Ende Ihrer Tour.

### Trelleborg s. S. 22

Sie haben nun das Ende Ihrer Radreise erreicht. Wir hoffen, Sie hatten einen erlebnisreichen und interessanten Radurlaub und freuen uns, dass Sie ein ***bikeline***-Radtourenbuch als Begleiter gewählt haben.

Das gesamte ***bikeline***-Team wünscht Ihnen eine gute Heimreise!

# Übernachtungs- und Serviceverzeichnis

### Kategorien

- i Tourist-Information
- H Hotel
- Hg Hotel garni
- Gh Gasthof, Gasthaus
- P Pension, Gästehaus
- Pz Privatzimmer
- Ho Hostel
- Mo Motel
- NF Naturfreundehaus
- AH Apartmenthotel
- B&B Bed and Breakfast
- B Bungalow
- Fw Ferienwohnung (Auswahl)
- Bh Bauernhof
- Hh Heuhotel
- S Sonstiges
- Jugendherberge, -gästehaus
- Campingplatz
- Zeltplatz (Naturlagerplatz)

Die Auflistung stellt keine Empfehlung einzelner Betriebe dar und erhebt keinen Anspruch auf Vollständigkeit. Um das Verzeichnis stets aktuell zu halten, sind wir für Mitteilungen bezüglich Änderungen jeder Art dankbar. Der einfache Eintrag erfolgt für die Betriebe natürlich kostenfrei, aus Platzgründen können wir diesen allerdings nicht garantieren. Vor allem in Tourismusgebieten mit großem Übernachtungsangebot muss die Liste aus Platzgründen automatisiert leicht gekürzt werden.

### Kennzeichnung

- I Preiskategorie unter € 25,–
- II Preiskategorie € 25,– bis € 35,–
- III Preiskategorie € 35,– bis € 50,–
- IV Preiskategorie € 50,– bis € 70,–
- V Preiskategorie € 70,– bis € 100,–
- VI Preiskategorie über € 100,–
- o.F. kein Frühstück angeboten
- HP mit Halbpension
- nur Zimmer mit Etagenbad
- Bett+Bike Betrieb
- 2.5 Entfernung vom Weg in Kilometer Luftlinie

### Preise

Die Preise gelten als Richtwert pro Person in einem Doppelzimmer mit Dusche oder Bad inkl. Frühstück.

Die angegebenen Preiskategorien entsprechen dem Stand des Erhebungs- bzw. Überarbeitungszeitraumes und können sich von den tatsächlichen Preisen unterscheiden. Besonders während Messezeiten, aufgrund von unterschiedlichen Zimmertypen und nicht zuletzt saisonal bedingt sind preisliche Schwankungen möglich.

## Radwerkstätten u. -vermietung

- Fahrradwerkstatt
- Servicestation od. -automat
- Fahrradvermietung
- E-Bike Verleih
- E-Bike Ladestation
- abschließbare Abstellanlagen

### Entfernung

Die blaue Zahl (2.5) beim Betrieb gibt die Entfernung zur Route in Kilometern an. Bitte beachten Sie, dass sich diese Zahl auf die Luftlinie bezieht, ohne Berücksichtigung der Höhenmeter und der tatsächlichen zurückzulegenden Strecke.

### Updates & Korrekturen

Aktuelle Korrekturen zum Übernachtungsverzeichnis erhalten Sie über das LiveUpdate auf **www.esterbauer.com**.

Bitte beachten Sie, dass aufgrund von Pandemie und anderen Krisen derzeit immer wieder Betriebe schließen müssen bzw. sich die Preise regelmäßig ändern. Diese Entwicklungen werden uns noch einige Jahre begleiten. Das bikeline-Team ist ständig bemüht, die Daten anzupassen und zu korrigieren. Wir bitten jedoch um Verständnis, wenn einige Angaben nicht mehr aktuell sind. Unser LiveUpdate hilft Ihnen dann weiter.

## Trelleborg

Vorwahl: 0410

i Info-Punkte, im Trelleborg Museum, im Museum der Trelleborgen, im Clarion Hotell Magasinet 0

i Smygehuk Turistinformation, Smyge Strandväg 4C, Smygehuk (Smygehamn), ✆ 733320 0

H Clarion Collection Hotel Magasinet, Hamngatan 9, ✆ 18899, VI 0

H Dannegården, Strandgatan 32, ✆ 410/48180, V-VI 0

H Palm Tree Hotel, Corfitz Beck-Friisgatan 3, ✆ 48500, VI 0

P Weinbergs Hotel, Idalavägen 33-5, ✆ 331313, ✆ 076/1634040, VI 3

Pz Blå Huset, Norregatan 13-15, ✆ 0768/942835 0.5

Ho Nightstop Vandrarhotellet, Östergatan 59, ✆ 410/41070, II-III 0

B&B Björka, Böste Strandväg 71, ✆ 23083, II 0

B&B Cronia Living, Järnvägsgatan 29, II 0

B&B Systrar & Bönor, Algatan 26-28, ✆ 18767, III 0

B Trelleborg Strand, Dalköpinge Strandväg 2, ✆ 301770, II 0

Carlströms Cykel och Service, Östergatan 69, ✆ 12853 0

Cykelakuten, Norregatan 38, ✆ 45544 0.5

Fribergs Cykel, Hedvägen 123, ✆ 13223 1

## Skegrie (Trelleborg)

Pz Liebacksgården, Liebacksvägen 59, ✆ 070/6802773, IV 0.5

Fw Leijongården, Liebacksvägen 32-56, ✆ 070/3377902, IV 1

## Höllviken

Vorwahl: 040

i Info-Punkt, Museivägen 27, im Wikingermuseum (Vikingareservat Foteviken) 0

H Höllviksnäs, Ljungvägen 1, ✆ 459150, IV 0

Ho Lotsvillans Vandrarhem, Västra Kanalvägen 22, ✆ 0761/180045, I-II 1.5

B&B Kungshaga Gård, Kämpingevägen 54-9, ✆ 0709/649506, III-IV 0

EFS Höllviksstrand, Höllvikstrandsvägen 2, ✆ 451202, II-III 0

Höllviken Cykel, Falsterbovägen 62, ✆ 450934 0

Hyr en Hoj, Ljungvägen 34B, ✆ 0731/469433 0.5

## Skanör

Vorwahl: 040

H Hotell Gässlingen, Rådhustorget 6, ✆ 459100, V-VI 1

H Skanörs Gästgifvaregård, Mellangatan 13, ✆ 475690, V 0.5

B Solhejdans Naturistcamping (FKK-Zeltplatz), Knösvägen 1-0, ✆ 0738/475088, I-II 2.5

Cykleuthyrning, Västergatan 52, ✆ 101519340 0

## Falsterbo

Vorwahl: 040

i Info-Punkte, Reuterswärds väg 1, im Falsterbo Camping & Resort 1

P Pensionat Olympia, Skoltorget, ✆ 470165, II 0

B Falsterbo Camping & Resort, Reuterswärds väg 1, ✆ 6024020, IV-V 0.5

S Falsterbo Fågelstation, Fyrvägen 35, ✆ 473703, I 0.5

## Norra Håslöv (Vellinge)

Vorwahl: 040

H Ängavallen, Ängavellens väg 17-9, ✆ 423250, V-VI 2.5

## Vellingebacken (Vellinge)

Vorwahl: 040

Hg Vellingebacken, Vellingebacken 40, ✆ 0733/786386, IV 2

## Vellinge

Vorwahl: 040

H Wellingehus Hotell, Järnvägsgatan 7, ✆ 422861, III 0

## Almehill (Vellinge)

Vorwahl: 040

B&B Broddahill, Landsvägen 290-8, ✆ 443060, ✆ 0708/443161, III-IV 2

## Västra Ingestad (Vellinge)

Vorwahl: 040

B&B Elbetorp, Jordholmsvägen 240-10, ✆ 443102, ✆ 0705/573102, III 3.5

## Bonderup (Dalby)

B&B Bonderup, Bonderup 531, ✆ 0734/231802, II 1

## Hököpinge (Vellinge)

Ho Bruksparkens Vandrarhem, Bruksvägen 15, ✆ 0708/199275, III-IV 0.5

## Limhamn (Malmö)

Vorwahl: 040

H Havshotellet, Strandgatan 50, ✆ 162030, V 0

B&B First Camp Malmö Sibbarp, Strandgatan 101, ✆ 155165, III-IV 0

Bikemasters, Getgatan 48, ✆ 153999 0.5

## Malmö

Vorwahl: 040

i Malmö Travelshop und Info-Point, Carlsgatan 4, ✆ 330570, ✆ 341200. Weitere Info-Punkte im Rathaus, Moderna Museet und im Hbf. 0

H Best Western Malmö Arena, Hyllie Boulevard 2, ✆ 6420400, V-VI 3

H Clarion Collection Hotel Magasinet, Hamngatan 9, ✆ 18899, IV-V 0

H Clarion Collection Hotel Temperance, Engelbrektsgatan 16, ✆ 71020, VI 0

H Comfort Hotel Malmö, Carlsgatan 10C, ✆ 330440, III-IV 0.5

H First Hotel Jörgen Kock, Jörgen Kocksgatan 3, ✆ 101800, IV-V 0

H Good Morning Malmö, Stadiongatan 21, ✆ 6728570, IV-V 1.5

H Mayfair Hotel Tunneln, Adelgatan 4, ✆ 101620, IV-V 0

H Moment Hotels, Norra Vallgatan 54, ✆ 235040, III 0

H Mortensen, Baltzarsgatan 45, ✆ 6655700, V 0.5

H Radisson Blu Hotel, Östergatan 10, ✆ 6984000, III-V 0

H STF Ohboy Hotell, Lilla Varvsgatan 24, ✆ 85606, V. Fahrradhotel inkl. kostenlosem Faltrad 0

H Scandic Malmö City, Kaptensgatan 1, ✆ 6150300, V-VI 0.5

H Teaterhotellet, Fersens väg 20, ✆ 6655800, IV-V 0.5

H The More hotel, Norra Skolgatan 24, ✆ 6551000, IV-V 0

Ho Rut & Ragnars, Nobelvägen 113, ✆ 6116060, II-III 0.5

Hotel N Hostel, Rönngatan 1, ✆ 6551300, III 0.5

Bike & Ride-Stellplätze 0

Caroli Cykel, Rörsjögatan 4, ✆ 307590, ✆ 070/3135588 0.5

Cykel och Skid-Experten, Köpenhamnsvägen 5D, ✆ 6113024, ✆ 0728/327306 0.5

Cykelköket (Selbsthilfewerkstatt), Stapelbäddsgatan 3. Fahrradselbsthilfewerkstatt 0

Fridhems Cykelaffär, Tessins väg 13, ✆ 260335 0.5

Fridhems Cykelaffär, Östra Rönneholmsvägen 26, ✆ 230240 0

Rundels Cyklar, Rundelsgatan 15, ✆ 6449594 0.5

Värnhems Cyclar, Sallerupsvägen 2, ✆ 184858 0.5

Västra hamnens cyklar, Bomgatan 12, ✆ 070/7172972 0

Malmö by Bike 0

Cykelservicestation (Werkzeug, Luft, Wasser), Pildammsvägen/Gamla IP (Stadion). Fahrradselbsthilfestation 0.5

Cykelservicestation (Werkzeug, Luft, Wasser), Varvsgatan/Hallenborgs gata (Västra Hamnen). Fahrradselbsthilfestation 0.5

## Lomma

Vorwahl: 040

B&B Brohuspark, Brohusvägen 7, ✆ 073/3414103, IV. im Juli/Aug. für mind. 2 Nächte 0.5

Lomma Camping, Södra Västkustvägen 114, ✆ 411210 1.5

Cykelfirma Forum, Järnvägsgatan 10, ✆ 414494 0.5

## Vragerup (Staffanstorp)

B&B Vragerups Gård, Vragerupsvägen 211, ✆ 046/2112451, ✆ 0708/359991, IV 0.5

## Lund

Vorwahl: 046



i Info-Punkt im Rathaus, Bangatan 1, ✆ 131415. Weitere Info-Punkte im Kulturen und allen großen Hotels. 0

H Best Western Plus Hotel Planetstaden, Dalbyvägen 38, ✆ 2800100, V-VI 0.5

H Best Western Plus Nordic Lund, Östra Mårtensgatan 5, ✆ 3780070, V 0

H Concordia, Stålbrogatan 1, ✆ 135050, V-VI 0

H Elite Hotel Ideon, Scheelevägen 27, ✆ 2871100, V 1.5

H Good Morning Lund, Förhandlingsvägen 4, ✆ 313630, IV-V 1.5

H Grand Hotel, Bantorget 1, ✆ 2806100, V-VI 0

H Lundia, Knut den Stores torg 2, ✆ 2806500, IV-V 0.5

H Oskar, Bytaregatan 3, ✆ 188085, V 0

H Park Inn by Radisson, Hedwig Möllers Gata 2, ✆ 2703700, V 1.5

H Place, Margaretavägen 7, ✆ 333600, IV-V 2

H Scandic Star, Glimmervägen 5, ✆ 2852500, IV-V 1

H The More Hotel, Kastanjegatan 18, ✆ 2716400, V 0.5

Hg Millas Villa, Hantverksgatan 6, ✆ 0723/290800, IV-V 0.5

P No 1 Guesthouse, Studentgatan 1, ✆ 073/9907772, IV-V 1

Ho Winstrup Hostel, Winstrupsgatan 3,

✆ 80900, III 0.5

B&B Brunius, Magle lilla kyrkogata 2b, ✆ 370032, IV 0

B&B Hobykrok, Kärrpängavägen 6, ✆ 0707/616000, III 2

B&B Magle's Smiley Inn, Magle Stora Kyrkogata 8, ✆ 0705/761133, IV 0

AH Finn Appartments, Dalbyvägen 20B, ✆ 2806300, III-IV 0.5

AH Forenom Aparthotel, Laboratoriegatan 10, ✆ 08/12074300, IV-V 0

Källby Camping, Badarevägen 10, ✆ 3595188 1.5

Banks Bicycles, Bankgatan 15, ✆ 073/9754481 0.5

DeGaVi Cykel & Service, Sankt Petri Kyrkogata 13, ✆ 2118802 0.5

Fiskarens Cyklar, Lilla Fiskaregatan 23, ✆ 073/9802567 0

Fridhems Cykelaffär, Bredgatan 32, ✆ 130102 0.5

Lund Cycle, Östra Mårtensgatan 10A, ✆ 141460 0

Malmgrens Cykel och Sport, Trollebergsvägen 33, ✆ 2114803 0

Ågrens Cykelaffär, Kävlingevägen 1, ✆ 136647 1

## Torna-Hällestad

Vorwahl: 046

Fw Lillan, Trollskogsvägen 1, ✆ 070/6162263, II-III 0.5

## Löberöd

Vorwahl: 0413

H Lugna Gården, Lönshult 174, ✆ 30700, VI. HP 2.5

B&B Dorisberg, Rolsbergavägen, Rolsberga Satsarp 305, ✆ 070/6912866, III-IV 1

## Fogdarp (Hörby)

Vorwahl: 0413

H Elisefarm, Fogdarp 747, ✆ 33070, V-VI 4

## Hörby

Vorwahl: 0415

i Info-Point Hörby Kommun, Ringsjövägen 4, ✆ 378000 0

B&B Himlastallet, Slagtofta 4010, ✆ 070/2651880, III 1.5

Råbyhill Vandrarhem, Råby 2154, ✆ 14590, II-III 1.5

Heléns Cyklar, Slagtoftavägen 30, ✆ 12806 0.5

## Osbyholm (Hörby)

Vorwahl: 0415

H Ringsjöstrand Hotell & Camping, Osbyholm Brovägen 2, ✆ 10567, V-VI 0.5

Ringsjöstrand Hotell & Camping, Osbyholm Brovägen 2, ✆ 10567, I-II 0.5

## Ludvigsborg (Höör)

Vorwahl: 0415

B&B Villa Granliden, Fulltoftavägen 44, ✆ 51009, IV-V 0

## Sätofta (Höör)

Vorwahl: 0413

B Jägersbo Camping, Fiskaregränd 1, ✆ 554490, I-II 0

## Höör

Vorwahl: 0413

H Ho Backagården, Stenskogen 735, ✆ 74600, III-IV 2.5

H Höörs Gästgifwaregård, Gamla Torg 4, ✆ 22010, V-VI 2.5

H B Höörs Gästgifwaregård, Gamla Torg 4, ✆ 22010, V-VI 2.5

H B Höörs Gästgifwaregård, Gamla Torg 4, ✆ 22010, V-VI 2.5

H Ho Stiftsgården Åkersberg, Åkersbergsgatan 3, ✆ 559100, III-V 3.5

Åkermans Cykel, Handelsgatan 1B, ✆ 070/83258536 3

## Gamla bo (Höör)

H B Ringsjö Wärdshus Stugor, Stenlycke 202, ✆ 0704/383484, IV-V 2

## Skepparslöv (Kristianstad)

Vorwahl: 044

B&B Inspektorbostället Uddarps Säteri, Uddarpsvägen 131, ✆ 229523, ✆ 0705/315215, III 0.5

## Hässleholm

Vorwahl: 0451

i Tourist Information, Stadshuset, Nytorget 1, ✆ 267300 6

Hässleholmsgårdens Vandrarhem, Hovdalavägen 303, ✆ 12111, II 6

Mohlins Cykel & Motor, Lövgatan 1, ✆ 89710 6

## Vinslöv

Vorwahl: 044

B Vinslövs Camping, Troed Nelsongatan 18, ✆ 070/2077679, I-II 0.5

## Vanås (Knislinge)

Vorwahl: 044

H Wanås Restaurant Hotel, Hässleholmsvägen, ✆ 2531581, VI 0

## Immeln (Sibbhult)

Vorwahl: 044

B&B Gyllingalängan, Bokvägen 2, ✆ 0704/551314, I-II 0

Vandrarhem Immeln, Gamla Byvägen 5, ✆ 072/1926215, II-III 0

B Immeln, Immelnvägen 2, ✆ 96100, ✆ 0707/910400, I-II 0.5

[S] Immelns Bygdegård, Gamla Byväge, ✆ 301, ✆ 0708/189410, II 0

## Dönaberga (Sibbhult)

[B&B] Ringblomsgården, Dönaberg, 2745, ✆ 076/1053202, III 3.5

## Vånga

Vorwahl: 044

[H] [Bh] Gårdshotell Vånga 77.1, Furustadsvägen 488, ✆ 0768/646736, IV 2.5

Vånga Vandrarhem, Furustadsvägen 667, ✆ 94417, ✆ 0733/808999, I-II 1

## Näsum

Vorwahl: 0456

[B] Stuguthyrning i Oretorp, Oretorpsvägen 273-4, ✆ 0708/994405, III 4.5

Humletorkans Vandrarhem (Humlegården), Klagstorpsvägen 1, ✆ 20188, ✆ 070/6052917, II-III 3

## Jämshög

Vorwahl: 0454

[P] [B&B] Villa Liljenbog, Kulltorpsvägen 7, ✆ 0773/840823, III-IV 0.5

## Olofström

Vorwahl: 0454

Servicecenter/turistbyrå, Medborgarcenter, Östra Storgatan 5, ✆ 93100 0.5

[H] First Hotel, Ågatan 3, ✆ 301230, IV-V 0.5

[H] Fritzatorpet, Nytebodavägen 31, ✆ 226622, IV 2.5

[B&B] [B] Brokamåla Gård (Höloftet B&B), Nytebodavägen 337-7, ✆ 0709/149394, IV 8

Halens Camping & Stugby, Halenvägen 321, ✆ 40230, III 0

## Kyrkhult

Vorwahl: 0454

[Fw] Fornebodastugan, Hovmannsbygdsvägen 73, ✆ 023/606900, IV 0

[B] Paradiset Naturistcamping (FKK-Campingplatz), Södra Slagesnäsvägen 211-64, ✆ 771108, I 1.5

## Ryd

Vorwahl: 0459

Cykel & Motor i Ryd AB, Östergatan 16, ✆ 80086 0.5

## Norraryd (Ryd)

[Fw] Åsnen, Blidingsholms Gård, ✆ 0477/25004, ✆ 0708/504431, V 1

[B] Norraryds Camping, ✆ 070/54050849, II 0.5

## Ålshult (Ryd)

Vorwahl: 0459

[B&B] Toftahult, Ålshult 11, ✆ 079/3413910, IV 0.5

Ålshult Handelsbod & Tågvagn, Ålshult 12, ✆ 795599, III 0

## Törnabygd (Urshult)

Vorwahl: 0477

[B] Törnabygd Camping, Tryteke, Eriksberg, ✆ 070/2261067, II 1.5

## Getnö (Ryd)

Vorwahl: 0477

Tourist-Information, Lake Åsnen Resort, im Getnö Gård, ✆ 20421 0

[B] Getnö Gård, Lake Åsnen Resort, ✆ 24011, II-III 0

## Hulevik (Grimslöv)

Utsikten övernattningsplats, Banvallsleden. für 3-4 Zelte, keine Buchung möglich 0

## Torne (Grimslöv)

Vorwahl: 0470

Torne Lanthandel/Info-Point Alvesta, Brovägen 8, ✆ 556667. Kleines Lebensmittelgeschäft, das auch als Tourist-Information dient und Kaffee und Eis anbietet. 0

[B&B] Torne Gård, ✆ 754345, ✆ 0705/771501, IV-V 0.5

[B] Torne Camping & Fiskekamp, ✆ 0730/343702, II 0

## Grimslöv

Vorwahl: 0470

[H] Ekhagens Kurs och Konferens, Grimslövs folkhögskola, ✆ 763739, IV-V 1

[Gh] Grimslöv Gästgiveri, Skatelövsvägen 60, ✆ 0705/223336, IV 2

Grimslövs Föreningslokal, Skatelovsvägen, ✆ 750072, I 2

## Huseby Bruk (Grimslöv)

Vorwahl: 0470

Huseby Turistbyrå, ✆ 752097 0

## Mjölknabben (Urshult)

[B] Mjölknabbens Camping, Mjölkenabben 1, ✆ 070/5428455, II 0

## Rotahult (Urshult)

Vorwahl: 0477

Rotahults Naturcamping, ✆ 24053, ✆ 070/6732636 1

## Bosgård (Urshult)

Bosgård, ✆ 070/6025979, ✆ 070/5283145 0

## Kärrasand (Urshult)

[B] Kärrasands Camping, ✆ 072/3330496, ✆ 072/2216703, I-II 0.5

## Kurrebo (Urshult)

Vorwahl: 0477

[B&B] Kurrebo Bed & Breakfast, Kurrebo 3, ✆ 0762/477160, I-III 0.5

## Urshult

Vorwahl: 0477

B&B Bergsvägen, Bergsvägen 4, ✆ 18096, I 0.5
B&B Urshult Hotell, Smedjevägen 5, ✆ 20001, I-II 0
B Tildas Urshult, Stengårdsslätt Stenslund, ✆ 20024, ✆ 073/0600828, II 0
B Urshult Camping, Rävabacken 1, ✆ 070/7103894, I 0

## Hätteboda (Urshult)

Hätteboda Vildmarkscamping („Wildniscampingplatz"), ✆ 070/7221997 2.5

## Hemsjö (Svängsta)

Vorwahl: 0454

B Hallandsboda B&B, Hemsjövägen 1093, ✆ 070/3063378, III 0.5

## Asarum

Vorwahl: 0454

Hg Solsta Towers, Offerkällevägen 10, ✆ 329790, ✆ 070/5584710, IV-V 0
B&B Mormors Bakeri, Nötabrånevägen 28, ✆ 0762/477160, III 3
B Långasjönäs Camping & Stugby, Långasjönäsvägen 49, ✆ 320691, ✆ 0702/656811, I-II 2.5
Cykelmartin, Domarevägen 10, ✆ 0735/179157 0.5

## Karlshamn

Vorwahl: 0454

Info-Punkte in Karlshamns Museum und im Kreativum Science Center, Pirgatan 2, ✆ 81203 0
H Best Western Hotel Karlshamn, Jannebergsvägen 2, ✆ 588700, V 0
H Bode, Södra Fogdelyckegatan 28, ✆ 31500, III-IV 0
H Hotel Carlshamn, Varvsgatan 1, ✆ 89000, V 0
H Karlshamns Hotell och Vandrarhem, Surbrunnsvägen 1c, ✆ 14040, II-III 0.5
H Port Hotel, Drottninggatan 102, ✆ 14220, IV-V 0
B&B Innergården, Regeringsgatan 111, ✆ 0734/139226, III 0



B&B Nya Stan, Hinsegatan 5, ✆ 16395, ✆ 070/3924486, III 0.5
B Kolleviks Camping, Kolleviksvägen 11, ✆ 19280, III 0
Jibo Cykel, Horsarydsvägen 1, ✆ 15550 0.5

## Mörrum

Vorwahl: 0454

H Mörrum River Lodge, Bygatan 6, ✆ 0735/179157, III-IV 0
H Walhalla, Stationsvägen 24, ✆ 50044, ✆ 0733/884681, IV 0
Fw Mörrums Kronolaxfiske, Kvarnvägen 1, ✆ 50123, I-IV 0.5

## Pukavik (Sölvesborg)

Vorwahl: 0456

B Allholmens Bad & Camping, Karlshamnsvägen 354, ✆ 076/3367778, II 0

## Norje (Sölvesborg)

Vorwahl: 0456

B Norje Boke Camping, Norje Boke Väg 76, ✆ 31026, ✆ 070/5515345 1

## Sölvesborg

Vorwahl: 0456

Sölvesborgs Turistbyrå, Reslagargatan 1, ✆ 816181 0.5
H Edgar, Ungersgatan 8, ✆ 10220, ✆ 0733/924465, IV-V 0.5
H Humbla, Bredgatan 8, ✆ 10025, V 0
H Stadshotellet, Järnvägsgatan 8, ✆ 10910, IV 0
B&B Villa Orion, Överlyckevägen 10, ✆ 13558, III 0.5
B Tredenborgs Camping, Tredenborgsvägen, ✆ 12116, I-II 1.5
S Sölvesborgs Golfklubb Stugor, Ljunganabbevägen 149, ✆ 70650, V-VI. Preise inkl. Golfpaket. 0.5
Sölvesborgs Velo, Lilla skolgatan 1, ✆ 27777, ✆ 0722/169631 0

## Valje (Sölvesborg)

Vorwahl: 0456

B Valjevikens Camping, Valjeallén 20, ✆ 14090, ✆ 0739/429070, II 0

## Edenryd (Bromölla)

Vorwahl: 0456

B Rusthållaregården, Östersjövägen 300, ✆ 26026, III 0

## Bromölla

Vorwahl: 0456

Bromölla Turistbyrå, Hermansens gata 22, ✆ 822222 0.5
H Ifõhus, Ivögatan 3, ✆ 28040, III-IV 0.5
Mo Bella's Place, Kristianstadsvägen 782-1, Skåneporten, ✆ 25910, III 0.5
Bromölla Camping & Vandrarhem, Scout-

vägen 6, ✆ 070/7776515, II-III 0

Bäckmans Cykel & Fritid, Tians väg 30, ✆ 27056 0.5

## Bäckaskog Slott (Fjälkinge)

H B&B Bäckaskog Slott, Barumsvägen 255, ✆ 044/53020, V-VI 0

## Ivö (Fjälkinge)

Vorwahl: 044

P Ivogården, Kungagårdsvägen 17-3, ✆ 073/4205240, VI 1.5

B Ivö Camping, Ärkebiskopens väg 4, ✆ 52188, ✆ 0706/5622272, I-II 0

## Kristianstad

Vorwahl: 044

Kristianstad Tourist Center, Västra Storgatan 12, Rådhus Skåne, ✆ 135000 0

H Fw Annas Hotell, Näsbychaussén 35, ✆ 0709/158181, V 2

H Best Western Anno 1937, Västra Storgatan 17, ✆ 126150, IV-V 0

H Bishops Arms, Västra Boulevarden 7, ✆ 101366, IV-V 0.5

H First Hotel Christian IV, Västra Boulevarden 15, ✆ 203850, IV 0

H Hotel Park Allé, Västra Boulevarden 35, ✆ 217740, IV 0.5

H Quality Hotel Grand, Västra Storgatan 15, ✆ 284800, IV-V 0.5

H StadsHotellet, Nya Boulevarden 8, ✆ 100255, IV-V 0

Ho B&B Kong Christians, Tivoligatan 12, ✆ 210034, III-IV 0.5

B&B Vivans, Långebrogatan 85, ✆ 219452, ✆ 0733/894521, II 0.5

Charlottsborgs Camping och Vandrarhem, Slättängsvägen 98, ✆ 210767, I 0.5

Cykelcentralen, Blekingevägen 2, ✆ 213507 0.5

DeGaVi Cykel & Service, Tegelbruksvägen 13, ✆ 126542 2

Mohlins Cykel & Motor, Olof Mohlins väg 6, ✆ 211613 0

## Åhus

Vorwahl: 044

H B Briggen, Lotsgatan 46, ✆ 289493, IV-V 0

H Åhus Gästgivaregård, Gamla Skeppsbron 30, ✆ 289050, V-VI 0

H B&B Åhus Seaside, Kantarellvägen 1, ✆ 289300, IV-V 0

B&B Lindelunda, Yngsjövägen 324, ✆ 070/8154656, III-IV 0.5

B&B Åvägen, Åvägen 71, ✆ 0704/249766, IV 0

AH Åhus Resort, Kolonivägen 39, ✆ 243600, IV-V 0

B&B Cigarrkungenshus, Stavgatan 3, ✆ 0706/757710, III-IV 0

Strandvillan i Åhus, Kolonivägen 62, ✆ 243600, ✆ 0708/289300, I-II 1

Åhus Missionsgård, Glansabovägen 50, ✆ 070/8627555, II-III 0

B First Camp Åhus-Kristianstad, Täppetleden 201, ✆ 248969, IV 0.5

Jockes Cykel & Sport, Ellegatan 8, ✆ 243454 0

## Yngsjö

Vorwahl: 044

H Kastanjelunds Wärdshus, Kastanjelundsvägen 2, ✆ 232533, V 0.5

B&B Gamla Skolan, Yngsjövägen 1065, ✆ 0721/824006, III-IV 1

B&B Fw Linda Gård, Yngsjövägen 420, ✆ 0708/878799, V 0.5

B&B Ängshyddan, Yngsjövägen 462, ✆ 0707/526995, IV 0.5

Yngsjö Camping, Havsbadsvägen 3, ✆ 232288, ✆ 070/8232288 1

## Nyehusen (Yngsjö)

Vorwahl: 044

Martins Camping, Furubodavägen 64, ✆ 0733/280690 0.5

## Ölseröd (Degeberga)

Vorwahl: 044

B&B små äpplen, Olserödsvägen 90-9, ✆ 070/8146792, III-IV 2.5

B&B Ölseröd, Olserödsvägen 74, ✆ 351310, ✆ 073/1586696, IV 2.5

## Degeberga Sommarby (Degeberga)

Fw Rigeleje Camping, Rigelejevägen 4, ✆ 044/351279, IV 0.5

## Maglehem (Degeberga)

Vorwahl: 044

H Drakamöllan Gårdshotell, Drakamöllans väg 105, ✆ 351016, HP, VI 1

B&B Brostorp B&B, Maglehems ora 19, ✆ 351137, III 0

B&B Solgården Maglehem, Lillehemsvägen 2, ✆ 351046, III-IV

## Brösarp

Vorwahl: 0414

H Brösarps Gästgifveri & Spa, Albovägen 21, ✆ 73680, VI 0.5

H Talldungen Hotell och restaurang, Bengtemöllevägen 7, ✆ 73235, HP, VI 0.5

Pz Doktorsbostaden, Albovägen 32, ✆ 076/8761907, ✆ 070/7744537, I-II 0.5

B&B Fw Källagården, Källagårdsvägen, ✆ 0705/193477, III-IV 0.5

### Bertilstorp (Brösarp)

Vorwahl: 0414

STF Kuskahusen, Kristinehov, Kuskahusen, ✆ 92141, ✆ 0708/679694, III-IV 0.5

### Andrarum (Brösarp)

Vorwahl: 0414

P Tastecelebration Residence, Jägmästarbostaden 101, ✆ 0708/153955, VI 0

B&B Alunbruket, Alunbruket 101, ✆ 26115, IV-V 0.5

### Haväng (Kivik)

Vorwahl: 0414

STF Vandrarhem Haväng, Skepparpsgården, ✆ 74071, II-IV 0.5

### Ravlunda (Kivik)

Vorwahl: 0414

Pz Ravlunda Byaväg, Ravlunda Byaväg 12, ✆ 0706/743890, III 0

Pz Rosa Huset, C. Ehn Öhrn, Vitabyvägen 36, ✆ 070/5891717, II 0

B&B Farmors Lycka, Tostarödsvägen 39, ✆ 0709/519311, V 1.5

B&B Ravlunda Bränneri, Vitabyvägen 25, ✆ 74100, IV-V 0

B&B Fw Sannes Bed & Breakfast, Tostarödsvägen 10, ✆ 073/5443328, III 0.5

B&B Ängdala Camping, Ängdalavägen 1, ✆ 0730/777628, II-IV 1

Fw Rosenlund Gård, Ravlunda 207, ✆ 74110, ✆ 070/8720984, III 2

Ravlunda Cykel, Vitabyvägen 9, ✆ 74001, ✆ 073/9720548 0

### Vitaby

Vorwahl: 0414

B&B Hvitaby Järnvägshotell, Sankt Olofsvägen 2, ✆ 72495, ✆ 0708/773323, IV 0

### Kivik

Vorwahl: 0414

Kiviks Museum, Bredarörsvägen 1, ✆ 070/5120830. Tourist-Information in den Sommermonaten. 0

H Hanöbris, Bokekullsvägen 2, ✆ 70050, ✆ 07033/931931, V-VI 0

H Kiviks Hotell konferens och spa, Moriabacken, ✆ 70075, V-VI 0.5

H Kivikstrand, Stengatan 32, ✆ 71195, VI 0.5

Gh Systrarna på Kivik, Björkhagen 3:11, ✆ 070/9927652, III 0

Pz Kiviks Camping, Tittutbacken 10, ✆ 70930, III 0.5

B&B Agda Lund, Kiviks stora väg 59, ✆ 072/7017505, IV-V 0

B&B Kaptenshuset, Kiviks Stora Väg 46, ✆ 0709/587272, V 0

B&B Killegården, Kiviks Storaväg 37, ✆ 0708/636001, V-VI 0

### Bästekille (Kivik)

Vorwahl: 0414

B&B Bästekille Gårdshotell, Bästekille Piledal 1, ✆ 076/2066528, V 0

### Södra Mellby (Kivik)

Vorwahl: 0414

B&B Adagio på Österlen, Fältvägen 3, ✆ 70710, IV 1.5

### Svabesholm (Kivik)

Vorwahl: 0414

H Svabesholms Gårdshotell, Svabesholms Kungsgård, ✆ 070/6384204, IV 0

### Stenshuvud (Kivik)

Vorwahl: 0414

H Blåsingborgs Gårdshotell, Svabesholmvägen 49, ✆ 70218, IV-V 0

P Pensionat Stenshuvud, Svinaberga backe 27, ✆ 070/6384204, IV 0

B&B B Elisetorp, Stenshuvudsvägen 146, ✆ 70340, ✆ 0706/781457, II-IV 0

B&B Eternellgården, Stenshuvudsvägen 37, ✆ 070/5342754, ✆ 0730/422749, IV-V. Juli/Aug. nur wochenweise 0

Fw Kastanjegården, ✆ 072/3159611, V. KW 27-32 nur wochenweise. 1

### Sankt Olof

P Villa Gina Österlen, Lerbergstorpvägen 21, ✆ 0708/199333, VI 2.5

Pz Litet Gästhus, Järnvägsgatan 8, ✆ 070/4966109, VI 0

### Vik (Simrishamn)

Vorwahl: 0414

B&B Österlens Golfklubb Lilla Vik, Lilla Viksvägen 9, ✆ 27000, V-VI 0.5

Fw Carlssons på Vik, Viks fiskeläge 119, ✆ 0705/559846, IV. KW 27-32 nur wochenweise. 0

### Baskemölla (Simrishamn)

Vorwahl: 0414

Pz Bo mitt i Baskemölla, Frans Löfströms väg 19, ✆ 0706/707904, III 0

Pz Gladan B&B, Roddargatan 6, ✆ 0739/985187, III 0

STF Vandrarhem Baskemölla, Tjörnedalavägen 31, ✆ 0706/823508, III 0

Fw Baskemölla Camping, Tjörnedalavägen 18, ✆ 073/2455017, II-III 0

### Gröstorp (Simrishamn)

Vorwahl: 0414

Bengtssons Loge, Gröstorps Bygata 1, ✆ 0700/009437, II-III 2

## Simrishamn
Vorwahl: 0414

- i Simrishamns Turistcenter, Varvsgatan 2, Marint centrum, ✆ 819800 0
- H Kockska Gården, Storgatan 25, ✆ 411755, IV-V 0.5
- H Maritim Krog & Hotell, Hamngatan 31, ✆ 411360, V-VI 0
- H Svea, Strandvägen 3, ✆ 411720, V-VI 0
- H Turistgården, Storgatan 21, ✆ 16622, V 0.5
- Pz Tina Åkesson, Storgatan 40, ✆ 14242, ✆ 070/5398471, III 0.5
- B&B Apotekarns, Storgatan 17, ✆ 16160, IV 0.5
- B&B Aurora, Sjukhusvägen 2, ✆ 17707, IV-V 1
- B&B Pizzahouse, Storgatan 44, ✆ 14434, ✆ 0708/667063, III 0.5
- B&B Rosentorget, Rosentorget 10, ✆ 0708/890052, IV-V 0.5
- Fw Gamla Stan, Regeringsgatan 17, ✆ 070/4452673, IV-V 0
- B Tobisviks Camping, Tobisvägen 38, ✆ 412778, II-III 0
- Järn & Fritid Simrishamn, Tumatorpsvägen 5, ✆ 10515 1.5
- Österlens cykel, Peder Mörcks väg 18B, ✆ 070/6855866 0.5

## Simris (Simrishamn)
Vorwahl: 0414

- Pz Gårdslägenhet, Viarpsvägen 2, ✆ 070/4961707 2

## Brantevik
Vorwahl: 0414

- Gh Hamngården, Östersjögatan 94, ✆ 070/9927724, V-VI 0
- Pz Branteviks Viste, Fartygsgatan 2, ✆ 070/7410584, III-IV 0.5
- B&B Hörnan på Brantevik, Skepparegatan 22, ✆ 24089, ✆ 070/3500580, IV 0
- STF Vandrarhem Råkulle Brantevik, Råkullavägen 7, ✆ 22020, ✆ 070/9732061, II-III 0

## Gislöv (Simrishamn)
Vorwahl: 0414

- Gh Karnelund Krog & Rum, Gislöv 112, ✆ 25010, V-VI 2
- B&B Lunkaberg, Lunkaberg 1, ✆ 079/3037590, III-IV 1.5
- Fw Westremark, Gislövs Westremark, ✆ 30344, ✆ 070/2493413, V 0.5

## Skillinge
Vorwahl: 0414

- B&B Sjöbacka Gård, Gislövsdalsvägen 66, ✆ 30166, IV 0.5
- B&B Östangård, Kvarnby 1303, ✆ 30014, III-IV 1.5

## Glimminge (Simrishamn)
Vorwahl: 0414

- B&B Glimminge, Stjärnevägen 74, ✆ 31221, ✆ 0734/204686, IV-V 0

## Hammenhög

- B&B Glivarpagården Gårdshotell, Glimmingehusvägen 79, ✆ 073/4194578, V 0.5

## Östra Hoby (Borrby)

- B&B Hoby Gård, Hoby Gård, ✆ 072/5766252, IV-V 2.5

## Borrby Strandbad (Borrby)
Vorwahl: 0411

- B Borrbystrands Camping, Granhyddevägen 2, ✆ 521260, II-III 0.5

## Borrby
Vorwahl: 0411

- H Borrby, Klockaregårdsvägen 19, ✆ 072/2009766, III-IV 5
- Pz Hos Brita, Bleckslageregatan 7, ✆ 0703/432791, o.F., III-IV 4
- B&B Blå Huset, Köpmannagatan 6, ✆ 0441/0733/383933, ✆ 0704/536304, IV-V 4
- B&B Borrby Frö, Hobyvägen 5, ✆ 0709/206797, III-IV 4
- Bh Borrby Kungsgård, ✆ 0708/204817, ✆ 0708/202604, IV-V. In der Hochsaison nur wochenweise. 4

## Sandby (Borrby)
Vorwahl: 0411

- B&B Villa Sandby, Sandbyvägen 90, ✆ 60700, ✆ 070/6930625, III-IV 2.5
- B Mälarhusen Stugby, Östra Kustvägen 1773, ✆ 0723/586586, IV 0

## Löderup
Vorwahl: 0411

- B&B Wingårdhs Österlen, Vallshögsvägen 130-34, ✆ 076/8510881, IV 2
- Fw Vallebergaslätt, Slättvägen 151, ✆ 070/3440270, IV-V 3
- B Löderups Strandbads Camping, Östanvägen 64, ✆ 14111, ✆ 076/1097621, II 1

## Löderups Strandbad (Löderup)
Vorwahl: 0411

- H Fw Löderups Strandbad, Södra Strandbadsvägen 40, ✆ 526260, IV-VI 0
- B&B I Robe You - Strandbadsgården, Östra Kustvägen 1085, ✆ 0709/267100, III-IV 0
- Backåkra Vandrarhem, Östra Kustvägen 1231, ✆ 526080, III-IV 0

## Kåseberga (Löderup)
Vorwahl: 0411

- H Kåseberga Gårdshotell & Spa, Ales väg 14, ✆ 072/5559010, V 0

B&B Ejagården, Östra Kustvägen 861, ✆ 070/4961340, IV 0

B&B Peppinge, Peppingevägen 260, ✆ 070/1833620, ✆ 0705/133431, III-IV ⊕ 1

B&B Vinkille, Vinkillevägen 54, ✆ 070/3025022, IV 0.5

## Ingelstorp (Glemmingebro)

H Ingelstorp Pensionat, Ingelstorps Byväg 8, ✆ 0411/521151, III 2.5

## Nybrostrand (Ystad)

Vorwahl: 0411

Nybrostrands Camping, Notvägen 2, ✆ 550196 0

## Ystad

Vorwahl: 0411

i Ystad Visitor Center, S:t Knuts Torg, ✆ 577681 0.5

H Anno 1793 Sekelgården, Långgatan 18, ✆ 73900, IV 0.5

H Cameo Boutique Hotell, Stora Östergatan 33, ✆ 78480, V 0.5

H Continental du Sud, Hamngatan 13, ✆ 13700, V-VI 0

H Prins Carl, Hamngatan 8, ✆ 73750, IV 0.5

H Villa Strandvägen, Strandvägen 1, ✆ 237300, HP, V-VI 0

H Ystad Saltsjöbad, Saltsjöbadsvägen 15, ✆ 13630, VI 0

Hg Backagården, Dammgatan 36, ✆ 0700/906058, IV-V 0.5

Pz Gaffelgården, Gaffelgränd 16, ✆ 85120, ✆ 211211, IV 0.5

B&B Our House, Eliassons väg 8, ✆ 65445, ✆ 0702/265445, IV-V 1

B&B Stationen, Hamntorget 1, ✆ 45090, V 0

AH Lägenhetshotell, Surbrunnsvägen 23, ✆ 0705/116614, II-III 1

B Ystad Holiday Houses, Fritidsvägen 1, ✆ 073/4444848, III 0.5

B Fredriksbergs Camping, Östra sandskogsvägen 289, ✆ 070/9966259 3

B Ystad Camping, Österleden 97, ✆ 19270, II-III ⊕ 0.5

Gösta Svensson Cykel, Kristianstadsvägen 22, ✆ 555123 1

Roslins Cykel, Norra Zinkgatan 2, ✆ 12315 2.5

## Snårestad (Ystad)

Vorwahl: 0411

B&B Snårestad, Snårestadsvägen 149-37, ✆ 070/7340980, V 2

## Mossbystrand (Abbekås)

Vorwahl: 0411

H Mossbylund, Mossbystrand, ✆ 30036, VI 0.5

## Abbekås

Vorwahl: 0411

H Abbekås Golfrestaurang & Hotell, Örmölla 324, Kroppsmarksvägen, ✆ 533233, V-VI 1

H Bongska Huset, Skepparevägen 1, ✆ 30400, VI 0.5

Ho Vagabond, Örmölla 321, ✆ 070/7401761, IV ⊕ 1.5

B&B Strandhuset, Fiskarevägen 32, ✆ 070/5131588, IV 0.5

## Skivarp

Vorwahl: 0411

H Skivarps Gästgivaregård, Landsvägen 32, ✆ 30551, III-IV ⊕ 3.5

B&B Lillehem Gårdshotell, Lillehem Dybäck 4186, ✆ 533496, IV 1.5

## Skateholm (Beddingestrand)

Vorwahl: 0410

B Bingsmarkens Camping, Bingsmarken, ✆ 25664, III ⊕ 0

Skateholms Camping, Beddinge strandväg 216, ✆ 25571 0.5

## Beddingestrand

Vorwahl: 0410

P Villa Beddingestrand, Beddinge strandväg 82, ✆ 0706/291659, IV-V ⊕ 0

B Granhyddans Camping, Beddingestrandväg 127, ✆ 070/4548683, I-II 0

## Klagstorp

Vorwahl: 0410

B&B Äspögården, Äspögården, ✆ 070/6486212, III ⊕ 2.5

## Smygehamn

Vorwahl: 0410

H Smygehus Havsbad, Smyge Strandväg 136, ✆ 50300, V-VI 0

## Smygehuk (Smygehamn)

Vorwahl: 0410

i Smygehuk Turistinformation, Smyge Strandväg 4C, ✆ 733320 0

Smygehuk Lighthouse Hostel, Smyge fyrväg 194, ✆ 073/5449302, II-III ⊕ 0

## Böste (Trelleborg)

Vorwahl: 0410

B&B Hedmansgården, Västratorps Byaväg 109, III 1

## Gislövs Läge (Trelleborg)

Vorwahl: 0410

B Nybostrands Camping, Hummarvägen 2, ✆ 073/4084078, II 0

# Ortsindex

Die Seitenzahlen ab S. 169 beziehen sich auf das Übernachtungsverzeichnis.